일본에 건너간 우리 생활문화

-왜倭는 조선朝鮮이다-

일본에 건너간 우리 생활문화

김광언 지음

기파랑

세상의 이런 인연

10여 년 전, 낙원동 거리의 화가가 그린
홍 군의 얼굴

　미국 샌프란시스코 한인센터의 명예 이사장인 홍순경이 여느 때처럼 통화를 하던 중에 말하였다.
　"최인호가 쓴 『제4의 제국』을 읽다가 우리 조상이 고대 일본을 세운 사실을 알고 놀랐어. 이를 모르고 지낸 것을 생각하면 분통이 터지네."
　일본은 백제의 분국과 같았던 터라 이름 없었고, 백제 패망 소식을 들은 귀족들이 조상의 묘소를 찾을 길이 끊겼다고 탄식하였다는 『일본서기(日本書紀)』의 대목을 알리자 이렇게 소리쳤다.
　"왜 진작 말하지 않았어. 빨리 와서 우리 교민들에게 알려 주어야겠어."
　2024년 10월 25일 오후 8시 비행기로 떠나 한 달쯤 강의를 하려던 계획이 바로 전날 무산되자, 그는 먼저 책을 내자면서 적지 않은 출판비까지 도맡겠다고 나섰다.
　젊은이들을 위해 그에 대한 설명 서너 가지를 덧붙인다.
　1963년 5월 4일, 단돈 200달러를 손에 쥔 그는 인천에서 미국행 군용선 제너럴 패트릭호에 100달러를 내고 올랐다. 그리고 널리 알려진 미주리 대학 언론 대학원에 다니던 1984년, 주위 사람들의 힘을 모아

샌프란시스코 시내에 있는 빅토리안 양식의 4층 건물을 불하 받아 동포의 교육 및 정착에 온 힘을 기울였다.

그리고 4년 뒤, 종래의 인력개발원을 코리안센터로 확장시키는 외에, 1996년에는 '캘리포니아 국제문화대학(Intercultural Institute of Calfornia)' 인가를 주정부에서 받아 한국어 및 문화 교육 등 3개 과정에 대한 석사학위를 주는 기관으로 격을 높였다.

그의 이러한 노력은 현지에 오셨다가 보내주신 선친(전 조선일보 회장 및 전 한국산악회장 홍종인 선생)의 편지, 곧 상항은 도산 안창호(安昌浩, 1878~1938) 선생을 비롯한 애국지사들이 조국의 독립을 위해 애를 쓰신 곳이니만큼, 온 힘을 다 바쳐서 추진하라는 격려의 말씀에 따른 결과이기도 하다.

그에게 『제4의 제국』을 보낸 이영규 님의 남편 이응범, 이 책을 낸 기파랑 대표 안병훈, 간사 신상철, 지은이 네 사람이 모두 서울 고교 제9회 동창인 점을 생각하면 세상에 이러한 인연도 드물지 않은가 한다.

거센 바람이 연일 휘몰아치는 2025년 새봄에

1부
고대 한국과 일본

4부
농기구

머리말

문화는 흐르는 물과 같아서 높은 곳에서 낮은 쪽으로 흘러내린다. 한곳에 고였다가도 뒤를 이은 짝을 만나면 다시 흐른다. 그러나 낮은 곳이라고 해서 어떤 물이든지 다 머무는 것은 아니다. 스쳐 내리는 것도 적지 않고, 다른 곳으로 빠져나가기도 한다. 이처럼 여러 갈래가 이룬 문화의 내는 모여서 강을 이루고, 이들의 줄기는 다시 흘러서 바다로 들어간다.

우리에게도 두 갈래의 문화가 흘러들었다. 중앙아시아의 북방 유목문화와, 중국 양자강 이남의 농경문화이다. 우리는 이들을 삭여서 새로운 한 민족문화를 빚었다.

우리의 왕조, 곧 신라 992년, 고구려 705년, 백제 678년, 고려 475년, 조선 519년처럼 오래 이어 내린 나라는 드물다. 중국의 송(宋)은 320년에 그쳤고, 나머지 당(唐)·송(宋)·명(明)·청(淸) 따위가 300년을 못 넘긴 것에 견주면 대단한 일이다. 더구나 고구려를 치려던 수(隋)가 처음에 수륙군(水陸軍) 30만 명을, 두 번째에 1백11만 3천여 명을 이끌고 왔음에도 빈 손으로 돌아간 것은 세계 전투 역사상 아주 드문 일로, 이를 세계 제 1차대전이라고도 부르는 것은 과장이 아니다.

그것은 그렇거니와, 중국의 문화는 우리에게 밀물처럼 거세게 밀려들었다. 그중에 가장 뚜렷한 것이 언어, 곧, 한자(漢子) 문화로 우리의 정신세계를 수천 년 동안 지배해 왔다. 그러함에도 우리 세종(世宗, 1418~1450)이 한글을 창제한 것은 참으로 위대한 일이다. 더구나 그 많은 여러 나라의 말 가운데 누가, 그리고 언제 만들었는지 알려진 것은 한글뿐이니 놀라운 일이다. 현재 전 세계에서 몰아치는 한글 열풍이 바로 그것이다.

우리가 중국문화의 세례를 오래 받아왔듯이, 일본 또한 한국문화의 그늘에서 성장하였다. 이는 고대 우리 민족의 일본 이주에 따라 이루어졌다. 전 3세기에서 7세기에 이르는 천여 년 동안, 한국에서 건너간 사람과 일본 원주민과의 비율이 8.3 대 1이라는 일본 학자의 발표가 그것이다. 이를테면 일본인 열 명 가운데 아홉 명쯤이 한국인이라는 말이다. 이는 왜(倭)가, 곧 조선이었다는 뜻이기도 하다. 실제로 '일본'이라는 나라 이름은 백제가 나당(羅唐) 연합군에게 패망한 10여 년 뒤에 나왔다. 그때까지는 백제의 분국(分國)과 같았던 까닭이다.

달이 차면 기운다는 우주의 법칙대로, 20세기 초, 일본이 우리를 속국으로 만들었다. 말과 이름까지 빼앗더니, 나라 이름 '조선'도 '이조(李朝)'로 뒤집었다. 그것은 그렇거니와, 아직껏 '조선' 또는 '조선 반도'라고 부르는, 식민지 시절의 헛꿈에 잠긴 학자가 남은 것은 아쉬운 일이다. 어디 그뿐인가. 일본으로 들어간 우리 문화에 대해 '조선 반도를 거쳐서'라는 꼬리를 붙이는 작태도 마찬가지이다.

문화는 흐르게 마련이다. 따라서 건네주었다고 뻐길 것도 없고, 받아들인 것을 부끄러워하거나 감출 일도 아니다. 문화도 물처럼 오래 고이면 썩는다. 밖에서 새로운 문화가 들어와야 꽃이 피고 열매를 맺게 마련이다.

우리 문화가 일본에 큰 영향을 끼쳤던 것처럼, 근대 이후 우리는 일본 및 서양 문화의 그늘에서 살고 있다. 썰물을 타던 문화가 밀물로 바뀐 탓이다. 백여 년 전의 양옥(洋屋)·양복(洋服)·양악(洋樂)·양식(洋食)처럼 이제는 우리 것을 한옥(韓屋)·한복(韓服)·한식(韓食)·국악(國樂)이라고 하는 것이 좋은 보기이다.

어디 그뿐인가. 스시·소바·낫토·와사비·곤냐꾸·만숀·티비 따위는 아무렇지도 않다. 또 저쪽에서 '뒷간'의 뜻으로 쓰다가 버린 '화장실'은 우리 말로 자리를 잡았다.

문명에 동서 구별이 있듯이, 문화에도 권역(圈域)이 있다. 예부터 한(韓)·중(中)·일(日) 세 나라는 같은 한자(漢字) 문화권에서 지내왔다. 중국 문화의 영향을 받은 우리가 저들을 존숭(尊崇)한 것과 달리, 일본은 20세기에 들어와 우리에게 이루 말할 수 없는 패악을 저질렀다. 이는 '보잘것없는 조선의 문화'가 일본 문화의 바탕이었다는 자격지심(自激之心)심, 곧 비뚤어진 컴플렉스의 결과일 터이다. 오죽했으면 유명 인류학자가 일본 개가 조선 개의 조상이듯이, 일본인이 조선인의 조상이라고 했겠는가. 만고의 진리를 이처럼 뒤쪽으로 맞추기도 쉽지 않은 일이다.

지나간 일이야 어떻든, 지금의 젊은이들은 과거에 매이지 않고 앞으로 나아가야 한다. 그리고 이를 위해서는 상대의 문화에 대한 이해심을 길러야 한다. 문화에 본디 높낮이가 없고 단지 영향을 주고받을 뿐이라는 사실을 깨닫는다면 지나간 세대와 달리 바로 가까워질 것이다.

이 책이 서로의 이해, 특히 한일 두 나라 사이에 쌓였던 문화의 장벽, 곧 일본이 지닌 오해의 벽을 낮출뿐더러, 그것을 허물어 없애는 데 도움이 되었으면 싶다. 분량을 줄이기 위해 중국 관련 부분을 다루지 않았다.

내용 가운데 30여 년 전의 잡지에 실었거나, 그 무렵에 낸 내 책에서 다룬 것이 적지 않지만, 새로 밝혀진 많은 사실을 깁고 보태어서 다시 꾸몄다.

2025년 강풍이 휘몰아치는 초봄에

충주 남산 기슭에서 지은이 씀

1부

고대 한국과 일본

01

한국인의 탄생

　가장 오래된 고인류는 약 700만 년 전, 동아프리카 사하라의 한 지역에서 태어났다. 이들은 그 뒤 수백만 년 동안 진화를 거듭하다가 약 200만 년 전, 호모(homo) 단계에 이르렀다.

　이어 현생 인류인 호모사피엔스('슬기로운 사람'이라는 뜻의 라틴 말)는 극적인 기후변화가 있었던 약 20만 년 전에 아프리카에서 진화하였으며, 고인류는 전 5만~10만 년 무렵에 중동·아시아·유럽 등지로 이동하면서 이루어졌다.

　그들이 중앙아시아로 들어온 것은 7만 5천 년 전에 시작된 빙하기(氷河期)가 4만 3천 년 전에 간빙기(間氷期)를 맞으면서 해수면이 낮아진 덕분이었다.

　그리고 최고의 빙하기였던 전 2만 3천 년~전 1만 6500년에 유럽이 빙하로 덮이면서 베링 해협도 뭍으로 이어지자, 시베리아의 유목민이 1만 5천 년 전 아메리카로 건너갔다. 이들이 인디언이라는 미대륙의 원주민이며, 이들이 남아메리카 대륙에 이르기까지 1천여 년이 걸렸다.

도상1은 후기 구석기 시대인 6만 년 전, 아프리카에서 떠난 인류가 동북부에 이르러 한 줄기는 유럽으로, 다른 한 줄기는 중앙아시아로, 또 한줄기는 남쪽 해안으로 따라 인도를 거쳐 동남아시아로 옮아간 자취를 나타낸 것이다. 그림의 선은 6만 년 전 아프리카를 떠난 이들의 행적이고, 점들은 후기 구석기 초기의 유적 분포도이다(이홍규).

우리 강토에서 사람이 살기 시작한 것은 수십만 년 전인 구석기 시대이다. 이때 얼음으로 덮인 빙하기와 따뜻한 간빙기가 네 차례 거듭되었으며, 이는 한반도 형성에 많은 영향을 끼쳤다.

한편, 동아시아 지역의 해면이 지금보다 훨씬 낮아진 결과, 중국·우리·일본열도(日本列島)·대만(臺灣) 등지가 모두 육지로 연결되었다. 그리고 1만 3천 년 전부터 빙하기가 끝나면서 인구가 급격하게 늘어났다.

도상2는 1만~12만 년 전에 일어난 제4차 빙하기로 해수면이 낮아진 탓에 중국 남부와 대만이 우리와 육지로 이어지고, 우리와 일본 사이의 동해가 호수로 바뀐 것을 나타낸다.

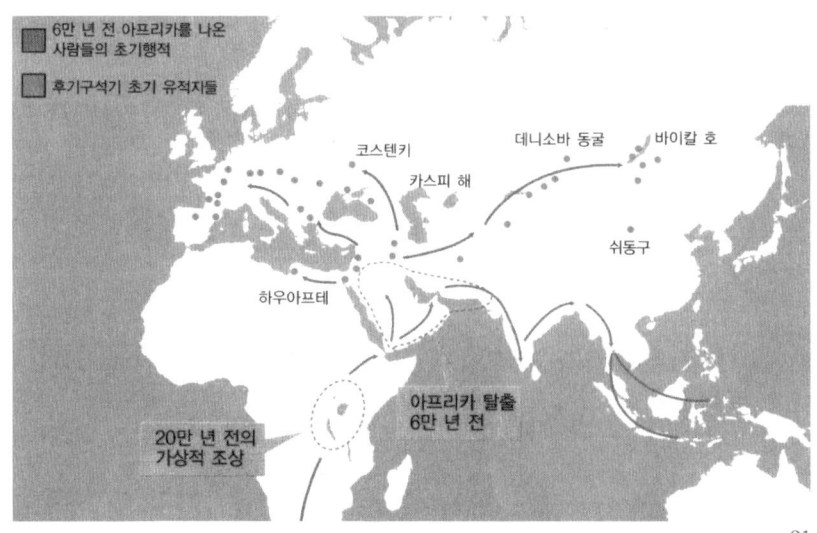

도상3에 보이는 대로 오늘날처럼 우리·대만·일본 등지가 바다로 갈라진 것은 충적세(沖積世) 초기이자, 농경이 시작된 후기 구석기 시대에 들어와서이다.

한국인은 빙하기에 중국 남부에서 들어온 주민과 빙하기가 끝난 1만 년 전 시베리아의 바이칼호에서 내려온 고(古)아시아족이 하나로 합치면서 이루어졌다. 이 결과 8천 년 전에 동아시아 최초의 요하(遼河) 문명과 우리말의 뿌리인 알타이어가 형성되었다. 요하는 중국 동북 지역의 남부를 가로질러 흐르는 강으로, 이 문명은 고조선의 바탕이 된 홍산(紅山) 문화를 낳았다.

유전자 분석 결과, 한국인은 남방계 사람들의 유전자 30%에 북방계 70%로 이루어진 혼합 민족임이 밝혀졌다. 이때의 중심은 만주 북부의 부여족과 요서(遼西)의 고조선족으로, 부여족은 고구려와 백제를, 고조선족은 신라를 세웠을 터이다.

고아시아족의 다른 한 줄기는 계속 남하하여 앙소(仰韶) 문화와 황하(黃河) 문화를 형성하면서 중국 민족을 탄생시켰고, 마지막의 한 줄기가 더 내려가서 이룩된 것이 일본족이다.

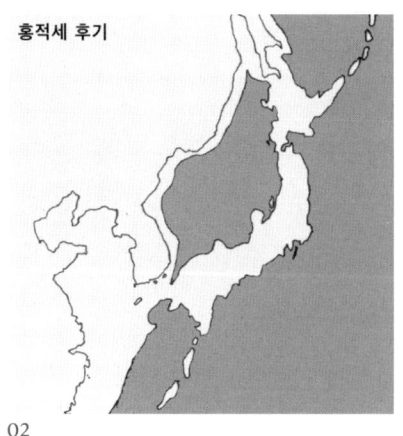

홍적세 후기

02

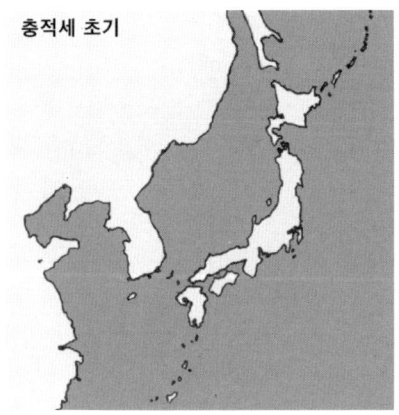

충적세 초기

03

도상4는 우리네 첫 조상으로, 평양시 상원군에 있는 4~3만 년 전의 구석기 시대의 승리산(勝利山) 동굴에서 나온 35세쯤 되는 남자의 아래턱뼈 화석을 바탕으로 복원한 인물이다(배기동).

승리산 사람이라고 불리는 그는 20만 년 전에서 4만 년 전 사이에 생존한 네안데르탈 단계의 고인류로, 유전적 특징이 오늘날에도 이어내렸다고 한다.

이어 일본과 연관된 신석기 및 철기 시대 인골 유적을 살펴본다.

신석기시대 유적인 전라남도 여수시(麗水市) 남면(南面) 안도리(安島里)의 조개더미에서 6천여 년 전의 주검 다섯 구(남자 셋 여자 둘)가 나왔고, 도상5는 이들 가운데 30대 남자의 얼굴과 가슴을 복원한 것이다(배기동).

그가 지닌 특징 가운데, 오른쪽 팔목에 낀 투박 조개로 꾸민 다섯 개의 팔찌가 눈길을 끌었다. 일본의 규슈(九州) 지역에서 같은 팔찌를 열 개 이상 낀 인골이 다량으로 발견된 까닭이다.

더구나 안도리 근처의 송도(松島) 패총에서 발견된 흑요석(黑曜石)의 원산지가 규슈 서북쪽인 것이 밝혀짐에 따라, 안도의 것도 같은 것일 가능성이 커졌다. 그리고 이러한 사실은 신석기시대에 두 지역의 교류가 널리 그리고 매우 잦았던 사실을 알려주는 중요한 자료이다.

04   05   06   07

도상 6은 철기 시대인 2천 년 전의 경상남도 사천시(泗川市) 늑도동(勒島洞)에 있는 30여 기의 무덤에서 나온 10대에서 20대에 해당하는 인골을 복원한 것이다.

이들의 특징은 이(齒)를 일부러 뺀 자취가 보이는 점이다. 생니를 빼면 이와 이 사이가 조금씩 벌어져서 얼굴의 형태도 바뀌게 마련이다.

늑도의 여자 둘은 모두 윗니 가운데 좌우측 송곳니를 일부러 뽑았다. 이들이 열네댓 살짜리인 것은 성인식의 자취일 터이다. 그리고 일본에서도 이들과 같은 곳에 박힌 이를 뽑은 것은 이들 사이에 연관성이 있음을 나타낸다(배기동, 2011;64).

도상 7이 앞 지역의 남자가 성인식 때 윗니 좌우 양쪽의 송곳니를 뺀 자취를 보이는 사진이다. 앞에서 든 대로 중국이나 일본과 달리 위에서 두 번째의 앞니를 뽑았다.

일본에서는 조몬(繩文) 시대(전 1만 년~전 3세기) 후기에 성년식이 확대되면서 발치 풍습이 부쩍 늘어났다. 아이치현(愛知県 豊橋市) 한 조개무덤의 41구가 모두 시행하였고, 같은 현의 다와라마치(田原町) 조개무덤의 113구 가운데 94%(125구)도 마찬가지였으며 남녀의 차이는 없었다.

이러한 풍속은 일본을 비롯하여 대만에서도 나타나는 전형적인 남방 계통의 문화이다.

02

한국인의 일본 이주

1) 한국인

일본 땅에서 사람이 살기 시작한 것은 20만 년 전에서 13~14만 년 전부터이다. 이때의 주민들은 아시아 대륙에서 한국을 거쳐 규슈에 이르는 남쪽 길을 따라 들어갔다. 북위 45도선 이북의 북쪽 길은 혹한(酷寒)으로 폐쇄된 상태에 있었기 때문이다(佐々木 高明). 따라서 한국인의 일본 이주는 이미 구석기 시대 전기에 이루어진 셈이다. (…)

갱신세(更新世)인 2백만 년 전부터 1만 년 전 사이에는 지구가 얼었다가(氷河期) 녹는(間氷期) 일이 네 차례나 거듭되었다. 빙하기의 해면은 지금보다 1백 40m나 낮아서 한국과 중국이 육지로 연결된 것은 물론이고, 한국 남부와 일본의 규슈 일대도 맞붙어 있었다. 그리고 동해는 큰 호수에 지나지 않았다. 따라서 인간이나 동물이 일본으로 건너가는 일은 어렵지 않았을 터이다. 1만 3천여 년 전에는 베링 해협조차 얼어붙어서 몽골족이 걸어서 북아메리카대륙으로 들어간 사실을 우리는 잘 알고 있다.

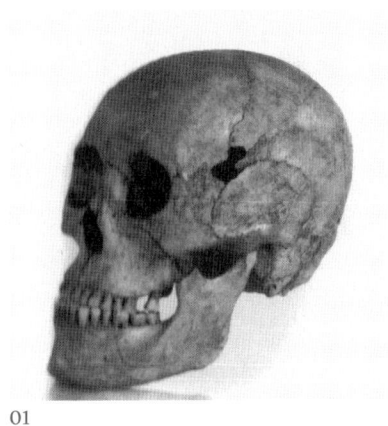

01

구석기 시대 전기에 한국에서 들어간 사람이 어느 정도였으며 일본의 어디에서 어떻게 살았는지는 알려진 것은 거의 없다. 현재까지 일본에서 발견된 가장 오래된 사람의 뼈는 후기 구석기 시대(2백만 년 전쯤)의 신인(新人)이기 때문이다. 이 같은 사정은 우리도 마찬가지여서 20만 년 이전의 생활문화는 그늘에 가려있고, 신석기시대의 1만 년을 전후한 시기쯤이라야 설명이 가능하다.

이러한 점에서 미나토가와진(港川人, 1만 8천 년 전의 것으로 추정되는 중국의 유강인(柳江人·광서성[廣西省]의 장족[壯族])에서 나온 까닭이 이렇게 부른다)이라는, 일본에서 가장 오랜 사람의 뼈가 오키나와(沖繩) 본토에서 나온 것은 매우 흥미롭다. 정밀 측정 결과, 일본인의 조상은 남아시아에서 북으로 올라온 고몽골로이드(古 Mongoloid)라는 사실이 밝혀졌다. 앞에서 설명한 대로, 제4 빙하기는 동남아시아의 섬들이 육지의 일부였고 뉴기니·오스트레일리아·타스마니아 따위의 섬들도 거의 이어져 있었다.

도상1이 복원한 앞 사람이다.

한편, 지금의 남중국해를 중심으로 하는 육괴(陸塊)인 선덜랜드(Sunderland)와 오스트레일리아를 포함하는 대륙 사헐랜드(Sahuland)의 남아시아인들이 북쪽으로 떠나기 시작한 것은 이 무렵이다. 두 지역은 인류의 낙원으로 불릴 만큼 기온이 따뜻하고 먹거리가 풍족하였으나 급격한 인구팽창에 따라 자원이 줄어들었기 때문이다.

이들이 빙하기가 끝나는 1만 2천 년 전에 중국의 양자강(揚子江) 북부에 이르면서 한 줄기가 일본으로 들어갔다. 앞에서 든 미나토가와진(港川人)과 닮은 점이 많은 것도 이 같은 추정을 뒷받침해주는 증거의 하나이다(埴原和郎). 따라서 이들 남아시아계의 몽골로이드들은 일본 전국으로 퍼져 나가서 이른바 조몬 사람(繩文人)의 뿌리를 이루었다.

고 몽골로이드인 조몬 시대 사람들은 사냥과 야생식물을 거두어 먹는 수렵 채집 생활을 이어왔지만, 일부는 냇가에서 잡는 연어와 송어로 배를 채웠다. 이들이 '조선 반도 동부의 것을 본뜬 낚시를 쓴 것'은 (佐々木 高明), 당시에 이미 우리 문화가 일본의 동북 지방으로 직접 흘러 들어간 것을 알려준다.

몽골로이드

몽골로이드는 고몽골로이드와 신몽골로이드로 나눈다.
고몽골로이드는 체질인류학(體質人類學)에서 빙하기 이전의 옛 특징을 지닌 동남아시아 중 남부에 살던 사람을 가리키는 말이다. 얼굴 윤곽이 비교적 뚜렷하고 오똑하며, 위턱뼈가 발달하지 않아서 얼굴이 짧고 그 형태도 정방형에 가깝다. 일본인 가운데 홋카이도(北海道)에 사는 아이누족이나 오키나와(沖繩) 중심의 남부 섬지방에 사는 이들이 대표적이다.
신몽골로이드는 중국 동북부(옛 만주)에서 동시베리아 일대에 살던 사람들로 마지막 빙하기를 만나 영하 40도에 이르는 혹한기를 지내는 동안 신체에 여러 가지 변화가 나타났다. 키가 작고 몸은 통통하며, 팔다리가 짧아졌다. 또 코 등이 낮고 얼굴은 평평하면서 길어지며 속 눈꺼풀은 외겹에 눈은 가늘다. 수염이나 체모도 적다. 화북(華北) 지방의 중국인·몽골인·퉁구스인들이 대표적이다.

그들이 동북 지방으로 몰려든 점은 특이하다. 한 통계는 조몬 시대 말기의 일본 전인구(7만 5천8백 명) 가운데, 반 이상(3만 9천5백 명)이 이 지역에서 거주한 사실을 나타낸다. 이에 견주어 중부(현재의 교토[京都]와 오사카[大阪] 일대) 이남인 서일본의 인구 분포율은 3.6%에 지나지 않았다(일본에서는 중부 이남을 '서일본', 이북을 '동일본'이라고 부른다). 이 같은 현상이 나타난 것은 동부 지역에 나무 열매나 야생의 감자류 그리고 큰 사냥감 따위가 풍부했던 것이 주원인이다.

그러나 이 시대의 인구는 초기에서 후기에 이르면서 오히려 줄어들었다. 중기에 26만이던 인구가 후기에는 16만, 그리고 말기에 이르러서는 7만 5천 명으로 감소한 것이다(小三修三). 점점 추워진 기후와 식량자원의 감소 따위가 주요 원인으로, 초기의 인구 증가와 집중 분포 현상이 이 같은 사태를 낳은 것이다.

야요이(弥生) 시대(전 3세기~3세기)에 이르면서 사람들이 중부 및 남쪽의 규슈 북부지역으로 몰려들었고, 그 숫자 또한 폭발적으로 늘어났다. 이것은 한국인의 일본 이주에 따른 결과이다. 일본 인류학에서는 야요이 시대 초기와 19세기 말 이후의 시기를 일본 역사상 가장 큰 변혁기라고 부른다. 이때 일본 민족의 체질적 특징이 크게 달라지면서, 현대 일본인의 뿌리를 이룬 까닭이다.

일본은 19세기 말의 이른바 메이지(明治) 유신에 힘입어 재빨리 근대화의 길을 열었고, 이에 따라 영양 조건의 개선, 생활방식의 변화, 도시화, 통혼권(通婚圈)의 확대 따위로 빚어진 '잡종강세(雜種强勢)' 현상이 일어났다. 이러한 현상은 근대화 과정을 겪는 민족 사이에 흔히 일어나는 것으로, 우리도 예외가 아니다. 따라서 일본 민족 형성에 가장 큰 변혁을 불러온 계기가 야요이 시대 6백 년 사이에 싹 튼 셈이다.

이때 일어난 변혁은 어떤 것이고 또 원인은 무엇인가.

우선 일본인의 키가 5㎝쯤 커지고, 머리형은 단두형에서 장두형(長頭型)에 가까워졌으며, 코의 뿌리(鼻根)가 넓어지는 대신 높이는 낮아졌다. 또 위턱뼈의 변화에 따라 얼굴도 둥근형에서 달걀꼴의 갸름한 모양으로 바뀌었다. 이 같은 체질적 변화는 두말할 것도 없이 우리 겨레의 이주에 따라 일어난 것이다.

이른바 '조선 반도로부터의 도래 사실'은 이미 1953년에 야요이 시대 전기 유적인 야마구치현(山口県) 도요우라군(豊浦郡)의 유적에서 2백여 명의 인골이 나오면서 밝혀졌다. 그러나 당시에는 조사한 학자(金關丈夫)의 주장을 받아들이지 않았다. 그때의 학계 분위기에 대해 하니하라 가즈로(埴原和郎)는 "이렇게 생각하는 사람은 이단시되는 형편이었음에도, 그러한 때 이 유적이 도래인 또는 그 영향을 짙게 받은 집단이라고 잘라 말하는 데는 대단한 용기가 필요하였다"고 적었다.

앞에서 든 미나토가와진이 1만 8천 년 전의 것으로 추정되는 중국의

두장폭시수頭長幅示數

두개지수(頭蓋指數) 또는 두개계수(頭蓋係數)라고도 하며 영문으로는 'Cephalic Index'로 적는다. 이것은 머리(頭蓋)의 최대길이를 100으로 잡았을 때 직작으로 잰 최대폭을 나타내는 숫자로, 크고 작음에 따라 장두형(長頭型 70~74.9)·중두형(中頭型 75~79.9)·단두형(短頭型 80~84.9)으로 나눈다. 따라서 단두형은 위에서 보았을 때 둥근꼴에 가깝지만 장두형은 오이씨처럼 좁고 길다.

체질인류학자들은 이를 오래된 인골이나 현존하는 인종을 구별하는 잣대로 삼는다. 백인종(코카소이드)은 장두형, 흑인종(니그로)는 단두형, 황인종(몽고로이드)은 중두형에 가깝다. 그리고 우리는 단두형(81.0~85.4), 일본인은 중두형(78.3)으로 나뉜다.

유강인과 닮은 점이 많은 것도 이같은 추정을 뒷받침해주는 증거의 하나이다(埴原和郎). 따라서 이들 남아시아계의 몽골로이드들은 일본 전국으로 퍼져 나가서 이른바 조몬 사람의 뿌리를 이루었다.

실정이 이러함에도 저들은 한국에서 건너간 사람을 처음 귀화인(歸化人)이라고 불렀다. '귀화'가 귀순(歸順)하여 복종하거나, 다른 나라의 국적을 얻어 그 나라의 국민이 된다는 뜻인 점을 생각하면 이만저만 엉뚱한 일이 아니다.

이것이 지금의 도래인(渡來人)으로 바뀐 것은 정조문(鄭詔文)이 교토(京都)에 세운 고려미술관에서 1969년부터 낸 계간지 〈일본에 남은 조선문화〉의 노력 덕분이다(주간 金達壽). 이로써 역사 학계는 물론이고 교과서에서도 바로 잡았다.

이에 대에 〈교토신문(京都新聞)〉은 "이 잡지는 고대 조선에서 들어온 인간과 문화를 빼면 (일본에) 아무것도 남은 것이 없지 않은가 하는 생각을 끼칠 만큼의 큰 영향을 남겼다. 편견에 차 있던 일본 고대사에 이렇게 대단한 충격을 준 잡지는 없을 것"이라는 평가를 실었다.

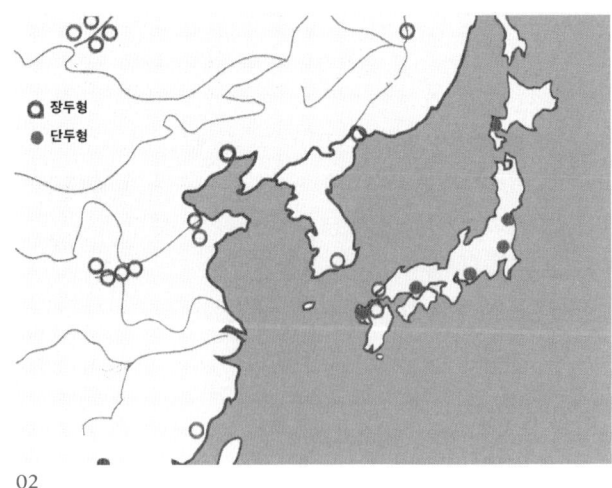

02

03   04

도상2가 단두형의 분포도이다. 얼굴이 긴 형은 중국과 한국에, 짧은
형은 일본에 집중적으로 분포하는 것을 보인다.

도상3의 남자 가운데 왼쪽이 신몽골로이드이고, 오른쪽이 구몽골
로이드의 상이다.

도상4의 여자 가운데, 왼쪽이 신몽골로이드이고, 오른쪽이 구몽골
로이드의 상이다.

도상5는 단두형 분포도로, 온 남한과 일본 중부지역에 집중적으로
분포한다.

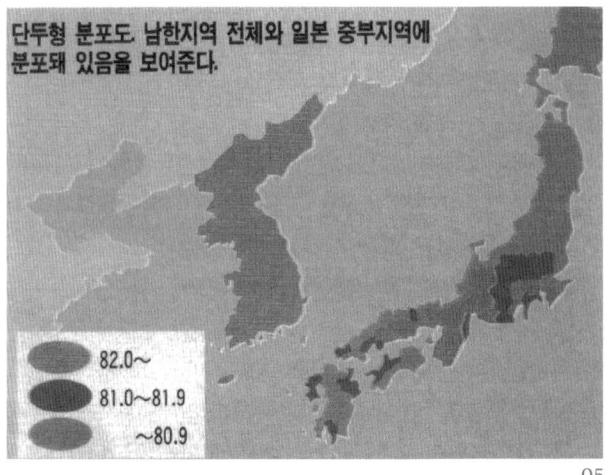

05

한국인의 일본 이주는 천년 사이에 네 차례에 걸쳐 대규모로 일어났다. 1976년에 경상남도 김해시(金海市) 대동면(大東面) 예안리(禮安里)의 1~6세기 고분군을 한국과 함께 발굴 조사한 일본학자들은 무덤의 주인공들이 일본 야요이 시대 북규슈(北九州)형 인간과 완전히 일치하는 사실을 확인하였다.

06

도상 6이 4~7세기에 예안리에 살던 인물상이다.

1989년에 앞 시대의 일본의 대표적 유적인 요시노가리(吉野ヶ里) 유적에서 나온 인골을 정밀 측정한 나가사키(長崎)대학 의학부의 마쓰시타 다카도시(松下孝俊) 교수는 "이 인골이 조선 반도 남부(부산광역시 영도구 동삼동)에 있는 조도(朝島)의 조개무지, 예안리 고분, 동북 조선(함경북도 나진시)의 초도(草島) 및 중국 북부의 서하(西夏) 유적의 주인공을 닮았으며, 이들이 조선 반도에서 건너온 도래인과 일치한다"고 적었다.

예안리 고분에서 국내에서 가장 많은 182여 기의 인골이 나온 가운데, 30%를 차지하는 여성의 두개골이 나무나 돌 따위를 얹어서 변형시킨 이른바, 편두형(扁頭形)인 점이 눈을 끈다. 이마가 뒤로 젖혀지고 코는 오뚝하며 턱이 좁고 작은 모양으로, 이들의 둘레가 정상인의 57.5cm보다 작은 50cm쯤인 까닭이 이것이다. 서진(西晉)의 진수(陳壽, 233~297)가 낸 『삼국지(三國志)』위서(魏書)에도 "진한(辰韓)에서 갓난아기의 머리에 돌을 얹어서 납작하게 만들며, 이러한 까닭에 어른이 되어도 모양이 같다"는 기사가 보인다(「동이전[東夷傳]」 「변진조[弁辰條]」).

청(淸)의 아계(阿桂) 등(等)이 1778년에 낸 『만주원류고(滿洲源流考)』에도 "예부터 만주에서도 진한(辰漢)이나 변한(弁韓)처럼 아기의 머리통을 일부러 편두형으로 바꾸었다"는 기사가 있다.

도상 7이 예안리 인골이 지닌 편두형 유골이다.

도상 8은 정상인(왼쪽)과 편두인(오른쪽)의 두개골 단면도로, 182기의 무덤에서 나온 인골 가운데 편두형 여성의 비율이 30%쯤이다.

도상 9는 예안 여성의 유골을 복원한 편두형 두개골이고, 오른쪽은 네페르티티(전 1333~1331년, 이집트 제18왕조의 파라오 아크나톤의 왕비이자, 투탕카멘의 이모이다)의 동상이다(배기동).

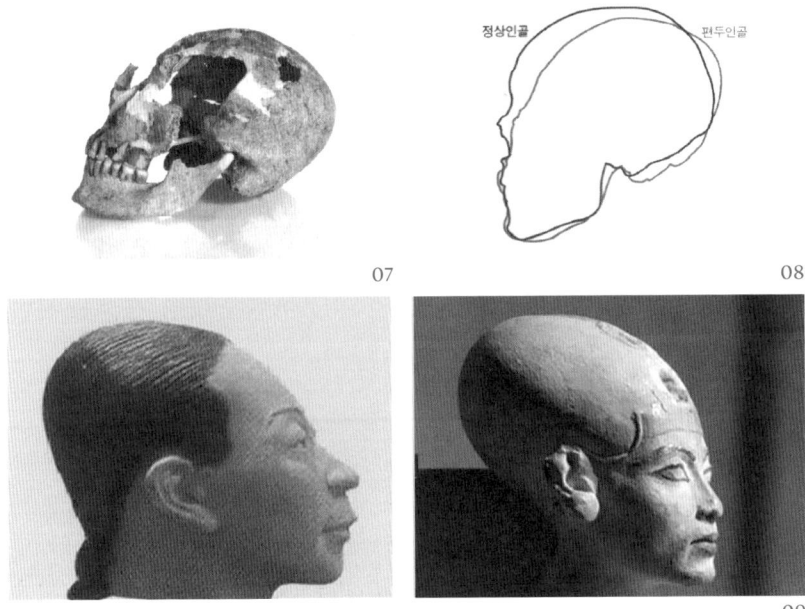

07

08

정상인골   편두인골

09

한국인의 일본 이주를 지금의 일본 학자들이 모두 인정하는 것은 아니며, 일단 수용하는 경우라도 묘한 뉘앙스를 풍겨서 안개로 싸 감추려 한다.

대표적 문화인류학자이자 일본민족학박물관 관장을 지낸 사사키 고메이(佐々木 高明, 1929~2013)가 『일본의 역사(日本の歷史)』①에 "북아시아의 신몽골로이드가 점차 남하하여 조선을 거쳐 일본으로 들어왔다"고 적은 것이 좋은 보기이다(「일본사 탄생[日本史誕生]」).

이 '조선을 거쳐'라는 짧은 구절은 큰 함정이다. 한국인의 일본 이주 사실을 인정하기보다, 몽골로이드가 북에서 내려오자마자 바로 일본으로 건너갔다는 뜻으로도 느껴지는 까닭이다.

북에서 내려온 사람들은 이 땅에 살면서 벼농사 기술을 익히고 철기를 제작하는 가운데 한민족(韓民族)이라는 동질성을 굳혔고, 이들이 일본으로 건너간 당시에는 몽골로이드의 탈을 벗은 한국인이었던 것이다. 야요이 시대 유적에서 나오는 연장·토기·인골 그리고 주거 양식 따위가 우리의 그것과 완전히 일치하는 점도 그 증거의 하나이다. 우리에게서 건너간 문화를 '대륙에서' 운운하면서 둘러대는 관습은 오늘날에도 뿌리 깊고 광범위하게 퍼져 있다.

이러한 가운데 도쿄대학(東京大學)의 하니하라 가즈로(埴原和郎) 교수가 우리 겨레의 일본 이주를 구체적으로 분명하게 밝힌 것은 놀랄만한 일이다.

그가 쓴 『일본인의 형성(日本人の成り立ち)』에 실린 기사이다.

긴끼(近畿)● 지방의 고훈(古墳) 시대(3~6세기) 사람들의 특징은 대체로 이곳 현대 일본인에 가까우면서, 조선 반도의 현대인과도 닮았다. 이 사실은 당연히 야마구치현(山口縣) 시모노세키시(下關市)에 있는 도이가하마(土井ヶ浜) 유적의 야요이 사람들과도 가까운 것을 가리킨다.

따라서 북규슈 동부의 고훈 시대 사람들처럼, 긴끼의 고훈 시대 사람도 도래계(渡來系) 집단의 특징이 우세한 셈이다. 긴끼인, 특히 기나이인(畿內人, 나라[奈良]·교토·오사카 지방 사람)이 특별히 조선인 집단과 가까운 뜻에서 '특수한 일본인'이라고 부를 만하다(1995, 人文書院).
● '긴끼'는 교토를 중심으로 하는 본도 중서부(中西部) 지역을 가리키는 말로, 한국인이 고대 일본에서 중심적인 구실을 하였다는 뜻이다.

이뿐이 아니다. 다음도 앞 책의 글이다.

7세기 말까지 이어온 도래인의 수는 일본인 전체의 70~90%에 이르며, 더구나 그 비율은 긴끼를 중심으로 하는 서일본에서 더욱 높은 것으로 생각된다. 따라서 앞에서 든 천년 사이에 수십만에서 백만 명 이상이 건너온 것이 되고, 그 수는 상상 이상으로 높았을 터이다.

그는 이에 대해 '계산한 나 자신도 놀랐을 정도의 엄청난 숫자이고, 이 글을 읽는 독자는 더욱 놀랄 것'이라는 소감을 적었다. 이것은 그의 말대로 상상을 초월하는 숫자인 까닭에 일본 학계나 국민에게는 폭탄 선언과 다름없는 충격을 안겨주었다. 이를테면 7세기에는 일본 전(全) 인구 10명 가운데 한국인이 약 9명이고 일본인은 1명에 지나지 않는다는 뜻이기 때문이다. (그는 뒤에 1:8.6을 1:8.3으로 고쳤다고 한다.)

저명한 문화인류학자이자 도쿄대 교수인 나카네 지에(中根千枝)가 '매우 용기 있는 행동'이라고 칭송하였고, 국제 일본문화연구센터의 우메하라 다케시(梅原猛) 소장도 '그의 끈질긴 추구와 진리에 대한 참으로 솔직한 태도에 깊은 경의를 표한다'는 옹호론을 폈다.

　그의 발표는 유전자의 비율을 계산한 결과와도 일치하여 틀림없는 진실임이 입증됐다. 현대 일본인에는 동남아시아계(고몽골로이드·한국계)가 8이라는 내용이 그것이다(尾本秀市).

　도상10은 HLA를 분석한 결과로 본 고대 일본에 대한 인구 이동 지도이다. 1984년에 나온 통계는 이보다 더 구체적이다(小山修三).

　도상11은 야요이 시대에 규슈로 들어간 한국인을 나타낸 것이다.

　한국인의 대거 이주는 전 3세기에서 7세기에 걸치는 1천 년 동안 일어났고, 그 결과 조몬 시대 말기에 7만 5천으로 줄어들었던 인구가 야요이 시대에 들어와 60만으로 불어나고 고훈 시대에 5백40만 명에 이르렀다고 한다.

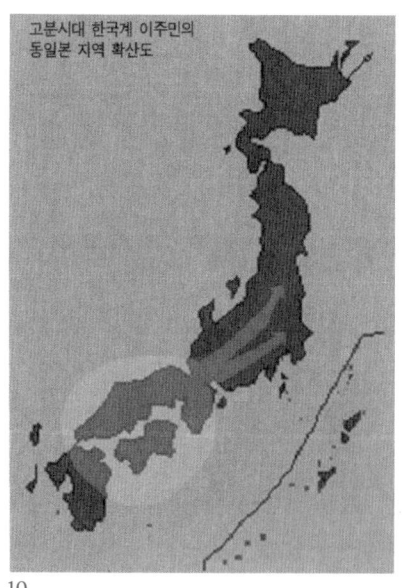

고분시대 한국계 이주민의 동일본 지역 확산도

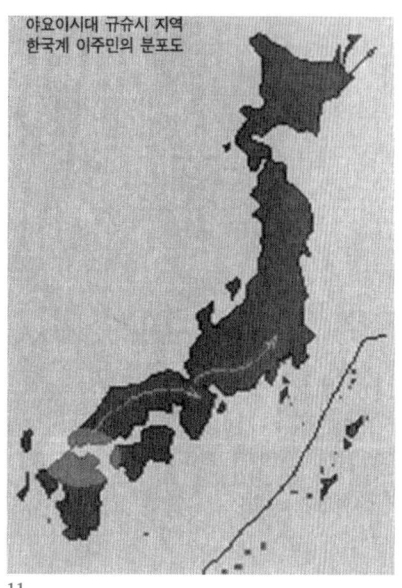

야요이시대 규슈시 지역 한국계 이주민의 분포도

10　　　　　　　　　　　11

도상12는 고훈 시대에 건너간 한국인의 자취이다.

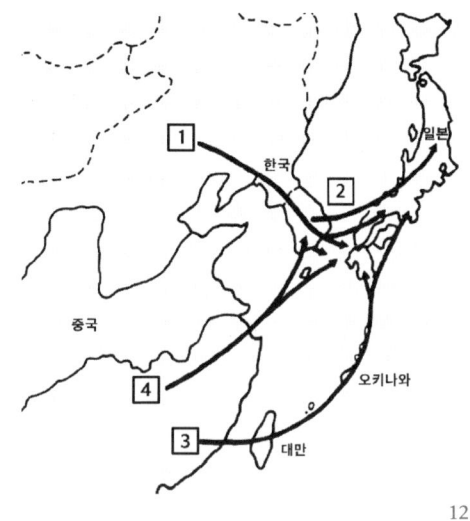

12

이어 1985년에는 오사카 의과대학(大阪醫大)의 마쓰모토 히데오(宋本秀雄) 교수가 "일본 중부와 한국 남부지역 사람들의 체질이 매우 비슷해서 그 차이는 한국 남부와 북부지방 주민 사이에 나타나는 정도"라는 보고를 발표하였다. 이는 곧, 한국인과 일본인이 같은 민족이라는 뜻이다.

이러한 상황을 우리와 견주어, 우리 가운데 부산시 사람(3백76만)만큼만 한국인이고, 나머지는 모두 중국에서 들어왔다고 한다면 놀라지 않을 사람이 어디 있겠는가.

그러나 앞에서 든 대로, 이에 동조하는 사람은 많지 않다. 역사의 출발에서부터 일본은 독립한 정치·문화의 주체였으며 한국보다 늘 우위에 서서 한국에 영향력을 행사해 왔다고, 역사의 기록을 조작해서라도 일본의 영광을 강변하고 싶은 '황국사관(皇國史觀)'의 미망이 학자의 양식마저 마비시키는 일본적인 풍토 때문이다. '일본 민족의 기원은 북방 알타이계와 남방 말레이폴리네시아계 등 여러 인종의 혼혈'이라고 막연하게 적고, 일본 민족의 기원에 대해서는 정설이 없다는 것이 정설'이라는 궤변을 늘어 놓는다. 이미 5천 년 전에 단군조선이란 국가를 형성하고 민족으로서 정체성을 이루어낸 한국인이 자기들의 조상이라고는 절대로 분명한 언급을 안 하는 것이다.

야요이 시대의 우리 겨레 일본 이주는 다음의 네 차례로 나뉜다(上田正男).

- 제1기 : 전 2백 년 무렵에 이르러 집단의 규모가 조금씩 커졌다.
- 제2기 : 4~5세기에 이주민들이 작은 국가들을 통합, 일본에 대한 지배권을 확립해가는 동시에 긴끼(近畿) 지방에 조정을 세워서 국가형성의 기틀을 마련하였다.
- 제3기 : 5세기 후반~6세기 초, 백제계의 많은 기술자들이 건너와서 농경·기술·학문 따위의 분야에 큰 영향을 끼쳤다.
- 제4기 : 7세기 후반에 나당(羅唐) 연합군에 의한 백제와 고구려의 패망으로 그 어느 때보다도 많은 사람들이 건너왔다.

이러한 사실은 역사의 기록을 통해서도 확인이 가능하다. 815년에 나온 『신찬성씨록(新撰姓氏錄)』에 따르면 기나이와 교토에서 가까운 야마시로(山城)·야마토(大和)·이즈미(和泉)·셋쓰(攝律)의 다섯 곳에 분포한 1,182의 씨족 가운데 3분의 1쯤을 한국계가 차지하고 있다. 이들 가운데 더욱 두드러지는 씨족은 신라계의 진(秦)씨와 백제계의 한(漢)씨 그리고 고구려계의 고려(高麗)씨로 8세기에는 동부 일본에까지 퍼져나갔다.

일본에 건너간 한국인들은 중부지역에 자리를 잡고 점차 그 세력을 확대해 나가서 8세기에는 북부지방까지 이르렀으나, 홋카이도(北海道)나 오키나와 일대에는 들어가지 않았다. 따라서 남북으로 떨어진 이 두 지역의 주민에게는 지금도 고몽골로이드의 특징이 나타난다. 그러므로 현재의 일본인은 한국계인 신몽골로이드와 남아시아계인 고몽골로이드의 이중구조를 지니고 있는 셈이다.

한편, 고와마 모토쓰쿠(小兵基次)는 1960년에 발표한 논문(「생계 계측학적으로 본 일본인의 구성과 기원에 대한 고찰」)에서 "전국에서 56,495명의 두장(頭長) 및 두폭(頭幅) 조사를 한 결과, 현대 일본인들을 구성하는 주류는 조선인과 유사한 조선계 일본인 거주지역인 기나에 살고, 고훈 시대의 왕도가 있던 긴끼 지역에 조선계 도래인의 기내형(畿內型) 분포가 두드러지는 사실은 왜국(倭國)을 대량 이주한 조선계 도래인이 세웠다는 증거"라고 하였다.

또 오모토 게이치(尾本惠市)는 "특히 남서제도에 거주하는 남방인 가운데 30~50%가 젖은(濕形) 귀지(耳垢)를 지니고 있음에도, 일본인의 그것은 14~15%에 지나지 않는다. 이에 견주어 조선인의 수가 7~12%인 것은 일본인이 조선인과 더 가까운 사실을 나타낸다"고 적었다(『日本人と日本文化の形成』, 1983; 311~320).

2) 집짐승

❶ 소(우시 牛)

일본의 소는 한국에서 들어갔다.

3세기에 나온 『삼국지(三國志)』에 "그 땅에 소·말·뱀·표범·까치가 없다"는 기사가 그것이다(위서 동이전, 「왜국倭國」).

다나베 유이치(田名部雄一)는 "일본의 재래 소가 조선 반도를 거쳐서 주로 고훈(古墳) 시대(3~6세기)에 들어오기 시작하였다"고 적었다 (1993; 416).

도상 1은 교토(京都)에 있는 우두천왕사(牛頭天王社)이고,
도상 2는 또다른 신사에 모신 우천신상(牛天神像)이다.

혼마 마사히코(本間雅彦)의 『소가 온 길(牛のきた道)』의 기사이다.

일본의 소는 고훈 시대에 등장한다. 이 시기에 빚은 흙소(埴輪)가 긴끼

01

02

(近畿 및 간토(關東)에서 선보인 것으로 미루어, 4~5세기 무렵에 여러 곳에서 먹였을 터이다.

니시나카가와 하야오(西中川駿) 등이 지은 문헌(『古代遺跡出土骨からみたわが國の牛, 馬の渡來時期と經路に關する研究』, 1990, 鹿兒島大學 農學部)에 "출토된 소뼈의 형태 계측과 DNA 추출 결과, 우리네 소와 말이 야요이(弥生) 시대 이후에 조선 반도를 거쳐서 들어온 것을 알게 되었다"는 기사가 있다.

고대 일본에서는 소(ウ)를 조선어 그대로 '우'라고 불렀다. 이를테면 쇠오줌(牛尿)을 우바리(うばり), 쇠똥을(牛糞) 우쿠소(うくそ) 또는 우구쓰(牛尿)라고 부른 것이 그것이다.

에도(江戶) 시대(1600~1867) 중기의 아라이 하쿠세키(新井白石)는 1719년쯤에 낸 『동아(東雅)』에 "소를 가리키는 ウ(우)는 한지(韓地)의 사투리이다. 지금도 한국에서는 소를 이렇게 부른다"고 적었다.

도상3은 니가타현(新潟県 新發田市)에 있는 우두천왕궁(牛頭天王宮)이고, 도상4는 본전이다. 이러한 신사는 전국 여러 곳에 있다.

03   04

한편, 규슈(九州) 구마모토현(熊本県)에 위치한 아소(阿蘇)는 '히고(肥後)의 붉은 소(赤牛)'라는 이름의 갈우(褐牛) 산지(産地)이다. 이들의 선조가 조선계 황소(黃牛)인 사실은 많은 사람이 인정하는 터이다. 이러한 점에서 근거는 없지만, '아소'라는 지명 가운데 '소'가 조선어 '소'와 연관이 있지 않은가 여겨진다(1994; 22-41).

일본에서는 소를 신으로 받든다.

소가 지닌 영력(靈力)이나 주력(呪力)을 믿는 나머지 소 자체를 신으로 받드는 외에, 소의 번식이나 성장을 지키는 신으로 여긴다. 전국에 있는 기원사(祇園社)의 총 본사(総本社)인 교토(京都)의 야사카신사(八坂神社)를 비롯한 전국의 여러 신사에서 소의 신, 곧 우두천왕(牛頭天王)에게 제례를 올리는 것이 좋은 보기이다. 그뿐 아니라 오카야마(岡山県 美作地方)에서는 소를 사거나 송아지가 태어나면 정기적으로 정월·오월·구월의 각 28일에 황신참배(荒神参り) 행사를 치른다.

더구나 오사카후(大阪府) 이즈미(和泉) 지역에서 우신제(牛神祭) 전날 어린이들이 연장자의 지시에 따라 '소의 신에게 돈을 줍시오, 소의 신에게 보리나 조를 줍시오' 하며 집집을 찾아다니는 것은 우리네 소먹이 놀이를 연상시킨다. 이에 따라 어른들은 소를 끌고 제장(祭場)으로 와서 신주를 마시며 이야기를 나눈다.

❷ 개(이누 犬)

한국의 개가 일본 개의 조상이 된 것도 기억할 일이다.

다나베 유이치(田名部雄一)의 설명이다.

일본과 아시아 여러 지역 및·중국·러시아의 재래견과 유럽 여러 나라 재래견의 유전학적 품종을 결구한 결과, 일본 재래종은 변이의 다양성을 지녔음에도, 서구의 개는 그렇지 않음이 밝혀졌다.

이는 조몬(繩文) 시대(전 1만 년~전 3세기)에 남방 도서 지역의 개가 야요이 및 고훈 시대에 조선 반도를 거쳐서 들어와 일본 개의 조상이 된 것을 알려주는 듯하다. 그리고 이러한 사실은 한국인의 일본 이주 경로와 일치한다(1993;105).

옳은 말이다. 한국인이 아니라면 누가 그 개들을 데리고 일본으로 가겠는가. 또 하나 분명히 해 둘 것이 있다. 그것은 '조선 반도를 거쳐서'가 아니라 '조선 반도에서'로 바로잡는 일이다.

도상5가 앞 사람이 다른 책에 발표한 한국을 비롯하여 유럽 개·에스키모 개·러시아 견종(犬種)·방글라데시 재래견종·중국 원산견종(原産犬種)·일본 개 따위의 혈장(血漿) 헤모글로빈의 빈도를 조사한 결과이다.

05

이에 대해 그는 "진도개(珍島犬)가 가장 높고 다음이 제주도 개이며, 이에 견주어 일본의 홋카이도개(北海道犬)·유규견 산원계(琉球犬山原系)·야에즈산계(八重山系)가 가장 낮다. 따라서 이 유전자는 조선 반도를 거쳐서 일본 열도에 들어온 것이 분명하다"고 덧붙였다(1993; 407~409).

이는 곧, 일본 개의 선조가 우리 진도 및 제주도 개라는 말이다.

다른 두 가지 조사에서도 같은 결과가 나왔다.

도상6은 아키다현(秋田県), 도상7은 신슈(信州 長野県),
도상8은 홋카이도(北海道)의 개이다.
도상9는 우리 진도(珍島), 도상10은 제주도의 개이다.
나란히 놓고 보면 한 핏줄임을 짐작하기 어렵지 않다.

한때, 이른바 황국사관에 깊이 빠졌던 유명한 고고학자 도리이 유조

06　　　　　　　　07　　　　　　　　08

09　　　　　　　　10

(鳥居龍藏, 1870~1953)가 한국인은 일본인의 후손이고, 개도 아키다(秋田)의 개가 조선 개의 조상이라는 발표를 하였다. 그런데 어떠한가. 일본 학자들 스스로 그의 말을 완전히 뒤집어놓았으니. 진리를 이처럼 뒤로 맞히기도 쉽지 않은 일이다.

　우리 개는 오래전부터 신령스러웠다.

　『삼국사기(三國史記)』의 "백제가 망한 해에 사슴을 닮은 야생의 개가 서쪽에서 사비강(泗沘江 錦江) 언덕으로 올라와 왕경(王京)을 향해 짓다가 사라졌고, 도성(都城)에서도 개들이 길가에 모여 혹은 짓거나 울다가 사라졌다"는 기사가 그것이다(「백제본기」제6 의자왕[義慈王]).

　앞과 같은 책에 "신라 성덕왕(聖德王) 35년(736) 11월에 개가 재성(在城)의 고루(高樓)에 올라가서 사흘 동안이나 짖었다"는 기사도 보인다(신라본기 권 제8 성덕왕 35년[736] 겨울 11월).

　우리 개가 일본에 건너갔을 뿐만 아니라 신사(神社)나 절집에서 부정을 가시고 악귀를 쫓는 구실을 한 사실을 아는 사람이 우리는 물론이거니와 저쪽에도 거의 없다.

　도상11은 전라남도 승주군(昇州郡) 낙안면(樂安面)에 있는 낙안읍성(樂安邑城) 동문 입구 양쪽에 앉은 삽살개 두 마리이다. 이들의 구실은 성으로 들어오는 잡귀를 쫓는 일이다. 또 성의 남쪽을 도끼날에, 북쪽을 도끼의 등으로 여기면서 개와 도끼가 왜구(倭寇)의 침입을 막아주기를 바랐다. 무장 임

11

경업(林慶業)이 1626년에 군수직을 맡았던 것도 이와 연관이 있을 터이다.

일본에서는 우리 개를 狛犬(고마이누)·高麗犬(고구려개)·胡馬犬(호마견) 따위로 부른다.

박견의 '박(狛 고마)'은 고구려이고, 고려견의 '고려(高麗)'도 마찬가지이다. 그리고 호마견의 '호마'는 고마라는 한자의 소릿값을 빌린 것이다.

일본의 신사(神社)나 절집 입구 양쪽과 본당(本堂) 좌우에 참배자를 향해 마주 세운 개와 사자를 닮은 동물 조각을 이렇게 부른다. 처음에는 금속제나 도기제였으나, 헤이안(平安) 시대(8~12세기)부터 목상(木像)으로 바뀌었다.

신사에 따라 한쪽에 개, 반대쪽에 사자상을 세우기도 한다. 이는 고대 오리엔트에서 사자를 신성하게 여긴 나머지, 그의 상을 옥좌(玉座)·성문·무덤 따위를 지키는 수호신으로 삼아 부정을 물리친 데서 왔다. 그리고 사자는 한국에서 들어간 까닭에 이들을 합쳐서 고마이누라고 부른 것이다.

도상12는 교토(京都)에 있는 기요미즈데라(清水寺) 입구 양쪽에 앉힌 개의 석상이다.

도상13은 어떤 신사의 본전 양옆에 세운 개이다.

12

13

10세기 중반에 나온『왜명유취초(倭名類聚抄)』의 '고려 악곡 고마이누(高麗樂曲 狛犬)'라는 기사나, 17세기 후반에 나온『악가록(楽家録)』의 「고려곡 고려일성조 고마이누(高麗曲高麗壱越調, 狛犬)」라는 기사에 따르면, 고구려에 '박견'이라는 악곡

14

이 있었던 것으로 보인다.

우리 개는 일찍부터 일본에 알려졌다.

덴무(天武) 천황 8년(680) 10월에 신라에서 개 한 마리를 보낸 것을 시작으로, 14년(686) 봄에 세 마리를 보냈고, 발해(渤の海)에서도 준나(淳和) 천황 2년(824)에 선물한 것이 그것이다. 이는 우리 개가 특별히 영특했던 것을 알려준다.

우리 개는 중국에도 널리 알려졌다. 신라 성덕왕(聖德王) 29년(730) 2월, 왕족 지만(志滿, ?~?)을 통해 당(唐) 현종(玄宗)에게 개 한 마리를 선물한 것이 좋은 보기이다(『삼국사기』「신라본기」권 제8 성덕왕).

도상14는 사자 형상의 개이다.
도상15는 일본 개의 전파도이다(田名部雄日, 1993, 『日本文化の起源』).

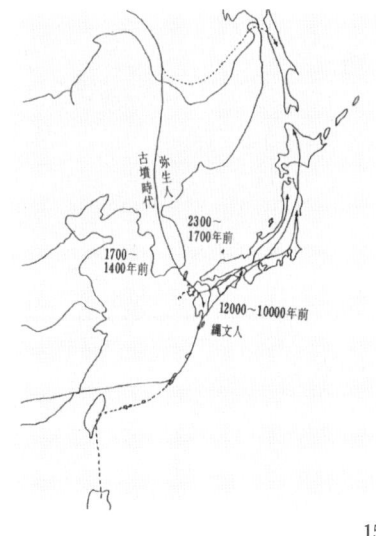

15

❸ 닭(도리 鷄)

앞에서 든 다나베 유이치(田名部雄一)는 "혈장 단백질의 구성을 조사
한 결과, 닭이 야요이 시대에 처음 조선 반도를 거쳐서 들어온 것으로
생각된다"고 적었다(1993; 416).

도상16이 우리네 긴 꼬리닭이고,
도상17은 일본의 같은 닭이다.

우리는 일찍부터 꼬리가 유난히 긴 장미계(長尾鷄)를 키웠다.
『삼국지(三國志)』의 "한(韓) 나라에 꼬리가 긴 세미계(細尾鷄)가 있다"는
기사가 그것이다(위서 동이전, 「한전(韓傳)」).
남조(南朝) 송(宋)의 범엽(范曄, 398~446)이 지은 『후한서(後漢書)』에도

16   17

"마한(馬韓)에 있는 장미계는 꼬리의 길이가 다섯 자(有長尾鷄 尾長五尺)"라는 기사가 보인다(권115 「동이전」).

그리고 당의 위징(魏徵)과 장손무기(長孫無忌) 등이 656년에 낸 『수서(隋書)』에도 백제에서 닭을 기른다는 기록이 들어 있다.

어디 그뿐인가, 남송 때(1127~1279)에 나온 『교광지(交廣志)』에도 "조선의 긴꼬리닭(長尾鷄)은 꼬리가 가늘면서도 길어서 길이가 세 척(尺)이나 된다"는 기사가 보이고, 이시진(李時珍, 1518~1953)은 『본초강목(本草綱目)』에 "장미계는 꼬리의 길이가 3, 4척이고, 맛이 다른 닭보다 훨씬 좋다"고 적었다. 이로써 중국에 우리 닭이 일찍부터 널리 알려진 것을 알 수 있다.

도상18은 일본의 꼬리 긴 닭이다.

이들이 일본에서 천연기념물로 지정한 고치현(高知県)의 8m가 넘는 꼬리를 지닌 장미계(미장계[尾長鷄]라고도 한다)와 연관되었을 가능성이 크다.

18

더구나 이를 임진왜란(壬辰倭亂) 때(1592~1597) 시고쿠(四國)의 도사● 번주(土佐 藩主) 야마구치 가즈도요(山內一豊, 1546?~1650)가 조선에서 장미계를 가져와서 농민들에게 나누어준 것이 시초라는 설도 있는 까닭이다(山口健兒, 1983; 94).

●'도사'는 고치현의 옛 이름이다.

이보다 앞선 스이코(推古) 천황 6년(599) 여름 4월에 신라에서 까치 두 마리를 보내고, 같은 해 8월에 공작 한 마리를 보낸 것을 떠 올리면 장미계도 빠지지 않았으리라는 생각을 지우기 어렵다.

도상19가 닭무덤(鷄塚)이다.

도상20은 니가타현(新潟県 新浦原郡)에 있는 닭 관련 신사에서 신상으로 모시는 닭의 상이다. 이 일대에서 닭을 먹지 않는 것은 물론이고 달 걀도 입에 대지 않는다고 한다.

시마네현(島根県) 마쓰에시(松江市 大庭町)에, 정부가 1924년에 국가사적으로 지정한 6세기 중기의 대정계총(大庭鷄塚)이 있다. 사방 45m에 이르는 이즈모(出雲) 지역에서 가장 큰 최고 수장급의 무덤이다.

무덤 이름의 '대정'은 위치이지만, 덧붙인 '계총(鷄塚)'은 무슨 뜻인가. 이는 닭과 연관성이 있다는 뜻이다. 이를테면 도치기현(栃木県)에 있는 '계총고분(鷄塚古墳)'이 좋은 보기이다. 이 무덤에서 진흙으로 빚은 닭(鷄形埴輪)이 많이 출토된 까닭이다.

19

20

따라서 앞에서 든, '오바 니와도리 쓰카(大庭鷄塚)'도 인간이 아니라 한국에서 건너간 닭, 그 중에도 장미계의 무덤일 가능성이 크다.

미즈노 유우(水野祐)는 "신라의 계명 전설(鷄鳴傳說)과 연관이 있다"고 하였고, 안내판에도 "금계 전설이 전해올 뿐만 아니라, 이곳에 묻힌 금계가 우는 소리를 들으면 오래 산다"는 기사가 있다.

도상21이 오이타현(大分県) 기쓰키시(杵築市)에 있는 닭신사(鷄神社)이고, **도상22**는 본전이다.

'신라의 계명 전설'은 『삼국유사(三國遺事)』의 간추린 기사에서 왔다.

탈해왕(脫解王, 57~80) 9년 봄, 호공(瓠公)이 구림(鳩林)에서 큰 빛을 보았다. 자주색 구름이 하늘에서 땅으로 뻗치고 구름 속 나뭇가지에 황금 궤짝이 걸려 있었다. 그 안에서 빛이 나오는 가운데, 나무 아래에서 흰 닭이 계속 울고 있었다.

호공의 이야기를 들은 왕이 궤짝을 열자 남자 아기가 있어 내 후계자라

21

22

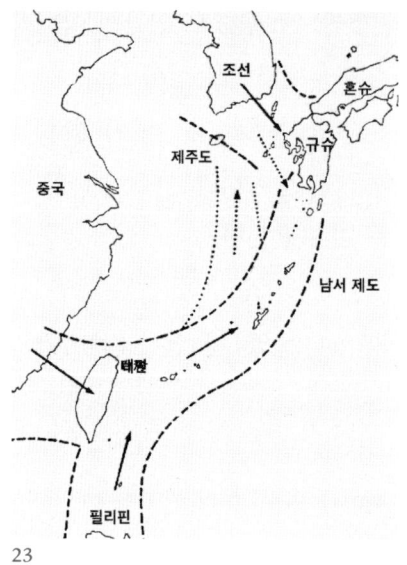

며 기뻐하였다. 알지라는 이름에 금빛 궤에서 나온 점을 들어 성을 김으로 정하였다. 그가 김알지 왕이 되면서 김씨가 역대 왕이 되었으며, 궤짝을 발견한 곳을 계림(鷄林)이라고 불렀다(기이[紀異] 제2 「김알지[金閼智] 탈해왕」).

이는 닭이 새로운 왕의 탄생을 알렸다는 뜻이다.

23

우리 경상남도 포항시(浦項市) 건너 쪽에 있는 시마네현은 예부터 우리와 연관이 깊다. 신라의 연오랑(延烏郎)과 세오녀(細烏女)가 건너간 것을 비롯하여 제철 기술을 비롯한 여러 문물이 유입된 관문이기도 하다. 이곳에 한국신사(韓國神社)와 한국 부뚜막신사(韓竈神社)가 있고, 앞바다의 섬에 세운 도리이를 우리 쪽으로 세운 까닭도 이에 있다.

젓가락의 공을 기리려고 젓가락 무덤과 젓가락 신사를 세운 저들인 만큼, 꼬리 긴 닭의 무덤도 세울만하지 않은가 한다.

일본에서 닭도 신으로 모신다.

도상23은 닭이 우리와 중국 남부에서 일본으로 들어간 것을 알린다(野澤 謙, 1994, 『日本文化の起源』).

❹ 쥐(네즈미 鼠)

개뿐만 아니라 쥐도 같은 길을 거쳐서 들어갔다.

도상24가 앞 사람이 제시한 쥐의 이동 경로이다.

앞 책의 기사이다.

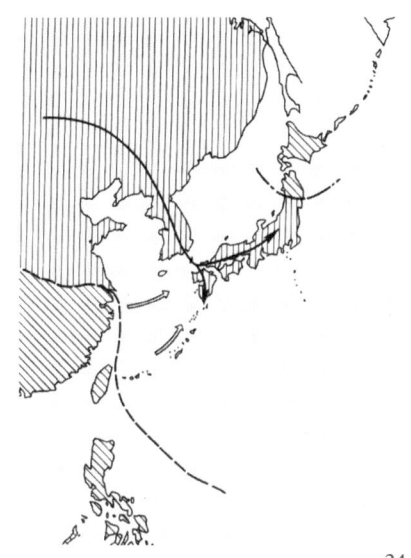

24

2만 년 전의 최성(最盛) 빙하기 (更新世期)에 해수면(海水面)이 지금보다 130m 낮았다고 한다. 미토콘드리아 DNA 조사 결과에 따르면, 이때 야생의 쥐가 남중국이나 동남아시아에서 조선을 거쳐서 들어왔을 가능성이 있다(三脇和郎·彌天搏通, 1993; 428~429).

03
건국 신화

1) 한국

우리 겨레는 예부터 유목을 위주로 하는 북방 민족과 큰 관계를 맺어
왔다. 북방 문화가 지닌 특징 가운데 하나는 조상이 하늘에서 내려왔다는
이른바 천손강림(天孫降臨) 신화, 곧 고조선의 단군신화가 바로 그것이다.

이에 견주어 농업을 위주로 하는 남방에는 조상이 알에서 태어났다
는 난생신화(卵生神話)가 퍼져 있다. 신라의 박혁거세(朴赫居世) 신화가 대
표적이다.

『삼국유사(三國遺事)』에 실린 간추린 단군(檀君)신화이다.

옛적에 환인 제석(桓因帝釋)의 여러 아들(庶子) 가운데 환웅(桓雄)이 인간
세상에 내려오려고 하자, 천부인(天符印) 세 개(칼·방울·거울)를 주어 보냈다.
무리 3,000명을 거느리고 태백산(太白山) 신단수(神壇樹)에 신시(神市)를
세운 그가 환웅천왕(桓雄天王)이다. 그는 풍백(風伯)·우사(雨師)·운사(雲師)
를 거느리고, 농사(穀)·수명(命)·질병(病)·형벌(刑罰)·선(善)·악(惡) 등 무릇

01   02

인간의 360여 가지 일을 맡아서 세상을 다스렸다(제1권 「기이[紀異]」 제2).

도상1이 단군 신상이고,

도상2가 북한에서 평양에 세운 거대한 단군 신전이다.

우리는 1945년에부터 초등학교 교실에 도상1과 같은 단군의 그림을 길이로 걸고 칠판에도 단군과 서기 연호를 위아래로 적었다. 관공서의 서류도 마찬가지였으며 한쪽을 잊어도 2333을 더하거나 **빼**면 되어 불편이 없었다. 또 "단군성조 세워주신 신성한 나라, 뭉치자 민족의 혼 바치자 충성"이라는 구절이 든 노래도 자주 부르고 들었다.

단군 연호는 1980년대 군사 정권이 없앴다. 신화인데다가 번거롭다는 이유였다. 천황의 재위 년이 공식 연호인 일본에서 서기를 알려고 사전을 펴는 일에 견주면 아무것도 아닌데 말이다. 우리는 조상을 잃은 후레자식이 되고 말았다.

2) 일본

❶ 다카치호다케(高千穂峰)

『고사기(古事記)』에 실린 가고시마현(鹿兒島縣) 다카치호다케(高千穂峰)에 대한 간추린 기사이다.

하늘의 신 아마테라스 오미카미(天照大神)가 둘째 손자 니니기(邇邇藝)에게 지상에 내려가서 다스리라고 일렀다. (…) 이때 칼·거울·곡옥(曲玉) 따위의 세 가지 신기(神器)를 받은 (…) 그는 다섯 부족의 족장과 여러 신하들을 거느리고 다카치호다케(1,574m)로 내려왔다. 그는 "땅의 모양이 먼 곳에 있는 가라쿠니(韓國)를 향하고, 가까이는 가사사(笠沙)의 곶(岬)과도 통하여 아침 해와 저녁 해가 곧바로 비치는 나라이니 참으로 길지(吉地)로구나"하며 거대한 궁전을 구름 높이 짓고 좌정하였다(상권).

길지라며 궁전을 지었다는 곳에 있는 최고봉 이름이 가라쿠니다케(韓國峰 1,700m)이다. 가고시마현 기리시마시(霧島市) 경계에 있는 이 산은 기리시마(霧島) 연산(連山)의 최고봉이기도 하다.

도상1이 가라쿠니다케의 위치도이다.

01

❷ 가라쿠니 우즈미네신사(韓国宇豆峯神社)

가고시마현 기리시마시에는 가라쿠니 대명신(韓国大明神)을 받드는 가라쿠니 우즈미네신사(韓国宇豆峯神社)가 있다.

도상2가 신사 이름을 새긴 비이다. 이름 가운데 '韓國'은 이 지역이 한반도에서 건너온 도래인의 정착지라는 뜻이기도 하다.

한편, 신사 현판에 "식내사(式内社)에 오른 3,132개 신사 가운데 한 (韓)·가라구니·가라쿠니(韓國)라는 이름을 지닌 신사가 12곳에 이른다"고 적혔다.

고대에 이 지역으로 한반도에서 많은 사람들이 건너왔다. 그중에서도 눈길을 끄는 것이 하타(秦)씨 계통의 사람들은 대부분 현재의 고쿠부하야토(国分隼人), 곧 키리시마시(霧島市) 일대에 정착하였다.

한편, 가라쿠니 우즈미네신사가 위치한 산꼭대기의 이름 '소호리'는 도읍을 가리키는 '소벌(蘇伐)'이나 '서울'을 가리킨다고도 한다.

같은 이름의 봉우리가 이웃의 미야자키현(宮崎県)에도 있으며, 거주민들은 천손(天孫)이 자기네 땅에 있는 다카치호다케(高天穗峰)로 내려왔다고 주장한다.

02

❸ 후쿠오카현(福岡県) 히코산신궁(英彦山神宮)

규슈(九州)의 히코산(英彦山)은 고대부터 신앙의 대상이 되었던 신(神)의 영산(靈山)이다. '히코(日子)'는 태양의 아들, 곧 하늘의 아들을 가리킨다.

13세기에 나온 『히코산유기(彦山流記)』에 "히코산의 산신이 진단국(震旦國)에서 왔다"는 기사가 보인다. '진단국'은 동쪽의 나라 곧 한국이라는 말로, 이 산 신궁(神宮)에 등원환웅(藤原桓雄)이라는 인물의 그림도 있다.

산 정상에서부터 상궁·중궁·하궁으로 나뉜 세 신전은, 단군신화의 환인(桓因)·환웅(桓雄)·단군(檀君)을 상징한다고 일러온다.

도상3이 히코산 신궁이고, 도상4가 단군의 신상이라고 한다.

다음 글은 이들을 마련한 사람들이 한국 이주민인 사실을 알려준다.
- 단군이 둘째 아들이고, 니니기가 셋째 손자인 점
- 단군의 천부인 세 개와 니니기가 가져온 칼·거울·곡옥이 닮은 점
- 니니기가 내려온 곳에서 한국이 바로 보이는 점
- 가고시마현에 한국신을 모시는 신사가 두 곳에 있는 점
- 히코산 신궁에 환웅의 초상화가 있는 점
- 앞의 산에 환인·한웅·단군의 신전이 있는 점

03

04

04

한국인의 일본 이주

　한국인의 일본 이주 사실은 지명으로도 확인할 수 있다. 우리는 추운 북쪽에서 따뜻한 남쪽으로 내려온 까닭에 언제 어디서나 남쪽은 '앞'이고 뒤는 '북'이었다. 따라서 마을 남쪽의 산을 앞산이라고 불렀으며 경주시(慶州市)와 대구시(大邱市)의 앞산 이름이 '남산'인 까닭이 이것이다. 뒷간이라는 이름도 냄새 나고 더러운 공간을 집 뒤(북쪽)에 둔 데서 왔다.

　그러나 일본에서는 반대로 나타난다. 북(한국쪽)이 '앞'이 되고, 남이 '뒤'인 것이다. 에도 시대의 지도를 보면 규슈의 경우, 우리와 가까운 후쿠오카(福岡)가 치쿠젠(筑前), 이보다 남쪽에 자리한 사가현(佐賀県) 일대가 치쿠고(筑後)로 적혀 있다. 히젠(肥前)과 히고(肥後), 부젠(豊前)과 붕고(豊後)도 마찬가지이다. 본토(本島)의 경우도 다르지 않아서, 동해 쪽의 에치젠(越前)·에츄(越中)·에치고(越後)와 우젠(羽前)·우고(羽後)도 우리와 가까운 쪽은 '앞(前)'이고, 먼 쪽은 '뒤(後)'라고 부른다. 이러한 지명은 고국을 그리던 정이 사무친 나머지 언제나 한국 쪽을 바라고 지낸 데서 왔을 터이다.

이밖에 쓰시마(對馬島)를 비롯하여 우리와 가까운 지역에 위치한 신사(神社)의 도리이(鳥居)가 바다에서 육지 쪽으로 세워진 점도 기억해 둘만하다. 도리이는 신사의 출입문과도 같은 것으로 성역임을 알리는 표지이다.

따라서 도리이를 바다에서 육지의 신사 쪽으로 세운 것은 이곳의 신(海神)이 바다를 건너왔다는 사실을 알려주는 증거이다. 실제로 쓰시마의 니이(仁位)에 있는 와다츠미(和多都美) 신사에서 도리이의 방향을 살피자, 놀랍게도 서북쪽인 신라의 고도(古都) 경주를 향하고 있었다.

도상1이 앞의 신사에서 바다 쪽으로 세운 도리이이고,
도상2가 바다 쪽에서 신사를 향해 세운 도리이이다.

이는 한국인의 일본 이주는 기온이 점차 낮아짐에 따라 자연히 '따뜻한 남쪽 나라'에 대한 동경이 커지면서, 전 3세기 무렵에 한족(漢族)이 고조선(古朝鮮)을 집어삼키고 전 207년에 진(秦)도 한(漢)에 망한 탓

01

02

에 많은 피난민과 망명객들이 우리에게로 들어오는 따위의 정치적 격변이 원인이 되었을 것이다.

이곳뿐이 아니다. 시마네현(島根県) 이즈모시(出雲市)에 있는 이즈모다이샤(出雲大社)의 도리이도 신사에서 떨어진 바닷가 산 위에 한국 쪽으로 세웠다. 이곳은 신라의 천일창(天日槍)과 세오녀(細烏女)가 건너간 곳으로 알려졌으며, '韓國神社'라고 적힌 현판도 남아있다.(☞88쪽)

일본의 가나 문자가 신라의 이두(吏讀)에서 나왔다거나(金澤庄三郎), 일본의 귀족 학교에서 백제 선생이 백제 말로 강의를 하였다는 보고(司馬遼太郎) 따위는 우리가 다 잘 아는 터이므로 덧붙이지 않기로 한다. 그러나 백제가 나당(羅唐) 연합군의 침공을 받자 사이메이(齊明, 655~661) 천황이 2만 7천여 명의 원군을 보냈다는 『일본서기(日本書紀)』의 기사는 길이 기억해 두어야 한다(6년 12월).

그때 인구 5백60만의 반을 남자로 잡고, 어린이와 노인을 다시 반으로 셈하면 전 인구의 20분의 1에 이르는 수치인 것이다. 그러함에도 이들의 패망 소식이 전해지자 당시의 귀족들이 놀라움에 휩싸였다.

『일본서기』의 기사이다.

백제의 주유성(州柔城 周留城)●이 마침내 당(唐)의 손에 떨어졌다. 이때 나라 사람(國人)들이 "사태가 돌이킬 수 없게 되었다. 이제 조상의 분묘가 있는 곳을 어떻게 가겠나. 일본 장군들과 만나 어찌해야 좋을지 의논하자고 말하였다(「덴지[天智] 천황 2년[663] 9월).
●'주유성'은 부안군(扶安郡) 상서면(上西面) 우금산(禹金山, 329m)에 있는 우금산성(禹金山城)을 가리킨다.

우리가 독립한 뒤 공산 치하 북한에 가족을 남기고 내려온 이산(離散)가족들이 명절마다 판문점으로 가서 철조망을 부여잡고 울먹이고 또 사망한 부모를 위한 제사상을 차려놓고 명복을 빌 듯이, 그들도 백제 쪽으로 서서 같은 행동을 하였을 것이 틀림없다.

고대에 중국이 지은 '왜(倭)'라는 나라 이름은 섬에 사는 인간이라는 멸시의 감정이 밴 데다가, 실제로 우리가 건너가서 나라를 세웠고 그 가운데 백제와는 분국(分國)과 다름이 없는 사이여서 이름을 따로 지을 필요가 없었다. 지금의 나라 이름 '日本[일본]'이 백제가 망하고 10년 뒤 (670)에 나온 까닭이 이것이다.

또 이 무렵에 나온 『일본서기』에 나라의 이름을 앞세운 것도 그 내용이 백제사와 다르다는 사실을 알리기 위함이었다. 따라서 적어도 7세기 후반 이전까지의 일본은 한국, 그 가운데도 백제의 영토였던 셈이다. 이를테면 오사카시(大阪市)에 '백제(百濟)역'이라는 전철역이 남은 것도 그렇거니와, 이름을 예대로 '구다라 에키(百濟驛)'라고 부르는 것이 좋은 보기이다. 어디 그뿐인가? 백제교(百濟橋)·오사카시립 남백제 소학교(大阪市立 南百濟小學校)·백제 간이우편국(百濟簡易郵便局) 따위도 마찬가지이다.

도상 3이 백제 역에 걸린 현판이고, 도상 4가 앞에서 든 소학교이다.

03   04

말투에도 백제의 자취가 뚜렷하게 느껴진다. 일본말은 지금의 교토(京都) 중심의 간사이 말(關西弁)과 도쿄(東京)중심의 간토 말(關東弁)로 나뉜다. '고맙습니다'를 간토에서 '아리가토오고고자이마스'라고 하지만, 간사이에서는 '오 키니'라고 이른다. 또 '맛있게 먹었습니다'를 간토에서는 '고치소사마데시다'라고 하지만 간사이에서는 '고치소산도쓰'라고 이른다.

이뿐만이 아니다. 이를테면 '무엇을 하세요'의 표준어인 간토 말은 '나니오시데 이마스까'이지만, 간사이에서는 '나니오 시테이루'라고 한다. 나아가 같은 간사이임에도 고베(神戶)에서는 '난데야넨'으로 바뀐다. 간사이에서 말끝을 조금 올리는 것도 특징의 하나이다. '오키니' 뒤에 붙이는 '잉'이 그것이다. 이는 동의를 구하는 뜻이기도 하다. '고치소산도스'의 '스'도 마찬가지이다.

이는 백제의 고토(故土) 전라도에서 말끝에 '잉'을 붙이는 것과 같다. 보기를 들면 '그렇지요, 잉' 하는 따위이다. 이 또한 동의를 구하면서 친근감을 나타내는 표현이다.

05

신사 및 신궁의 한국인

신사(神社)는 일본 특유의 신도(神道) 신앙을 위한 제사 시설이다. 대상은 800백 만에 이르는 신도의 신을 비롯하여, 황실(皇室)과 씨족(氏族)의 조상, 위인이나 의사(義士) 그리고 혼령(魂靈) 따위이다. 이밖에 산천(山川)과 호수에 깃든 자연신·일반 민속신·실재의 인물·전설상의 인물·음양도(陰陽道)·도교(道敎)의 신·불교의 신 따위의 밖에서 들어온 신과 벼·원숭이·고래·복어(鮏) 따위의 동물을 받드는 신사 그리고 자손 번영의 상징인 자지의 상을 받드는 신사도 있다.

그 수는 전국을 통틀어 8,500여 곳에 이르며, 등록되지 않은 작은 곳까지 합하면 10만 곳이 넘고, 종교법인(宗敎法人)을 갖추지 않는 곳까지 넣으면 20만에 이른다.

신궁(神宮)은 7세기 말에 나왔다.

『일본서기』에 보이는 이세신궁(伊勢神宮)·이소노가미신궁(石上神宮)·이즈모다이신궁(出雲大神宮) 따위가 대표적이다. 이어 927년에 나온 『연희식(延喜式)』에 가고시마신궁(鹿島神宮)·가토리신궁(香取神宮)·다이신궁(大神宮) 등이 들어있다(「신명장[神名帳]」).

'신궁'은 본디 신라에서 시조(始祖)를 제사하던 성소(聖所)이다. 『삼국사기(三國史記)』의 "소지왕(炤知王) 9년(487) 봄 2월, 나을(奈乙)에 신궁을 설치하였다"는 기사가 그것이다(신라본기 제3 소지[炤知, 마립간]). 한편, 앞 책에 "법흥왕(法興王) 3년(516) 봄 정월, 몸소 신궁에서 제사를 지냈다"고 적힌 것을 보면(권제 14 지증마립간), 신궁을 5세기 말에서 6세기 초에 세운 것으로 보인다. 이는 우리 신궁이 6세기 후반에 선보인 이세신궁과 야와타신(八幡神) 신앙의 바탕이 되었다는 설과도 일치한다.

따라서 시게가네 히로유키(重金碩之)가 『풍습사전(風習事典)』에 "신사의 마쓰리(祭) 때 사람들이 외치는 왔쇼이 왔쇼이 하는 외침은, 신이 오셨다는 한국어"라고 적은 것은 그럴듯하다(1981년).

또 구메쿠니다케(久米邦武)가 "일본 천황들이 올리는 이른바 아마테라스오미카미(天照大神) 제사는 고대 조선의 천신(天神), 고구려의 동맹(東盟·東明), 부여의 영고(迎鼓), 예(濊)의 무천(舞天)에게 올리는 제사와 같다"고 한 것도 기억할 일이다(『日本古代史』, 1891;10).

신사의 관리자를 신직(神職)이라고 부르며, 정치가나 공직자가 겸직도 한다. 신사에서는 신상(神像)·거울·물건 따위를 신체(神體)로 모시며, 태양의 상징인 거울을 신경(神鏡)이라고 부른다.

신사가 지닌 이러한 성격은 일본의 문화, 특히 서민문화 연구에 귀중한 구실을 한다. 신사를 모르면 일본 문화를 알 수 없다는 말은 이에서 왔다.

일본 신궁와 신사에서 받드는 한국인을 살펴본다.

1) 헤이안 신궁(平安神宮)

1895년에 간무(桓武, 781~806) 천황의 신주를 모시기 위해 교토(京都)에 세웠다. 그의 생모는 백제 여성 화씨(和氏) 부인(?~789)이다. 그리고 그네는 일본에 살던 백제 제25대 무령왕(武寧王, 462~523)의 직계 후손 화을계(和乙繼)라는 백제 왕족의 딸이다. 그네의 남편 고닌(光仁, 710~781) 천황도 백제 왕족이다.

간무는 일본의 제50대 천황으로 794년에 도읍을 나라(奈良)에서 평안경(平安京)로 옮겨서 이른바, 헤이안(平安) 시대(8~12세기)를 열었으며 교토가 1,000여 년에 걸쳐 일본의 수도 구실을 하였다.

도상1이 신사의 도리이이고, **도상2**가 본전이다.

아사히신문(朝日新聞) 2001년 12월 23일 자 기사이다.

아키히토(明仁) 천황(1989~2019)이 68회 생일의 기자회견에서 "나 자신은 간무 천황의 생모가 백제 무령왕(武寧王)의 자손이라는 것을 797년에 나온 『속일본기(續日本記)』를 보고 알았고, 이에 따라 한국과 혈연관계임을 깨달았다"고 하였다.

01

02

간무 천황은 평안궁(平安宮)에서 해마다 신라의 원신(園神, 소노카미)과 백제의 한신(韓神, 카라카미)을 위한 궁중의 신상제(新嘗祭)와 대상제(大嘗祭)를 봄가을, 두 번 올리게 하였다. 그리고 이를 위해 옛 평안경에 원신사(園神社) 및 한신사(韓神社)를 따로 세웠다.

2) 히라노신사(平野神社)

교토(京都)의 이 신사는 앞에서 든 간무 천황이 백제 성명왕(聖明王, 523~554)인 이마키신(今木神)을 비롯하여, 구도신(久度神)·후루아키신(古開神)·아이도노(相殿)의 히메신(比賣神)을 받들기 위해 세웠다.

구도신은 성명왕의 선조 구태왕(仇台王)이며, 후루아키신의 '후루'는 비류왕(比流王, 304~344), 아키는 초고왕(肖古王, 166~214)을 가리킨다.

한편, 구태왕은 백제의 시조 온조왕(溫祚王, 전 18~27)이고, 비류왕은 온조왕의 친형이며, 초고왕은 백제 5대 왕이다.

도상1이 히라노 대황신(大皇神)이라고 적은 도리이의 현판이고, 도상2가 본전(本殿), 도상3은 그 안에 모신 나무로 깎은 이마키신상이다.

01   02   03

3) 아스카베신사(飛鳥戶神社)

오사카(大阪)에 있는 아스카(飛鳥) 마을은 백제계 아스카베노 미야쓰코(飛鳥戶造)의 일족이 사는 곳으로, 아스카베 신사에서 그들의 조상신 아스카 오가미(飛鳥大神)를 받들어 온다. 그리고 아스카 오가미는 백제의 곤지(昆支, ?~477) 왕자이다.

개로왕(蓋鹵王, ?~475)의 동생인 그는 왕이 임신한 아내를 자신에게 부탁하자 일본으로 데려왔고 그네가 낳은 아들이 무령왕(武寧王)이라고 한다.

제사는 신사 사당에 막걸리·사과·대추·나물·부침개 따위의 제물을 차려놓고 한복을 입은 참석자들이 술을 한 잔씩 따른 뒤 큰절을 올리는 방식으로 이루어졌다. 제단에 '顯考昆伎王神位'라는 한국식 지방(紙榜)도 붙였다.

이러한 제사는 우리식으로 지내려는 동포들이 뜻을 지역 주민들이 받아들여 준 덕분이다.

도상1이 신사의 입구이고, 도상2가 제례를 지내는 장면이다.

01

02

4) 왕인묘(王仁墓)와 왕인공원(王仁公園)

왕인(王仁, ?~?)은 『고사기(古事 記)』와 『일본서기』에 등장하는 백제 학자이다. 4세기 중반에 『천 자문(千字文)』과 『논어(論語)』 따위 를 가지고 건너가서 현지에 한학 과 유교를 전파하였다.

01

오사카시(大阪市)에서 1938년 에 그의 무덤을 사적으로 지정하는 외에, 해마다 11월 3일, 왕인제(王 人祭)를 올린다. 그리고 무덤 주위에 9만 5천㎡에 이르는 큰 공원을 꾸 몄다.

도상1이 무덤의 문으로 '百濟門'이라고 적은 현판을 달았다.
도상2는 위에서 본 왕인 공원이다.

02

5) 백제사 터와 백제왕 신사(百濟王神社)

오사카후(大阪府) 히라가타시(枚方市)에 위치한 백제사 사적공원(百濟寺 寺跡公園) 안에 있다.

01

받드는 신은 백제 왕과 기온정사(祇園精舍)의 수호신으로, 액운을 물리쳐준다는 데스덴노(牛頭天王)이다.

백제가 멸망하자 조정이 일본에 남은 백제 왕족 선광(善光, ?~?)에게 '백제왕'의 성을 내리고 그의 증손 백제왕 경복(敬福)에게 미치노구(陸奧·福島県·宮城県·岩手県·青森県과 秋田県의 일부 지역)의 수령을 삼았다.

그가 749년에 영지(領地)에서 찾은 황금 900냥을 조정에 바치고 새 벼슬(從三位宮内卿·河内守)을 받으면서, 씨절(氏寺)로 백제사, 씨신(氏神)으로 백제왕사(百濟王神社)를 세우고 조정에서 백제왕의 신사묘(神祀廟)를 건립하였다.

도상1이 백제사 터에 세운 3층탑이고, 도상2가 그 터에 세운 비이다. 도상3은 백제왕 신사의 입구이다.

02

03

6) 기온마쓰리(祇園祭)

오사카(大阪)의 기온에서 벌이는 이 행사는 일본 3대 축제의 하나이자 일본의 대표적 축제로 손꼽힌다.

'기온'이라는 이름은 기원사(祇園社)에서 받드는 고즈(牛頭) 천왕이 불교 성지 기온정사(祇園精舍)의 수호신인 데서 왔다. 그를 기온신(祇園神)이라고 부르는 외에, 신사의 이름도 주위의 지명을 빌리고 제명(祭名) 또한 기온어령제(祇園御靈)라고 불렀다.

도상1이 기온제 장면이다.

수호신 유래에 대한 야사카(八坂) 신사 고문서(由緖記略)의 기사이다.

사이메이(齊明, 655~661) 천황 2년에, 고구려에서 온 이리시(伊利之)가, 신라국 우두산(牛頭山)의 스사노미코토명신(須佐之男明神)을 교토(京都) 야마시로쿠니(山城國 八坂鄕)에 모시고 와서 제사를 올렸다.

우두산(1,046m)은 경상남도 거창군(居昌郡)에 있으며, 이름은 산의 형

01

세가 소머리를 닮은 데서 왔다고 한다. 이밖에 해인사(海印寺)가 있는 가야산(伽倻山)의 주봉(主峰)인 상왕봉(象王峰)을 우두산이라고도 한다. 그러나 고구려의 이리시가 이곳의 신을 일본으로 모셔간 까닭이 무엇인지 궁금하다.

그것은 어떻든, 『일본서기』에도 스사노미고토가 신라의 신이라고 적혀 있다(권 제1).

스사노미코토는 하늘 나라(高天原)에서 아들 야마토타케루를 이끌고 신라국으로 강림하였고, 그곳의 '소시모리'라는 곳에서 살았다(素盞鳴尊 師其子五十猛神 降到於新羅國 居曾戶茂梨之處).

앞글의 소시모리는 소의 머리(牛頭)가 아니라는 견해도 있다. '曾戶茂梨'의 일본말 소릿값 '소시모리'는 또는 '소시호리'는 신라의 나라 이름 徐耶伐(서야벌)·徐羅伐(서라벌)·徐伐(서벌)이나, 현재 한국의 수도인 서울의 소릿값과 통하는 까닭이다. 고대 한국에서 '소' 또는 '쇠'는 金(금), 벌은 城(성) 또는 城邑(성읍)을 나타낸 점에서 소시모리는 금성(金城), 곧 신라 왕도 경주라는 것이다.

기온사는 메이지유신(明治維新) 때 이름이 야사카신사(八坂神社)로 바뀌었으며, 고구려 대사(大使)가 두 번 찾은 것을 들어 고구려대사(高句麗大社)라고도 부른다.

02

도상 2는 스사노미코토의 상이다.

7) 기타노 덴만구(北野天滿宮)

01

교토(京都)에 있는 이곳에서 받드는 신은 9세기의 거물 정치가이고 '학문의 신'이자 '서도(書道)의 신'으로 불리는 신라계의 스가와라노 미치자네(菅原道眞, 845~903)이다.

백제인 칸무(桓武, 781~806) 천황의 명에 따라 815년에 나온 『신찬성씨록』에 "조정(朝庭)의 스가와라 조신(菅原祖神)은 천손(天孫) 하지숙이(土師宿禰)의 후손으로, 고닌(光仁, 770~781) 천황이 781년에 '스가와라'는 성씨를 내려 주었으며, 그의 조상은 하지숙이의 조상과 똑같다"는 기사가 있다.

입학시험을 앞둔 학생들은 스가와라노 미치자네가 학문의 신이라고 하여, 구매한 나무판에 직접 기원문(祈願文)을 써서 신사에 놓인 신우상(新牛像)에 바친다.

도상1은 미치자네의 초상이고, 도상2가 덴만구의 입구이다.
도상3은 엎드린 모양의 우신상(牛神像)이다.

02

03

8) 에바라지(家原寺)

백제의 유학자 왕인(王仁, ?~?) 박사의 직계 후손 행기(行基, 668~749) 스님은 오사카의 에바라지(家原寺)라는 절집에서 태어났다.

그는 생전에 49개소의 절집을 세웠을 뿐만 아니라, 다리 6개소, 닦은 길 1개소, 연못 15개소, 수구(水口) 6개소, 개천(開川) 4개소, 닦은 수로(水路) 3개소, 선착장 2개소, 나그네를 위한 숙박업소 보시옥(報施屋) 따위를 전국 아홉 곳에 세웠다.

그리고 나라(奈良)에 있는 도다이지(東大寺)에 세계 최대의 금동불상도 조성하였다. 그가 남긴 『조사재목지식기(造寺材木知識記)』에 따르면, 재목 시주자 5만 1천590명, 무보수 공사 인부 166만 5천71명, 돈을 낸 사람 37만 2천75명, 기술자 51만 4천102명이 힘을 합쳤다고 한다.

그는 745년에 일본 최초의 대승정(大僧正)이 되었다.

도상1이 그가 태어난 절집이고,
도상2는 그의 상이다.

01

02

9) 오미와신사(大神神社)

　나라현(奈良県) 사쿠라이시(桜井市)에 있으며 오모노누시노가미(大物主神) 또는 오쿠니누시노미코토(大國主神)를 받든다.

　도상1이 오미와 신사이다.

　『고사기』에 "이 신은 신라에서 바다를 건너와 나라(奈良) 땅 미와산(三輪山)에 계시(啓示)된 신라의 거룩한 신"이라고 적혔다(중권).

　그리고 이 신을 받들기 시작한 이는 한국에서 일본으로 건너간 3세기의 스이닌(垂仁, 전 29~70) 천황이다. 7년에 나라가 크게 흔들리자 하늘의 신과 땅의 신령에게 기도를 올렸더니 앞의 신을 보내 주었다는 것이다.

　이에 앞서 일어난 일에 대한 『일본서기』의 기사이다.

　스이닌 천황 3년 봄 3월, 신라의 왕자 천일창(天日槍)이 우태옥(羽太玉) 한

01

개, 족고옥(足高玉) 한 개, 제록록(鵜鹿錄)의 적석옥(赤石玉) 한 개, 출석(出石)의 작은 칼 한 자루, 출석의 창 한 자루, 일경(日鏡) 한 면, 곰의 신리(熊神籬) 한 구 등 모두 일곱 점을 가져왔다(권 제6).

앞글 가운데 대나무로 짠 신단(神壇)이라는 뜻의 '곰의 신리'의 일본말은 '히모로기'로, 단군의 어머니 웅녀신(熊女神)을 모시는 신단이라고 한다(홍윤기, 2002;266).

도상2가 효고현(兵庫県 豊岡市)에 있는 천일창(天日槍)신사이다.

천일창에 대한 『고사기(古事記)』의 간추린 기사이다.

신라의 어떤 늪에서 신분이 낮은 한 여자가 낮잠을 자다가 음부에 햇빛이 비치더니 붉은 구슬을 낳았다. 이를 본 한 천한 남자가 간청하여 구슬을 얻었다가 뒤에 신라의 왕자 천일창(天之日矛)에게 빼앗겼다.

뒤에 그 구슬이 아름다운 여인으로 바뀌자 왕자가 왕비로 삼더니 박대를 하여 배를 타고 일본으로 갔다. 그네를 따라간 왕자는 다지마구니(多遲麻國)에서 다른 처녀와 혼인하였다(중권 오진[應神] 천황).

02

이것은 다지마 지역(효고현[兵庫縣] 북부)의 호족(豪族) 다지 마모리(田道間守)라는 인물의 선조에 대한 설화로, 한국에서 건너간 집단이 일본의 서부지역의 유력한 세력을 이룬 역사적 사실을 가리킨다고 한다. 그리고 그가 가져갔다는 옥과 칼과 거울 따위가 일본의 탄생을 상징하는 '삼종(三鐘)의 신기(神器)'와 일치하는 것도 기억할 일이다.

『삼국유사』의 천일창을 연상시키는 연오랑(延烏郎)●과 세오녀(細烏女)의 설화이다.

> 제8대 아달라왕(阿達羅王) 때(157년), 동해 바닷가에 살던 세오녀의 남편 연오랑이 바다에서 해초를 따던 중, 갑자기 어떤 바위(물고기라고도 한다)가 나타나더니 일본으로 데려갔다. 이를 본 그 나라 사람들이 매우 특별한 사람이라며 왕으로 삼았다.
> 남편을 찾아 나선 세오가 남편이 벗어놓은 신발이 놓인 바위를 보고 올라가자 역시 그녀를 태우고 바다를 건너갔다. 둘은 다시 만났고, 세오는 귀비(貴妃)가 되었다. 신라에서 해와 달이 빛을 잃자 일관(日官)이 우리나라에 내려온 해와 달의 정기가 일본으로 갔기 때문이라고 하였다.
> 왕이 사신을 보내 돌아오라고 하자, 연오는 "나는 하늘의 명에 따라왔습니다. 그 대신 내 왕비가 짠 고운 명주 비단을 가져가서 하늘에 제사를 지내시오"하여 그대로 따랐더니 해와 달이 전처럼 빛이 났다. 그 비단을 국보로 삼고, 창고 이름을 귀비고(貴妃庫)라고 지었다. 하늘에 제사 지낸 곳을 영일현(迎日縣) 또는 도기야(都祈野)라고도 한다(권 제1 「기이[紀異]」 제1).
> ● 이에 따라 '연오랑'을 천일창'의 다른 이름으로 보기도 한다.

한편, 도기야가 『동국여지승람(東國輿地勝覽)』에 욱기야(郁祈野)로 오르고, 소릿값이 『경상도 지리지(慶尙道地理志)』의 근오지(斤烏支)의 '오지(烏支)'와 같은 데다가 일본의 오키(隱岐)와 동일한 점을 들어, 일본에 건너간 두 사람이 새로 세운 왕국의 이름을 고향의 것(오키[迎日])으로 삼은 결과라고 한다.

에가미 나미오(江上波夫)도 자신의 『기마민족국가(騎馬民族國家)』에 "4세기 중엽에 한국의 기마민족이 규슈(九州)로 건너가고, 5세기에 본토(本土)로 가서 원주민을 몰아내고 새 왕조 세웠다"고 적었다(1967년).

이른바, 이 '기마민족 일본정복설'은 4세기 무렵에 한반도 남쪽 끝을 지나서 규슈 지방에 진출한 부여 및 고구려계의 기마민족이 다시 동쪽으로 가서 일본 열도의 정치세력을 정복, 야마토(大和) 국가를 세웠으며, 그 우두머리가 바로 천황가(天皇家)의 시조가 되었다는 견해이다.

그가 바로 제10대 스진(崇神, 전 97~전 30) 천황으로, 본디 고구려계 사람인 그가 가야(伽耶)로 내려와 살다가 일본으로 건너가서 최초의 정복 왕조를 세웠다는 것이다.

이러한 사실이 미즈노 유우(水野祐)가 1978년에 쓴 다음의 글과 일치하는 점도 흥미롭다.

경상도와 이즈모(出雲) 사람의 A형 분포율은 거의 같다(경상도 42.16:이즈모 42.8). 신라인의 표상인 경상도인은 A형이 많은 남부지역 중에도 특별히 높거니와, 일본의 이즈모 사람들도 마찬가지다. 인종학적으로 두 지역의 혼혈률이 이와 같다면 같은 계열임이 분명하다(홍윤기의 『일본 속의 한국문화유적을 찾아서』의 294쪽에서 재인용).

도상3은 경상북도 포항시 남구(浦項市 南區) 호미곶(虎尾串) 광장에 세운 연오랑과 세오녀의 상이다.

03

기타 규슈(北九州)에서 한국 도공(陶工)들이 많이 살던 이마리시(伊萬里市)에 고라이(高麗) 신사가 있고, 산 밑에 고라이신(高麗神)이라고 새긴 비가 있다. 그리고 이 신에게 제사를 지낼 때는 일본 떡과 달리, 멥쌀 가루를 시루 안에 넣고 팥을 뿌린 우리네 시루떡을 바친다. 또 가고시마(鹿兒島)에서는 흰 무리를 고라이모치라고 부르지만, 이나리에서는 시루떡을 고라이모치라고 이른다.

이밖에 사이다마현(埼玉県)을 비롯한 여러 곳에 있는 고려신사도 모두 고구려의 자취이다.

10) 고류지(廣隆寺)

절은 5세기 말, 경상북도 울
진(蔚珍)에서 태어난 뒤 일본으
로 건너가서 교토 지역을 개척
한 신라의 진하승(秦河勝, 6세기
말~7세기 중엽)이 세웠다.

01

『일본서기』의 기사이다.

황태자가 모든 대부들에게 "내가 지닌 존귀한 불상을 누가 가져가 받들
겠는가" 묻자, 진하승이 나와서 "제가 모시겠습니다"하면서 받았다. 그리
고 강봉사(蜂岡寺, 하치오카데라)를 세웠다(스이코[推古] 천황 11년 겨울 10월).

도상1이 교토에 있는 고류지고
도상2의 왼쪽은 진하승, 오른쪽은 아내의 상이다.
도상3이 절 안에 세운 사당이다.

02

03

앞 기사의 '존귀한 불상'은 일본 국보 제1호 보관미륵보살 반가사유상 (寶冠彌勒菩薩 半跏思惟像)으로, 신라에서 붉은 소나무(赤松)로 조각한 작품이다. '강봉사'는 고류지의 다른 이름으로 '태진사(太秦寺)'라고도 한다.

도상4의 왼쪽이 국립중앙박물관의 금동미륵보살반가사유상이고, 오른쪽은 고류지에 있는 보관미륵보살 반가사유상이다.

도상5의 왼쪽이 한국상의 뒷면, 오른쪽은 일본상의 뒷면이다.

04

05

06

진하승은 곳곳에 세운 철공소에서 철제 농기구를 생산하여 나누어 줌으로써 농사 기술을 높이는 외에, 양잠 기술을 북돋우는 일에도 큰 구실을 하였다.

일본의 신사 가운데 진씨 가문을 제신(祭神)으로 모신 곳이 2,970사(社)에 이르며, 그 가운데 가장 대표적인 곳이 진씨네의 농신(農神)을 모신 이나리(稻荷) 신사이다.

도상6이 교토(京都)의 상징으로 불리는 이나리신사의 도리이와 본전이다.

또 그는 쇼도쿠(聖德, 574~622) 태자의 국가 재건을 비롯하여, 사천왕사(四天王寺) 건립과 운영에 큰 영향을 끼치는 외에 막대한 재산을 조정의 재정에 보태기도 하였다.

고닌(光仁, 770~781) 천황도 백제 왕족이고, 그의 조부는 백제 성왕(聖王)의 증손자 덴지(天智, 668~672) 천황의 손자이며, 그의 아버지는 죠메이(舒明, 629~641) 천황이다.

그리고 백제궁(百濟宮)을 짓고 살던 죠메이가 13년(641) 겨울 그곳에서 죽자, 장례를 백제의 대빈(百濟大殯)으로 치렀다"는 기사가 『일본서기』에 보인다(권 제23).

2부

식생활

연변(만주)

한국

일본

중국

四川省

貴州省

네팔

부탄

대만

雲南省

아삼

필리핀

인도

말레이시아

01

부엌 살림살이

1) 부뚜막

아라이 하쿠세키(新井百石, 1657~1725)의 어원 설명이다.

옛적에 부뚜막(竈)●을 가마라고 부르다가 뒤에 솥(釜)도 같이 불렀다. 이 결과 부뚜막이 가마도가 되었다. (…) 솥을 가마라고 한 것은 한어(韓語)의 사투리에서 왔다. 지금도 조선에서는 솥을 가마라고 한다(정대성, 1992; 19에서 재인용).

● '부뚜막'은 붙박이가 아니라, 우리가 여름철 등에 솥이나 냄비를 걸고 음식을 익히는 이동식의 간단한 한데부엌을 가리킨다.

도상1은 6세기의 오사카 유적(大阪茨木市 溝咋)에서 나온 것으로, 아궁이 이마에 굵고 짧은 챙을 몸 양쪽에 손잡이를 붙였다. 솥뿐 아니라 시루도 기름하며 손잡이는 짐승의 뿔을 연상시킨다.

도상2는 사가현(佐賀県) 오츠시(大津市) 유적의 출토품이다. 손잡이 끝을 거의 직각으로 구부렸다. 시루에 손잡이가 없는 것도 특징의 하나이다.

도상3은 나라현(奈良県) 평성경(平城京)에서 나왔다. 종래의 것보다 아궁이가 너르면서 높고, 이마의 붙인 챙은 로마 병사의 투구를 연상시킨다.

도상4~5는 사가현 오츠시의 고훈(古墳) 시대(3~6세기) 무덤에서 나온 명기(明器)이다. 보고자는 "무덤의 주인이 한국인이며, 한국에서는 부뚜막을 명기로 쓰지 않지만 저쪽의 것이 우리 일본으로 들어와서 구실이 바뀌었다"고 하였다.

도상6도 나라현에서 나온 부뚜막이다. 깊숙한 질솥에 노루뿔처럼 생긴 손잡이를 붙인 질솥을 앉혔다. 오른쪽 솥에서 물이 끓는다.

도상7은 오늘날의 한데부엌으로 우리의 것과 다르지 않다(김광언, 2015).

01   02   03   04

05   06   07

(1) 2005년 3월 5일자 오사카후(大阪府) 스이다시(吹田市) 문화재 기사이다.

5세기 중기에 들어온 부뚜막꼴(竈形) 토기는 들어 옮기는 이동식이다. 섶나무 따위를 땔 때는 아궁이와 옹기나 솥을 거는 몸은 ㄴ자꼴로 이루어졌으며 양쪽에 손잡이를 붙였다. 그리고 아궁이 위쪽에 챙을 댄 것이 많으며, 이것이 있고 없음에 따라 첫째 위가 굽은 것, 둘째 다른 진흙을 덧붙인 것, 셋째 없는 것의 세 종류로 나눈다.

크기는 높이 20㎝의 소형과 이보다 큰 대형이 있다. 소형은 고훈 시대에 특히 도래인(渡來人)들이 장송(葬送) 의례에 썼으며, 8세기에서 12세기 말에는 잡귀를 쫓는 제사에도 쓴 듯하다. 대형은 실용품으로『연희식(延喜式)』●에 간가마도(韓竈)라고 적힌 대로, 제사에 이용하였을 것이다.

●『연희식(延喜式)』은 927년에 나온 것으로, 양노율령(養老律令)에 대한 시행세칙을 집대성한 고대 법전이다.

(2)『일본어원대사전(日本語源大辭典)』의 정의이다.

일본어원대사전에서도 '조선어에서 온 말인 듯하다'며『동아(東雅)』·『고사기전(古事記傳)』·『화훈간(和訓栞)』·『대언해(大言海)』 따위의 고문헌을 근거로 든 다음,『이와나미 고어사전(岩波古語辭典)』의 '조선어 kama(釜)와 어원이 같다'는 기사를 덧붙였다(2005; 348).

(3)『사물기원사전(事物起源辭典)』의 기사이다.

부뚜막은 솥을 거는 장소이다. (…) 설치법은 대륙에서 들어왔을지도 모른다. 고대 한국에서도 솥을 kama라고 불렀으며 지금도 민간에서 쓴다. '가마'는 고대 한국에서 쓴 대로,『연희식(延喜式)』에도 '가라가마(韓竈)'라는 낱말이 들어 있다(2001; 77~79).

우리말 부뚜막과 솥의 어원이 같다는 말은 옳지 않으나, 두 가지가 일본으로 들어갔다는 뜻으로 받아들인다. 실제로 '가마'는 본디 '검다'에서 왔고, '솥'은 솥의 재료인 '쇠'가 뿌리이다.

(4) 『부엌 살림살이의 역사(台所道具の歴史)』의 기사이다.

외국에서 들어온 부뚜막은 처음으로 일본의 부엌에 마련되었다. 이처럼 중요한 비중을 차지하는 것이 외국에서 들어오기까지 일본 자체에서 생기지 않은 것은 아무리 생각해도 이상한 일이다.

일본 열도의 국민들은 반도(半島)에서 '가마도'가 전래되기까지, 불을 다루기 위해 땅바닥을 파고 '이로리(爐)'를 설치하는 데까지는 나갔지만, 불 관리에 한층 앞선 한데부엌은 만들지 못하였다. (…) 닮은 이름을 지닌 것이 야요이(弥生) 시대(전 3세기~3세기) 후기에 이미 나타났으나, 연기를 직접 밖으로 빼는 굴뚝(煙道)과 음식의 재료를 담아서 끓이는 솥(煮沸具)을 앉히기 쉬운 한데부엌은 고훈 시대에 겨우 선보였다가 후기에 전국으로 퍼졌다. 이 한데부엌의 갑작스러운 출현과 급속한 보급은 외부에서 들어온 사실을 가리킨다. (…)

가마도(がまと)의 '도'는 '곳'으로 한데부엌 자리라는 뜻이다. '가마'는 조선어 kama(釜)와 같은 어원으로, '우묵한 곳'이라는 말이다. 모시(苧)를 저장하는 구덩이를 '이모가마(いもかま)'라 부르는 것은 '가마'의 옛 뜻을 그대로 알려주는 좋은 보기이다.

'가마'에서 '가마도'를 비롯한 여러 말이 갈라져 나왔다. 앞의 '가마(釜)'가 그것으로, '구덩이'에서 '우묵한 그릇'을 가리키게 된 것이다. '숯가마(炭釜)'나 '옹기가마(炭物釜)'처럼 굽는 설비(燒成設備)를 이르는 낱말도 마찬가지이다. 풀무로 쇠를 녹이는 도가니 시설도 '가마'이다. 고대의 일본인은 '가마'에 '우묵하다'는 뜻을 붙여서 '불에 관한 시설'임을 나타내게 되었을 터이다. (…)

부뚜막이라고 하면 붙박이를 떠올리나 실제는 토사기(土師器)로 구운 이동식의 한데부엌도 있었다. 붙박이와 한데부엌은 거의 동시에 들어왔으며, 뒤의 것은 주로 도래민(渡來民)이나 지배계급에서 썼을 터이다.

이 덕분에 집에서 음식을 끓일 때 나오는 연기가 사라졌고, 부뚜막을 설치한 다락집에서도 쓰게 되었다. 이로써 열효율이 전보다 배로 늘어난 것도 놀라운 발전이지만, 굴뚝이 생겨서 위생적인 생활을 누리게 된 것 또한 큰 변혁이 아닐 수 없다. 한데부엌은 서부 일본에 널리 퍼졌으며, 동일본에서는 주로 붙박이(화덕)를 썼다(榮久庵憲司, 1976; 26~32).

08

09

10

11

앞글의 '외국에서 들어온 부뚜막'이라는 말은 난방 및 조리를 이로리(圍爐裏), 곧 네모로 판 방바닥에 재를 깔고 불을 피우는 일본식 화덕에 의존해 온 사실을 가리킨다.

앞에서 든 일본의 고대 한데부엌이 우리 것과 똑같은 것을 보면 우리가 들고 가서 쓴 것이 분명하다.

도상 8은 가야(加耶) 시대(전 1세기~562)의 한데부엌이고, 도상 9는 전라북도 익산시(益山市 王宮里)에 있는 백제유적 출토품의 앞과 옆 모양이며, 도상 10은 경상북도 경주시(慶州市)의 안압지(雁鴨池)에서 나온 쌍둥이 한데부엌이다.

도상 11은 1980년대 중반에 충청남도 태안군(泰安郡) 안면읍(安眠邑)의 한 농가에서 한데부엌에 음식을 끓이는 장면이다. 오른쪽에서 국자로 국물을 떠서 간을 보는 가운데, 왼쪽에서는 불길을 살피고, 두 손을 모아 쥔 가운데 여인은 맛이 나기를 기도라도 하는 모습이다.

일본의 사정은 어떠한가.

도상 12가 중류 이상의 가옥 거실에 마련한 이로리의 그림이다. 조리 기구인 냄비를 보꾹에서 내린 갈고리에 걸어 놓았다. 문에서 마주 보이는 자리에 주인이, 그 오른쪽에 안주인이, 주인 왼쪽에 손님이, 앞쪽에 하인이 앉는다.

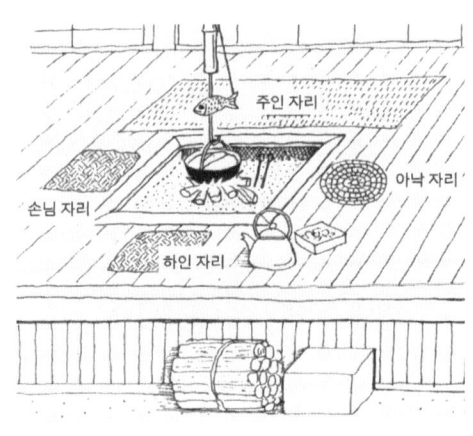

12

13

14

15

16

도상13이 이로리 바닥에 피운 불에 음식을 익히는 장면이다. 이로리를 따로 마련하기 어려운 집에서는 도상14처럼, 부엌 한곳에 말굽꼴로 낮게 쌓은 진흙더미에 불을 피웠다.

이밖에 큰 음식점이나 상류 가옥에서는 도상15처럼 긴 네모꼴로 쌓은 큰 화덕에 솥이나 냄비를 걸었다.

도상16은 아궁이 다섯 개를 갖춘 초승달꼴의 화덕이다. 네모꼴보다 차지하는 면적이 줄어서 그만큼 편리하다.

(5) 『가마도(かまど)』의 기사이다.

부뚜막은 7세기쯤 조선 반도에서 조선인이 가져왔으며, 가라가마(韓竈)라는 한데부엌도 마찬가지이다. 가마도라는 이름도 이 가라가마에서 온 듯하다. 연도(煙道)를 만드는 데 쓴 스헤키(須惠器)도 부뚜막 기술과 함께 한반도에서 들어왔다.

고훈(古墳) 시대(3~6세기) 중기에서 후기에 이르는 사이에 전국의 보급률이 빠르게 늘어났다. 중기에 평균이던 10%가 후기에 72.48%로 오른 것이다. 가장 주목할 곳이 후쿠오카현(福岡県)이고, 그중에도 규슈(九州) 지방이 특출하다. 늘어난 11.8%가 후기에 73.7%로 뛰어오른 것이다. 다른 지역의 평균 보급률이 후기에 5.1%에 머문 점을 떠올리면 놀라운 일이다. (…)

이는 5~6세기에 일어난 현상으로, 바로 조선 반도에서 스헤키의 부뚜막이 들어온 시기와 일치한다. 특히 후쿠오카현은 조선 반도의 현관과도 같은 곳이어서 많은 도래인이 이곳을 통해 들어왔다. (…)

또 도래인의 마을 유적은 야마구치현(山口県)·효고현(兵庫県)·교토(京都)·나라현(奈良県)·오사카(大阪) 등지의 기나이(畿內)를 중심으로 널리 분포하며, 서일본의 많은 유적은 도래인이 처음 자리를 잡은 곳으로 생각된다. (…) 고훈 시대 중기 및 후기에 걸쳐서 전국의 부뚜막 보유율이 급상승한 것도 이들의 영향을 받은 결과일 터이다.

도래인은 붙박이 부뚜막 기술뿐만 아니라 한데부엌인 가라가마도 가져왔다. 가마도라는 이름도 이에서 온 듯하다. 조선에서 솥을 가마(kama)라고 부르는 것으로 미루어 '가마'도 본디 조선어였을 터이다. 『이와나미 고어사전』에도 가마(竈·釜)의 뿌리는 조선어 kama라고 적혔다.

가장 오래전에 나온 『화명초(和名抄)』에서 가마도는 일본말 가만(加万)으로 음식을 만드는 곳(炊爨)이라고 한 것은 가마도를 단지 가마라고 부른 것을 알려준다. 이 사전이 934년에 나왔으므로 헤이안(平安) 시대 중기의 이름은 가마였음이 분명하다(獵野敏次, 2004; 12~16).

17   18

　도상17은 시마네현(島根県) 이즈모시(出雲市 唐川町大)에 있는 한조(韓
竈) 신사에 걸린 현판이고, 도상18이 신전이다.

　733년에 나온 『이즈모풍토기(出雲風土記)』에 간가마샤(韓銍社)로 적혔
으며, 927년에 나온 『연희식(延喜式)』의 신명장(神名帳)에는 간가마신사
(韓竈神社)로 올랐다. 이름 '한조'는 한국에서 들어온 솥이라는 말이다.

　다음은 신사의 현판 기사이다.

신사 이름 가라가마는 조선에서 들어온 솥(釜)을 가리킨다. 이는 제신(祭
神) 스사노미코도(素盞鳴命)가 자식(御子神)
과 함께 신라에서 나무 심는 법(植林法)과
쇠 녹이는 법을 비롯한 철기 문화를 들여
온 것과 연관이 깊다고 한다.
이즈모다이샤(出雲大社) 한 귀퉁이에 걸린
'한국신사(韓國神社)'라고 적힌 작은 현판
(도상19)도 우리와 연관이 매우 깊었던 사
실을 나타내는 증거의 하나이다.

19

(6)『부엌 살림살이의 역사(台所道具の歷史)』의 기사이다.

> 나라(奈良) 시대(710~784)에도 붙박이 부뚜막과 한데부뚜막 두 가지를
> 썼으며 가마도·가마·시루로 이어진 한데부엌을 가라가마도(韓竈)라고 불
> 렀다. 서민들은 흙으로 쌓은 부뚜막이나 나무 시루를 걸고 쌀이나 잡곡
> 을 익혔지만, 이들 사이에 밥맛을 큰 차이가 없었을 것이다.
> 가라가마도를 고급품으로 여긴 것은 맛보다 집 밖에서 끓이므로 연기
> 가 끼치지 않은 데 있다. 이에서 더 나아가 (…) 고훈 시대의 호족(豪族)
> 은 부뚜막을 위한 건물을 따로 세웠으며, 나라(奈良) 시대 귀족들도 마
> 찬가지로 살림채·빈빗간(調理棟)·헛간 따위의 건물을 독채로 지었다. 가
> 난한 하급 관리(外從五位下)조차 지붕을 노송나무(檜)로 덮은 몸채를 갖
> 추는 외에, 헛간을 따로 마련하면서 짚으로 덮은 주방을 따로 세워서
> 연기와 냄새에서 벗어났다(1976; 45).

이밖에 백제계 사람들이 살아온 나라현 기다가쓰리군(北葛城郡) 오
지죠(王寺町)에 백제의 신을 모신 구도신사(久度神社)가 있는 것도 기억
할 일이다.

이곳은 삼국시대 백제계 이주민과 관련된 사당으로, 호무다와케노
미코토(品陀和氣命)·아메노코야네노미코토(天兒屋根命)·소코즈쯔노오노
미코토(底筒男命) 외에 구도신(久度神)을 받들어온다.

이들 가운데 '구도신'이 백제 계통의 이주민들이 세운 히라노신
사(平野神社)의 제신이었던 점에서 백제인들이 모셔간 신으로 생각된
다. 그리고 문헌에 조신사좌(竈神四座)·제기화(祭忌火)·정화(庭火)·어조
신(御竈神) 따위로 적힌 것은 우리네 조왕신과도 연관이 깊은 것을 알
려준다.

20   21

무슨 까닭인지 지금의 현판에는 구도대신(久度大神)·하치만대신(八幡大神)·스미요시대신(住吉大神)·가스카대신(春日大神) 따위의 네 신의 이름만 보인다.

도상20이 신사의 입구를 알리는 비이고,
도상21은 신사의 본전이다.

2) 굴뚝

'구도'는 오늘날과 달리 굴뚝이라는 말이다.

「일한 양국어의 비교연구(日韓兩國語の比較研究)」의 기사이다.

오늘날에는 부뚜막(曲突)을 구도라고 부르지만 이는 말뜻이 바뀐 것이다. 옛적에는 굴뚝(煙突)을 이렇게 불렀다.

한어(韓語)에 이를 연상시키는 낱말이 있다. 곧 '굴뚝'이다. 이것은 소릿값이 '구도'를 닮았을 뿐 아니라, 뜻도 구도와 같다. 구도와 굴뚝은 서로 관계가 있으며 이는 고대에 이루어졌다(中田 薰, 1929, 『宮崎道三郎先生 法制史論集』).

아닌 게 아니라 우리는 18세기 무렵까지 굴뚝을 '굴독'으로 적었다. 그 용례이다.

① 突 굴독 돌(『왜어유해[倭語類解]』, 1781~1782년)
② 曲突 굴독(『물보[物譜]』, 1802년)
③ 竈突 굴독(『물명[物名]』, 1824년)

따라서 구도신사의 이름 '구도'는 바로 우리말 굴뚝에서 왔다. 이는 한눈에 보아도 '굴'의 ㄹ과 '독'의 ㄱ이 떨어져 나간 결과임을 알 수 있다.

3) 솥

더구나 이 부근에 굴뚝절(久度寺) 뿐 아니라, 주민이 바친 것으로 보이는 솥이 있는 것도 주목거리이다. 이 신사의 궁사(宮司) 모리무라 히데오(三村秀夫) 내외의 호의 덕분에 신으로 받드는 솥을 살펴보았다.

다음은 솥 옆구리에 새긴 1648년 8월에 바쳤다는 내용의 명문이다.

和刀 廣瀨郡 久度村 御八幡
宮御湯釜 慶安 元年 戊子 八月 吉日

'경안 원년'은 1648년으로, 이해 8월에 본디 신사의 상징물이던 솥이 낡아서 새로 마련하였다는 뜻일 터이다. 이마저 다리 하나가 떨어져 나갔다. ㄱ자로 굽은 다리의 어깨에 입술을 꾹 다문 험악한 짐승의 얼굴을 새긴 것은 악귀가 가까이 오는 것을 막는다는 뜻이다.

이 신사가 784년에 관사(官社)로 지정된 까닭이 이것이다.『속일본기(續日本記)』에도 "예부터 기나이(畿內) 지역의 유명 신사로 알려졌다. 나라 시대 이전에 창건되어 역대의 천황이 받들었으며, 특히 간무(桓武, 781~806) 천황 때 관사가 되어 종5위하(從5位下)의 신위(神位)를 모셨다"는 기사가 보인다.

도상1이 다리 한쪽이 떨어져서 손으로 받쳐 든 솥이다.

01

그리고 교토(京都) 천거(遷居) 때 히라노(平野) 신사를 794년에 새로 짓고 이마키(今木)·구도(久度)·후루아키(古開)·히메(比賣)의 네 신을 모셔간 것도 그 비중이 얼마나 컸던 가를 알려주는 좋은 보기이다.

주신 이마키가 백제의 성왕(聖王, 153~554)인 사실도 기억할 일이다. 뒤에 이마키신에게 종2위(從2位), 구도신과 후루아키신에게 종4위(從4位), 히메신에게 정5위(正5位)의 작위(爵位)를 내렸고 981년부터 역대의 천황이 참배를 거르지 않은 까닭도 이에 있다.

한편, 나이토 코난(內藤湖南, 1866~1934)도 "이마키신은 외국에서 온 신이다. 구도신은 백제 성왕(聖王)의 선조 구태왕(仇台王)이고, 후루아키신의 '후루(古)'는 비류왕(比流王, 304~344)을, '아키'는 초고왕(肖古王, 346~375)이라는 사실을 가리킨다"고 적었다(홍윤기, 2002;63에서 재인용).

'구태왕'이 백제의 시조 온조왕(溫祚王, 전 18~27)이라는 설도 있다.

정대성에 따르면 옛적에 구도신사에서 제사를 올릴 때 이 솥을 옮겨 놓고 물을 끓였고, 참배객은 피어오르는 증기를 몸에 쐬어서 부정을 물리쳤으며 이를 신의 은총을 입은 듯이 여겼다고 한다(2000;37).

4) 냄비

『사물기원사전(事物起源辭典)』의 기사이다.

스슌(崇峻) 천황 원년(588), 철반(鐵盤) 박사 장덕백(將德白)이 백제에서 건너와 이 무렵부터 쇠 냄비(鐵鍋)를 쓰게 되었다. 『화명류취초(和名類聚抄)』에도 관련 기사가 보인다. (…) 나베라는 이름은 나라(奈良)시대부터 썼다. 『하리마 풍토기(播麻風土記)』의 '나베(奈閇)'가 그것이다. 한편, 정창원(正倉院) 문서의 물품 요구서의 '냄비(鍋) 두 개에 211문(文)'이라는 기사는 옹기 냄비(土師製)일 터이다. (…) 형태는 양쪽에 손잡이가 달린 것과 없는 것, 바닥이 깊은 것과 낮은 것의 두 가지가 있다.
이것은 채소(菜)을 찌거나 국물을 끓이는 따위의 조리용으로 썼다(朝倉治彦 外, 2001;289).

앞글의 '철반 박사 장덕백'의 장덕백은 잘못된 것으로, 『일본서기(日本書紀)』에는 장덕(將德) 백매순(白昧淳, ?~?)으로 올랐고 전문분야도 '철반 박사'가 아니라 '노반(鑪盤) 박사'로 적혔다(스슌 천황 원년 봄 4월). 이름 앞의 '장덕'은 관등이다. 한편, 「원흥사 가람연기병류기 자재장(元興寺伽藍緣起幷流記資財帳)」에는 자매순(自昧淳)으로 올랐다. 그는 백제 위덕왕(威德王 35년[588]) 때, 건축 관련 기술자들과 함께 일본으로 파견되었다.

우리네 『일본서기(日本書紀)』 번역본에서 그의 분야가 '鑪盤(노반)'이라고 하였음에도, 일본 발행본에는 '露盤(노반)'으로 올라서 혼란을 불러일으킨다. 그리고 노반은 "불탑(佛塔)의 정상에 있는 상륜(相輪)의 기초가 되는 부분인 노반 건축의 전문기술자"라고 덧붙였다.

01   02

　‘하리마’는 지금의 효고현(兵庫県)이다. 그것은 어떻든, 일본의 ‘나베’
는 우리말 ‘냄비’의 받침 ㅁ이 떨어져 나간 결과로 보는 것이 자연스럽
다. 오노 스스무(大野晋)도 ‘냄비’의 받침 ㅁ이 떨어지면 나비 또는 네비
로 바뀌고 이어 나베에 가깝다고 적었다(『日本語の起源』).

　도상1이 오늘날의 쇠냄비이고
　도상2가 옹기냄비다.

5) 사발

　사발의 일본말 '사하리(佐波里)'의 뿌리는 경상도 지방의 사투리 '자바리' 또는 '시바루'이다. 우리는 지금도 남자용 밥그릇은 '주발', 여성용은 '바리'라고 하며, 사기로 구운 것을 '자발'이라고 부른다.

　『일본고어대사전(日本古語大辭典)』에도 "신라의 고어 사라(沙羅)가 바뀐 것인가(『大日本國語辭典』)"라는 기사가 있다(前田富祺, 2005; 564).

　한편, 10세기 중기에 나온 『왜명유취초(倭名類聚抄)』에 "신라에서 만든 금속그릇이 일본에 들어와 유명해지면서 '新羅'가 그릇이라는 보통명사처럼 사용되자, 신라에서 사라(雜羅)로 바뀌는 변화가 생겼을 것"이라고 적혔다.

　일본 정창원(正倉院)에 뚜껑을 갖춘 신라의 사하리가 여러 벌 있다. 근래 이들을 싸둔 종이가 신라의 고문서라고 밝혀지며 나온 사실이다.

　도상1이 정창원의 신라 사하리이고,
　도상2는 옆 모양이다.

01

02

『정창원』의 기사이다.

정창원에 사하리제(佐波里製) 식
기 4백수십 개와 약 7백 개의 접
시가 있다. 이러한 사하리제 식
기는 모두 고급품으로, 우리 나
라에서는 나라 시대에, 주로 궁
정이나 사원에서 썼다. 사하리

03

제 식기를 쓰는 생활 습관은 특히 조선 반도에서 발달하였고, 정창원에
보관된 사하리제 식기도 반도의 것을 들여온 것으로 보인다(1993; 65).

도상 3도 같은 곳에 있는 고구려의 사하리(沙皿)이다.

6) 숟가락과 젓가락

세계의 인구 50억 가운데 40%에 이르는 인도·동남아시아·중근동·아프리카·오세아니아 등지의 주민들은 손으로 식사를 한다. 이들은 손으로 음식을 집을 때의 감촉을 통해 맛까지 즐긴다. 중국의 위구르족을 제외한 중앙아시아의 여러 민족은 국수도 손으로 집어먹는다. 그 온도는 60도가 가장 알맞아서, 70도는 너무 뜨겁고 50도로 내려가면 맛이 떨어진다고 한다. 중앙아시아에 포크나 스푼류가 1930년대 이후에 들어간 까닭이 이것이다.

도상1이 왼쪽의 숟가락을 두고 손으로 음식을 집는 장면이고,
도상2는 모녀인듯한 여자 둘이 오른손의 음식을 입에 넣는 모습이다.

세계를 통틀어 나이프·포크·스푼을 한 세트로 쓰는 곳은 유럽·아메리카·러시아 등지로 30%쯤에 지나지 않는다. 그나마 이것들이 유럽에 널리 퍼진 것은 18세기 후반부터이다. 중세까지도 빵을 걸쭉한 수프에 찍어 먹으면서도 불편을 몰랐다. 수프를 마시지 않고 먹는다고 하

01

02

는 것은 이 때문이다. 콘소메 같은 국물 위주의 수프는 19세기에 들어와서야 선보였다.

1553년, 프랑스의 앙리 2세와 혼인한 이탈리아 메디치 집안의 딸이 혼수로 포크를 가져간 것이 포크 보급의 시초가 되었다. 하기야 유럽에서는 지금도 빵을 손으로 집어서 입으로 나른다.

우리처럼 젓가락을 쓰는 민족은 나머지 30%로 중국·일본·베트남 등지이다. 이 가운데 우리는 젓가락보다 숟가락을 더 많이 쓰지만, 일본에는 젓가락만 있다. 연꽃 모양으로 구운 짧은 사기 숟가락은 근래에 들어와 냄비 요리를 즐기게 되면서 퍼졌다. 오늘날의 중국인들도 숟가락을 더러 쓰지만, 역시 젓가락이 앞선다. 숟가락으로는 볶음밥이나 먹을 뿐이고, 국물은 입에 대고 마신다. 이 점은 일본도 마찬가지이다.

수저의 발생지인 중국에서도 은대(殷代, 전 1750~전 1020)에는 손으로 음식을 집었으며, 금속제 숟가락은 신석기시대 이후에 나왔다. 벼 재배 유적으로 널리 알려진 전 7000년 대의 절강성(浙江省) 하모도(河姆渡) 유적에서 나온 구리 숟가락은 오늘날의 것과 크게 다르지 않으나, 총(손잡이 부위) 끝에 구멍이 뚫려 있다. 이는 끈을 꿰어 목에 걸거나, 허리에 차고 다닌 것을 알려준다. 은제 숟가락은 수(隋)와 당(庸)대에 널리 퍼졌다. 이 시기의 것은 봉(음식이 담기는 부위)이 좁고 길며, 총 또한 매우 긴 것이 특징이다.

젓가락은 이보다 늦게 나와서, 선진(先秦) 시대에도 고기류는 손으로 집었다. 이에 대한 기사는 전 230년쯤에 나온 『순자(旬子)』에 처음 보이고, 실물은 춘추(春秋) 시대(전 770~전 403) 중기 이후의 유적에서 나왔다. 크기는 길이 20~25㎝에, 굵기 0.4㎝로 오늘날의 것을 닮았다.

조나 수수를 주식으로 삼았던 화북(華北) 지방에서는 원대(元代, 1206
~1368)까지도 밥이나 죽을 숟가락으로 들었고, 젓가락은 국 건더기를 건
질 때만 썼다. 그러나 명대(明代, 1368~1662)에 이르러 수저의 위상이 바
뀌었다. 오늘날처럼 젓가락 위주의 생활이 시작된 것이다. 이 무렵부터
화중(華中) 이남에서 재배한 끈기 있는 쌀로 밥을 지은 까닭이다. 이에
견주어 쌀이 주식이었던 남부 지방에서 젓가락을 일찍부터 쓴 것은 다
시 말할 여지가 없다.

도상3은 충청남도 공주(公州)의 무령왕(武寧王, 462~523)능에서 나온
세 닢의 구리 숟가락과 두 닢의 구리 젓가락이다. 하나의 길이(20.4㎝)
는 오늘날의 것을 닮고, 총의 허리는 잘록하며, 끝으로 가면서 부채살
처럼 퍼졌다(4.7㎝). 또 연꽃을 닮은 봉(길이 7.7㎝, 너비 4.4㎝)은 끝에서 총
끝까지 다섯 줄의 돋을무늬를 새겨서 맵시를 냈다. 젓가락(길이 21.2㎝)
은 가운데(지름 0.5㎝)가, 양 끝보다 가늘어서(0.3㎝) 눈을 끈다. 같은 형
태의 것이 일본 정창원에도 있기 때문이다.

도상4는 통일신라 시대(676~935)의 안압지(雁鴨池)에서 나온 둥근 봉
숟가락 네 닢과 연꽃꼴 한 닢(모두 구리)으로, 정창원 소장품을 닮았

03   04

다. 완형은 총길이 17~19㎝에 봉
길이 6~7㎝이며, 너비는 5.4~7㎝
이다. 이밖에 다른 지역에서 나
온 것들도 삼국시대의 양식을 보
인다.

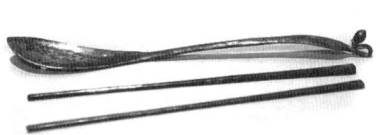

05

　도상5는 일본 교토(京都)의 고
려미술관(高麗美術館)의　통일신라
시대 것으로 알려진 수저 한 벌이다. 금을 입혔으며, 총 끝에 금으로 싼
구슬을 달고 특히 숟가락에는 복숭아 꼴의 밝은 꽃판 무늬까지 곁들였
다. 이 같은 무늬는 봉 바닥과 봉과 총이 이어지는 부분에도 베풀어서
그 화려함이 눈부시다. 숟가락 길이는 27㎝이며, 허리는 굽었다. 한편,
젓가락은 길이 24.4㎝이다.

　일본인들은 우리보다 훨씬 늦게 젓가락을 썼다. 3세기에 나온『삼
국지(三國志)』의 '왜인(倭人)들은 손으로 음식을 먹는다'는 기사가 그것
이다(위서[魏書] 동이전[東夷傳]「왜[倭]」).
　이것이 널리 퍼진 것은 고훈(古墳) 시대(3~6세기) 이후의 일이다. 그리
고 수저는 우리에게서 건너갔다.

⑴『젓가락의 문화사(箸の文化史)』의 기사이다.

　젓가락은 중국에서 직접, 또는 조선 반도를 거쳐서 들어왔다고 알려
져 있으나, 일본에서 젓가락을 쓰기 시작한 것은 3~7세기의 일로 생각
된다. 특히 일본에서 중국의 문화를 의식하고 받아들이려고 한 것은
7세기 이후로, 그 계기가 된 것은 불교 전래에 따른 식사법일 터이다.

불교의 전래는 긴메이(欽明, 509~571) 천황 때, 백제의 성왕(聖王·聖明王, 523~554)이 불상이나 경론(經論) 따위를 보낸 것이 시초라고 한다. 이 불교문화도 처음에는 조선에서 들어왔고 일본 최초로 새로운 젓가락 제도를 조정의 공연의식(共宴儀式)에 채용한 것은 쇼도쿠(聖德, 574~622) 태자 시절이라고 한다(一色八郞, 1993; 53).

(2) 『부엌 살림살이의 역사(台所道具の歷史)』의 기사이다.

젓가락은 대륙에서 들어왔으며, 두 가락 한 벌을 가라하시(唐箸)라고 불렀다. 이때까지 일본에서는 긴 나뭇가지를 핀셋처럼 반으로 접어서 썼다. (…) '하시'라는 이름도 그 모양이 새의 부리를 닮은 데서 온 듯하다. 이것으로 뜨거운 국물의 건더기를 건졌고, 밥은 손으로 집어먹었다. 이 사실은 중국의 사서(史書)에도 적혀 있다.

금속제 젓가락은 나무젓가락을 쓰던 사람들에게 충격을 주었다. 나라(奈良) 시대에는 귀족이나 관리들이 대모(玳瑁) 젓가락을 애용하였고, 일반인은 대나무 젓가락을 썼다. 서민들이 젓가락을 쓴 것은 헤이안(平安) 시대(8~12세기)부터이다. 한편, 핀셋 젓가락은 한 번 쓰고 나서 버렸다(榮久庵憲司, 1976; 57).

조선 성종(成宗) 때 쓰시마(對馬島)에 선위사(宣慰使)로 갔던 김자정(金自貞, ?~?)도 "차려온 밥상에 숟가락은 없고 나무젓가락만 있었으며, 그것은 한 번 쓰고 버렸다"고 적었다(『성종실록』 7년[1476] 7월 26일).

도상6이 핀셋 젓가락이다.
도상7이 신라 숟가락 묶음이다.

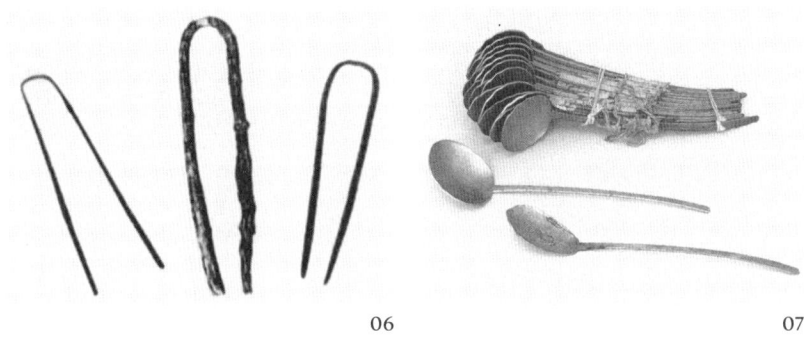

06   07

　일본에서는 젓가락뿐만 아니라, 숟가락도 신라에서 들여다 썼다. 일본 역대 임금의 보물을 모아둔 정창원 고문서(買新羅物解)에 그 기록이 남아있다. 곧, 752년에 신라 사절에게서 산 24종의 물품 가운데 여섯 닢의 숟가락과 네 닢의 젓가락도 있다. 또 현재 그곳에 사하리(佐波理)제 숟가락 3백 46닢과 금은제 한 닢, 조개 숟가락(조개껍질에 막대기를 끼운 것) 60닢 그리고 은에 도금한 금은 젓가락 한 모도 있다. 이 젓가락(길이 25.8㎝)의 가운데는 두툼하나(4.5㎜), 양 끝은 얇은 것(2㎜)이, 백제의 무령왕 능에서 나온 것과 똑같다.

　어떤 이는 당(唐) 문화의 영향을 받아 귀족들이 쓴 것으로 보인다고 얼버무렸지만, 어림도 없는 소리이다. 8세기 무렵의 일본은 선진문물을 신라를 통해서 받아들였고, 배를 짓거나 바다를 오가는 기술 수준이 낮아서 신라의 도움 없이는 중국에 드나들지도 못하였다.
　숟가락을 보기로 들면, 이 사실은 더욱 분명해진다. 먼저 숟가락의 일본말 '사지'는 우리말 '사시'에서 나온 것이다. 우리도 옛적에는 숟가락을 이렇게 불렀고, 근래까지 수정과나 식혜를 떠먹는 사기 제품을 사시 숟가락이라고 일컬었다.

또 앞에서 든 정창원의 조개 숟가락을 이르는 '가비(加比)'라는 말
이, 우리말 '조가비'에서 온 것임은 두말할 여지가 없다. 더구나 사하리
숟가락을 묶은 종이에 신라의 이두 문자도 적혀 있다. 그리고 이들의
형태가 우리 것처럼 둥근 꼴과 연꽃 꼴의 두 가지인 점도 중요한 증거
이다. 금은 숟가락이 우리 것을 닮은 사실(총길이 30㎝, 봉 길이 8.3㎝)까
지 들먹일 필요는 없을 터이지만, 저쪽에서 사금(砂金)이 처음 생산된
것이 749년(『日本書紀』)이고, 신라에서는 이보다 훨씬 전부터 중국에까
지 금 주발과 금 숟가락 따위를 수출한 점을 덧붙여둔다.

(3) 『정창원(正倉院)』의 기사이다.

이처럼 원형 봉과 나뭇잎형 봉을 지닌 숟가락 두 종류 열 벌을 모아서
하나로 묶은 것은 아주 드문 보기이다. 모두 사하리 제품으로 아마도
(…) 평평하게 꾸미고 나서, 봉과 손잡이를 다시 두드리는 기법으로 꼴
을 잡고 정으로 쪼아서 완성하였을 터이다. 봉과 총의 길이와 두께 따
위는 조금씩 다르다. (…)
이를 닮은 것이 통일신라 시대의 한국 경주 안압지와 중국의 당대(唐
代, 618~907) 유구(遺構)인 섬서성(陝西省) 경산사(慶山寺) 사리탑에서도
나왔다.
정창원 남창(南倉)에 있는 이들을 포함한 18묶음의 쓰지 않은 숟가락은
정창원의 모든 사하리 제품과 마찬가지로 신라에서 들어왔을 가능성
이 크다(1988년).

일본의 가장 오랜 젓가락은 6세기 후반의 유적(板輯宮麻)에서 나온
회(檜)나무 제품이며(길이 30~33㎝ 굵기 0.5㎝), 평성궁(平城宮)에서도 나무

젓가락 50여 모가 발견되었다. 따라서 8세기에 들어와 수저가 널리 퍼졌을 터이다. 이때는 양쪽을 가늘게 다듬은 양쪽 젓가락(兩口著, 백제 무령왕릉 출토품도 같다)과 한쪽만 가늘게 다듬은 한쪽 젓가락(片口著), 그리고 굵기가 꼭 같은 젓가락(寸胴著)의 세 종류가 있었다. 젓가락의 분화가 일어난 것이다.

도상8이 앞에서 든 젓가락이다.

도상9는 오사카(大阪 豊中市)의 나라(奈良) 시대 유적에서 나온 신에게 바치는 제물을 옮기던 젓가락이다. 길이 25㎝에 너른 부위 13㎝이고 두께는 5㎜이다. 숟가락은 서민과 귀족이 서로 다른 것을 썼다. 서민의 것은 네모로 깎은 봉이 총의 끝까지 이어진 넉가래 꼴이다.

(4)『만엽의 의식주(萬葉の衣食住)』의 기사이다.

아스카(飛鳥) 시대(592~694)부터 천황과 일부 귀족들은 젓가락과 숟가락(スプン)으로 식사한 것으로 생각되지만, 일반의 관인(官人)들은 여전히 손으로 먹고 젓가락은 쓰지 못하였다. 평성경(平城京)에서 대량으로 발굴된 나무젓가락이 등원경에서 '전혀'라고 할 만큼 보이지 않는 것은 평성경 시대(710~794)에 이르러서야 젓가락을 쓰는 새로운 관습이 퍼

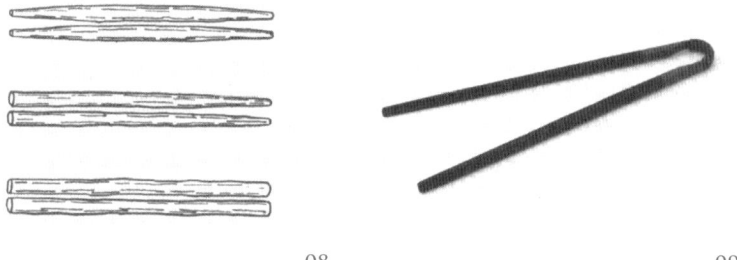

08   09

10
11

진 것을 나타낸다. 나무가 아닌 젓가락이 유물로 나오지는 않았으나 문
서에 대나무 젓가락도 등장하는 것으로 미루어, 이를 나라(奈良) 시대
부터 썼을 터이다.

'평성궁'은 겐메이(元明) 천황이 710년에 등원경에서 천도하고 나서 784
년에 간무(桓武) 천황이 다시 장강궁(長岡宮)으로 옮겨 가기까지의 74년
동안 수도의 구실을 하였다. 이 기간을 나라(奈良) 시대, 또는 아스카(飛
鳥) 시대라고 부른다(奈良國立文化財研究所, 1987).

도상10은 복원한 8세기 중반의 서민들 상이다. 젓가락만 놓인 것
으로 미루어, 당시 일반에서는 숟가락과 젓가락 가운데 하나만을 썼을
가능성도 있다. 이에 견주어 상류층은 금속이나 칠기(漆器)의 수저와 식
기로 식사를 즐겼다.

도상11이 7세기 후반의 등원경(藤原京) 궁적(宮跡)에서 나온 유물로 복
원한 서민의 밥상으로, 앞의 것과 달리 넉가래 꼴의 숟가락 한 벌만 놓
였다.

도상12가 평성경에서 나온 유물로 복원한 귀족의 상차림이다. 가운
데 놓인, 총이 왼쪽으로 굽은 숟가락으로는 국물 따위를 떴을 터이다.

12   13

　도상13의 나라현 사쿠라이시(櫻井市 箸中)에 있는 젓가락 무덤(箸墓)
도 매우 이색적이다. 규모는 길이 276m에 높이가 23㎝에 이르는 대형
의 이른바 전방후원분(前方後圓墳)이다.

(5)『일본서기[日本書紀]』의 기사이다.

　스진(崇神, 전 97~전 301) 천황 조부의 딸(倭迹迹日百襲姫命)의 남편(大物主
神)은 늘 밤에만 찾아왔다. 그네가 '당신의 얼굴을 분명히 알 수 없으
니 제발 더 머물러서 내일 아침에 아름다운 모습을 보여 달라'고 하자,
'옳은 말이요. 내일 아침 당신의 빗그릇 속에 들어가 있을 터이니 놀라
지 마시오' 하였다.

　이튿날 아침 경대 서랍에서 허리띠 굵기에 아주 작고 아름다운 뱀 한
마리를 본 그네가 놀라서 소리치자 사람으로 바뀌더니 '그대는 참지 못
하고 나를 부끄럽게 만들었소. 이번에는 내가 당신을 나처럼 만들겠소'
하면서 삼륜산(三輪山) 쪽으로 사라졌다. 너무도 창피한 그네는 젓가락
으로 자신의 보지를 마구 찌른 끝에 목숨을 끊었다. (…) 젓가락 무덤(箸
墓)이라는 이름은 이에서 왔다. 무덤을 낮에는 인간이, 밤에는 신이 지
었다고 한다(「스진 천황」 10년 7월).

그러나 이 무덤을 쓴 4세기 초에는 일본에서 젓가락을 쓰지 않았으므로 무덤 이름과는 아무 연관이 없다.

그것은 어떻든, 무덤 자체는 한국인이 쌓았다. 일본에서 능묘(陵墓)를 짓거나 장례식을 주관한 사람을 하지우지시(土師氏)라고 불렀다.『사쿠라이시사(櫻井市史)』의 "이 거대한 전방후원분은 하지우지시의 우수한 축조 기술의 영향을 크게 받았다. 곧, 그들은 토목공사·고분 축조·제사 의식·군사 문제 따위에 관여한 유력한 씨족"이라는 기사가 그것이다(제10장 「고대 지명의 전승(古代地名の傳承)」).

이밖에 호사카 도시미쓰(保坂俊三)도 "이 고분의 측량과 설계 및 시공은 도래인(渡來人)이 맡았다"고 적었다. '무덤을 낮에는 인간이, 밤에는 신이 쌓았다'는 앞의 기사는 이에서 온 것이다.

이처럼 수저 문화가 8세기에 정착됐으나, 숟가락은 떨어져 나가고 젓가락만 남았다. 신숙주(申叔舟, 1417~1475)가 쓴『해동제국기[海東諸國記]』에도 '숟가락은 없고 젓가락만 쓴다'는 기록이 보인다.

도상14처럼 나라현(奈良県 下市町)에 젓가락을 신으로 받드는 신사(杉箸神社)가 있는 것은 당연한 일이다. 8월 4일을 젓가락의 날로 정한

14

젓가락 생산 및 판매업자들이 해마다 이곳에 모여서 '실패작으로 세상에 나가지 못한 젓가락과 젓가락으로 태어나지 못한 나무 조각의 혼령을 위로하는 제례'를 올린다.

도사(道士)나 고승(高僧)이 땅에 꽂은 젓가락이 큰 신목(神木)으로 자랐다는 이야기는 널리 퍼져 있다. 이를테면, 사이타마현(埼玉県 岩槻市 岩槻城)의 삼나무(杉木) 두 그루는, 음식을 먹고 나오던 오타 도칸(太田道灌, 1432~1468)이 젓가락을 땅에 꽂으며 '성이 오래도록 번성한다면 이 젓가락에서 싹이 틀 것'이라고 일렀다는 따위이다. 이러한 까닭에 그의 혼령을 두려워한 에도 시대의 역대 쇼군(將軍)들은 닛코(日光)에 있는 도쿠가와 이에야스(德川家康, 1543~1616)의 무덤을 찾을 때도 멀리 돌아서 오갔다.

이에 관한 『젓가락의 문화사(箸の文化史)』의 기사이다.

시가현(滋賀県)의 다가신목(多賀新木)은 땅에 내려온 다가대신(多賀大神)이 한 노인이 바친 메밀잣밤나무에 싼 조밥을 맛있게 먹고 나서 땅에 꽂은 삼나무 젓가락이라고 한다.
또 효고현(兵庫県 西宮市 敎行寺)의 520살 먹은 삼(杉)나무(높이 13m에 둘레 6.5m)는 정토진종(淨土眞宗)의 연여상인(蓮如上人, 1415~1499)이 절을 세울 때, 음식을 먹고 나서 꽂은 것으로 2m 높이부터 줄기가 갈려 올라가서 두 그루처럼 보인다(一色八郎, 1993;13~15).

신사(神社)나 절집에서는 기도를 올린 젓가락을 신의 젓가락(神箸) 또는 영험 있는 젓가락(靈箸)이라고 하여 신도들에게 나누어 준다. 이들을 흔히 첫 젓가락(食べ初め箸)·인연(因緣) 젓가락·부부(夫婦) 젓가락·장수(長壽) 젓가락·복(福) 젓가락·액(厄)막이 젓가락·개운(開運) 젓가락 따위로 부른다.

우리는 젓가락과 숟가락을 함께 쓰지만, 언제나 숟가락이 앞선다. 죽음도 '숟가락을 놓는다' 이르고, 부자는 '밥술이나 뜨는 사람'이라고 부른다. 젖을 떼는 아이는 먼저 숟가락질을 익힌 다음, 젓가락으로 넘어간다. '숟가락을 엎어놓으면 해롭다'거나 '숟가락을 가까이 잡으면 이웃으로 시집가고, 멀리 잡으면 먼 데로 간다'고 하여 생활의 잣대로도 삼았다. 상을 차릴 때도 숟가락을 앞쪽에 놓는다. 그리고 식사가 시작되면 숟가락은 반드시 밥이나 국그릇에 놓지만, 젓가락은 제자리에 놓고 쓴다. 또 숟가락을 상위에 놓으면 식사를 마친 것으로 안다.

우리가 이처럼 숟가락을 애용한 것은 유달리 물기 많은 음식을 좋아한 까닭이다. 밥상에는 반드시 국이나 찌개가 오르게 마련이다. 우리네 먹거리의 80%가 물기에 젖어있다고도 한다. 아닌 게 아니라 임금도 수라상을 받으면 먼저 동치미 국물을 한술 떠서 마신 다음, 밥을 뜨고 국과 함께 먹는 것이 법도였다. 일반에서도 물기 있는 음식으로 입안을 적시는 일을 '술 적심'이라고 따로 일컬었다. 국을 밥의 오른쪽에 놓고, 물기 있는 음식을 앞쪽에 두는 것도 같은 이치다.

속담도 숟가락과 관련된 것은 많지만(국 13·국물 3·국거리 1), 젓가락에 관한 것은 '젓가락으로 김치국 집어먹을 놈' 하나뿐이다. 그러나 공교롭게도(?) 그 내용에 '국'이 들어 있다. '국물'을 얼마나 좋아했으면 '노른자리'를 이에 견줄 뿐 아니라, '국물 있사옵니다'는 연극까지 유행했겠는가? 어린이들도 '국물이 없으면' 큰일이 나는 줄로 알아서, 상대에게 '너 국물도 없다'며 겁을 주었다.

일본의 풍속은 우리와 전혀 다르다.
'일본인의 일생은 젓가락으로 시작해서, 젓가락으로 마감한다'는 말이 있다. 아기의 백일상에 반드시 젓가락을 놓고, 친척 가운데 장수한 사람이 음식을 먹는 시늉을 시켰다. 튼튼하게 자라기를 바라서이다. 이 젓가락은 새봄에 처음 싹이 튼 버드나무로 깎는다.

훌륭한 배필을 만난다는 인연 젓가락, 금실이 좋아진다는 부부 젓가락, 오래 산다는 장수 젓가락, 복과 명을 누린다는 복수(福壽) 젓가락, 회갑(回甲)·고희(古稀)·희수(喜壽)·백수(百壽) 젓가락도 있다. 죽은 사람에게 물을 찍어서 발라주는 것이 장례 젓가락이다. 또 고인이 애용하던 밥그릇에 꽂아두는 것은 불저(佛箸)이고, 화장한 뒤에 뼈를 고르는 것은 저도(箸渡)라고 한다. 이밖에 제액용이나 개운(開運)용은 물론이고, 심지어 늙은이 망령 방지용까지 있다.

저들은 젓가락을 신성한 물체로 여긴다. 옛적의 여행자들은 젓가락에 얼이 깃들어 있다고 믿었다. 이 때문에 함부로 버리면 벌을 받는다고 하여, 쓰고 나서 고갯마루의 신에게 바쳤고 산에서 만든 것은 반드시 부러뜨린 뒤에 버렸다. 지금도 산간지방에서는 집을 떠난 사람의 밥 위에 젓가락을 놓고 그의 행운을 빈다. 14세기에 어떤 사람이 장군(足利義勝)이 되어 맞은 첫 설에 떡국을 먹다가 젓가락을 부러뜨린 뒤, 얼마 지나지 않아 말에서 떨어져 죽었다. 이때부터 정월에는 반드시 굵은 젓가락을 쓰고, 출전을 위한 잔치에는 몽둥이 젓가락을 놓았다.

『고사기(古事記)』에 하늘에서 쫓겨난 신이 이즈모국(出雲國)에 와서, 떠내려온 젓가락을 보고 상류에 풍요로운 마을이 있음을 알았다는 기사가 보인다. 젓가락이 신천지를 찾는 열쇠가 된 것이다. 또 신공왕후(神功王后)가 신라를 공격할 때, 젓가락과 접시를 바다에 띄우자 물고기들이 배를 업어 건네주었다는 기사도 있다. 이뿐만 아니라 야마가타현

(山形県)의 절집(箸藏寺)에, 젓가락 무덤(お箸塚)까지 만들어 놓고 1977년
에는 비석도 세웠다. 그 내용이다.

우리 일본인들은 예부터 젓가락이 없는 생활은 생각도 할 수 없었습니
다. 또 젓가락의 대량 소비에 따라 번창하는 업자도 많습니다. 큰 은혜
를 입은 우리는 이곳에 버려진 젓가락을 공양하는 동시에, 감사를 바치
기 위해 젓가락 무덤을 세웠습니다.

도상15가 저장사이고,
도상16은 젓가락 공양 장면이다.

우리에게도 익숙한 이른바 '와리바시(割箸)'는 나라현(奈良県 吉野郡)의
한 업자가 1882년부터 만들었다. 이곳에는 젓가락 상인의 시조라 불
리는 백저옹(百箸翁)을 비롯하여 젓가락과 연관이 있는 세 신을 모신 신
사도 있다.
기쿠치 요사이(菊池容齋, 1788~1878)가 쓴 『전현고실(前賢故實)』의 백저
옹 관련 기사이다.

그이 이름과 사는 곳은 모른다. 870년대 말, 헤이안시(平安市)에서 흰 젓

15

16

가락을 팔았다. 흐트러진 머리카락에 의복은 누더기였다. 여름도 겨울
도 늘 같은 옷차림이었으며, 나이가 일흔이라고 하였지만 세상에서는
팔십으로 보았다.

오에노 마사후사(大江匡房, 1041~1111)의 『본조 신선전(本朝神仙傳)』에도
같은 내용이 실린 것은, 9세기 후반에 교토(京都)의 어소동문전시(御所
東門前市)에 젓가락 가게가 있었던 것을 알려준다. 백저옹은 그 시조(始
祖)일터이다(一色八郎, 1993; 20~21).

오사카(大阪) 등지에서는 젓가락을 요지(楊枝), 제작공장을 요지야
(楊枝屋), 젓가락 장인을 요지와리(楊枝割り)라고 부른다(우리가 한때 이쑤
시개를 '요지'라고 부른 것은 이에서 왔다). 이밖에 벼훑이를 젓가락이라고
부르는 고장도 있다. 볏대를 벼훑이 사이에 끼우고 낟알을 훑어서 터
는 까닭이다. 그리고 곡식의 낟알 털기가 끝난 것을 '젓가락 축하(箸
祝い)' 또는 '젓가락 거두기(箸納め)'라고 부른다. 이는 낟알을 훑는 두
개의 가락을 신성하게 여긴 까닭이다.

도상17은 젓가락 무덤(箸塚) 앞에서 제례를 올리는 모양이다.

17

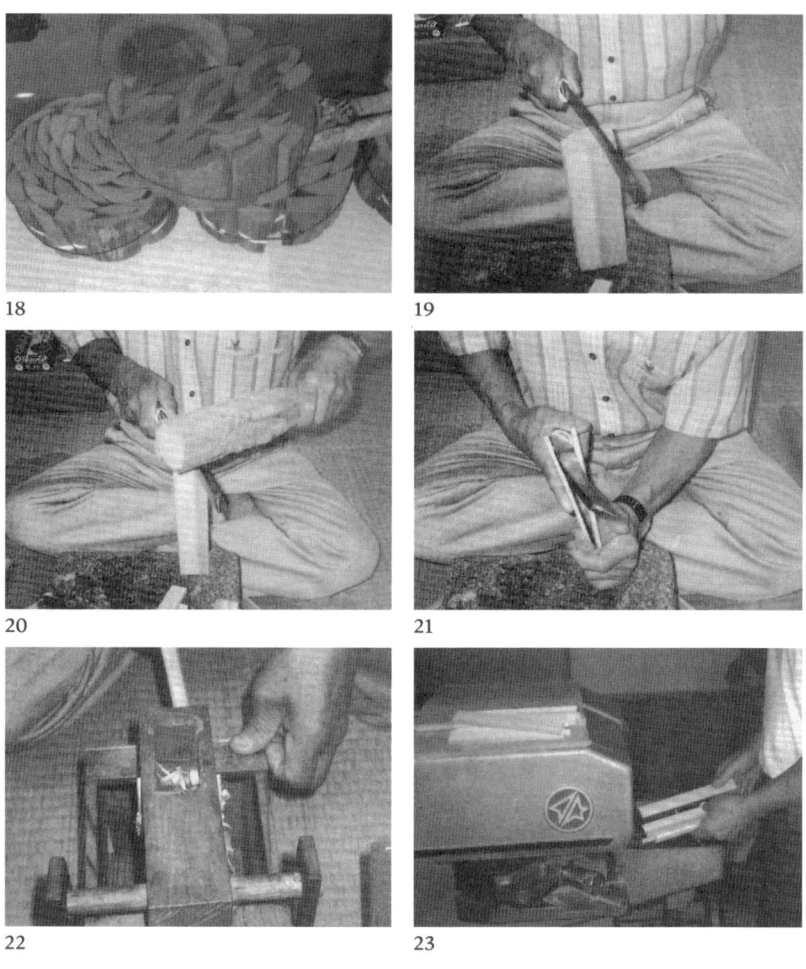

18   19

20   21

22   23

    나라현(奈良県 吉野町)의 한 공방에서 젓가락을 깎는 과정의 일부를 소개한다.

    도상18은 말려놓은 삼나무(杉木) 감이고

    도상19는 두꺼운 칼을 대고 알맞은 크기로 자르는 장면이다. 내리치

는 힘이 지나치면 날이 엇 먹기도 하여

　도상20처럼 나무 몽둥이로 살짝살짝 두드린다.

　도상21에서는 자귀를 날 채 박아서 쪼개고,

　도상22에서는 대패에 넣고 두께를 조절한다. 목수들은 흔히 대패로 밀지만, 이곳에서는 이와 달리 붙박아둔다.

　도상23처럼 기계로 다듬어서 끝낸다.

　저들은 어린이와 어른, 그리고 남녀에 따라 각기 다른 젓가락을 쓰며, 한 식탁에서도 음식은 따로 마련한 젓가락으로 덜어 먹는다. 그리고 쓰고 난 젓가락은 반드시 봉투에 다시 넣는다. 자기 입안에 들어갔던 '불결한 것'이 남의 눈에 띄지 않도록 하기 위해서다. 일본인 특유의 청결감이, 한 번 쓰고 버리는 이른바 '와리바시'를 만들었지만, 이것으로 마음이 놓이지 않는 것이다.

　중국에서 들어온 숟가락과 젓가락 가운데 우리는 숟가락에 마음을 실은 것과 달리, 이를 받아들인 일본에서는 젓가락 문화를 이루어 냈다.

02

음식

1) 밥

　조와 밀을 비롯한 잡곡의 재배는 전 5000년 이전에 중앙아시아·아프가니스탄·인도의 서북부 등지를 포함하는 지역에서 시작되었다. 이 농사법은 실크로드를 타고 중국의 화북(華北) 지방으로 들어왔다가 우리나라를 거쳐 일본으로 건너갔다.

　그리고 인도 동북부의 아삼 지방·중국 서남부의 운남성(雲南省)·미얀마 북부 지방에서 발생한 벼농사는 양자강(揚子江)을 타고 동쪽으로 퍼지면서 우리를 거쳐 조몬(繩文) 시대(전 1만 년~전 3세기)에서 야요이(弥生) 시대(전 3~3세기) 초기에 일본으로 들어갔다(佐々左木明, 1991, 『日本の歷史』①).

　따라서 벼(稻)를 가리키는 일본말 '니(に)'가 우리말과 같고, 밥의 일본말 '메시(めし)'의 뿌리가 우리말인 것은 오히려 당연한 일이다. 오노 스스무(大野晉)도 "니는 쌀밥을 가리키는 한국어인 이밥의 '이'가 '니'로 바뀐 것에 지나지 않으며, 일본에서도 옛적에는 밥을 '이히' 또는

'이삐'라고 하였고, 이것이 뒤에 '이이'로 바뀌었다"고 적었다(1995, 『日本語の起源』).

또 일본말 메시의 '메'는 우리도 옛적에 '먹이'의 뜻으로 썼다. 최세진(崔世珍)이 1527년에 낸 『훈몽자회(訓蒙字會)』에서 '도(飥)'를 '믈메도'라고 새긴 것이 좋은 보기이다(초, 중;10). 이뿐만 아니라 오늘날에도 그대로 남아서 제사상에 올리는 밥을 '메'라고 부른다. 이때의 '메'는 혼령에게 올리는 밥에 대한 존칭이며, '국'을 '탕'이라고 하는 것과 같다.

따라서 일본말 '메시'는 우리말 '메'나 '메시'에서 나온 것이 분명하다. 그리고 중국의 양자강 이남에서 멥쌀을 '미' 또는 '메'라 하고, 북한에서 '쌀밥'을 '이밥'이라고 하는 것도 기억할 일이다.

2) 김치

오진(應神, 390 ?~430 ?) 천황에게 맛있는 술을 빚어 바쳐서 칭찬을 들었다는 백제 사람 스스호리(修修許理)가 일본의 대표적 김치류 식품인 이른바 나라츠케(奈良漬)와도 연관이 깊은 사실을 아는 사람이 많지 않다.

나라츠케의 원료인 오이는 중앙아시아가 원산지이며, 우리나라를 거쳐 오진 천황 때 일본으로 들어갔다. 일본 이름 '우리'도 우리말 '오이'에서 나왔다.

이것을 처음 재배한 곳도 5~6세기에 건너간 우리 겨레가 터를 닦고 살아온 교도(京都) 부근의 고려촌(高麗村, 지금의 산성정[山城町])이다. 현지에 이를 기념하는 '오이밭 유적(瓜生田遺跡)'이라고 새긴 돌비도 있다.

도상1이 나라쓰케이고,
도상2가 돌비이다.

이에 따라 스스호리가 술지게미를 써서 담근 나라츠케를 '스스호리

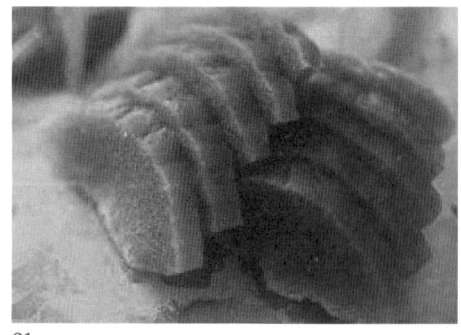

01

02

지(修修許理漬)'라고 불렀다. 그리고 나라(奈良) 시대(710~784)에 널리 퍼진 우리네 장아찌를 닮은 쇼오유츠케(醬漬)도 장을 담그는 기술과 함께 건너간 것이 분명하다.

도상3이 양파 따위로 담근 쇼오유츠케이다.

식품학자 가와카미 고조(川上行藏)도 스스허리지(漬)를 담글 때 콩이나 쌀 대신 쌀겨를 쓴 것이 오늘날의 다꾸앙지(澤庵漬)라고 하였다. 아닌 게 아니라 일본은 기온과 습도가 높아서 곡물가루를 쓰면 썩기 쉬운 까닭에 쌀겨로 바꾸었을 터이다. 따라서 다꾸앙지도 스스허리지에서 나왔다고 생각된다.

도상4가 우리도 먹는 단무지(다꾸앙)이다.
도상5는 신사에 모신 스스허리의 상이고,
도상6은 다꾸앙 이름의 발상지(澤庵漬名稱發祥の地)라고 새긴 비이다.

그리고 김치의 일본말 '츠케모노(漬物)'도 김치류를 가리키는 우리말

03

04

'지'가 뿌리이고 '모노'는 덧붙은 말에 지나지 않는다. '지'는 짠지·오이지·싱건지 따위로 오늘날까지 남아있으며, 심지어 전라도(全羅道)를 중심으로 하는 지역에서 김치를 단지 '지'라고 부르는 것도 기억할 일이다.

또 한자 '지(漬)'는 '담근다', '적신다'는 뜻으로 '김치를 만든다'거나 '짓는다'고 하지 않고 '담근다'고 하는 까닭이 이것이다. 그리고 김치를 담글 때 무엇보다 배추 따위의 채소류를 소금에 절여야 하는 것은 누구나 알고 있다. 이러한 뜻에서 일본에서 들어온 다꾸앙을 '단무지'라고 부르는 것은 아주 그럴듯하다.

일본에 김치(萱津) 신사가 있는 것은 당연하다면 당연한 일이다. 아이치현(愛知県) 나고야시(名古屋市) 교외에 있는 가야쓰(萱津)신사가 그곳으로, 해마다 8월 21일에 김치 축제를 벌여온다.

다음은 1997년의 축제 참관기이다.

오가키시(大垣市) 교육위원회에서 세운 현판에 '가야쓰신사의 (…) 제신은 『신찬성씨록(新撰姓氏錄)』에 보이는 백제왕의 시조로' 라는 대목이 들어있다. 또 시의 문화재로 지정된 두 점의 목조신좌총(木造神坐總)을 설

05

06

명하는 글에도 "백제왕의 후손들이 미노국(美濃國)●에 살며 조상신을 받들어 왔다. 두 신은 백제 사람 희수마길고의미(希修麻吉古意彌)와 정무지(淳武志)라고 한다"는 내용이 보인다. 따라서 이 신사를 백제 사람이 세웠을 뿐만 아니라 김치 축제도 이들과 연관이 깊을 터이다.

●'미노국'은 기후현(岐阜県) 남부와 아이치현(愛知県)의 일부에 대한 옛 지명이다.

신사의 유래와 김치의 기원을 설명하는 다음의 글을 읽으면 웃음이 터져 나온다.

사람들이 심은 오이·가지·배추 따위의 첫 물과, 바다에서 거둔 소금을 신에게 바치고 풍년을 빌었습니다. 이때 제물이 쉽게 썩는 것을 안타깝게 여긴 나머지, 신전(神殿) 옆에 놓인 항아리에 넣었더니 신의 뜻인지 맛 좋은 김치가 되었습니다. (…) 이로써 신이 내려 주신 음식으로 여기는 동시에, 만 가지 병을 고치는 신약(神藥)이라고 굳게 믿었습니다.

김치 축제일에 전국의 김치 업자들이 몰려들 뿐 아니라, 자기들이 담근 김치를 파는 시장도 열어놓는다. 이밖에 이동 우체국을 비롯하여 여러 가지 음료와 간단한 먹거리를 파는 식당까지 들어차서 사람이 움직이기 어려울 정도로 붐빈다.

오전에는 신전에서 축제에 출품한 어린이들에 대한 시상식이 열리고, 오후에는 '향기 나는 먹거리의 신전(香の物殿)' 앞에서 한판의 사자춤을 펼쳐 보인다. 이름 그대로 축제의 한 마당이 베풀어지는 것이다.

지붕을 새(茅)로 덮은 신전은 사방 3m 규모의 목조(木造)로 1992년에 걸려 왔다. 안에 놓인 지름 80㎝의 항아리 다섯 개에 소금에 버무린 김치를 담가 놓았다.

이밖에 오후 2시부터 업자들과 지방 유지들이 신전에서 오이·가지·배추 그리고 여러 가지 과일을 신에게 바치는 엄숙한 의례를 치른다. 이 사이 마당에서 여러 신직(神職)·무녀(巫女)·김치 아가씨들이 늘어서서 부정을 가신 다음, 미리 마련해 놓은 오이·배추·가지·소금 따위를 든 채, 한 사람씩 김치 신전으로 들어가서 항아리에 넣는 것으로 신에게 바치는 김치 제사로 삼는다.

그리고 이들의 뒤를 이어 일반인들도 신전 앞에 놓인 맷돌 크기의 김치돌(漬物石)을 쓰다듬으며 따라 들어간다. 그 돌에 "세 번 쓰다듬어 주십시오, 여러 가지 병이 낫고 액운도 물리쳐줍니다. 또 김치를 담그는 솜씨도 늘어나는 영험도 끼칩니다"고 새겨 놓은 까닭이다.

도상7이 신사의 도리이이다. 왼쪽 돌기둥에 '향물(香物)의 제전(祭典)'이라고 새겨놓았다.
도상8이 신사의 본전이다.
도상9는 앞에 놓은 김치거리이고,
도상10은 신직이 제례를 올리는 장면이다.
도상11에서 신직이 제문을 읽는다.
도상12는 김치 돌이고,
도상13은 김치를 담은 항아리 셋과 신단(神壇)이다.
도상14는 항아리에 담가놓은 김치이다.

이들이 신전에서 물러날 때 무녀들이 작은 술잔에 술을 따라 주는 것을 보고 놀랐다. 바로 우리네 음복(飮福) 관행과 같기 때문이다. 나도

07

08

09

10

11

12

13

14

한 잔 받아 마셨다.

이날 담근 세 항아리의 김치는 아쓰다신궁(熱田神宮)의 설 제사와 봄 제사, 그리고 겨울 제사의 신찬(神饌)으로 삼는다. 도쿠가와 막부(德川幕府) 시대에는 천황에게 헌상하였고, 다이쇼(大正, 1912~1926) 천황의 즉위식에도 바쳤다고 한다.

마당 한쪽에서 지난해 담근 김치를 작은 봉지에 담아 사람들에게 나누어 주는 광경도 인상적이었다. 나는 이것도 받았다. 소금에만 절인 것이라 맛이라고 할 것이 없었지만, 뙤약볕에 땀을 비 내리듯 흘린 뒤끝이라 정신이 번쩍 드는 것 같았다.

1997년 8월 18일부터 열흘간 일본 교토시에 머무는 동안, 우리 김치에 대한 새로운 경험을 하였다. 내가 머문 호텔 옆의 일본식당에서 김치는 물론이고, 김치 돼지고기 볶음까지 맛본 것이다. 첫날은 놀라운 일로만 여겼다가, 다시 찾아가 젊은 여종업원에게 물었다. 주방장이 한 달에 30kg쯤 담그는 김치는 주로 젊은이들이 찾으며, 자신도 먹기는 하지만 언니가 아주 좋아해서 집에 김치가 떨어지지 않는다는 대답이었다.

김치 돼지고기 볶음과 김치 가운데 볶음 쪽이 더 많이 나가며, 맵고 짠 것을 즐기는 이들 사이에 인기가 높다고 한다. 아닌 게 아니라, 젓갈이 들어가지 않은 탓인지 짐짐한 것이 내 입맛에 맞지는 않았지만, 돼지고기 볶음은 먹을 만하였다.

일본에서의 김치 열풍(?)은 1970년대 후반부터 불기 시작해서, 오늘날에는 김치를 모르는 사람이 없을 정도이다. 도쿄의 어떤 요리학원에서 영양사과의 학생 350명을 대상으로 10년(1980~1989) 동안, 김치라는 말이 한국어라는 사실을 아는가 물었다. 처음 26명이던 것이 17명, 15명, 13명, 14명, 9명으로 해가 갈수록 줄었다. 이는 젊은이들이 김치를 일본 음식으로 알기 때문이다.

그러나 김치 종주국으로서의 우리 위치는 그다지 튼튼하지 않다. 미국 로스앤젤레스의 수퍼마켓에는 우리 김치보다 일본인들이 담근 것이 더 많다. 김치를 즐기는 미국인들은 이것을 입에 넣을 때마다 김치가 일본 음식이거니 여길 것이다. 또 해마다 김장철이 되면 일본 아낙네들이 관광 삼아 김치 담그는 법을 배우러 떼지어 온다.

우리는 정작 김치에 대해 어떤 생각을 가지고 있는가? 초등학생들이 세상에서 제일 먹기 싫은 음식으로 김치를 꼽은 것은 벌써 여러 해 전이다. 젊은 여성 가운데 김치를 담글 줄 아는 이가 과연 얼마나 될까를 생각하면, 등에 찬 땀이 흐를 지경이다. 오늘날에는 중년기의 주부들도 제여곰 공장 제품을 사다 먹기 바쁘다.

일본 사람들은 남의 것을 재빨리 제 것으로 삼을 뿐 아니라, 더 좋게 만들어서 퍼뜨리는 데에 타고난 재능을 지닌 민족이다. 김치도 일본 식품으로 둔갑하지 않을까 하는 걱정이 앞선다.

3) 된장

일본 사람들 가운데 규슈 구마모토시(熊本市)에 된장 신(味噌天神)을 받드는 신전이 있는 것을 아닌 이는 많지 않다. 나도 1993년 겨울, 아소산(阿蘇山)으로 가던 버스 안에서 우연히 현판을 보았다. 그때는 '참으로 희한한 데도 다 있구나'하는 느낌을 받았을 뿐이다. 3년 뒤에 이곳을 다시 찾게 되리라고는 상상도 하기 어려웠던 까닭이다.

구마모토역 앞의 파출소에서 위치 확인을 하던 중에 택시로 가면 얼마나 걸리느냐고 묻자, 전차를 타면 바로 코앞에서 내린다는 대답이었다. 아닌 게 아니라 정거장 이름도 '미소덴진앞역(味增天神前驛)'이었다.

경내에는 아무도 없었다. 건물도 본전(本殿) 한 채만 덩그러니 섰을 뿐이고, 그나마 근래에 세운 것이었다. 입구 오른쪽에 있는 파출소의 경찰관에게 궁사(宮司)의 주소를 물었으나 알지 못했다.

짧은 겨울 해가 기우는 판이라, 이곳저곳의 사진을 먼저 허겁지겁 돌아다니며 찍고 나서 가방을 놓아둔 자리로 돌아왔더니 "그러다가 가방 잃어버려요"하는 외침이 들렸다. 그 경관이 창문을 열어놓은 채 내 가방을 지켜보고 있었던 것이다. 일본 국민이 우리보다 훨씬 친절한 점에 대해서는 이미 여러 차례 경험했으나 경찰관도 마찬가지라는 사실을 처음 깨달았다.

다음은 그가 내게 건네 준 『된장 천신 내력기(味增天神の來歷記)』의 간추린 내용이다.

된장 천신궁(味曾天神宮)은 서기 713년, 지금의 자리에 진좌(鎭坐)하였으며 영험 또한 뛰어나다. 건물을 세운 시기는 겐메이(元明) 천황 화동(和銅) 6년(713)이다. (…) 그때 몹쓸 병이 번진 탓에 많은 사람이 목숨을 잃게 되어 (…) 천신을 받들고 평안을 빌자 병이 곧 사라졌다. 또 가장 귀했던 된장이 많이 썩어서 빌었더니 '된장에 조릿대를 세우라'는 (신의) 말씀이 있었다. 이에 따르자 다시 맛 좋은 된장이 되었다. 사람들은 크게 기뻐하였고, 이로써 '된장 신'이 전국에 알려졌다. (…) 세계 제2차대전 때 불을 만났으나 여러 유지와 전국의 된장 업자들이 나서서 다시 세운 뒤 오늘에 이르렀다.

이 글은 여러 면에서 큰 흥미를 끈다.

첫째, 된장 천신이 돌림병을 고쳤다는 점이다. 된장을 약으로 쓴 것이다. 구마모토시에서 세운 안내판에도 '신약(神藥)의 아메노미오야가미(天御祖神)'라는 글귀가 보인다. 이는 가장 오랜 고문서라는 『호쓰미쓰다에(ホツマツタヱ)』에 등장하는 천지창조의 신을 가리킨다. 이로써 저들이 된장을 신으로 떠받드는 사실을 알 수 있다.

둘째, 된장에 조릿대를 세워서 본디 맛을 되살렸다는 점이다. 우리도 대나무를 '신대'라며 하늘에서 내려오는 신의 통로로 여긴다. 경상북도 영덕군(盈德郡)처럼 신대 자체를 동신(洞神)으로 받드는 고장도 있다. 따라서 된장에 박은 조릿대는 신이 내려와 된장 맛을 다시 살려준다는 뜻이다.

셋째, '당시 귀했던 된장'이라는 대목이다. 일본에서는 701년에 된장류의 제조 및 조달을 담당하는 관청(醫院)을 따로 두었고, 12세기 말에는 이것을 관료의 봉급으로 내주었다. 일반 가정에서는 담그지 못했기 때문이다. 이뿐만 아니라, 절집에서는 당(唐)나라 승려에 대한 사례를 된장으로 대신하고, 법회(法會) 때 공양물로도 바쳤다.

이를 귀하게 여긴 나머지 15세기에는 '향(香)'이라고 부르면서 된장

에 박은 무장아찌류를 '향물(香物)'이라고 일컬었다. 오늘날의 김치나 장아찌를 가리키는 '오신코(お新香)'라는 말은 이에서 왔다. 된장국을 끓여 먹은 것은 15세기 이후이고, 그 이전에는 조미료로 찍어 먹었을 뿐이다.

된장에 관한 민속 가운데 두 나라 사이에 닮은 것이 있다. '된장 맛이 바뀌면 사람이 죽는다'는 일본 속담과 '장맛으로 그 집의 길흉을 안다'는 우리 격언이 그것이다. 이밖에 된장 담그는 날이나 간장 달이는 날을 따로 받는 것도 마찬가지이고, 된장과 소금을 집안의 으뜸가는 보물로 여겨서, 이사 때 제일 먼저 옮기는 저쪽의 관행도 '된장 맛이 좋아야 집 안이 잘된다'는 우리 것과 상통한다.

도상1이 신전의 도리이다. 된장천신궁이라고 적은 깃발을 양쪽에 걸었다. 도상2가 본전이다.

이 신사에서는 해마다 10월 25일에, 된장 공업협회의 회원 2백여 명이 모여서 된장 천신을 위한 제례를 올린 뒤, 참배객과 인근 주민에게

01

02

된장을 나누어 준다. 그리고 그들 자신도 된장국을 끓여 먹으며, 된장의 고마움을 새삼 깨닫는다.

우리네 된장에 관한 가장 오랜 기록은 3세기의 중국 사서 『삼국지』의 '고구려 사람들은 발효식품을 잘 담근다(善醬釀)'는 기사이다(위서 「동이전」).

407년에 마련한 평안남도 덕흥리(德興里)에 있는 고분의 묘지명에도 "무덤을 쌓을 때 (…) 날마다 소와 양을 잡았으며 술·고기·이밥 따위를 이루 다 먹을 수 없었다. 또 장(醬)도 한 창고 분이나 담가서 먹었다"는 기사가 보인다. 이는 5세기에 된장이 중요한 조미료였음을 알려준다.

이어 『삼국사기(三國史記)』의 "왕이 장가들 때 폐백으로 쌀·술·기름·꿀·포·젓갈·식해(食醢)와 함께 간장과 된장을 135 수레나 보냈다"는 기사도 참고할 만하다(「신라본기」 제8 신문왕 3년[683] 봄 2월).

유향(劉向, 전 77~전 6)이 쓴 『전국책(戰國策)』의 "한(韓)나라는 가난 탓에 콩만 먹는다"는 대목도 마찬가지이다.

된장의 역사가 오래된 만큼, 맛 또한 뛰어나서 고려의 임려장(林慮醬)은 중국에까지 이름이 퍼졌고, 우리 사신이 후당(後庸)의 장종(莊宗, 923~925)에게 직접 바치기도 하였다. 또 11세기의 『신당서(新唐書)』는 된장을 '발해(渤海)의 명산품'으로 꼽았다.

우리도 된장을 약으로 썼다.

허준(許浚, 1539~1615)이 1610년에 낸 『동의보감(東醫寶鑑)』에 "두통과 한열(寒熱)을 다스리고 감기를 떼며, 식체(食滯)를 가라앉히고 천식(喘息)을 바로 잡는다"는 기사와 함께 약용 된장 담그는 법까지 적어놓았다.

『영조실록(英祖實錄)』의 "임금이 현기증을 고치려고 (…) 자음건비탕(滋陰健脾湯)을 마셨다. (…) 지난 25일 (…) 인정문(仁政門)에서 (…) 돌아온 뒤 제법 어지러워 된장국을 마셨더니 조금 가라앉았다"는 기사도 마찬가지이다(14년[1738] 1월 29일).

윤호(尹壕) 등이 1489년에 낸『구급간이방언해(救急簡易方諺解)』에 "바람을 맞으면 전국(豆豉)을 진하게 끓여서 따뜻할 때 조금씩 먹으면 좋다"는 기사와 "갑자기 바람을 맞아 말을 못 하고 혀뿌리가 굳어지면, 삼 년 묵은장(陳醬) 다섯 홉을 사람의 젖 다섯 홉에 갈아 풀어서 베에 짠 다음 곧바로 조금씩 마시면 마침내 말을 한다"는 기사가 있다 (제1「중풍[中風]」).

이러한 관습은 근래까지 이어졌다.

초등학교 3학년이던 1947년 봄, 4층의 학교 옥상에서 이마를 벌에 쏘인 탓에 쿡쿡 쑤시면서 부어오르자 할머니가 된장을 발라주셨고 그 덕분에 곧 나았던 일이 있다.

우리 된장이 일본에 들어간 사실에 대해서는 저쪽에서도 알고 있다. 10세기 초에 나온『왜명유취초』의 '말장(末醬)은 고구려장(高句麗醬)이다. 일본말 말장은 이에서 왔고, 미장(味醬)이나 미소(味增)도 마찬가지'라는 기사가 그것이다. 박물학자 아라이 하쿠세키(新井白石, 1657~1725)도『동아(東雅)』에 "고(구)려의 말장이 일본에 들어와 그 나라 사투리 그대로 미소로 불리게 되었다"고 적었다.

(1)『일본고어대사전(日本古語大辭典)』의 기사이다.
  ① 한국(韓土)의 방언에서 왔다(『東雅』·『南畝秀言』·『瓦礫雜考』·『箋注和名抄』·『大言海』)
  ② 朝鮮語 miso(密祖)에서 왔다(『外來語辭典』[荒川惣兵衛]·『外來語辭典』[楳垣実]) (前田富祺 2005;1060)

(2) 『의식주어원사전(衣食住語源辭典)』의 기사이다.

찐 콩(大豆)에 쌀이나 보리 따위를 버무린 뒤 누룩과 소금을 넣어서
띄운 식품이다. 조미료뿐만 아니라, 고대 식물성 단백질의 식품으로서
도 중요하게 여겼다. 736년에 나온 정창원 준하국(駿河國) 정세장(正稅
帳)에 등장한 것으로 미루어 (…) 8세기 중엽에 먹은 것으로 보인다. 미
장(未醬)은 『화명초(和名抄)』에 '高麗醬(未蘇 俗語 味醬二字)'이라고 적혀서
'미소'라고 부른 것을 알 수 있다. 또 『명의초(名義抄)』에도 '味醬은 미소'
라고 적혔다. 무로마치(室町) 시대(1336~1573)에는 서민들에게도 퍼졌다.
어원은 한국 고려 시대의 『계림유사(鷄林類事)』에 보이는 조선어 '密祖
(미죠)'에서 왔다는 설이 유력하다. 또 『동아(東雅)』에도 "조선에서는 장
을 밀조라고 한다. '미소(ミソ)'와 '히시오(ヒシオ)'는 같은 말이다. '미'가
'히'로, '소(ソ)'가 '시오(シオ)'로 바뀌었다고 알렸다. 다만, 한자로는 末醬·
未醬·味醬·味曾·味噌 따위로 적는다. (…)

오늘날의 '미소(味噌)'가 처음 보이는 문헌은 901년에 나온 『일본삼대
실록(日本三代實錄)』으로, "인화(仁和) 2년 8월(886), 당(唐)나라 중 담예
(湛譽)에게 하루 백미(白米) 석 되(三升) 두 홉(二合), 소금 서 홉(三合), 된
장(味噌) 두 홉을 공료(供料)로 주었다"는 내용이다(吉田金彥, 1996; 306).

(3) 『사물기원사전(事物起源辭典)』의 기사이다.

미소(味噌)는 대두·쌀·보리 따위를 쪄서 통에 넣은 다음, 누룩과 소금에
버무려서 띄운 식품이다. 이보다 앞서 나온 시(豉)는 전 200년 무렵 중
국의 서역(西域)에서 만들었으며, 이를 고려인들이 일본에 들여왔다. 우
리는 미소를 고려●의 장(高麗醬 고마비시오[こまびしお])라고 불렀다.

● '고려'는 고구려를 가리킨다.

'미소'는 『동아』에 적힌 대로 고려의 사투리 밀조(密祖)에서 왔다.

668년에 고려가 멸망한 뒤, 일본으로 이주한 많은 고려인 가운데 고려장의 제조법을 아는 이가 있었을 터이다. 이것이 나라(奈良) 시대 이전에 일본에 퍼진 까닭에 『대보령(大寶令)』(701)에 "대선직(大膳職) 아래에 주장(主醬) 두 사람을 두고 장시(漿豉)와 미소(味噌)의 제조를 맡겼다"는 규정이 보인다(朝倉治彦 외, 2001; 371~372).

(4) 가네자와 쇼자부로(金澤庄三郎)의 말이다.

일본말 '미소'는 옛 만주 말 미순(mi-sun)에서 나왔다. 신라 시대에는 말장(末醬), 고려 때는 밀조로 불리다가 조선조에 들어와서 며조로 바뀌고 이것이 다시 오늘날의 메주로 굳어졌다. 일본에서 '시(豉)' 또는 '시꾸'라고 하는 것도 '시'의 조선 말에서 왔다.

(5) 우리 기록이다.

18세기 후반에 나온 『방언집석(方言集石)』에 "장(醬)을 중국말로 '졍', 청(淸) 나라(만주) 말로는 미순, 몽골 말로는 졍, 일본에서는 미소라고 한다"고 한다는 기사가 보인다. 1766년의 『증보산림경제(增補山林經濟)』에서도 '말장'을 '며조'라고 하였다. 한편, 북송의 손목(孫穆, ?~?)은 1103~1104년에 낸 『계림유사(鷄林類事)』에 '장'은 '밀조'라고 적었다. 따라서 밀조·말장·며조(메주)·미소 따위는 모두 미순이라는 만주말이 뿌리이다. 이는 콩의 원산지가 그곳인 점과 연관이 깊다.

백두산(2,744m)에서 발원하여 함경북도와 나선시(羅先市)의 북쪽 경계로 흐르는 두만강(豆滿江)의 '두만'도 이에서 왔다.

권신한은 콩의 원산지인 만주에서 전 2500년 무렵에 콩 농사가 시작되고, 이것이 한반도의 농작물로 자리 잡은 것은 전 2000~1500년이라고 하였다(1985, 『한국농업기술사』 「대두의 기원」, 농업기술발간위원회).

한편, 안승모는 "콩이 늦어도 3천 년 전쯤의 한반도와 중국 길림(吉林) 지역의 청동기 유적에서 나오지만, 중국은 주로 전한(전 206~전 208) 시대부터, 그리고 일본은 4세기 이후의 야요이 시대 이후"라고 적었다.

4) 청국장

청국장은 삶은 콩을 사나흘 따뜻한 가마 목에 묻어서, 실 같은 진이
나게 띄운 것이다. 절구에 대강 찧어 소금 간을 한 다음, 단지에 담았다
가 마늘·생강·고추 따위를 넣고 조금 되직하게 찌개를 끓인다.

화로에 얹은 뚝배기에서 청국장이 보글보글 끓을 때 피어오르는 냄
새가 코에 스미면 벌써 코를 벌름거리게 마련이다. 옛적 아낙네들은 청
국장 뚝배기를 올려놓은 화로의 재를 덮었다 헤치기를 거듭하면서, 언
제 돌아올지 모르는 남정네를 기다렸다.

도상1이 뚝배기에 담은 청국장 찌개이다.

서울의 '짜개 청국장'은 이와 조금 다르다. 맷돌에 탄 콩으로 메주를
쑤었다가(찧지는 않는다), 다시마·우족(牛足)·사태·북어 따위를 넣고 우린
곰국에 넣어 끓인 것이다. 부자는 청국장을 많이 마련해서 밖에 얼려
두고 생각날 때마다 끓여 먹었다. 찌개보다는 국에 가까운 것으로, 메
주의 고리타분한 맛과 곰국의 고
기 맛이 한데 어우러진 독특한 별
미이다.

곳에 따라 담북장·떼장(평안
도)·썩장(함경도)·퉁퉁장(충청도)이
라고도 하거니와, 청국장과 담북
장을 다른 것으로 보는 이도 있
다. 청국장은 보존용으로 오래 두

01

고 먹는 된장의 하나이고, 담북장은 속성용으로 콩을 삶아 띄워서 사나흘 만에 먹는 것이라고 한다. 그러나 재료, 만드는 법, 조리법 따위가 닮은 것으로 미루어, 지역에 따라 달리 불리는 것이 아닌가 생각된다. 이밖에 '청국장'이 청(淸)나라에서 배워 온 데서 나왔다는 설도 있지만 정확한 것은 아니다.

16세기 초에 나온 『훈몽자회(訓蒙字會)』에서는 청국장을 가리키는 두(鼓)를 '전국 시'로 새겼고, 『한국민족문화대백과사전』에서도 담북장과 청국장을 따로 설명하였다. 18세기 중엽의 『증보산림경제』와 이보다 조금 뒤에 나온 『오주연문장전산고(五洲衍文長箋散稿)』에는 '戰國醬'으로 올랐으며, 이는 『훈몽자회』의 '전국장'을 한자로 표기한 결과이다. '전쟁이 났을 때 빨리 담글 수 있는 장'이라는 뜻으로 보기도 하나, 이 또한 뚜렷한 근거는 없다.

한편, 19세기 후반에 나온 『규합총서(閨閤叢書)』에서 '청육장'이라고 하였음에도 비슷한 시기의 『명물기략(名物紀略)』과 『사류박해(事類博解)』에는 '청국장'으로 바뀌었다. 따라서 오늘날의 이름은 19세기 중엽에 굳어진 것으로 보인다.

다음은 『증보산림경제』의 청국장 담그는 방법이다.

삶은 햇콩 한 말을 오쟁이에 넣어 구들목에서 사흘 동안 띄워서 실이 생기기를 기다린다. 이를 따로 복은 콩 닷 되와 함께 절구에 찧어 소금으로 간을 맞춘다. 소금이 많아 너무 짜면 오이·동아·무 따위를 사이 사이에 넣어 독에 담아 땅에 묻었다가 일주일 뒤에 먹는다(권 8).

함경도에서는 국도 끓인다. 한 국자쯤 떠서 콩기름에 볶다가 물을 붓고, 배추와 갖은양념을 넣어 끓이면 국물이 뽀얗게 우러난다. 이것이 '썩장국'으로, 띄운 콩으로 끓인 국이라는 뜻이다. 또 청국장을 오래 두고 먹으려면 주먹 크기로 뭉친 뒤, 달걀 꾸러미처럼 짚에 싸서 매달아 둔다. 중국 사천성(泗川省) 성도시(成都市) 교외의 어떤 농가에서도 같은 방법을 쓰는 것을 보고 놀란 일이 있다.

서울 사람들이 즐긴 '무장'도 청국장의 한가지이다. 김장철에 장 담글 메주를 쑬 때 조금 작게 빚어 띄운 것을 바싹 말린 뒤, 서너 조각으로 깨뜨려서 항아리에 넣고 물을 붓는다. 2~3일 뒤에 덩어리가 떠오르면 소금 간을 해서 다시 사나흘 익힌 것이 무장이다. 먹을 때는 동치미무·배·편육 따위를 섞는다.

아예 동치미국에 담는 방법도 있다. 날 파와 고춧가루를 섞어 먹으며, 국물만 뜨고 메주 덩이는 그대로 둔다. 달래 따위를 넣고 따로 찌개를 끓인다. 따라서 이것은 달래가 나오는 무렵에야 상에 자주 오르게 마련이다.

궁중의 왕과 왕비로부터 나인들에 이르기까지, 설달 그믐날 새벽에 무장을 마시는 풍속이 있었다. 백 항아리에 끓인 소금물을 붓고 메주 덩이를 넣어서 우러난 국물이다. 이는 묵은해를 보내고 새해를 맞는 의례의 하나였을 터이다.

청국장을 된장처럼 약으로도 이용하였다.

1489년에 윤호(尹壕) 등이 낸 『구급 간이방언해』에 "오줌통이 비틀어진 탓에 오줌이 나오지 않으면 청국장 다섯 홉에 물 석 되를 부어 달여서 두어 번 끓어오를 때 바로 마시라"는 기사가 그것이다. 이밖에 오줌에 피가 섞여 나오거나(尿血), 임질(淋疾)에 걸렸을 때도 효과가 있다고 적혔다(13 「소변 불통[小便不通]」).

김창업(金昌業, 1658~1721)이 『연행일기(燕行日記)』에 "청국장(淸醬)도 맛이 역시 좋은데 대개 우리네와 같은 방법으로 담근다"고 적은 것을 보면 두 나라 사이에 큰 차이가 없었던 것을 알 수 있다(제4권 숙종[肅宗] 39년[1713] 1월 26일).

사천성(泗川省) 성도시(成都市) 일대에서는 청국장 콩에 찹쌀과 감자처럼 얇게 썰어서 찐 고구마를 섞어서 손으로 으깬다. 콩은 물에 불렸다가 삶아서 솥에 넣고 볶는다. 찹쌀 역시 고구마의 반쯤 삶아서 뭉쳐둔다. 이 세 가지에 짓찧은 생강·후추·고추 따위를 넣고 기름을 듬뿍 발라 뭉쳐서 광주리에 담아 말린다. (볶은 콩은 한동안 물에 불렸다가 광주리에 담아 말린다) 이틀 뒤 손으로 눌러 단단하게 굳힌 다음, 볕에 쪼였다가 짚으로 싸서 부뚜막 위에 걸어 둔다. 이에 연기를 씌우면 더 오래 두고 먹을 수 있다. 청국장은 칼로 썰어 푸성귀와 함께 볶거나 솥 바닥에 한 켜 깔고, 다시 고기를 덮어서 쪄 먹기도 한다.

한 식당에서 청국장 조리 과정을 직접 보았다. 주먹 크기의 덩어리를 채를 치듯 가늘게 썬 다음, 다시 잘게 다져서 뜨겁게 달군 유채 기름에 볶는다. 그리고 역시 잘게 다진 고기와 남새를 함께 넣고 서너 번 위로 던져 올려서 뒤집는 것으로 끝이었다. 냄새는 거의 나지 않으나, 콩이 씹힐 때는 텁텁하고 나머지는 구수할 뿐이었다. 어떠냐는 듯 내 눈을 지켜보는 젊은 주방장에게, 고개를 끄덕이며 웃어 주었다.

콩의 원산지에 대해서는 한국·중국 동북부·중국 운남·강남 등 여러 갈래로 갈린다.

한국 기원설의 주장자는 김종윤·권신한·이성우 등이다. 김종윤은 한국에 900여 종의 품종이 있는 데다가, 재배 콩(大豆)의 네 아종(亞種)

가운데 조선 야종이 가장 진화한 점을 들었다. 권신한은 재배종과 야생종의 중간형이 서울 근교에서 발견되었을 뿐만이 아니라, 씨좌(座)에 대한 유전자 변이가 가장 많이 나타나는 점을 근거로 삼았다.

이성우는 『관자(管子)』의 "제(齊)나라 환공(桓公)이 중국 동북부 남쪽에 위치한 산융(山戎)을 친 뒤(전 645~643), 콩을 가져와서 이를 '융숙(戎菽)'이라고 불렀다"는 기사를 들었다. 또 고고학적 유물을 보아도 우리 것(평양시 남경 마을 유적에서 나온)이 중국보다 오래된 사실을 지적하고, 한반도와 중국 동북부를 포함하는 동이권(東夷圈)이 콩의 원산지라는 주장을 폈다(『한국식품사회사』, 1992).

이에 대해 요시다 슈지(吉田集而)는 앞의 두 사람의 견해를 부정하는 한편, 이성우의 반박에도 잘못이 있음을 지적하였다. 『시경(詩經)』에 이미 숙(菽)이라는 글자가 보이고, 그 이전에 검은콩을 비롯한 작은 품종군이 있었으며, 『관자』의 내용은 단지 큰 황두(黃豆)가 들어왔음을 알리는 것에 지나지 않는다는 것이다.

또 고고학 자료로도 약 7,000년 전의 절강성 하모도(河姆渡) 유적에서 대두(大豆·黃豆)가 나온 사실을 들었다. 이어서 덩굴 콩의 분포와 원시적 품종군의 분포를 비롯하여, 4개의 에고 타입(Ego type)을 분석한 결과 콩의 원산지는 중국 강남일 가능성이 가장 크다고 보았다(『일본문화의 기원日本文化の起源』, 1993; 243~244).

콩의 원산지에 대한 몇 가지 견해들을 견주었으나 콩을 띄운 메주나 청국장이 반드시 원산지에서 나왔다고 주장할 근거는 없다.

중국에서 장(醬)이 나온 것은 주(周)나라 말(전 770년쯤)이고, 청국장이 등장한 것은 진대(秦代, 전 221~201)이다. 장은 보릿가루로 만든 누룩 따위를 써서 발효시킨 것으로 우리네 된장을 연상시키지만, 청국장은 익힌 콩을 띄운 것인 점에서 차이를 보인다.

앞의 일본 학자는 장은 화북지방에서, 청국장은 남부 지방에서 나왔다고 하였으나, 이성우는 이들이 모두 중국 동북부를 포함하는 한반도에서 시작되었다고 하였다.

그 내용이다.

① 콩의 재배가 이 지역에서 시작되고

② 진(晉) 장화(張華, 232~300)의 『박물지(博物志)』에 청국장이 외국에서 들어왔다고 적혔고, 같은 내용이 전 78년에 나온 『사기(史記)』에도 보이며

③ 앞에서 든 대로 『삼국지』의 고구려 사람들이 발효식품을 잘 만든다는 기사가 있고

④ 송대(宋代)의 『신당서(新唐書)』에도 발해의 명산물에 오르고

⑤ 청국장은 전한(前漢, 전 202~8) 시대에 나타났으며, 당시 중국 동북부 일대는 초기 철기 시대로 이미 청국장을 먹고 있었으며 메주(末醬)도 이 지역에서 나왔다.

이에 대해 앞의 요시다 슈지는 다시 콩의 재배지가 중국 남부이고, 당시의 외국은 화북을 중심지로 잡았을 때 남부도 이에 딸리며, 청국장이 전한 시대 이전에 나왔을 가능성이 없지 않음을 들어 반대하면서도, '만주설을 하나의 가정으로 잡는다면 전혀 부당한 견해는 아니라'는 단서를 붙였다. 또 그는 일본의 미소(일본장)는 중국 동북부에서 한반도를 거쳐 일본으로 들어갔다는 이성우의 의견이 옳다고 하였다.

중국에는 무른 것(干豆豉), 젖은 것(水豆豉), 무른 두시(豆豉)의 세 종류가 있으며, 그대로 떠먹거나 양념을 해서 반찬을 삼거나, 고기와 채소 따위와 함께 볶아서 요리를 만들기도 한다.

사천성 성도시 일대에서는 찐 콩에 찹쌀과 찐 고구마를 섞는 외에 기름에 버무린 생강·후추·고추 따위를 더해 광주리에 담아 말렸다가 부뚜막에 걸어 두고 먹는다. 이때 연기를 쐬면 더 오래 두고 즐길 수 있다.

도상2가 귀주성(貴州省)의 무른 청국장이고
도상3이 마른 청국장이며
도상4는 청국장 돼지고기 볶음이다.

운남성(雲南省)에서도 청국장을 즐긴다. 곤명시(昆明市)의 시장에서 양동이에 가득 담아 놓고 파는 아주머니를 찾았다. 만드는 법과 요리법을 물었으나, 공장에서 받아오는 까닭에 모른다는 대답이었다. 공장으로 달려가 6층 사장실에서 기술자를 만났다. 하루 동안 물에 불려서 찧은 콩을 20도의 온도에서 너댓새 띄운 뒤, 단술·소금·설탕·후추 따위를 섞어 단지에 담아 석 달 동안 두었다가 시장에 낸다는 것이다.

이 시에 한 해 900톤을 생산하는 공장이 넷이나 있는 것은 주민들의 청국장에 대한 관심이 얼마나 높은가를 알려주는 좋은 보기이다.

02

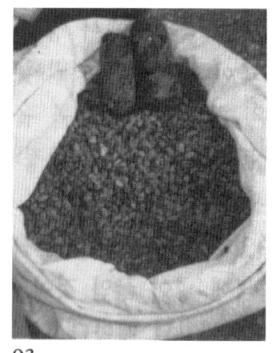
03

04

청국장의 일본 이름은 낫토(納豆)로, 그들은 유난히 청국장을 즐겨 먹는다. 1992년에 관련 기관(全国納豆工業協同組合連合会)에서 7월 10일을 낫토의 날로 정한 것도 다른 나라에 없는 특별한 일이다.

기원에 대한 여러 가지 설이다.

① 낫토는 오(呉) 나라의 관용적 소릿값 '낫(ナッ)'에 '콩(豆)'의 한음(漢音) '또우(トウ)'가 붙은 것으로, '낫'이 불교와 연관된 말에 자주 쓰이는 점에서 절집(寺院)을 통해서 들어온 것으로 보인다.

　헤이안(平安) 시대(8~12세기) 중기에 나온 『신원낙기(新猿楽記)』에 '짜고 매운 낫도(塩辛納豆)'라는 말이 처음 보이며, '낫토'라는 이름은 절집의 곳간인 납소(納所)에서 정진(精進) 요리로 만든 승려가 '납'자를 붙인 데서 왔다.

② 쇼토쿠(聖徳, 574~622) 태자가 말에게 주고 남은 찐 콩(煮豆)을 짚(藁)으로 싸서 둔 데서 나왔다.

③ 헤이안 시대 후기의 동북 지방 전투 때, 농민이 짚으로 싸서 바친 찐 콩에서 나온 실과 같은 물질에서 좋은 향기가 나서 먹게 되었다.

④ 임진왜란(1592~1598) 때 섬에 넣어둔 찐 콩이 말의 체온을 받아 자연 발효된 결과이다.

①의 절집 기원설(寺社起源説)은 『신원낙기』가 선종(禅宗)이 들어오기 전에 나온 점에서 일찍부터 부정되었다.

그럴듯한 것은 ②와 ④이다.

②는 쇼토쿠 태자가 백제 위덕왕(威徳王, 554~598) 때의 혜총(惠聰)과 고구려의 승 혜자(惠慈, ?~622)를 스승으로 모시고 유교와 불교를 배운

외에, 불교를 중흥시킬 때 백제와 깊은 연관을 맺은 까닭이다.

④는 임진왜란을 통해 우리 두부와 엿 따위와 함께 일본으로 들어갔을 확률이 높은 점이다. 이들이 14세기 말부터 쓰기 시작한 '가라낫토(唐納豆)'라는 말도 고(구)려 청국장이라는 뜻이다.

낫토는 에도(江戸) 시대로 접어들면서 전국으로 퍼져나갔다. 채소가 부족한 추운 지방에서 보충한 까닭이다. 에도(東京)에서는 여름에도 팔았으며, 이를 국물에 끓이거나 간장 따위를 뿌려서 먹었다.

에도·교토·오사카 등지는 집마다 담가 먹은 탓에 이것을 파는 가게가 생기지 않았다고도 한다. 그러나 여러 지방에 1950년대의 우리 두부 장수들처럼, 새벽부터 '낫토요, 낫토 사세요'하고 외치는 인스턴트 낫토 장수들이 골목을 누비며 다녔고 이들 가운데는 학비를 모으는 학생들도 적지 않았다.

일본에는 두 종류의 낫토가 있다.

하나는 찐 콩(大豆)을 알맞은 온도에서 낫토의 균을 번식시켜서 발효시킨 '실 낫토(糸引き納豆)'이고, 다른 하나는 찐 콩에 낫토 균을 접종시켜서 소금물에 담갔다가 발효시킨 뒤에 말린 '짜고 매운 낫토(辛納豆)'이다. 이 가운데 실낫토를 첫손에 꼽는다. 이밖에 과자의 한 종류인 단낫토(甘納豆)도 있다.

도상 5가 짚에 싼 청국장
도상 6이 실청국장
도상 7이 매운 청국장
도상 8이 단 청국장
도상 9가 절집 청국장이다.

05

06   07

08   09

　'짜고 매운 낫토'는 '절집낫토(寺納豆)'라고도 한다. 북송(北宋)이나 남송(南宋)에 갔던 승려가 가져온 것이 계기가 되어 여러 절집에서 담근 까닭이다. 이를 지금까지 이어온 절집이 교토의 대덕사(大德寺)·천룡사(天龍寺)·일휴사(一休寺)이며, 대덕사 제품은 '대덕사 낫토'라고 따로 이른다.

　널리 알려지지 않았으나 저들도 우리 청국장처럼 낫토를 된장국에 끓여서도 먹었다. '낫토지루(納豆汁)'가 그것으로, 된장·두부·튀긴 두부·채소 따위를 넣고 끓인다.

　927년에 나온 『연희식(延喜式)』에 '낫토(豉)가 단단한 데다가 보존이 쉽고 마른 식품이어서 양을 되로 셈하였다'는 기사와 콩과 바다풀(海藻)로 만드는 제조법이 적혔다. 이것이 지금의 실낫토에 가깝다고도 한다.

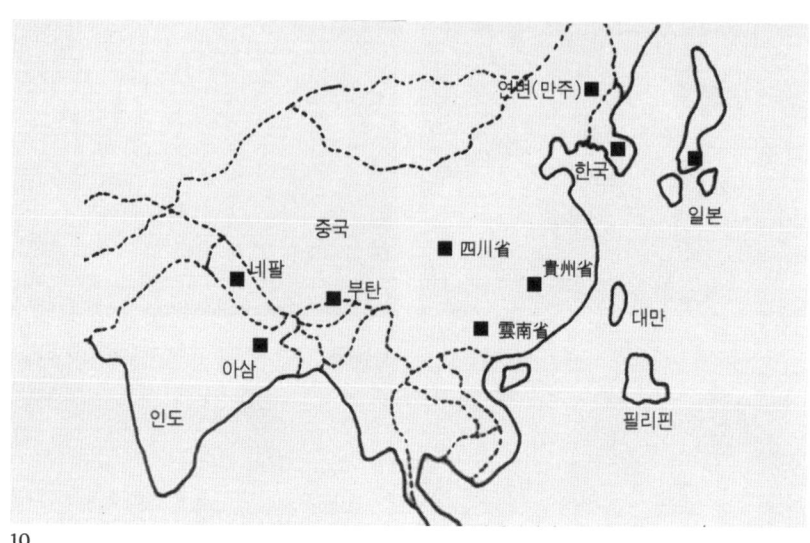

10

낫토가 센리큐(千利休, 1522~1591)의 『센리큐 백합기(千利休百会記)』에 일곱 번 보이고(献立), 도요토미 히데요시(豊臣秀吉, 1537~1598)도 그의 차모임(茶会)에서 먹었다는 기록이 있다.

도상10은 청국장 분포도이다.

인도 동북부인 아삼 및 아프가니스탄 북부 지방에도 있지만, 동부 네팔·동부 부탄·미얀마·타일랜드·라오스 북부지역에서 더 많이 즐긴다.

5) 초밥

생선이나 조개 따위의 어개류(魚介類)의 살을 쌀밥 위에 올려놓고 먹는 일본 음식이다.

초밥의 일본말 '스시(壽司)'의 본디 말은 '지사(鮨司)'로, 젓갈을 이르는 '지(鮨)'에 조사 '사(司)'를 덧붙였다. '지'가 '수'로 바뀐 것은 한자의 소릿값이 같은 '수(壽)'가 축복의 뜻을 지닌 데서 왔다.

스시는 '(맛이)시다(酸し)'는 뜻으로, 한자로 스시(寿司)·지(鮨, 생선 젓)·자(鮓, 생선 젓) 따위로 적는다. 조리한 생선 음식이라는 뜻을 지닌 지와 자 가운데 도쿄(東京) 중심의 간토(關東)에서는 '지(鮨)'를, 오사카 등지의 간사이(關西)에서는 자(鮓)를 쓴다.

시노다 오사무(條田統)는 스시의 '스'는 '酸し', 곧 유기산의 신맛(醒味)을 가리키며, '시(し)'는 조사라고 하였다(『增訂 米文化史』, 1970).

우리도 산미(酸味)를 '시다'고 말하고, 맛이 변한 밥을 '쉰 밥'이라고 부른다. 따라서 스시의 '스'는 우리말 '시'가 뿌리이다. 나아가 일본에서도 우리와 문화적 연관이 깊은 긴끼(近畿)나 이즈모(出雲) 지방에서 쉰밥을 '醒い飯' 또는 '시이'라고 하며, 이것이 오늘날의 '스시'로 바뀐 것이다.

일본에서는 스시를 나라(奈良) 시대(710~784)에 먹었으며, 927년에 나온 『연희식(延喜式)』에 "제국(諸国)의 공납품(貢納品) 가운데 자(鮓)와 지(鮨)가 있었다"는 기사가 거듭 보인다. 그리고 분포지역이 규슈 및 시고쿠(四国) 북부 및 긴끼 중부 지역에 한정되는 것도 특징이다.

한편, 헤이안(平安) 시대(8~12세기)에 나온 『고금이야기집(今昔物語集)』의 "스시를 팔러 다니던 여자가 술에 취한 나머지 먹은 음식을 그 위에 토하고 나서, 대강 쓸어 모으고 속여서 팔았다"는 기사를 보면, 그때의 스시 냄새가 몹시 강했던 것을 알 수 있다.

스시는 19세기에 냉동 기술과 운반 수단이 발달하면서 널리 퍼졌다. 이때 퍼진 것이 생선과 밥을 열흘쯤 함께 두는 가운데, 생선이 삭아서 생기는 신맛이 밥에 스며들도록 만든 '나레즈시(熟れ鮨)'와 '이즈시(飯鮨)'이다.

그리고 이들을 닮은 것이 어개류와 쌀을 소금에 버무려서 삭힌 우리네 식해류(食臨類) 음식이다. 함경도의 가자미 식해류가 그것으로 강원도와 경상도 해안 지방에 집중적으로 분포하며, 일본에서도 동해안 지역 사람들이 즐겨 먹는다. 따라서 두 나라 사이에 깊은 연관이 있다.

도상1이 나레즈시

도상2가 이즈시이다.

도상3이 홋카이도의 반스시

도상4가 내가 열차에서 맛본 생선 스시이다.

도상5가 함경도의 명태식해이고

도상6이 가자미식해이며

도상7은 현대의 스시이다.

고죠 다토루(故篠田統)의 『깁고 보탠 쌀 문화사(增訂 米文化史)』의 기사이다.

일본 문헌 가운데 가장 오랜 것은 737년에 나온 『다지마쿠니 쇼체죠(但馬國 正稅帳)』일터이다.

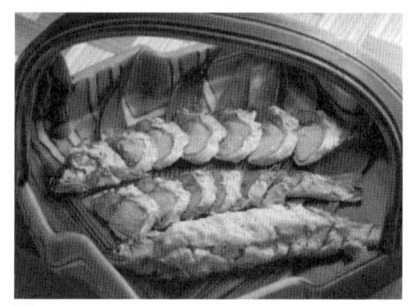

01

02   03

04   05

06   07

이 책에 "난파궁(難波宮)을 짓는 관리가 백성을 고용할 때 식사는 잡어 (雜魚) 스시 다섯 곡(斛), 현미 150다발(束), 그리고 곡(斛) 별로 30다발 (束)을 준다"는 기사가 있다. (⋯)

이보다 더 오랜 718년에 나온 『양로영(養老令)』에 "붕어와 잡어 스시 각 닷 말, 전복 두 말, 홍합 스시 서 말을 거둔다"고 적혔다. 898~901년의

『신찬자경(新撰字鏡)』에도 자(鮓 식해)·지(鮨 소금에 짜게 절인 새우젓) 따위가 보인다. (…) 이들은 매우 특이한 스시의 하나로 쌀을 적게 쓰려고 생선·야채·누룩을 섞어서 담갔다. 배추에 명태를 버무려 담그는 유명한 한국의 김치도 같은 계통이다. (…)

이러한 음식은 와카사(若狹)의 동쪽에서부터 오우미(近江)와 미노(美濃)의 북부를 위시하여 호쿠리쿠(北陸)를 따라 올라가 아오모리(青森)에서 홋카이도(北海道) 등지에 퍼졌다. (…) 그리고 한반도 동해안 일원에서도 식해라는 이름을 지닌 이와 똑같은 음식을 먹는다(1980년).

도쿠가와 소겐(德川宗賢, 1897~1989)의 『일본방언지도(日本方言地圖)』를 보면 '스시'는 주로 중부지방 서쪽에서 쓰고, 긴끼 서쪽, 나고야시(名古屋市) 근해, 시마네현(島根県) 동부, 도야마현(富山県) 해안에서는 '시이' 또는 '시이이'라고 한다. 따라서 이는 한국말 '시다'가 뿌리임을 나타낸다. 그리고 '시이' 혹은 '시이이'를 쓰는 지역이 역사적으로 한국인들이 일본과 교류할 때 이용한 주요 통로였다는 점도 기억할 일이다.

한편, 오노 스스무(大野晋)도 일본어 고어 '이피(飯)'는 "한국어의 '밥'의 음이 변해서 된 것"이라고 적었다(『일본어의 기원[日本語の起源]』 제4권).

『의식주어원사전(衣食住語源辭典)』에도 "스시가 조선어 食醢(식해) 또는 食醯(식혜)에서 왔다는 설이 있다"고 하였다(吉田金彦, 1996;170).

우리가 스시를 '생선 초밥'이라고 부르는 것도 밥에 맛이 조금 간 생선과 식초를 버무린 뒤, 도시락처럼 생긴 그릇에 꾹꾹 눌러 담아 식해처럼 숙성시켜서 신맛이 돌 때 먹은 데서 온 것이다.

6) 국수

'메밀국수'라고 하면 곧 일본의 '소바'를 떠올리기 쉽지만, 메밀로 국수 만드는 법을 가르쳐 준 이는 동대사(東大寺) 머물던 우리네 원진(元珍, 1573~1591) 스님이다. 이 사실은 모토야마 데키쇼(本山萩舟, 1881~1958)가 쓴 『음식사전(飮食事典)』을 비롯하여, 오츠카 시게루(大塚滋)의 『음식의 문화사(食の文化史)』에도 적혀 있다.

스님이 메밀가루를 끓는 물에 부어서 죽을 만들거나, 둥글게 빚어서 익혀 먹던 저들에게 밀가루 2에 메밀가루 8을 섞으면 끈기가 생겨서, 국수를 뺄 수 있다고 알려준 것이다. 당시 이것을 '니하치 소바(二·八そば)'라고 부른 까닭이 이것이다. 국수집 이름도 '니하치 국수집(二·八そば屋[소바야])'이었으며 오늘날에도 같은 이름을 쓴다.

도상1은 새벽에 니하치 국수집에 나온 손님을 주인이 국수 사발을 든 채 쳐다보는 장면이다.

도상2는 니하치 국수집 내부 모양이다. 왼쪽에서는 하늘 높이 쳐들었던 국수 가락을 입에 넣고, 또 오른쪽에서는 왼다리를 바닥으로 내

01

02

린 채 국수를 먹고 있다.

메밀국수의 본디 이름은 '소바키리(蕎麥切り)'이다. 이는 '자른 메밀'이라는 뜻이며 '소바'는 이를 줄인 말이다.

중앙아시아의 산악지대에서 나온 메밀 자체도, 우리를 거쳐 일본으로 들어갔다.

일본에는 이밖에 9할 소바(九割そば)와 7·3 소바(七三そば) 따위도 있다.

『사물기원사전(事物起源辭典)』의 기사이다.

옛 이름은 소바무기(そばむぎ) 또는 구로무기(くろむぎ)이다. 원산지는 시베리아에서 인도에 걸치는 동아시아로, 많은 지역에서 먹는다. 일본에는 북방에서 조선을 거쳐 들어왔다고 한다. (…)
처음에는 오늘날과 달리 가락을 잘라서 먹지 않고 소바네리(蕎麥練り)라고 하여, 끓는 물에 가루를 넣고 익혀서 죽처럼 떠먹다가, 뒤에 건져서 떡처럼 뭉쳐서 먹었으며 이를 소바가키(蕎麥搔き)라고 불렀다.
조선의 승 천진(天珍)●이 남도 동대사(南都 東大寺)에서 메밀가루를 우동가루에 섞은 뒤 잘라서 먹는 법을 가르쳤다. 이때부터 소바자루(そばきり) 또는 소바라고 부르게 되었다. 사람들이 이것을 우동이나 소멘으로 여기면서 에도 시대 초기부터 널리 유행하였다. 17세기 중반부터 겐로쿠(元禄) 시대(1688~1704)까지 과자점에서 부업으로 삼아서 만들어 팔았다(朝倉治彦 외, 2001;223).
●'천진'은 원진의 잘못이다.

도상3은 오늘날 일본의 '니하치 소바'이다.

03   04

　국수를 가리키는 '교맥(蕎麥)'은 중국어이며, 우리는 목맥(木麥)이라고
불렀다. 세종(世宗)의 명을 받아 정초(鄭招, ?~1434) 등이 낸 『농사직설
(農事直設)』에 "교맥(蕎麥)의 우리말(鄕名)은 목맥(木麥)이라"는 기사가 그
것이다. 이는 메밀을 가리킨다.

　정약용(丁若鏞, 1762~1836)도 1819년에 낸 『아언각비(雅言覺非)』에 "메
밀을 교맥(蕎麥) 또는 수맥(收麥)이라고 한다. (…) 그리고 교맥을 목맥
(木麥) 곧 메밀(毛蜜)이라고 하는 것은, 교맥이 모가 진 데서 왔다"고 적
었다.

　사실이 이러함에도 우리네 큰 기업에서 파는 메밀 국수를 도상4처
럼 '메밀 소바'라고 적었다. 이는 문화의 역류 현상인 셈이다.

7) 만두

내가 나라 밖에서 만두를 처음 맛본 것은 1990년 여름, 몽골과 중앙 아시아에서였다. 우즈베키스탄의 수도 타슈켄트시 교외에 있는 만두와 냉면 전문 식당이었다. 어울리지 않는 겨울 만두와 여름 냉면을 전문으로 삼은 까닭을 물었더니 이곳에서는 두 가지를 함께 먹는다는 대답이었다. 냉면만으로는 배가 차지 않아서인지, 만두가 으뜸이고 냉면은 맛보기인지는 다시 묻지 않았다. 우리 평안도에서 만둣국에 밥을 말아먹는 것이 떠오른 까닭이다.

한 사람 앞에 세 개씩 나온 찐 만두를 나는 두 개밖에 먹지 못하였다. 그나마도 한 개는 안내자의 권유를 물리치기 어려워서 억지로 삼킨 셈이었다. 무엇보다 주먹보다 큰 데다가 소의 대부분이 기름기 많은 양고기 다짐이었던 까닭이다. 맛은커녕 시장기마저 달아나 버린 느낌이었다.

뒤이어 나온 냉면 국물도 기름져서 산뜻하면서 담백한 맛을 기대했던 바람이 무너지고 말았다. 이곳뿐 아니라 사마르칸트나 부하라 식당의 것도 마찬가지였다. 지금 생각해보면 맛 자체보다도 40도에 이르는 더위 탓이 아닌가 싶다. 혹한이 들이닥치는 중앙아시아에서는 오히려 기름진 만두가 입에 맞을 것이 분명하다.

몽골의 만두 먹는 법은 앞 지역과 달랐다. 먼저 조금 더 큰 만두의 양쪽 귀를 두 손으로 잡은 채, 가운데의 부리를 위아래 이로 조금 헐어내고 그 안의 국물을 빨아 마신 다음, 소를 입으로 옮기는 식이었다. 또 소가 양고기뿐이어서 기름진 느낌이 더하였다. 몽골에서는 이것을 '부즈', 소를 넣지 않고 부풀려서 찐 것을 '만트'라고 이른다. 이는 중국을 따른 것으로, 저쪽에서는 소를 넣지 않은 것을 만토우(饅頭), 소가 든 것은 보오즈(包子·饅子)라고 따로 부른다.

중국 호텔의 아침 식탁에는 흔히 멀겋게 끓인 쌀죽과 소를 넣지 않고 부풀려서 찐 만두가 오른다. 이밖에 남새 볶음 따위를 곁들이기도 하나, 이는 외국인을 위한 것이고 저들은 죽과 만두로 때운다. 내몽골 자치구의 호와허트시 박물관 직원들이 우리네 도시락을 닮은 그릇에 만두 두 개를 담아 와서 점심으로 드는 것을 본 적도 있다. 나도 이 도시 교외 농가에서 만두 점심을 들었다. 밀을 조금 덜 찧어서 검은색이 도는 만두 두 개와 달걀부침이 나왔다. 주인은 나를 위해 달걀을 더 부쳤다면서 자신들은 빵만 먹는다고 빙그레 웃었다.

중국에서는 만두를 한대(漢代, 전 3세기~1세기) 내지 삼국(三國, 3~4세기) 시대부터 먹었다. 송대에 나온 『사물기원(事物起源)』에 "맹획(孟獲)을 치고 돌아오다가 풍랑을 만난 제갈량(諸葛亮, 181~234)에게 점쟁이가 수신(水神)에게 사람의 머리를 바치라고 하자 양과 돼지고기를 사람의 머리처럼 밀가루 반죽에 싸서 던지고 무사히 돌아왔다"는 기사가 있다.

'만두(饅頭)'라는 이름은 『고려사』에 처음 보인다(충혜왕[忠惠王] 4년 [1343] 10월). 궁궐 부엌에서 만두를 훔쳐먹던 사람을 왕이 도둑으로 몰아서 죽었다는 내용이다.

일본의 만두도 우리가 알려주었다. 이에 따라 만두 신을 받드는 신사가 생긴 것은 당연하다. 나라시(奈良市)의 한국신사(漢國神社)가 그곳이다. 저들은 '韓'을 '漢'으로도 적었으므로 '漢國'은 곧 '韓國'을 가리킨다. 더구나 이 '漢國'을 한국(韓國)처럼 '강고'라고 읽는 점도 기억해 둘 필요가 있다.

10세기 무렵에 나온 『화명유취초(和名類聚抄)』에서 이를 '당과자(唐菓

子)'라고 한 것도 마찬가지이다.

앞 신사의 간추린 내력담이다.

스이코(推古) 천황 원년(593)에 세웠다. 717년에, 한국의 신(韓神) 두 분 (二座)을 함께 모시면서 소노가라(園韓) 신사라고 부르다가 한신(韓神)의 한(韓)을 한(漢)으로 바꾸면서 이름도 漢神神社로 고쳤다.

경내 한쪽에 있는 임신사(林神社)는 일본에 하나뿐인 만두신사(饅頭神 社)로, 1349년에 원(元)에서 온 류잔 도켄(林浄因)이 만두를 빚은 데서 왔 다. 1978년에 과자의 신 다지 마모리(田道間守)와 합사하여 만두와 과자 의 두 조신(祖神)을 받들면서 관련 업계의 관심을 받게 되었다.

본전 뒤에 만두 무덤도 있다. 세워놓은 달걀꼴 돌(높이 50㎝, 가로 80㎝쯤)이 그것으로, 전국의 제과업자들이 해마다 한 번씩 이곳에 모 여, '만두의 공력'을 치하하고 '말로 다할 수 없는 감사'를 올린다. 신 사 앞에 '만두의 조신을 모셨다'는 비도 있다.

도상1이 만두 무덤이고, 도상2가 신상의 모형으로 빚은 만두이다.

01

02

03

04

05

　도상3은 이곳에서 해마다 4월 19일에 열리는 만두제(饅頭祭)를 알리는 광고물이고,

　도상4와 도상5는 신사의 신직이 제례를 진행하는 광경이다.

8) 두부

두부를 만드는 기술을 임진왜란 때(1592~1598), 일본에 끌려간 박호인(朴好仁)이 전한 사실은 널리 알려져 있다. 그는 1617년에 고향으로 돌아오기 전까지, 20년 동안 지금의 고치시(高知市)에서 번주(擁主)의 융숭한 대접을 받으며 지냈다. 당시에 그의 일족이 살던 일대(동서 1km, 남북 18m쯤)를 '한국인거리(唐人町)'라고 불렀고, 지금도 이름이 남아있다. 도진의 '도(唐)'는 중국의 당(唐)나라가 아니라, 일본 사람들의 외국인에 대한 호칭으로, 우리 겨레에 대한 별칭이다.

도상1이 '도진거리 상점가(唐人町商店街)'라고 적인 현판이고,
도상2는 '도진거리역(唐人町驛)'이라고 적힌 지하철 안내판이다.

그의 일가는 이후 250여 년간 독점권을 누리며 68개 점포에서 두부를 생산, 판매하였다. 박호인이 살던 집터는 중요무형문화재로 지정되고, 그 안쪽에 시에서 첫째가는 호텔(山翠園)이 들어섰다. 따라서 그

01

02

는 포로가 아니라 당당한 기술자로 불려갔으며, 고향으로 돌아온 중요한 이유도 번주(藩主)가 처음 약속했던 예우를 해주지 못한 것이 원인이었다. 그의 일가가 빚은 두부가 어찌나 단단했던지, '두부 모서리에 머리를 맞아 죽었다'거나 '새끼에 동인 두부를 어깨에 메고 끌었다'는 말이 전한다.

히라미 미치오(平尾道雄) 등이 1878년부터 1901년에 걸쳐서 낸 고치현의 역사를 기록한 『카이잔슈(皆山集)』의 기사이다(전 10권).

옛날 이 나라에 두부가 없었다. 1592~1595년 사이에 쵸소카베 모토치카(長宗我部元親, 1539~1599)가 조선에서 끌고 온 포로 가운데 박호인(朴好仁)이라는 사람이 있었으며 그 자손도 일본에서 살았다. 이곳의 영주 야마우치 카즈토요(山內一豊, ?~1605) 공이 고치성(高知城)을 쌓을 때, 박 씨를 지금의 도진마치(唐人町)에 두고 부렸다.

그는 도사군(土佐郡) 카가미가와(鏡川)의 북쪽에서 두부를 만들기 시작하였다. 곧, 오늘날의 아키즈키(秋月) 씨족의 조상이다. 지금도 여러 곳에서 두부를 만든다지만 이곳 두부에는 미치지 못한다. 당시에는 두부 가게가 68호를 넘지 않게 통제하였다(9권 정대성, 2000;129~130쪽에서 재인용).

도상3은 '고치성의 오늘과 어제의 거리 이름(高知城下町名夕今)'이라는 안내판에 적힌 '옛 서쪽 도진 거리(古唐人町)'에 관한 기사이다.

1592년의 도요토미 히데요시(豐臣秀吉)의 조선 출병(出兵) 때, 쵸소카베 모토치카에게 끌려서 도사(土佐)에 온 조선(朝鮮) 경상도(慶尙道) 추월성주(秋月城主)● 박호인 등 30명이 야마우치가즈도요도사(山內一豊土佐)에 입국한 뒤, 두상(豆商)이라는 특권을 받아 경천대제(鏡川大堤) 위에서 거주했던 데서 왔다.

1885년에 동서로 나뉘었으며, 서쪽의 한인 거리(西唐人町)에서는 두부를, 동쪽 한인거리(東唐人町)에서는 생선을 팔았다.

●'추월성주'는 그가 추월이라는 성씨의 시조라는 뜻이다. 이는 아들이 '추월성'을 새 성씨로 삼은 데서 왔다.

다음은 「김문길의 신 일본 기행」에 보이는 박호인의 간추린 후일담이다.

임란(壬亂) 때의 어느 날, 요시다 마사시케(吉田政重)가 상관 쵸소카베 모토치카에게 조선인의 집에서 빼앗아 먹은 맛있는 음식을 같이 가서 다시 먹자고 하자, 비상식량 거리로 좋을 터이니 가져오라고 일렀다. 진해(鎭海)에 있는 박호인의 두부 공장에서 거둔 것을 웅천성(熊川城)으로 가져가자 맛을 본 그가 아예 박호인을 끌어가서 직접 만들게 하라고 일렀다.

이어 한의사 등 280여 명과 일본으로 끌려간 박호인은 고치(高知)의 공장에서 생산에 들어갔다. 그의 유두부(湯豆腐)는 역대 천황의 별미이자 교토의 명물로 떠올랐다. 이밖에 더울 때 얼음에 채웠다가 먹는 히야야코(冷奴)가 널리 알려지면서 도쿠가와 막부(德川幕府)가 뇨엔(如猿)이라는 특상을 내렸다.

04

05

06

07

도상4가 유도후이고
도상5는 히야야코이며
도상6은 도사두부이다.

　정유재란(丁酉再亂) 뒤, 많은 포로가 돌아왔음에도 그는 오히려 고치성(高知城)으로 가라는 이에야스(德川家康) 명이 떨어지자 특등 벼슬자리 사에몬(左衛門)과 연공(年貢)을 요구하였다. 이를 들어준 막부는 새 고치성에 조선인 거리(唐人町)라는 문화지역을 지정하면서 막부의 두부 공장을 세웠다.

　이곳의 두부가 전국으로 퍼지면서 고치성의 연간 코쿠다가(高石)의 30%를 차지하였다. 코쿠다가는 고치성에서 생산하는 곡물의 생산량,

곧 한해 소득을 가리킨다.

그의 아들 박원혁(朴元赫)이 성을 아키쓰키(秋月)로 바꾼 것은 박호인이 일본에 갔을 때 쵸소카베의 가신(家臣) 아끼쓰키 타네노부(秋月種信)의 집에서 함께 지낸 인연에서 왔다. 오늘날에도 코치의 조선 두부를 아끼쓰키두부라고 부르는 까닭이 이것이다.

도상7이 아키쓰키 두부이다.

지금은 무형문화인으로 지정된 13대 후손이 살고 있다.

한편, 박호인의 위패는 고대부터 한인을 받들어 온 하타신사(秦神社)에 모셨다. 본디 박호인의 증조부는 통훈대부 진해현감(通訓大夫鎭海縣監)을 지냈다(《대경일보》 2024년 12월 2일자).

9) 마늘

고치(高知)의 두부를 말하면서 마늘을 뺄 수 없다. 서양인은 으레 그러려니 하지만, 일본 사람들도 마늘 냄새를 몹시 싫어한다. 1970년대 중반에 나는 도쿄 시내 어떤 술집 차림표에 '人肉'이 있는 것을 보고 깜짝 놀랐다. 주인에게 물었더니 마늘의 일본말 '닌니꾸(にんにく)'와 소릿값이 같아서 썼다는 대답이었다. 이것으로도 저들이 마늘을 싫어하는 정도가 짐작되고도 남는다.

『일본고어대사전』에서 '닌니쿠는 忍慾과 소릿값이 같은 데서 왔다며 "불교에서 금지한 까닭에 몰래 먹는다는 은어(隱語)가 되었다"는 『대언해(大言海)』의 설명을 덧붙인 것도 마찬가지인 셈이다. 또 다른 사전 『어원대사전(語源大辭典)』에서는 앞의 설명 뒤에 "냄새를 싫어한다(ニオイ[匂]を ニクム[嫌])"는 뜻에서 왔다고 덧붙였다(屈井 令以知, 1988;190).

도상1이 오늘날의 닌니쿠(人肉) 만두라는 이름의 상표이다.

그러나 고치는 이와 전혀 다르다. 한 음식점에서 가다랭이 회를 주문하자 **도상2**처럼 마늘이 담긴 종지를 곁들여 내왔다. 나는 깜짝 놀랐다. 그뿐이 아니었다. 네다섯 개의 마늘 대까지 담겨있지 않은가(**도상3**).

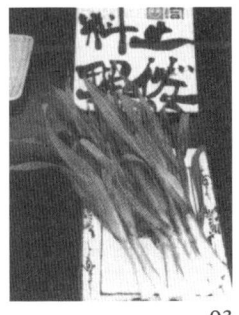

01   02   03

뒤에 고치현(高知県)이 일본 전국에서 마늘 생산지로 유명하고, 그것을 모두 현 내에서 소비한다는 사실을 알았다.

10세기에 나온 두 권의 책(『本草和名』과 『和名類聚妙』)에서 '매우 중요한 식품으로, 특히 김치류에 없어서는 안 되는 조미료'라고 하더니, 11세기의 기록(『源民物語』)에는 '약용으로 쓰지만, 냄새가 지독하다'고 뒤집었다. 이로써 '마늘은 조선인의 냄새가 고약한 식품'이라는 생각이 굳어졌을 것이다.

마늘은 한국에서 들어갔다.

(1) 『우리말 어원사전』의 기사이다.

중세어형은 '마늘'이다. 『삼국사기(三國史記)』의 '산산현 본고구려 매호달현(蒜蒜縣 本高句麗 買戶達縣)의 매호(賣戶[mair])'라는 구절의 매호는 현대어 마늘과 일치한다. 『향약구급방(鄕藥救急方)』●에 이것을 가리키는 고려의 말 亇汝乙(마늘)이 들어있다.

우리네 마늘은 단군(檀君) 신화에 나올 정도로 역사가 매우 오래다. 『고사기(古事記)』와 『일본서기(日本書紀)』에 보이는 mira와, 현대 일본어 nira로 미루어, 8세기 이전에 우리가 전한 식물로 보인다. 『명물기략(名物紀略)』▲에 '맛이 매우 辣(신, 몹시 매울 날)하므로 猛辣(맹랄)이라고 부른다'고 적혔다. 원산지를 고려하면 '마늘'은 몽골어 manggir에서 발전하였을 가능성이 있다. 만끼르→만눌 > 마눌 > 마늘 제주도 사투리는 '마농←만+옹'이다(백문식, 2014; 188).

●『향약구급방』은 태종(太宗) 17년(1417)에, 경상도 의흥(義興)에서 나온 한의서(漢醫書)이고, ▲『명물기략』은 황필수(黃泌秀, 1842~1914)가 1870년에 낸 각종 사물의 명칭을 고증하여 한자어의 우리말 뜻을 밝힌 한자와 한글 어휘집이다.

(2) 『삼국유사(三國遺事)』에 실린 단군 신화의 마늘 관련 기사이다.

옛날 환인(桓因)이 서자 환웅(桓雄)에게 (…) 천부인(天符印) 세 개를 주며
세상에 내려가서 바라는 곳을 다스리라고 일렀다. 무리 삼천과 태백산
으로 내려온 그는 (…) 인간 세상의 360여 가지 일을 주관하였다.
그때 같은 굴에 살던 곰과 범이 사람이 되게 해 달라고 늘 빌자, 신령한
쑥과 마늘 20개를 주며 '이것을 먹고 햇빛을 백일 동안 보지 않으면 사
람이 될 것이라고 하였다. 이를 잘 지킨 곰은 여자가 되었으나, 어긴 범
은 뜻을 못이루었다(「기이[紀異]」 고조선[古朝鮮]).

(3) 『고사기(古事記)』의 간추린 기사이다.

동정(東征)에 나서서 여러 신들을 정복한 야마토 다케루(小碓命)●가 서
울로 돌아오던 길에 아시가라산(足柄山)에서 말린 밥으로 식사를 할 때,
흰 사슴으로 변한 고개의 신이 나타나자 마늘로 후려쳐서 죽였다(중권
게이코[景行 전 13~후 130] 천황).

(4) 『일본서기(日本書紀)』의 간추린 기사이다.

산봉우리에 오르다가 허기가 진 야마토 다케루가(日本武尊)●가 식사할
때였다. 흰 사슴으로 변한 산신(山神)이 나타나서 괴롭히려고 들자, 마
늘 한 개를 던졌더니 눈에 맞자마자 죽었다(게이코 천황 40년 여름 6월).
● (3)의 야마토 다케루(小碓命)와 (4)의 야마토 다케루(日本武尊)는 동일인물이
다. 성명의 정확한 표기가 내려온 것이 아니라 후대의 사람들이 붙인 것이기에
다르게 표기된 경우가 있다. 우리 책에서는 해당 문헌에 쓰인 그대로를 가져왔다.

더구나 마늘을 처음 재배하였다는 나가노현(長野県 下伊郡)에 있는 아

치 마을(阿智村)이 예부터 우리 겨레가 살던 고장인 점도 기억할 일이다. 이 마을의 아치(阿智) 신사에서 신라대명신(新羅大明神)을 주신으로 받드는 것이 대표적인 보기이다.

도상4가 신사의 배전이고
도상5는 신라대명신이라고 적은 편액이다.
도상6은 그의 신상이다.

'명신'은 글자 그대로 태양신으로 『삼국사기(三國史記)』의 동신(東神), 곧 동신성모(東神聖母)이자 신라 시조 박혁거세(朴赫居世)의 어머니 선도성모(仙桃聖母)를 가리킨다.

아지신사 조사 위원회에서 낸 보고서의 일부이다.

전국 여러 곳에 있는 아치라는 이름을 지닌 신사의 대부분은 대륙과 한반도에서 온 사람들이 세웠다. 신라대명신도 귀화한 하타(秦)씨와 아치노 오미(阿知使王) 일족이 오진(応神) 천황 때부터 거주하면서 그들이 받들어 온 신을 주신으로 모셔왔다. (…)

04   05   06

그들 씨족이 야마토(大和) 조정의 문화 발전에 크게 공헌한 사실은 우리 나라 역사 및 문화사상 잊을 수 없는 역사적 사실이다(정대성의 『일본으로 건너간 한국 음식』 119~120에서 재인용).

가고시마현(鹿児島県)에 있는 한 건강 식품회사에서 2월 29일을 '마늘의 날(「にん(2)に(2)く(9)の日」)'로 정하였다. 4년에 한 번씩 돌아오는 이 날, 일본 각지에서 마늘에 관한 이벤트를 벌인다고 한다. 이는 매우 특이한 일이다.

마늘의 원산지가 중앙아시아라지만, 전 3200년 무렵에는 고대 이집트에서 재배하였고, 2,500년 전에는 피라미드를 세울 때 인부들에게 양파와 마늘을 나누어주었다는 기록이 있다. 이것은 전 140년에 중국을 거쳐서 우리에게 들어온 뒤, 헤이안 시대에 일본으로 건너갔다.

그리고 앞에서 든 대로, 세계 여러 곳에서 마늘이 기적을 일으키는 특효약이자 악귀를 물리치는 신약의 구실을 하였다.

1950년도에는 우리 농촌에서 구급약으로 썼다.

대학 1학년이던 1957년 8월, 경기도 향남읍(鄕南邑) 발안리(發安里)에서 지내던 중에 배탈이 나더니 설사가 이어졌다. 이를 안 주인집에서 마늘주기에 씹으면서도 무슨 효과가 있을까 싶더니 서너 시간 뒤 멎어서 놀란 적이 있다.

일본의 산간지대에서 조선인 노무자들이 날씨가 추워지면 마늘로 어한(禦寒)을 했다는 말도 들었다. 마늘이 급성 소화제이자 온열제 구실을 한 것이다.

10) 술

우리 술에 관한 가장 오랜 신화는 고구려 시조 동명성왕(東明聖王, 전 58~전 19) 탄생기에 보인다.

『삼국유사(三國遺事)』의 간추린 기사이다.

압록강 웅심연(熊心淵)에서 노는 하백(河伯)의 딸들을 본 하느님의 아들 해모수(解慕漱)가 큰 궁궐을 짓고 그네들을 불러들여 술을 먹였다. 둘은 달아났음에도 맏이 유화(柳花)는 남았다. 사랑에 빠진 그네는 아버지의 만류를 어기고 해모수와 혼인을 하였다. 사위가 바람둥이인 것을 안 하백은 둘을 가죽 부대에 넣어 하늘로 보냈다. 도중에 술이 깬 해모수가 유화의 비녀로 가죽을 찢고 달아나자, 하백은 딸의 입술을 석 자쯤 뽑고 나서 내쫓았다. 한 어부의 아내가 되었던 그네는 금와왕(金蛙王)의 아들, 곧 동명성왕을 낳았다(기이[紀異] 제2 「고구려[高句麗]」).

술에 관한 첫 기록이 아름답지 못해 꺼림칙하다.

그것은 어떻든, 우리의 술 빚는 재간이 일찍부터 중국에 알려졌다. 『삼국지(三國志)』의 '고구려 사람들은 술을 잘 담근다(善藏釀)'는 기사가 그것이다(위서[魏書] 「고구려전」).

같은 내용이 『삼국사기』 고구려 본기에도 들어있다. 대무신왕(大武神王) 11년(32) 가을 7월, 한(漢) 요동태수(遼東太守)의 침략을 받은 왕이 위나암성(尉那巖城)으로 들어갔다가, 못 속의 잉어를 풀에 싸서 맛 좋은 술과 함께 상대에게 보냈더니 물러갔다는 내용이다(권 제14). 좋은 술이 나라를 구한 셈이다.

10세기 말에 나온 『태평어람(太平御覽)』에도 닮은 이야기가 보인다
(권 46).

> 단도(丹徒 강소성[江蘇省] 단양현[丹陽縣])의 고려산(高麗山)에 나타난 미인
> 을 동해신(東海神)이 술을 가지고 와서 꼬였지만 듣지 않자 화가 치민 그
> 가 술동이를 엎었고, 그 술이 곡아호(曲阿湖)로 흘러들어서 곡아주의 맛
> 이 뛰어나다는 내용이다. 여자가 꿈적 않은 것은 술맛이 떨어진 탓이라
> 는 말일 터이다.
> 어디 그뿐인가 당(唐)의 풍류객 이상은(李商隱, 812~858)도 "신라의 술 한
> 잔에(一盞新羅酒), 차가운 서리 기운 녹는 듯하네(凌霜恐易銷)"라고 읊조렸
> 다(『해동역사[海東繹史]』제26권 「물산지[物産志]」 1).

또 신라의 설총(薛聰, ?~655)이 신문왕(神文王)에게 꽃을 빌려 말하는
가운데(花王戒) 예부터 위정자는 차와 술로 정신을 맑게 한다고 이른 것
을 보면 술을 차와 더불어 정신적인 음료로 삼은 것을 알 수 있다.

우리네 최초의 술집도 고려 성종(成宗) 때(983년)에 개성에서 선보였
다. 성례(成禮)·낙빈(樂賓)·연령(延齡)·영액(靈液)·옥장(玉漿)·희빈(喜賓) 따위
가 그 이름들로 아취가 잘잘 흐른다.

소주(燒酒)와 포도주(葡萄酒)가 퍼진 것도 고려 때이다. 소주는 충렬왕
(忠烈王) 때(1272년) 들어와, 50년 뒤 개성(開城)과 안동(安東)을 중심으로
퍼져나갔다. 『고려사』에 왜구를 막으려고 경상북도에 머물던 원수(元
帥) 김진(金鎭, ?~?) 등이 소주를 지나치게 즐긴 탓에 '소주패거리(燒酒徒)'
라고 불렸고, 왜구가 합포(合浦, 마산)에 이르자 곧 줄행랑을 쳤다는 기
사가 보인다(권제 26 열전[列傳]).

옛 페르시아에 나온 소주는 중앙아시아의 몽골을 지나 우리에게 들어왔다. 이름도 아라키(아랍)·아라크(터키)·아라키(몽골)를 거쳐 개성에서는 아락주, 안동에서는 아랭이로 불렸다. 호남(湖南)·함경도(咸鏡道)·평안도(平安道의 이름도 아랭이), 경상북도에서는 오늘날에도 술 찌꺼기를 '아랭이 찌꺼기'라고 이른다.

조선 태종(太宗)이 소주를 일본에 보냈다.

『태종실록』의 "판예빈시사(判禮賓寺事) 이태귀(李台貴)가 쓰시마(對馬島) 수호관(守護官) 종정무(宗貞茂)에게 소주 열 병과, 청주(清酒) 30병 따위를 건넸다"는 기사가 그것이다(4년[1404] 1월 9일). 이어 세종(世宗)이 30여 번이나 보낸 외에 저쪽에서 요청을 하고, 조선통신사도 선물로 가져간 것을 보면 태종 때 처음 들어갔을 가능성도 없지 않다.

우리 술이 일본으로 갔다.

아다치 이사무(足立勇)의 『일본음식사(日本飲食史)』 기사이다.

술은 오진(応神, 270~310) 천황 때, 백제에서 온 니호(仁番) 또는 스스코리(修修許理)가 맛 좋은 술을 빚어서 바쳤다. 취한 천황은 기분이 매우 좋은 나머지 '스스코리가 담근 향기로운 술에 내가 취했다. 마음을 어루만져 주는 술, 맛 좋은 술(美酒)에 내가 취했다'고 읊조렸다(1950년).

『고사기(古事記)』의 기사이다.

요시노(吉野)의 쿠니스(國主)●들이 요시노의 떡갈나무 숲에서 긴 절구를 깎은 다음, 그 절구에 술을 빚어서 오호사자키(大雀命)♣에게 바쳤다.

그들은 이렇게 노래를 불렀다.

떡갈나무 숲에서 절구를 깎아서
그 절구로 빚은 술을
맛있게 드시옵소서
우리의 군주이시여

이는 쿠니스들이 천황에게 특산물을 바칠 때마다 부르는 노래로, 오늘날에도 널리 곳곳에서 이어온다(중권).
● '쿠니스'는 나라현(奈良県) 요시노촌(吉野村)의 쿠니스(國木西) 주변에 살던 주민이고, ▲ '오오사자키'는 오진 천황을 가리킨다.

다음은 927년에 나온, 율령의 시행세칙을 적은 『연희식(延喜式)』의 기사이다.

닌토쿠(仁德, 313~339) 천황 때, 당(唐)●에서 일본으로 건너온 동생 스호리와 형 스스호리가 있었다. 천황이 너희들의 재주가 무엇이냐고 묻자 맛 좋은 술을 빚는 것이라고 대답하였다. 이에 둘을 야마시로(山城)▲로 보내 술을 빚어서 바치게 하였다. (…) 비다츠(敏達, 572~585) 천황 때는, 사가(佐賀)에 신을 모신 신전을 지었다(「內佐牙神社本源記」).
● '당'은 중국이 아니라 백제를 가리키며, ▲'야마시로'는 교토(京都) 남부에 있다.

사가(佐牙) 신사는 교토후(京都府) 타나베쵸(京田辺市)에 세웠다. 긴메이(欽命, 539~571) 천황 때는 술을 빚는 관리가 해마다 봄가을로 이곳과, 사카야신사(酒屋神社)에 제사를 지내고 공물을 바쳤다.

도상1이 사카야 신사의 도리이(島居)이고, 도상2가 본전이다.

정대성의 『일본으로 건너간 한국 음식』의 기사이다.

그 이전에 술이 없었던 것은 아니지만, 찐 쌀을 비롯한 곡물을 처녀가
입으로 씹어서 삭히는 원시적인 '구치가미사케(口齒み酒)' 뿐이었다. 이
이름은 여성, 정식으로는 미혼의 여성이 고루 씹어서 항아리에 뱉기를
여러 번 거듭하는 데서 왔다. 이로써 침 속의 아밀라아제가 쌀의 전분
을 당으로 만들고, 이를 항아리에 모아두면 자연히 효모균(酵母菌)의 작
용으로 당이 알콜로 바뀐 것이다.
7~8세기에 나온 『만요슈(萬葉集)』의 '당선을 위해 씹어 만든 술'이라는
구절이 그것이다. 그러나 알콜의 함유량이 낮고, 대량 생산이 불가능한
것이 결점이다. 이에 견주어, 백제 사람이 '향취 높고 맛 좋은 술'을 빚
은 것은 누룩을 쓴 덕분이다.
일본에서는 이를 아이누(アイヌ)·오키나와(沖繩)·아마미군도(奄美群島) 등
지에서 빚었고 오키나와에서는 근래까지 제례 때 쓰는 '신주(神酒)'도
이 방법으로 마련하였다. 이밖에 중남미와 아프리카를 비롯한 세계 각
지에도 분포한다. 아마존 저지대에서는 지금도 즐기며, 캄보디아에서는

01

02

여성이 씹는다고 하여 미인주(美人酒)라고 부른다.

따라서 이 무렵에는 술을 마련하려면 반드시 입으로 씹었고, 술 빚는 일을 카모스(釀)라고 부른 것은 이에서 왔다(2000;68).

놀랍게도 『성종실록』에도 이에 대한 기사(「제주도 표류인 김비의[金非衣, ?~?] 등이 유구국[琉球國]의 풍속과 일본국 사정을 아룀」)가 있다.

술은 막걸리(濁酒)만 있고, 맑은 술(淸酒)은 없습니다. 물에 불린 쌀을 여자가 씹어서 죽같이 만들어서 나무통에서 빚으며, 누룩은 쓰지 않습니다. 많이 마셔야 조금 취하고, 바가지를 술잔으로 삼아 마십니다. (…) 술은 매우 담담하며, 빚은 뒤 사나흘이면 익고 오래되면 쉬어서 버려야 합니다(10년[1479] 6월 10일).

술을 이르는 일본말 '사케'의 뿌리가, 우리말 '삭히다'라는 설은 일찍부터 나왔다.

시라토리 구라기치(白鳥庫吉)도 "사케는 조선말의 발효를 가리키는 '삭' 또는 '석'에 비정(比定) 되며, 일본말 사케는 '삭'과 같은 음"이라고 하였다(『國學院雜誌』 4권 4호).

백제 사람이 술을 처음 빚었다는 사가(佐牙) 신사의 '사가'의 일본 음은 '사개'로, 이것이 우리말 '삭다' 또는 '삭히다'에서 왔음은 두말할 여지가 없다. 신사 본원기(本源記)에도 수수허리가 백제 사람이라고 적혀 있다. 한편, 술을 빚었다는 사카야 신사는 술의 성지로 알려졌으며, 군지에도 이 부근에 '백제에서 술을 빚는 새로운 기술을 가져온 수수허리의 무덤이 있었다'는 내용이 보인다.

도상3이 사가 신사 입구의 비이고,
도상4는 배전(拜甎)이다.

우리말 '술'에 대한 『어원사전』의 기사이다.

(송[宋]의 손목[孫穆, ?~?]이 쓴) 『계림유사(鷄林類事)』에 '주왈화패(酒曰
酥孛)' [su-pur]로 적혀서 중세어 '수을'과 발음이 일치한다. 수병〉수
울〉스을〉술[酒(술)]의 변화 과정을 거쳤다. '술'은 범어(梵語)의 쌀로 빚
은 sura[酒]에서 왔다는 설이 있다. (…)
한편, 술의 일본어 [sake]는 '담가놓은 음식물이 발효하여 맛이 들다'는
우리말 동사 '삭다/삭히다'의 어근 '삭'과 뿌리가 같다. 이는 백제 사람이
누룩으로 술 담그는 법을 알려주면서 건너간 말이다(백문식, 2014;324).

또 『의식주어원사전(衣食住語源辭典)』에서도 "사케가 조선어의 sak(술
따위가 발효하여 숙성하는 과정), 몽골어의 sarqud(알콜 음료), 아라비아어
sark(술의 일종) 따위의 외국어에서 왔다는 설도 있다"고 하였다(吉田金
彦, 1996;137).

03

04

11) 귤

　일본 과일 가운데 대표적인 귤도 신라 왕자 천일창(天日槍)의 5대손 다지 마모리(田道間守, ?~?)가 가져갔다.

(1) 『일본서기(日本書紀)』의 기사이다.

　스이닌(垂仁) 천황 90년 봄, 천황이 다지 마모리에게 상세국(常世國, 토요노쿠니)에 가서 제철이 아닌 향과(香菓)를 (…) 가져오라고 일렀다. 지금의 귤이 그것이다(권 제6).

　다지마모리는 천일창의 후손으로, 일본 씨족의 하나인 미야자노 무라지(三宅連·三宅氏)의 시조이다. 지금은 과자(菓子)의 신(神)이자, 과조(菓祖) 그리고 감귤(柑橘)의 조신(祖神)으로 받들어 모신다.

(2) 『고사기(古事記)』의 기사는 더 구체적이다.

　스이닌 천황(垂仁) 천황이 미야케 노무라지(三宅連)의 선조 다지 마모리(多遲摩毛理)에게 상세국(常世國, 도요노구니)에 가서 늘 변함없이 빛나는 나무 열매를 찾아오라고 일렀다. 그곳에 도착한 그가 열매를 따서 카게야카게(縵八縵)와 호코야호코(予八子)를 만들어 가지고 돌아왔을 때 천황은 이미 죽고 없었다.
　그는 일부를 황후에게 바치고 나머지는 천황의 능 입구에 올렸다. 그때 나무 열매를 손에 든 채 슬피 울면서 '토요노구니의 언제나 변함없는 나무 열매를 가져왔습니다'고 통곡하다가 숨이 끊어졌다(중권).

01

02

03

04

05

그 변함없는 나무 열매는 오늘날의 감귤이다. '카게야카게'는 잎에 붙어 있는 많은 밀감을, '호코야호코'는 꼬챙이에 꿴 많은 밀감을 가리킨다.

이것은 추수 뒤에 궁중에서 해마다 올리는 니이나메사(新嘗祭) 의례에 빠뜨리면 안 되는 중요한 공물 가운데 하나였다.

'상세국'은 바다 건너에 있다는 이상향으로 오키나와라는 설이 있으나 앞 책을 쓴 모토오리 노리나가(本居宣長)는 신라(新羅), 오리구치 시노부(折口信夫)는 중국 남부지역아라고 하였고, 후쿠나가 미쓰치(福永光司)는 제주도에 견주었다.

그리고 다지 마모리의 공로를 기리려고 나라시(奈良市)의 아스카(飛鳥)에 귤절(橘寺)을 세운 뒤, 부처님 곁에 그의 상과 공적을 적은 나무패를 놓고 신불(神佛)로 받들어 온다.

도상1이 귤절의 입구이고

도상2는 도요노구니에서 가져온 열매가 달린 나뭇가지를 들고 있는 다지 마모리의 상이다.

도상3은 그의 혼령을 받드는 신사이고

도상4는 스이닌 천황 무덤 앞에 조성한 다지마모리의 무덤이다.

도상5는 효고현(兵庫縣 豊岡市)에 있는 나카지마(中嶋) 신사에서 신사의 춘제(春祭·橘菓祭)로 '과자의 조신(菓祖神) 다지마모리(田道間守)을 위한 1954년째의 제사(祭)를 지낸다'는 광고물로 아래에 2024년이라고 적혔다.

12) 우유

일본 사람들이 우유를 마시게 된 것도 백제 사람 덕분이다. 6세기 중반에 소를 보냈고, 젖을 처음 짠 사람도 한국인이다.

헤이안(平安) 시대(8~12세기)에 나온, 지은이를 모르는『유취삼대격(類聚三代格)』의 기사이다.

고닌(弘仁) 천황 11년(820) 6월 17일 자의 관부(官符)에, 고도쿠(孝德) 천황 때 화약사주(和藥使主) 후쿠조(復常, ?~?)가 처음으로 소의 젖을 짜서 바치자 (천황이 기쁜 나머지) 유장상(乳長上)이라는 직함과 대산상(大山上)이라는 벼슬을 내리며 자손 대대로 이어가도록 하였다.

9세기에 나온『신찬성씨록』에도 "7세기 중엽, 백제 사람 후쿠조(福常)가 고도쿠(孝德) 천황에게 우유를 짜서 바쳤다"는 기록이 있다. 이 뒤부터 도성(都城)에 우유원(乳牛院)을 세우고, 조정에 바쳤다. 앞 글의 '화약사주'는 우유를 약으로 삼았다는 뜻이며, '복상'을 선나(善那)라고도 불렀다는 기사도 있다.

우리도 고려 시대에 귀족층이 우유를 음식 재료로 썼고, 말기에는 담당 관청(乳牛所)을 두었다.

13) 명란젓

명태의 알인 명란을 껍질째 소금에 절여서 담근 것이다. 주로 밥반찬으로 삼지만 삶아서 술안주로도 곁들인다. 예부터 함경남도 신포시(新浦市)와 함흥시(咸興市) 서호의 것을 첫손에 꼽았지만, 부산에서도 많이 나온다.

이것이 일본으로 들어가서 멘타이코(明太子)가 되고, 러시아에서는 이크라 민타야(икра минтая)로 불린다.

(1) 첫 기록도 『승정원일기(承政院日記)』에 있다.

> 임금이 "먹고 싶은 것이 없다. 요사이 음식은 모두 담백하기만 하고 진한 맛이 없다"고 하자, 도제조(都提調) 서명균(徐命均)이 "주원(廚院)에서 바치는 각종 어란(魚卵)은 모두 가품(佳品)이 아닙니다. 송연란(松鰱卵)●이외에 명태알(明太卵) 같은 것들을 별도로 준비하는 것이 어떻겠습니까?" 하였다. 그러나 임금은 "평소 즐겨 먹는 것이 아닌데 어찌 따로 정할 필요가 있는가. 어선(魚膳)▲은 갈수록 비린 맛이 더 나는 듯하다. 동조(東朝)▪께서도 똑같이 말씀하셨다"고 일렀다(영조 10년[1734] 1월 16일).
> ● '송련'은 송어이고, ▲ '어선'은 민어, 대구 따위의 흰 살 생선의 살만 넓게 떠서 여러 가지 채소를 넣고 말아서 찐 전통 음식이며, ▪ '동조'는 발을 늘이고 정사(政事)를 듣는 태후(太后)를 가리킨다.

영조의 말대로 명태의 맛은 그렇고 그래서 따로 덧붙일 것이 없다.

(2) 일성록(日省錄)의 기사이다.

내수사(內需司)에서 두 본궁(本宮)의 제향(祭享)에 쓰는 어물(魚物) 중에 동대구어(凍大口魚)·생문어(生文魚)·대구어란(大口魚卵)·대구어고지(大口魚古之)●는 북관(北關)▲에서 잡아야 하나, 10월 이후 왕래가 금지되었으니 동명태(凍明太)와 명태알고지(明太卵古之)를 생복(生鰒)으로 바꾸는 것이 좋겠다는 청원을 올렸다(정조 22년[1798] 9월 26일).

● '대구어고지'는 이리젓이고, ▲ '북관'은 함경도(咸鏡道)의 다른 이름이다.

(3) 이유원(李裕元, 1814~1888)의 『임하필기(林下筆記)』에 보이는 명태 유래담이다.

함경도 명천(明川)에 사는 어부 태(太)씨가 물고기를 낚아서 도백(道伯)에게 바쳤더니 아주 맛있게 먹은 뒤, 이름을 물었으나 아는 이가 없었다. 이에 명천의 어부 태 씨가 잡은 것이니 마을 이름 '명'에 태(太)라는 성을 붙여서 명태(明太)라는 이름을 붙였다.

이만영(李晩永) 등이 조선 후기에 낸 『재물보(才物譜)』에 북해(北海)에서 나는 까닭에 북어(北魚)라고 부른다는 기사가 있다.

1530년에 나온 『신증동국여지승람(新增東國輿地勝覽)』에서 명태로 여겨지는 생선을 무태어(無泰魚)라고 적은 것을 보면, 처음부터 작다고 여긴 듯하다(제50권 「경성도호부[鏡城都護府]」).

(4) 유득공(柳得恭, 1748~1807)의 『고운당필기(古芸堂筆記)』기사이다.

한 곳에서 생산된 뒤에 팔도로 두루 퍼진 것이 바로 북해(北海)의 명태이다. 수가 매우 많은 이것을 북어라고도 부른다. 몸은 길고 비늘은 가늘며 색은 조금 검다. 맛은 얼린 것이 좋지만 반(半) 말린 것도 먹을 만하다. 오래 말릴수록 맛이 점점 싱거워진다.

그 알로 담근 젓갈이 명란젓이다. 원산(元山)에 모였던 생선 장수들은 짐바리를 메고 남쪽으로 흩어진다. 특히 철령(鐵嶺) 이남의 산골짝에 이르면 명태를 메운 나귀행렬이 끊임없이 이어진다.

팔도(八道) 점방(店房)의 반찬과 술안주뿐만 아니라, 황량한 마을에서 손님을 접대하거나 푸닥거리를 할 때 꼭 필요한 어물이다. 이를 고려 시대 사람들이 즐겨 먹지 못한 것은 어장(漁場)이 여진(女眞)에 딸린 힘흥(咸興) 이북에 형성된 탓이다. 조선 태조(太祖, 1335~1409) 때, 함경도를 개척하면서부터 백성들이 그 이로움을 누리게 되었다(제4권 「북어[北魚]」).

(5) 서유구(徐有榘)는 18세기 후반 『난호어목지(蘭湖漁牧志)』에 이렇게 적었다.

명태어의 생 것은 명태, 말린 것은 북어라고 부른다. 아주 많이 잡혀서 전국에 넘쳐나며, 우리네 수산물 가운데 청어와 더불어 가장 많이 나는 생선이다.

2차대전 이후 일본인의 반찬 혁명에 큰 구실을 한 명란젓도 우리가 원조이다. 명란젓의 일본말 '메이따이꼬(明太子)'는 우리말 '명태알' 그대로이다. 저들이 먹기 시작한 것은 1947년 이후이다. 부산 태생의 가와하라 도시오(川原俊夫, 1913~1980)가 패전 뒤에 '부산의 맛'을 살려낸 것이 계기였다.

그에 대한 설명이다.

새로운 상품 개발에 힘쓰던 부부는 젊은 시절 부산에서 먹던 명태알을 떠올렸다. 1949년에 제1호 제품을 가게에 늘어놓았으나 팔리지 않았다. 이 뒤 1957년에 '맛있는 명태알(味の明太子)'을 내면서 주위의 관심을 끌었다.

도상1이 명태알 선전물이고, **도상2**가 명란젓이다.

01

1965년에 오사카 정재계(政財界)의 평판에 힘입어 캬바레에서 대량의 주문이 들어온 것을 시작으로, 마침내 상품을 2톤 트럭으로 나를 만큼 성장하였다. 그리고 1975년에 산요신간센(山陽新幹線)의 오카야마(岡山)~하카다(博多) 구간이 개통되면서 전국으로 퍼졌다. (…)

이것은 본디 조선의 식품이었으나 조미액(調味液)에 담가서 맛을 내는 새 제품(명란젓)을 개발함으로써 명태알 젓이 하카다(博多)의 명물로 손꼽히게 되었다.

(6)『의식주어원사전(衣食住語源辭典)』의 기사이다.

'메이따이꼬(明太子)'는 조선말 명태(ミョンテ)에서 왔다.

본디 조선 반도 동해안의 보존 식품이던 것을 조선 반도를 지배할 때 일본인이 가져왔다. 그리고 제2차대전으로 끊어졌던 것을 하카다(博多)에서 다시 만들면서 그곳의 명물이 되었다(吉田金彦, 1996;313).

02

1992년 현재, 일본의 명란젓 생산량은 약 4만 톤으로, 이는 우리 돈 1천억 원어치에 이른다.

14) 엿(朝蘇飴)

엿을 고는 기술도 우리가 알려주었다. 후쿠오카현 구마모토(熊本)의 '조센 아메(朝蘇飴)'가 그것이다.

이 엿을 4백 년 전부터 만들어 왔다는 점포(園田屋)의 사장(園田親一)이 "엿을 즐겨한 장수 가토 기요마사(加藤淸正, 1562~1611)가 임진왜란 때 조선으로 출병하며 비상식품으로 가져가면서 이름도 '조선엿'으로 바꾸었다"고 했지만 이는 억설에 지나지 않는다.

"가토 기요마사가 조선에서 처음 비상식으로 맛을 본 엿을 일본에서 고아 팔면서 이름을 그대로 붙였다"고 해야 할 내용을 뒤집어 말한 것이다. 그렇지 않다면 이름을 굳이 조선엿이라고 바꿀 까닭이 없지 않은가.

『일본서기(日本書紀)』의 기사이다.

진무(神武, 전 660~전 585) 천황이 또 기도하면서 "내가 지금 팔십평옹● 으로 물 없이 엿을 고려고 한다. 만약 엿이 고아지면 무력을 쓰지 않고 저절로 천하를 평정할 수 있을 것"이라며 시작하자, 엿이 저절로 고아졌다(吾今當以八十平瓷 無水造飴 飴成 即吾必不假鋒刃之威 坐平天下 乃造飴 飴即自成). (권제 3 神武 戊午年 9월 5일).
● '팔십평옹'의 팔십은 여러 개의 그릇이라는 뜻이고, 평옹은 신에게 올리는 제사 때 소금이나 쌀을 담는 넓적한 그릇을 이른다.

앞의 기사를 1996년에 나온 『의식주어원사전(衣食住語源辭典)』은 간추려 소개하고, 2001년의 『사물기원사전(事物起源辭典)』에서 거의 모두 실으면서 아무런 설명을 붙이지 않은 까닭에 읽는 이에 따라 역사적 사실로 여기기 쉽다.

그러나 이는 신화의 한 대목일 뿐이고 천황 자신도 실제의 인물이 아니다. 엿은 중국에서 처음 고았고, 우리에게는 고려 시대에 들어왔다. 일본은 이 뒤에 들어갔을 터이다. 따라서 앞의 '이(飴)'는 지금의 엿이 아니라 '단맛이 도는 과자류'로 생각된다.

3부

놀이

01
상대놀이

1) 윷

우리가 오래전부터 즐겨온 으뜸가는 놀이의 하나이다. 정월 대보름이면 집 안은 물론이고, 골목마다 윷판이 벌어지게 마련이었다. 윷가락을 잡아 보지 않은 사람은 없을 터이다.

윷을 언제부터 놀았을까? 『주서(周書)』에 "백제에 투호(投壺)와 저포(樗蒲) 따위가 있으며, 특히 바둑을 즐긴다"는 기사가 있다(「백제전[百濟傳]」). 저포가 윷이라면, 적어도 6세기 초 이전이 된다.

최세진(崔世珍, 1468~1542)은 『훈몽자회(訓蒙字會)』에 저포를 윷으로 새겼다. 이수광(李晬光, 1563~1628)도 『지봉유설(芝峯類說)』에 "정초(正

01

初)에 남녀가 뼈나 나무를 잘라 만든 토막 넷을 던져서 승부를 짓는 놀이가 탄희(攤戲)"라며,『훈몽자회』에서 '탄'을 '저포'라고 한 것을 보기로 삼았다. 홍석모(洪錫謨)가 1849년에 낸 『동국세시기(東國歲時記)』에도 사희는 저포이자 탄희라고 적혔다.

도상1은 김홍도(金弘道, 1745~1806?)의 윷놀이 그림이다. 산에서 나무를 지고 내려오던 소년들이 지게를 버텨놓은 채 쉼터에 주저앉아 즐긴다.

도상2는 윷가락이고, **도상3**은 윷밭과 말이다.

성병희(成炳禧)는 "현재 안동(安東) 지방에 오래전부터 이어오는 '저포송'이라는 윷놀이 가사가 있다. 특히 안동시(安東市) 북후면(北後面) 도촌동(道村洞)과 남선면(南先面) 신흥동(新興洞)에서는 요즈음도 정초 윷놀이에 흔히 이 가사를 부른다"면서, 저포와 윷을 하나로 보았다.

신채호(申采浩, 1880~1936)는 밭 이름 도·개·걸·윷·모 따위가 부여(扶餘)의 관직명 저가(猪家)·구가(狗家)·우가(牛家)·마가(馬家)에서 왔다고 하였다. 곧 저가는 도, 구가는 개, 우가는 소인 슝이 윷으로 바뀌었으며, 모는 마가가 뿌리라는 것이다. 걸이 코끼리라는 설이 있었으나, 임동권(任東權)의 주장대로 노새를 가리키는 거루(駏)에서 왔다고 보는 것이 옳다. 따라서 밭 이름은 집짐승의 크기와 달리는 속도에 따라 붙인 듯하다.

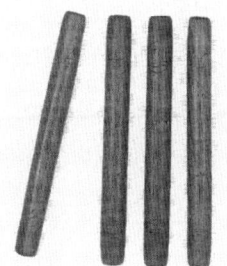

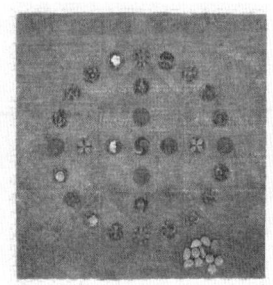

02   03

(1) 이익(李瀷, 1681~1763)이 『성호사설(星湖僿說)』에 인용한 김문표(金文豹, 1568~1608)의 『사도설[柶圖說]』 기사이다.

위가 둥근 것은 하늘, 아래가 모난 것은 땅을 상징한다. 중앙에 추성(樞星)이, 사방에 28수(宿)가 있다. 북(北)에서 떠난 말이 동(東)을 거쳐 가운데로 들어왔다가 다시 북으로 나오는 것은, 동지(冬至)의 태양 궤도 그대로이다. 북에서 떠난 말이 동과 중앙을 지나, 다시 서(西)를 거쳐 북으로 나오는 것은 춘분(春分)의 태양 궤도(軌道)를 나타낸다. 북에서 떠난 말이 동·남(南)·서를 거쳐, 북으로 되돌아 나오는 것은 하지(夏至)의 태양 궤도와 같다. 북을 떠난 말이 동·남을 지나 북으로 나오는 것은 추분(秋分)의 태양 궤도이다.

네 개의 말은 사시(四時)를 가리키고, 둥근 나무토막 넷이 엎어지거나 잦혀지는 것은 음양(陰陽)을 나타낸다. 말을 던지면 세 개가 엎어지고 하나가 잦혀지거나, 두 개가 엎어지고 두 개가 잦혀지거나, 하나가 엎어지고 세 개가 잦혀지거나, 네 개가 모두 잦혀진다. 넷은 땅, 다섯은 하늘을 가리키는 수이다.

둘이 마주 앉아 던져서 고농(高農)이 이기면 산골 농사가, 오농(汚農)이 이기면 바닷가 농사가 잘될 징조이다. 반드시 세시(歲時)에 윷놀이를 벌여서 새해의 흉풍을 점친다.

앞에서 든 '고농과 오농'은 황해도 장연(長淵) 지방의 시절 윷놀이를 연상시킨다. 산과 들에 사는 사람들이 윷을 놀아서 들 쪽이 이기면 벼농사가, 산 쪽이 이기면 밭농사가 잘 되리라 여긴 것이다. 이밖에 가족이나 개인의 한 해 운수를 알아보는 '윷점'도 있다. 윷놀이를 정월 초부터 대보름 사이에 벌이는 까닭이 이것이다.

또 윷밭을 전라북도 익산시(益山市) 미륵사(彌勒寺)의 주춧돌을 비롯하여, 여러 산꼭대기의 큰 바위에 새겨 놓은 것도, 옛적에는 놀이로서보다 신의 뜻을 알려는 의례로 벌인 것을 알려준다.

도상4는 전라북도 익산시에 있는 미륵산 바위에 새긴 윷밭이고, 도상5는 이것을 따로 그린 것이다.

곳에 따라 윷가락으로 자새받기·손가락꼽기·산가지따기 따위의 여러 놀이를 즐겼다.

도상6이 손가락꼽기이다.

충청남도 부여(夫餘) 지방의 자새받기이다.

한패가 던져서 도가 나면, 똑같이 잦혀진 윷가락 옆에 다른 가락 하나를 세워 대고, 잦혀진 가락이 서너 뼘 밖으로 떨어지도록 던진다. 이것이 엎어지면 다시 한번 던진다. 개가 나면 잦혀진 가락 두 개를 나란히 붙인 다음, 다른 가락 두 개의 끝으로 좌우 양쪽에서 떠서 한꺼번에 엎는다. 걸이 나면 잦혀진 세 가락 가운데 두 개를 조금 떼어 나란히 놓는다. 이들은 잦혀도 좋고 엎어도 좋다. 잦혀진 나머지 하나를 나란

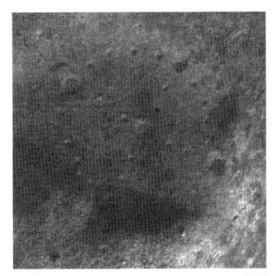

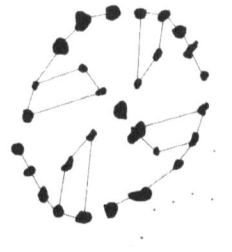

04　　　　　　　　05　　　　　　　　06

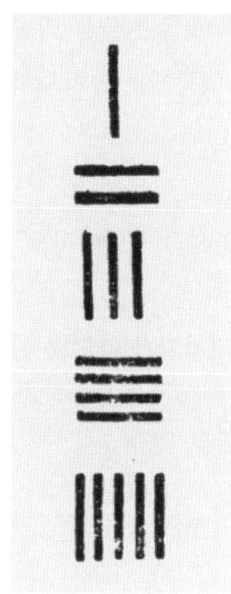

히 놓은 두 가락 위에 잦혀서 걸쳐 놓는다. 엎어
졌던 나머지 가락으로, 걸쳐 놓은 가락의 한끝
을 탁하고 쳐서 엎는다. 윷이 나면 네 가락을 손
바닥에 나란히 모아 걸쳐 놓은 채 공중으로 띄
워 올린 다음, 손바닥을 재빨리 뒤집으면서 넷
을 다시 잡는다. 이를 잦혀치기라고 한다. 모가
나면 엎어치기를 한다. 네 가락을 나란히 모아서
손등에 걸쳐 놓았다가 공중에 띄운 다음 재빨
리 다시 잡으며, 손바닥을 잦히거나 가락을 떨
어뜨리면 안 된다.

07

　　이렇게 거듭해서 열 번 마친 쪽은 잦혀치기·
엎어치기·돌려잡기·장작패기 따위의 더 복잡한
과정으로 넘어간다. 장작패기는 윷가락 셋을 **도상**7처럼 놓고, 나머지
가락으로 한 가락 끝을 탁 쳐서, 셋이 각기 흩어져서 서로 닿지 않게 하
는 것이다. 이를 먼저 끝내는 쪽이 이긴다.

　손가락꼽기와 산가지따기는 평안북도 희천군(熙川郡)에 퍼져 있다. 손
가락꼽기는 엄지손가락을 모, 집게손가락을 윷, 가운뎃손가락을 걸, 약
손가락을 개, 새끼손가락을 도로 정하고, 가락을 던져서 손가락을 먼저
모두 꼽는 쪽이 이긴다. 이미 가운데 가운뎃손가락을 꼽은 경우, 걸이
나오면 쓸모가 없어진다.

　산가지따기는 산가지를 **도상**7처럼 늘어놓고 윷이 나는 데에 따라
따는 놀이이다. 산가지가 없음에도 그에 해당하는 윷이 나오면 물어내
야 하며, 산가지가 남아있지 않으면 그만큼 빚이 된다. 이렇게 하여 산
가지를 많이 딴 쪽이 이긴다.

한편, 경상북도 안동지방에서 윷놀이 중에 필요한 패가 나왔을 때 춤을 추며 저포송을 부르는 것은 특이하다.

이에는 윷가락의 이름을 딴 도송(道訟)·개송(介頌)·걸송(傑頌)·유송(由頌)·모송(毛頌)의 다섯 가지가

08

있으며, '개'가 필요할 때 개가 나오면 개송을, '걸' 때는 걸송을 부르는 방식으로 노래한다(『한국향토문화대전[韓國鄉土文化大典]』).

도상8은 20세 초의 풍속화가 김준근(金俊根)이 남긴 '아희 늇 뒤는 모양'이라는 이름의 그림이다.

일본의 윷놀이(柶戲)는 우리에게서 건너갔다.

8세기 말의 『만엽집(萬葉集)』에, "하나가 엎어지고 셋이 잦혀진 것(一伏三向)은 고로이고, 셋이 엎어지고 하나가 잦혀진 것(三伏一向)은 사쿠라는 대목"이 그것이다. 이 글의 '고로'와 '사쿠'는 우리말 걸과 도의 이두식 표기이다.

가쓰라기 스에지(葛城末治, ?~?) 는 앞 책 권 제10의 춘잡가(春雜歌), 권 제12의 고금상문왕래가(古今相聞往來歌), 권 제13 잡가(雜歌)의 삼복일향(三伏一向)·일복삼기(一伏三起)·일복삼향(一伏三向) 따위를 들며 "윷놀이 때 주사위 대신 네 개의 가락을 던졌으며 (…) 이 때문에 사희(柶戲) 또는 척사(擲柶)라고 불렀다. (…) 걸과 바닥 수에 따라 말을 옮긴다"고 적었다(『동아시아의 고대문화[東アジアの古代文化]』).

이로써 8세기 무렵에 윷을 놓았던 것을 알 수 있다. 사카이 만(酒井欣)은 "척사(擲柶)의 유희적 내용을 고(구)려로부터 전해 받은 우리가, 그 놀이에 쓰는 이름을 그대로 썼다"면서 이렇게 덧붙였다.

그때 당조(唐朝) 문화 유입 경로로 삼한(三韓)을 거친 것은 사실인 동시에 삼한의 교섭 또한 빈번하게 이루어진 까닭에, 그들의 문화와 문물도 많이 들어왔다. 유희 같은 것도 마찬가지이다.

이미 적었듯이, 고(구)려의 미광(米光)과 수광(袖光)● 등이 매사냥을 일본에 가져온 것처럼, 고(구)려의 다른 놀이도 당연히 일본에 들어온 것이 사실이다. 그것이 척사(擲柶) 또는 척사(尺四)라고 부르는 놀이이다. (…) 그 시기는 아마도 나라(奈良) 시대(710~784)일 터이다(『日本遊戲史』).

●미광과 수광은 누구인지 모른다.

한편, 소설가 시바 료타로(司馬遼太郎)는 김사엽(金思燁)이 "윷놀이에서 한 개가 엎어지고 세 개가 잦혀진 것을 이르는 일본말 '고로'는 곧 한국말 '걸'을 가리킨다"고 주장하였다면서 이렇게 덧붙였다.

네 개의 나무토막을 던져서 한 개가 엎어지고 세 개가 잦혀진 것을 고로(ころ, 象, 걸)라고 한다. 오늘날 마작(麻雀)에서 중국어 용어를 쓰듯이, 만요(萬葉) 시대(7세기 후반~8세기 후반) 사람들이 이 놀이를 할 때 쓴 용어는 조선어였다. 그런데 일본어 고로가 '무렵' 또는 '굴림대'나 '주사위'라는 뜻인 까닭에 윷놀이의 걸(고로) 곧, 1복3향(一伏三向)이라고 적는 재치를 부린 것이다(『탐라기행[耽羅紀行]』).

다음은 『반상유희(盤上遊戲)』의 기사이다.

『강담초(江談抄)』●에 사가(嵯峨, 809~823) 천황 때의 낙서 가운데 일복

삼앙(一伏三仰) 운운한 대목이 있다. 이것도 역시 윷의 말을 이른다. 당시는 조선으로부터의 지식인과 기술자의 도래(渡來)가 끊임없이 이어졌으므로 조선의 반상유희가 전해진 것은 당연한 일이다. 무슨 까닭인지 윷은 일본에서 오래 이어 내려오지 않았다(增川宏一, 1987).

● 『강담초』는 8세기에 나온 설화집이다.

윷의 고향은 어디인가?

많은 학자들은 저포와 윷이 인도의 파치시(Pachisi)에서 나왔다고 한다. 이는 인도뿐 아니라, 중동에서 오래 전부터 즐겨온 놀이이다. 방선주(方善柱)가 "중국 이름 저포가 외국 이름인데다가, 챠우파와 추푸의 중국 발음이 비슷한 점 등을 들어 인도에서 들어왔다"고 한 것은 옳다.

페르시아의 파치시는 중앙아시아를 거쳐 중국으로 들어갔고, 이것이 다시 우리에게로 건너와 윷이 되었다. 저포 놀이의 전모를 알 수 없지만, 우리네 윷과 닮은 점은 한 두 가지가 아니다. 다만, 우리네 밭이 29개인 것은 고려 시대에 우리 식으로 바꾼 결과로 보인다.

파치시는 왕·코끼리·말·양으로 불리는 네 개의 말을, 십자꼴로 벌여 놓은 3×8개의 밭 위로 옮기는 놀이이다. 말은 붉은색·검은색(뒤에 푸른색으로 바뀌었다)·노란색·연두색으로 구별한다. 중심부에서 출발한 말은, 시계 반대 방향으로 돌아 자기 쪽 왼편 끝에 이른다.

인도의 파치시는 무굴 왕조 때(1526~1857) 성행하였다. 귀족들은 프아디프아시크림 궁전·아그라 궁전·알아바드 궁전에 놀이판꼴의 정원을 꾸미고, 궁녀나 심부름꾼을 말 삼아 이리저리 옮겨 다니게 하는 초호화판의 놀음을 즐겼다.

이것은 세일론·미얀마·수마트라 등지로 퍼져나갔고, 서쪽으로 페르시아와 팔레스티나를 거쳐 스페인과 소말릴랜드까지 들어갔다. 노는 방법은 지역에 따라 조금 다르다. 조개 껍질은 파치시(25점이라는 뜻)라 부르지만, 양끝이 뭉툭한 긴 타원꼴의 가락이나 장방형 윷가락 세 개는 챠우파(Chaupar, 네 개로 벌어진 형겊 판), 또는 챠우서(십자꼴 말판)라고 이른다.

한편, 임동권(任東權)은 중국의 저포는 다섯 가락(五木)인데다가 고구려의 관련 기록에도 보이지 않는 점을 들어 윷이 중국에서 들어오지 않고, 우리나라 남부 지방에서 나왔다고 하였다.

윷은 아메리카대륙의 원주민들도 즐겨 놀았다.

콜로라도·뉴멕시코·유타주 등지의 선사시대 유적에서 뼈 윷이 나와서 역사가 오랜 사실을 알려준다.

로스앤젤레스 서남박물관(Southwest Museum)에는 우리네 밤윷만한 것에서부터, 큰 가락윷에 이르기까지 서너 종류가 있다. 컬린(S. Culin)은 "윷놀이를 130여 부족들이 즐겼으며, 거의 전 지역에 퍼졌다"고 하였다. 이 지역의 윷 형태나 말판 모양 그리고 노는 방법 등은 우리 윷과 차이가 많으나, 같은 점 또한 적지 않다.

길이 25㎝의 버드나무를 반으로 쪼갠 오클라호마주 쿄와(Kiowa)족의 네 가락은 단면이 우리 것처럼 반달꼴이다. 윷이 나오면 한 번 더 던지고, 누운 것이 하나면 한 밭, 둘이면 두 밭, 셋이면 세 밭을 가고(그러나 모는 열 밭, 윷은 다섯 밭을 간다), 같은 밭에서 만나는 말을 잡으며, 이를 처음부터 다시 쓰는 점도 우리와 같다.

뉴멕시코주의 주니(Zuni)족은 우리처럼 윷으로 점을 쳤다. S. 컬린도 "본디 북아메리카의 윷놀이는 활 모양을 본뜬 것으로, 남서지역 원주민이 받드는 전쟁의 신과 관련이 깊다"고 적었다.

윷가락은 막대꼴 외에 반달꼴·둥근꼴·의자꼴·동물꼴 따위가 있다. 동물의 뼈나 식물의 씨앗 따위로 만드는 반달꼴이나 둥근꼴 윷은 우리네 밤윷을 닮았고, 던질 때도 소쿠리나 쟁반을 이용한다. 사람·여우· 새 따위의 동물꼴은 그린랜드와 알래스카 일대의 에스키모족 윷이다. 의자꼴은 뼈나 나무로 깎은 작은 의자의 등이 바닥에 닿는가, 바로 서는가에 따라 점수를 내는 윷으로, 분포지역은 서북 해안 일대이다. 가락은 흔히 3~4개이지만, 6~8개를 던지기도 한다. 밭 형태나 크기도 각기 다르다.

크리(Cree)족의 윷가락(네 개) 길이는 35㎝쯤으로, 한쪽은 평평하게, 다른 쪽은 둥글게 다듬었다. 두 개의 바닥에 불에 달군 부젓가락으로 가위다리표를 하고, 다른 두 개에 흰 칠을 한다. 놀이 방법은 우리와 같으나, 승부를 가리는 방법은 다르다. 말을 밖으로 내지 않고 바닥에 떨어지는 가락 형태에 따라 점수를 매기는 까닭이다.

이를테면, 세 개가 엎어지고 흰 가락 하나가 잦혀지면 6점, 두 개가 엎어지고 흰 가락 두 개가 잦혀지면 24점, 세 개가 엎어지고 가위다리표 하나가 잦혀지면 14점, 두 개가 엎어지고 가위다리표 두 개가 잦혀지면 56점, 모두 엎어지면 14점을 따며, 가위다리표가 모두 잦혀지면 이긴다. 남녀노소가 함께 즐기며 네 패로 나뉘어 겨룬다.

윷은 남아메리카 사람들도 즐겼다.

특히 파라과이와 볼리비아의 챠코(Chaco) 부족의 윷은 우리 것과 같을 뿐 아니라, 이름조차 '윷'이라는 보고도 있다. 멕시코의 여러 부족은 파톨리(Patoli)라고 부른다. 특히 네 개의 옥수수 알을 짝으로 삼는 과테말라 북부의 케치(Kekchi)족은, 우리처럼 누가 먼저 시작하는 가를 윷가락을 던져서 정한다. 그리고 던지기 전에 유리한 짝이 나오기를 바라서 '모 나와라' 또는 '모 나왔다'고 소리친다.

남아메리카의 윷은 1521년 아즈텍(Aztec)족을 정복한 스페인 사람들이 단편적인 보고를 남겼지만, 19세기 말에 이르러 멕시코의 파톨리와 인도의 파치시가 이름은 물론이고 노는 방법이 닮은 사실이 밝혀졌다. 이에 대해 같은 시기의 타일러(E. B. Tyler)는 '멕시코 윷은 아시아에서 건너왔고, 이것이 다시 북아메리카로 들어갔다'고 하였다. 그러나 오늘날에는 인도에서 페르시아·중앙아시아·동북아시아를 거쳐 아메리카로 들어갔다는 주장이 유력하다. 이들 지역에는 윷뿐만 아니라 문화적 친연성을 보이는 문화 요소가 적지 않게 나타나기 때문이다. 북아메리카의 윷 이름 '파르치시(Parcheesi)가, 인도의 파치시와 남미의 파톨리를 연상시키는 점에도 유의할 필요가 있다.

우리는 머리가 뛰어난 사람들은 밭을 쓰지 않고, 머릿속에 그리며 놀았으며, 이를 '걸궁 윷말'이라고 불렀다.

도상9는 인도의 파치시 놀이이다.
도상10은 아파치족의
도상11은 포모족의 윷가락이다.
도상12는 크리족, 도상13은 유미족의 윷놀이 장면이다.
도상14는 가죽에 나타낸 파우니족의 윷 밭이다.
도상15는 이로코이족 여인들이 윷놀이를 즐기는 장면이다.
도상16은 그로스벤드리족이 윷가락을 담고 흔드는 바구니이다.
도상17은 북아메리카 파마족의 윷놀이 모습이다.

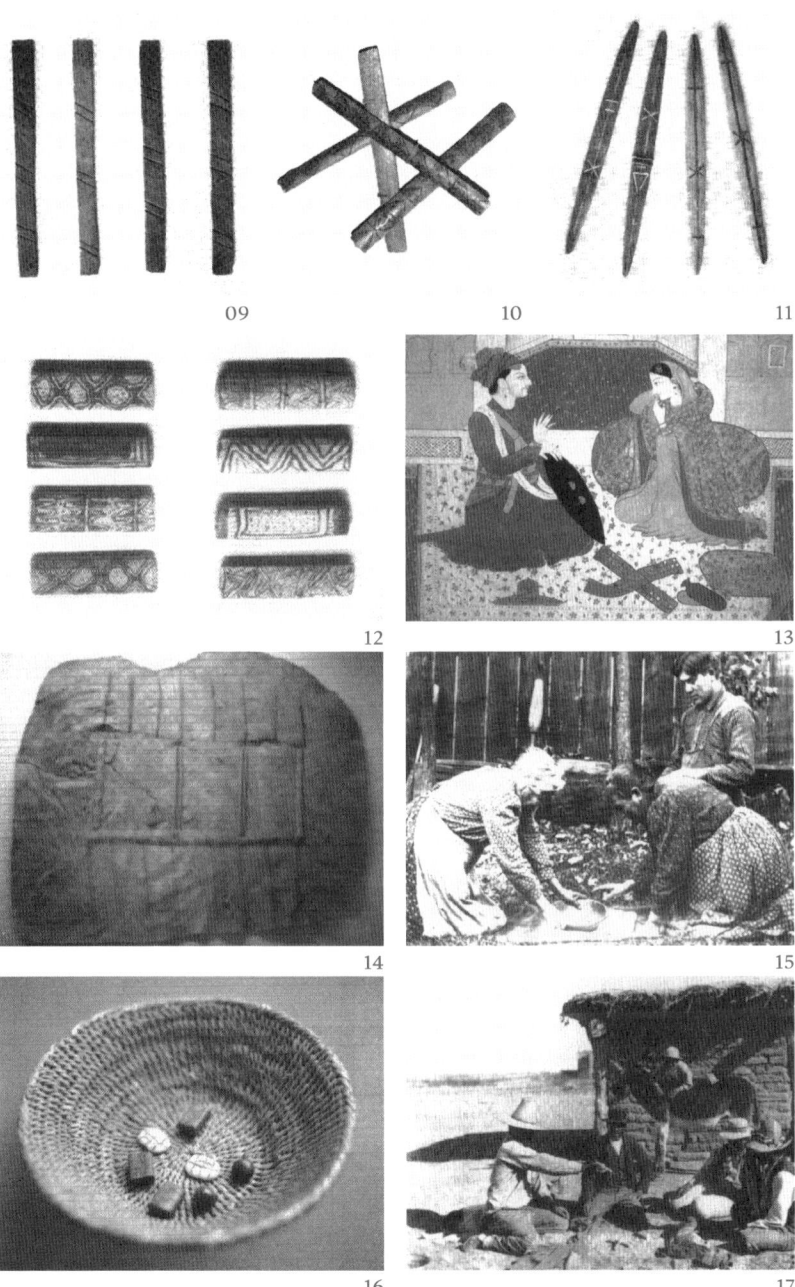

09   10   11

12   13

14   15

16   17

2) 바둑   195

2) 바둑

삼국시대에는 위기(圍碁) 또는 혁기(奕碁)로 적었으며, 최남선(崔南善)은 '바둑'이 돌·방위·옥석·이정표·체스 따위를 가리키는 인도네시아말 바투(batu)에서 왔다고 하였다.

01

도상1은 20세기 초의 풍속화가 김준근(金俊根)이 남긴 '바득두고'라는 이름의 풍속화이다.

도상2는 바둑판과 돌그릇이고,

도상3은 순장 바둑판 그림이다.

도상4는 길에서 바둑을 즐기는 노인들 모습이다.

우리는 일찍부터 즐겼다. 7세기 전반에 나온 『구당서(舊唐書)』에 "고구려에서 다른 놀이와 함께 바둑을 즐긴다"고 적혔고(권199 「고려전[高麗

02   03

傳」), 『북사(北史)』에도 "고구려 사람들은 여러 가지 놀이 가운데 특히 바둑을 가장 좋아한다"는 기사가 보인다(권94「고구려전」).

백제도 마찬가지이다. 『수서(隋書)』의 "백제에서 바둑을 즐겨 둔다"는 기사(권81「백제전[百濟傳]」)와 6세기 중반기에 나온 『주서(周書)』의 "백제에 투호(投壺)와 저포(樗蒲) 따위의 잡희(雜戲)가 있으며, 그 가운데 혁기를 첫손에 꼽는다"는 기사가 그것이다.

아닌 게 아니라, 개로왕(蓋鹵王, ?~475)은 정도가 지나쳤다. 21년(475)에 거짓 죄를 짓고 온 고구려 중 도림(道琳, ?~?)의 바둑 재간에 빠진 탓에 고구려의 침공에 손을 쓰지 못하였고, 결국 목숨까지 빼앗겼다. 백제가 도읍을 충청남도 웅진(公州)으로 옮긴 까닭이 이것이다(『삼국사기』권25「백제 본기」).

신라도 예외가 아니어서 높은 수준이 중국에까지 퍼졌다. 효성왕(孝成王) 2년(738) 봄, 성덕왕(聖德王, 702~737)의 부음을 들은 당(唐)에서 조문 사절을 보낼 때, 현종(玄宗)이 좌찬선대부 형숙(邢璹, ?~752)에게 신라 사람들이 바둑을 잘 둔다니, 부사로 병조참군 양계응(楊季膺)을 데리고 가라고 이른 것이 좋은 보기이다.

우리는 중국이나 일본과 다른 17줄의 순장(巡將) 바둑을 두었다. '순장'은 조선 시대에 궁궐이나 도성 안팎의 야간 경계를 맡아 지휘하던 임시직 군관 이름으로, 순장이 순시하듯 차례대로 큰 곳에 두는 바둑이라는 뜻이다. 이것이 우리 고유의 바둑이라는 주장도 있으나, 초기에는 중국이나 일본에서도 즐겼다. 오늘날에도 시킴

04

이나 티베트의 것은 17줄이며, 시킴에서는 각기 흑백의 돌 여섯 개를 미리 놓고 둔다. 따라서 기술적인 면에서 보면 우리 수준이 매우 낮았던 셈이다.

도상 3처럼 흑 1에서 백 4까지의 대각선에 이른바, 화점포석(花點布石)을 하는 것은 재래의 중국식 그대로이지만, 우리는 이에서 그치지 않고 흑 5 이하 17까지 붙박은 다음, 백부터 자유롭게 두는 방법을 찾았다. 곧, 흑 5부터 백 12까지 순서에 따라 큰 곳을 차지하는 수법에, 흑 13부터 백 16까지 적진을 치는 공격 수법을 더 한 것이다. 그러나 먼저 각기 여덟 점씩 모두 16점을 일정한 곳에 놓는 까닭에, 변화가 적고 포석이 고정되어 묘미가 떨어지는 것이 결점이다.

지금은 꽃 모양이 아닌 좁쌀 크기의 흑점을 화점이라 부르지만, 순장바둑에서는 이름 그대로 큰 꽃무늬를 놓았다. 이것은 백제 의자왕(義慈王, 641~660)이 일본에 보낸 목화자단기국(木畵紫檀碁局)과 12세기의 전라북도 부안군(扶安郡)의 도요지에서 나온 청자 바둑판에도 보인다. 그리고 S.컬린이 낸 『한국의 놀이』에도 들어있다. 판은 가로세로 17줄에, 289칸으로 이루어졌고, 흑백의 돌이 150개씩인 점도 일치한다.

오늘날에는 잡은 돌을 합산할 때 남의 집에 메우지만, 순장바둑에서는 모두 되돌려준다. 그리고 마지막 경계선의 돌을 빼고 안의 것만 들어낸 뒤, 집의 수를 헤아려서 승패를 가린다.

도상 5가 백제에서 건너간 바둑판이고, 도상 6은 위에서 본 상부이다. 도상 7은 도상 6의 모서리에 놓은 꽃무늬들이다.

도상8은 홍아와 감아의 바둑돌이고, 도상9는 백제에서 보낸 돌이다.

일본 정창원(正倉院)에 있는 목화자단기국은 판 양쪽에 돌을 넣는 서랍이 달렸으며, 한쪽을 빼면 건너 쪽도 열린다(도상6). 이밖에 함께 보낸 홍아(紅牙) 및 감아(紺牙)의 바둑돌 한 벌과 흑백 바둑돌 한 벌 등 모두 600개의 알도 있다. 특히 새 그림을 상감하고(도상7) 바둑판에 화점을 찍은 것으로 미루어, 돌과 판이 함께 건너간 것으로 생각된다.

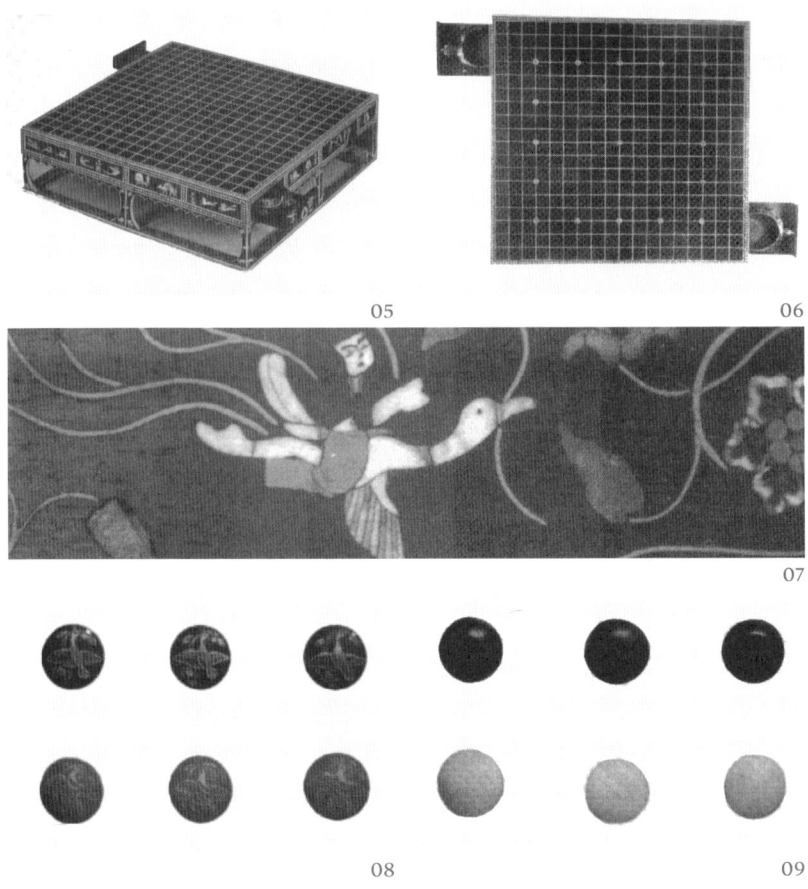

05

06

07

08

09

『조선미술사(朝鮮美術史)』의 기사이다.

고구려와 신라의 뼈 피리와 백제의 장기 쪽은 당시 뼈 공예 발전 수준을 보여준다. 백제의 바둑알은 지금 일본에 남아있다. 크기는 지름 1.5cm에, 두께 0.7cm쯤으로, 상아에 빨간색과 남색의 물을 들여 만들었는데 무늬를 파내어 그 바탕의 흰색이 살아나게 하는 기법(발루법)을 씀으로써 그 색채적 효과를 살렸다. 그리고 빨간색 바탕의 알에는 흰색과 녹색으로, 남색 바탕의 장기 쪽●에는 빨간색과 노란색으로 꽃을 입에 물고 날아가는 새 무늬를 놓아 장식하였다(1987년).

● '장기 쪽'은 '바둑알'의 잘못이다.

현재의 일본 바둑돌은 361개로, 의자왕이 보냈다는 300개를 쓰려면 17줄의 바둑판이라야 한다. 순장바둑은 17점을 미리 깔고 두는 까닭에, 250~260개로 충분히 한 판을 둘 수 있다. 더구나 17개의 화점은 순장바둑에만 필요하다. 따라서 우리 순장바둑이 백제에서 일본으로 건너간 셈이다.

오늘날의 바둑은 20세기 초에 일본인이 퍼뜨렸다. 이 때문에 흑백 8점씩, 16점을 차례대로 빙 둘러서 놓고 두는 전통이 사라지고, 처음부터 자유롭게 두는 쪽으로 바뀌었으며, 순장바둑 또한 한국전쟁 이후 자취를 감추고 말았다.

일본의 바둑(碁)은 한국에서 들어갔다.

『바둑[碁]』의 기사이다.

쇼무(聖武, 724~749) 천황이 애용한 바둑판과 조선 바둑판은 같다. 더

정확히 말하면 정창원(正倉院)의 바둑판을 누가 만들었는지 모르지만, 8세기 초에서 중반기에 고대 일본에서 고대 조선과 같은 형식의 바둑판을 썼다고 말할 수 있을 것이다.

이것은 바둑판도 조선으로부터 들어온 것인지, 또는 조선에서 온 도래인(渡來人)이 전한 것인지를 추정하는 데 큰 근거가 될 것이다. 그렇다면 바둑은 일본에 매우 오래전에 퍼졌으리라 생각된다. 조선에서는 이미 5세기 중반기에 성행되었기 때문이다(增川宏一, 1987).

그가 말하는 바둑판(木畵紫檀碁局)은 옆면에 낙타 따위의 동물과 인물 그리고 문양을 상감하고, 바둑알을 넣는 서랍 한쪽을 빼면 상대 쪽도 열리도록 꾸민 당시 최고의 미술 공예품의 하나로 오랫동안 관상(觀賞)의 대상이 되었다. 정창원에 남은 돌에 대해서도 관심을 가질 필요가 있다. 흑백이 아닌 홍(紅)과 감(紺)의 상아제로, 양쪽 모두 표면에 봉황이나 학이 솔가지를 물고 있는 모습을 새긴 것이다.

또 이 돌들이 모두 300개인 사실도 놓치지 말아야 한다.

앞에서 든 것과 또다른 정창원 소장품(桑木木畵碁局)처럼 바둑판이 가로세로가 19줄로 구성되었다면 61개나 모자라기 때문이다. 이에 대해 마스가와 고우이치(增川宏一)는 "정창원 소장의 바둑판은 실질적으로 가로세로 17줄이었을 가능성이 매우 크다. 돌의 수는 시대가 내려올수록 점점 늘어났다"고 하였다. 또 그는 목화자단기국에 놓인 17개의 꽃 점에 대해 와타나베 에이오(渡辺英夫)의 『중국 고기보 산보(中國古棋譜散步)』를 들며 "조선에서는 처음부터 돌을 놓고 둔다"고 덧붙였다. 종래 일본에서는 이 점에 대해 복점설(卜占說), 점성설(占星說) 등 여러 가지 견해가 있었다.

　그는 S. 컬린이 소개한 우리 바둑판의 꽃점의 위치와 숫자가 일치하
는 점을 들고 나서 정창원 소장품에 대해
① 가로세로 19줄이지만 실제로 쓴 것은 17줄이 아니었을가
② 처음에 서로 17개씩 놓고 그 뒤부터 시작하지 않았을가
③ 조선의 규칙을 따른 것일가
　하는 세 가지 가능성을 제시하였다.
　이에 대해 하야시 유타카(林裕)도 "바둑을 735년에 견당사(遣唐使) 기
비노 마끼비(吉備眞備)가 들여왔다는 설은 명백한 잘못이다. 그 이전, 아
마도 6세기 중반에 조선을 거쳐 불교가 들어올 때 여러 가지 문물과 함
께 들어왔다고 생각된다"며 『만엽집(萬葉集)』에 실린 기사(碁師)의 노래
두 수를 증거로 들었다.
　일본 바둑에 대한 가장 오랜 기록은 7세기 초에 나온 『수서(隋書)』의
"왜인(倭人)은 기박(棊博)·악삭(握槊)·저포(樗蒲)를 즐긴다"는 기사이다(『왜
국전[倭國傳]』). 일본의 한문 시집 『회풍조(懷風藻)』에도 "속성(俗姓)이 진
씨(秦氏)인 벤세이 법사(弁正法師, ?~?)는 성격이 쾌활하고 말도 잘하였다.
어릴 때 출가하여 노자(老子)와 장자(莊子)를 잘 알았다. 대보(大寶) 연간
(701~703), 당(唐)에서 유학할 때 왕자 이융기(李隆基, 685~762)와 바둑을
잘 두어서 후한 대접을 받았다"고 적혔다.
　'진씨'는 4세기 말에서 5세기 초에 신라에서 건너간 진하승(秦河勝)
이다. 『진씨의 연구(秦氏の研究)』 저자가 단원의 이름을 '일본 안의 조선
인 왕국 「진왕국」'이라고 붙일 만큼 그의 영향력은 절대적이었다. 오늘
날에도 12개소의 신사(神社)에서 진씨네 지도자였던 진하승을 신으로

받들어 온다.

초기 바둑판의 화점은 모두 아홉 개로 처음에는 백제식의 순장바둑을 두다가 당과의 교류에 따라 16점 배석에서 8점으로 바뀌고, 이것이 16세기에 이르러 현대 일본 바둑의 바탕이 된 것으로 보인다.

도상10과 도상11은 바둑을 즐기는 장면이다.

나라(奈良) 시대(710~784)에는 궁정에서도 바둑을 즐겼다. 8세기 후반부터 바둑에 관한 기록이 점차 나오고, 9세기 중반에는 천황이 대신들을 모아 바둑대회를 열기도 하였다. 701년에 나온 『대보령(大寶令)』에 "승니(僧尼)가 음악과 박희를 즐기면 백일의 고역(苦役)에 처하지만, 기금(碁琴)은 예외라고 한 것"은 바둑을 우대한 것을 알려준다(「승니령[僧尼令]」).

중세에는 무사들 사이에 퍼졌으며, 궁정의 여관(女官)과 여승(僧尼) 그리고 공가의 여성들도 즐겼다. 오다 노부나가(織田信長, 1534~1577)는 혼인보(本因坊)의 주승 일해(日海)를 사사하며, 그를 명인(名人)이라고 불렀다. 도쿠가와 이에야스(德川家康, 1543~1616)도 그에게 녹(祿)을 주는 한편, 기소(棋所)를 설치하고 책임을 맡겼다. 이로써 그는 종가본인방(宗家本因坊)의 시조가 되었다.

10

11

이밖에 이노우에(井上)·안떼이(安井)·하야시(林) 따위의 가원(家院)이 생겨서 막부(幕府)의 보호 아래 번영을 누렸다. 이들 네 집은 한 해 한 번, 대회를 열어 전국 바둑 팬에게 소정의 면장을 주었으며, 1758년의 전국 유단자는 990명이었다.

19세기 중반에 이르러 바둑은 상인이나 일반인도 즐겼고 무사·호상 (豪商)·부농(富農)도 대회를 열면서 후원자 구실도 하였다. 바둑으로 생계를 잇는 직업적인 바둑꾼이 등장한 것도 특징의 하나이다. 19세기 후반에는 고단자들이 재계의 도움을 얻어 방원사(方圓社)를 조직, 새로운 급위제(級位制)를 실시하였고, 1924년에 일본 기원이 창립되었다.

중국에서 시작된 바둑의 한 줄기는 인도 문화권으로, 다른 줄기는 우리를 거쳐 일본으로 들어갔다. 중국의 초기 바둑에는 배석이 없었으나, 한국과 일본에서 생겨나 오늘날까지 이어져 온다. 한편, 중국에서는 6세기 말 이전에 19줄 바둑이 나왔음에도, 우리는 근래까지 거의 가로 세로가 각 17줄인 이른바, 순장바둑을 즐겨왔다.

바둑이 인도에서 티베트로 들어가 신장(神將) 바둑으로 바뀌고, 이것이 불교와 함께 백제에 들어와 순장바둑이 되었다는 설도 있다. 실제

로 우리가 일본에 전한 것도 순장 바둑이었으며, 오늘날에도 티베트·네팔·부탄 등지에서 즐긴다.

도상12는 쓰기오카 고교(漁耕, 1869~1927)가 그린 능악도회(能樂圖繪)에 실린 두 여인이 바둑을 두는 장면이다.

12

3) 쌍륙(雙陸)

두 사람이 주사위를 던져서 얻은 숫자만큼 말을 옮겨서 궁(宮)에 먼저 넣기를 겨루는 성인 여자의 놀이이다. 이를 악삭(握槊)·상륙(象陸)·상육(象陸) 따위로도 부른다.

도상1이 신윤복(申潤福, 1758~1814?)이 그린 쌍륙을 치는 장면이다. 맨상투 바람에 조끼를 걸치고 긴 담뱃대를 물고 있는 남자와 트레머리를 얹은 기생의 겨루기를 뒤와 옆의 남녀가 궁금한 얼굴로 내려다본다.

지금은 쌍륙을 아는 이도 없거니와, 놀이 자체도 망각의 세계로 사라져 버렸으나, 옛적에는 쌍륙판이 양반집 신부의 혼수 감이기도 하였다.

쌍륙은 판의 밭과 점이 한 줄에 12개, 곧 6x2인 데서 왔다. 주사위는 코끼리 어금니나 짐승의 뼈를 1cm쯤의 입방체로 깎은 것으로, 면마다 하나에서 여섯의 점을 새겼다.

옛 문헌의 이름은 투자(骰子)로 삼국시대(三國時代)에 퍼졌다. 『수서』의 "백제에 악삭(握槊)

놀이가 있다"는 기사가 그것이다(권81 「백제전」). '악삭'은 다듬은 나무(槊)를 손에 쥐고(握) 논다는 뜻으로, 이규보(李奎報, 1169~1241)의 "한가로이 옥국(玉局)을 지켜

보며 쌍륙을 친다(開呼玉局爭雙六)"는 시의 구절이 전한다(『동국이상국집
[東國李相國集]』권6 「고율시[古律詩]」 90).

도상2는 20세기 초의 풍속화가 김준근(金俊根)이 그린 '쌍뉴치는모
양'이라는 이름의 풍속화이고, 도상3은 쌍륙판이다.

이익(李瀷, 1681~1763)의 『성호사설(星湖僿說)』 기사이다.

태조(太祖, 1335~1408)의 증조부가 야인(野人)들과 쌍륙을 칠 때, 지극히
중하고 어려운 내기를 걸어오자 할 수 없이 받았다. (…) 끝판에 순륙(純
六)이 나오지 않으면 지게 되므로, 이 주사위를 가볍게 던질 수 없으니
내일 승패를 가르자는 속임수를 썼다.
이튿날 따로 만든 여섯 면이 여섯 점씩인 주사위 두 개를 가지고 가서,
물가에 판을 놓고 큰소리치며 한 번 던졌다. 마침내 순륙이 나오자 얼
른 물속으로 차 넣었다. 이에 크게 낭패한 상대가 죽이려고 달려들었다
(제18권 경사문[經史門] 「알동피병[斡東避兵]」).

이는 함경도의 여진족(女眞族)이 쌍륙으로 중요한 문제를 해결하려고

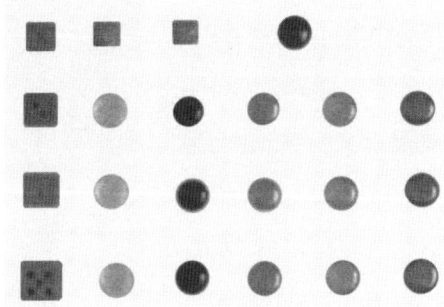

02 03

들 만큼 쌍륙이 유행한 사실을 알려준다. 세종(世宗)은 명(明) 사신(使臣)의 요구에 따라 쌍륙판과 말을 비롯하여 승상(繩床)과 죽선(竹扇) 따위를 주기도 하였다(『세종실록』 14년[1432] 6월 8일). 우리 쌍륙판이 중국에도 널리 알려진 것이다.

성종(成宗)은 "종부시(宗簿寺) 어실(御室)에서 쌍륙으로 술 내기를 하다가 다툰 끝에, 화로(火爐)를 차서 지의(地衣)•를 불태운 입직자(入直者)를 국문(鞫問) 하라"는 명을 내렸다(『성종실록』 20년[1489] 12월 16일).

• '지의'는 헝겊으로 가장자리를 꾸미고 여러 개를 마주 이어서 크게 만든, 제사(祭祀) 때 쓰는 돗자리이다.

중종(中宗) 때는 신하들이 쌍륙을 나삐 여겼다. 17년(1522) 6월 16일, 곤양수(昆陽守) 등이, 이하(李河)의 품성을 들어 "사촌 누이와 함께 있고, 술을 많이 마시며, 쌍륙을 치는 따위의 행실이 나쁘다"고 한 것이 좋은 보기이다.

효종(孝宗) 때도 마찬가지였다. 한 신하가 "전하께서 자주 희빈과 여러 공주들에게 쌍륙과 바둑을 시키고, 그들이 놀이 채로 술과 음식을 푸짐하게 차리는 것은 옳지 않습니다" 한 적이 있다(『효종실록』 8년[1657] 8월 16일).

쌍륙은 판과 각 16개의 희고 검은 말, 그리고 두 개의 주사위를 가지고, 둘 또는 넷이 편을 갈라서 친다. 흰 쪽은 말을 자기 앞 오른쪽 밭(6)에 여섯, (5)에 셋, (1)에 둘 놓고, 건너편 왼쪽 (5)에 셋, (1)에 둘 배치한다.

검은 쪽도 마찬가지로 자기 앞 왼쪽 밭(6)에 여섯, (5)에 셋, (1)에 둘, 건너편 오른쪽 (5)에 셋, (1)에 둘을 둔다. 말은 주사위 두 개를 던져서 나오는 숫자에 따라 옮긴다. 하나가 3이고 다른 하나가 4면 말 하나를 일곱 밭 옮긴다. 이와 달리 말 하나를 세 밭, 다른 하나를 네 밭 보내도 좋다.

흰 쪽은 말을 앞 오른쪽에, 검은 쪽은 앞 왼쪽에 모아서 먼저 나는 쪽이 이긴다. 흰 쪽은 건너편의 말을 왼쪽으로 옮기면서, 자기 편의 왼쪽으로 옮겨서 오른쪽 끝에 모아야 한다. 검은 쪽도 건너편의 검은 말을 오른쪽으로 옮기면서, 자기 편의 오른쪽으로 데려와 왼쪽 끝에 모은다. 따라서 자기 앞 가까이 둔 말보다, 건너편 말을 빨리 옮기는 것이 좋다. 흰 쪽에서는 검은말 오른쪽의 말 둘과 셋을 자기 앞으로 무사히 데려와야 한다. 검은 쪽도 마찬가지이므로 말은 서로 맞서게 되며, 이로써 더 재미가 난다.

김시습(金時習 1435~1493)의 '육이야 하는 소리에 달게 자던 낮잠에서 깼다(六大呼來午夢醒)'는 말 그대로이다(『매월당집[梅月堂集]』 권9 「잡부」 쌍륙). 주사위를 던지며 어찌나 요란스럽게 '줄륙 나와라' 고함을 쳤던지, 옆에 잠들었던 자신이 놀라 잠에서 깨어났다는 것이다. 이는 윷가락을 던지며 '모 나와라'고 외치는 것과 같다.

쌍륙을 치는 방법이나 말 수는 곳에 따라 다르다. 전라남도의 보기이다.

말판은 가로 75cm, 세로 40cm이며, 30개의 말을 쓴다. 판 양쪽에 내육(內六, 1에서 6)과 외육(外六, 1에서 6)을 그리고, 말은 청홍(靑紅)이나 흑백(黑白)을 칠하거나, 머리에 실을 감아 구별한다. 주사위 두 개를 던져서 나온 숫자가 2와 3이면 말 하나를 다섯 밭 전진시킨다. 둘이나 세 칸 나갔을 때 남의 말이 있으면 안 되며, 제 말이 있거나 빈 때만 움직인다.

청(靑)은 홍(紅) 양쪽 1에 있는 말 둘과 말 5 그리고 청 외육 5에 있는 말 셋을 모두 청 내육의 1~6 자리에 모았다가 나온 숫자대로 낸다. 말이 나가는 길은 청의 경우, 홍의 내육 1~6, 외육 6~1을 거쳐, 청 외육 1~6을 지나 내육 6~1 안으로 모은다. 홍도 마찬가지이다.

말은 한 밭에 다섯 이상 놓지 못한다. 말이 서로 만나면 잡히며, 이 경우 외육에서 다시 나간다. 말이 홀로 있으면 불리하며, 말 하나로 남의 말 둘 이상 있으면 잡지 못한다. 같은 숫자 2·2가 나오면 말을 두 밭, 3·3이면 세 밭 옮긴다. 그러나 이를 따로 써도 좋다.

주사위를 던져서 나오는 수에, 이름을 붙여서 홍을 돋우기도 한다.

1·1 빽빽이	2·2 진아	3·3 장삼	4·4 진사	5·5 준오
6·6 줄륙	1·2 백아	1·3 백삼	1·4 백사	1·5 백오
1·6 백륙	2·3 아삼	2·4 아사	2·5 아오	2·6 아륙

우리네 판은 뒤에 설명하는 북방계나 남방계와 달리, 판 중앙에 비교적 큰 반원을 그려놓았다. 이것은 경기를 위한 것이 아니라, 주사위를 던지는 장소이다. 북방식의 성(城)인 초승달과 같은 것이다.

도상4는 백제에서 일본에 보낸 쌍륙 말과 주사위이고,

도상5는 쌍륙판과 말 그림이며 **도상6**은 전라남도의 쌍륙판이다.

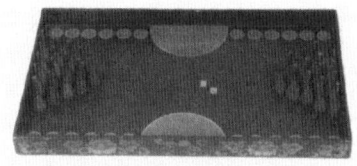

일본의 반상유희(盤上遊戲) 가운데 가장 오랜 쌍륙(雙六)을 스구

04

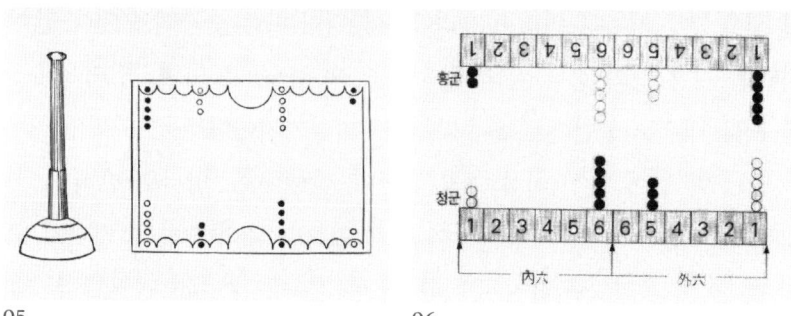

05 06

로쿠(『倭名類聚抄』) 또는 스쿠로쿠(『伊呂波字類抄』)라고 부르다가, 뒤에 스
고로쿠(すごろく)로 굳어졌다.

저들은 우리네 종경도와 남승도놀이도 같은 이름으로 불러왔다. 이
들이 모두 주사위(스고로쿠)를 가지고 노는 까닭이다. 고문헌에도 이 둘
을 함께 쓴 까닭에 혼동이 적지 않았다. 이를 피하려고 마스가와 고우
이치(增川宏一)는 뒤의 두 가지를 쌍륙(双六)으로 적어서 구별하였다.

6세기 말에서 7세기 초에 나온 중국 사서 『북사(北史)』에 "해마다 정
월 초하루에 반드시 활을 쏘고 술을 마신다. 이밖의 명절은 대체로 중
국과 같아서 위기(圍棊)·악삭(握槊)·포희(蒲戲) 따위를 즐긴다"는 기사가
보인다(「왜국전」). 8세기의 『수서』에도 "오현금(五絃琴)·피리(笛)·바둑(棊)·
악삭(握槊)·저포(樗蒲) 따위를 벌인다"고 적혔고(「왜국전」), 801년에 나온
『통전(通典)』에도 같은 기사가 있다. 이 가운데 악삭이 쌍륙이다.

689년에 쌍륙 금령이 내린 것으로 미루어, 적어도 7세기 중기 이전
에 들어간 것이 분명하다. 가장 오랜 기록은 12세기 말에 나온『연중
행사비초(年中行事秘抄)』로, 730년에 "천황이 송원궁(松原宮)에서 놀 때
오위(五位) 이상에게 쌍륙판을 내렸다"는 내용이다. 757년에 시행된 양
노율령(養老律令)과 968년에 나온 『청냉일기(蜻冷日記)』, 그리고 1028년

의 『영화물어(榮花物語)』 및 『금석물어집(今昔物語集)』 따위에 실린 쌍륙 관계 기사를 보면, 귀족들이 매우 즐긴 것을 알 수 있다.

13세기 초의 『연곡초(宴曲抄)』에 "쌍륙이 먼 서천(西天)에서 들어왔다"고 적혔으며, 『서언자고절용집(書言字考節用集)』에서는 페르시아의 놀이로 올랐다.

한편 마스가와 고우이치(增川宏一)는 정창원에 소장된 목화자단쌍륙국(木畵紫檀雙六局)이 한국에서 건너갔다며 이렇게 적었다.

박희는 도박으로, 용구는 쌍륙으로 생각된다. 이것은 아마도 당시 최고 지식인이자 문화인이었던, 조선에서 건너온 사람들이 가져왔을 것이다. (…) S. 컬린이 조사한 조선의 독특한 쌍륙판을 빼닮았기 때문이다. 정창원에 있는 쇼무(聖武, 724~749) 천황이 애용한 판은 당시로서는 최고급 제품이다. 물론, 컬린의 조사 시점과는 연대적으로 많이 떨어졌지만, 양쪽 쌍륙판의 공통점은 충분히 남아있다고 보아도 좋다.

이 판을 조선에서 건너온 사람들의 가르침을 받아 만들었는지, 고도의 기술을 가진 도래인(渡來人)이 일본에서 정교하고 화려한 쌍륙판을 만들었는지는 알 수 없다. 그러나 현존하는 고대 일본 쌍륙판은 당시 조선 쌍륙판과 거의 같았을 것으로 추정된다(『碁』, 1987).

그러나 그가 쌍륙을 본격적으로 다룬 책(『스고로쿠(すごろく)』)에는 이 부분이 보이지 않는다. 오히려 그는 "나는 새(飛鳥)의 무늬가 당(唐) 장회태자(章懷太子, 655~684) 무덤의 것과 같다"는 나카이 이사오(中井公)의 의견을 들어 당에서 배에 실어 왔을 가능성이 크다면서, "배에 실려 왔든지, 일본에서 만들었든지, 목화자단쌍륙국은 중국 북부의 흐름을 지니고 있음이 분명하다. 일본 고대의 쌍륙판은, 이로써

당연히 노는 법도 중국풍 또는 중국법 그 자체라 할 수 있다"고 덧붙여서 자신의 한국 전래설을 뒤집었다. 그러나 쌍륙의 말과 주사위(도상3)가 백제에서 들어간 것이 분명한 만큼, 우리에게서 들어갔다고 보는 것이 자연스럽다. 또 그의 말대로 쌍륙을 치는 방법이 같은 것도 기억해 둘 일이다.

정창원에는 목화나전쌍륙국(木畵螺鈿雙六局)이라고 불리는 또 하나의 판이 있다(가로 71㎝, 세로 30㎝, 높이 11.3㎝). 이에 대해 앞의 사람은 "이것이 쌍륙판이라면 세대가 매우 떨어지지만, 발 모양이 『보쌍(譜雙)』의 '광주쌍륙판'을 닮았다면서 다음과 같이 덧붙였다.

① 꽃잎꼴 밭이 북방계, 장방형이 남방계라면 정창원에는 두 계통의 판이 있는 셈이며,
② 목화나전쌍륙국이 쇼무 천황 후대의 것이라면 중세의 쌍륙판과 닮았으리라 생각되며,
③ 북방계와 남방계와의 차이는 판의 형태뿐 아니라, 노는 법도 달랐을지 모른다.

도박 쌍륙에 대한 금령은 10세기 초(905)와 말에도 이어졌다. 이에 빠진 사람이 그만큼 많아진 까닭이다. 더구나 교토(京都)에 많은 쌍륙 패거리(姦濫輩)들이 주먹을 휘두르며 도박을 벌여서 중대한 치안 문제를 불러일으켰다. 사기꾼들이 서민을 울린 것은 말할 것도 없고, 토지와 가산을 잃고 패가망신하는 사람이 속출하였다. 13~14세기에는 귀족 계층의 집에 도박에 미친 무리(狂者群)가 떼로 모여들어 판을 벌였으며, 상대를 죽이는 일까지 일어났다.

쌍륙으로 점을 친 것도 흥미롭다. 1303년과 1311년에 천황가(天皇家)의 여인이 해산할 때, 산실(産室) 밖에서 쌍륙 치는 의식을 벌였다는 한 귀족의 일기(「公衡公記」)가 그것이다. 12세기에 나온 「아귀초지(餓鬼草紙)」에도 임산부(妊産婦)로 보이는 여인 옆에 쌍륙판 놓였다.

14세기 때 쌍륙의 명인 기노 하세오(紀長谷雄, 854~912)가 주작문(朱雀門) 위에서 귀신과 쌍륙을 두었다는 이야기는 유명하다. 이긴 그가 미인을 얻은 내용을 그린 14세기 초의 「장곡웅초지(長谷雄草紙)」의 쌍륙판은 정창원의 것과 달리, 15세기 이후의 것처럼 두꺼운 나무판에 각 12개씩의 장방형 밭을 그렸다. 또 초승달꼴의 집(城)이나, 판에 달렸던 다리가 사라진 것은 땅바닥에 놓고 치는 형식으로 바뀐 것을 나타낸다.

본디 모습이 20세기까지 이어 내린 우리와 달리 일본에서는 14세기에 바뀐 것이다. 이에 대해 마스가와 고우이치는 "12세기에 중국 남부의 쌍륙판 영향을 크게 받았을 가능성이 없지 않다"고 적었다.

도상7이 지은이를 모르는 『장곡웅초지(長谷雄草紙)』에 실린, 주작문 위에서 귀신과 치는 쌍륙 장면이다.

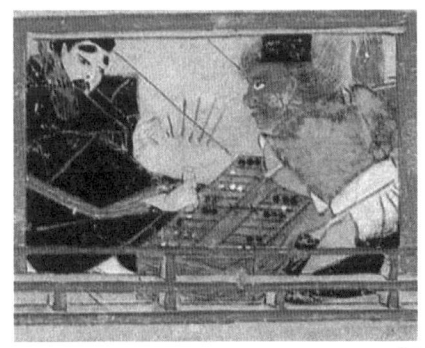

07

앞에서 든 대로, 쌍륙 노름이 번져 나가자 689년 12월에 지토우(持統, 645~703) 천황이 금지령(禁止令)을 　내렸고(『일본서기[日本

08

書紀]』), 8세기 초의 대보율령(大寶律令)에서도 쌍륙과 저포류를 막았다. 927년의 『연희식(延喜式)』에도 "쌍륙을 치는 자는 신분의 고하를 막론하고 벌을 준다"는 대목이 보인다.

15세기에는 귀족들 사이에 여러 사람이 좌우 양편으로 나뉘어 쌍륙을 치는 법이 개발되었다. 주사위를 순서에 따라 던지는 방법으로, 인원이 20명에도 이르렀다. 당시 귀족들에게 쌍륙이 중요한 사교구(社交具) 구실을 한 것이다. 한편, 16세기 중반기에는 기득권 세력에 대항하는 귀족들이 쌍륙을 핑계로 이곳저곳에 모여서 모의를 거듭하였다.

도상8은 17세기 전기의 풍속화가 히코네 뵤부(彦根屏風)가 그린 반풍속도(盤風俗圖)이고, 도상9는 쌍륙을 치는 기생들이다(S. 컬린).

도상10은 헤이안(平安) 시대(8~12세기) 중기에 성립된 소설 『겐지모노가타리(源氏語物)』에 실린 쌍륙을 치는 고위 관료들 모습이다.

17세기에 쌍륙판이 혼수품이나 추제(雛祭)의 장식품으로 쓰일 만큼

09

10

인기를 모았으며, 여성들도 크게 즐겼다. 무가(武家)나 상가(商家)의 여성 뿐 아니라, 유녀(遊女)들도 중요한 예능의 하나로 손꼽았다. 쌍륙이 장기 나 바둑보다 익히기 쉬운 점도 원인의 하나였다.

그러나 18세기 후반에 자취를 감추었다. 류테이 타네히코(柳亭種彦, 1783~1842)도 『유정기(柳亭記)』에 "내 어릴 때 쌍륙 치는 이가 백에 하 나쯤이었으며, 그나마 근래 자취를 감추었다"고 적은 것이 그것이다.

한편, 가장 오랜 것으로 보이는 정토쌍륙판(淨土雙六板)은 그림 대신 불교 용어와 교훈을 적었으며 이것은 무로마치(室町) 시대(1338~1573) 후 기에 정토쌍륙(淨土雙六)이라는 이름으로 퍼져나갔다. 이름과 내용으로 미루어 본디 정토종(淨土宗) 계통의 승려들이 꾸민 것으로 보이며, 이하 라 사이카(井原西鶴, 1642~1763)의 그림 (『호색일대남[好色一代男]』) 따위에 더러 등장한다. 앞 사람의 다른 작품(『耽奇漫録』)에 따르면 네 종류가 퍼 진 것을 알 수 있다. 쌍륙이 정토종을 처음 배우는 승려의 학습을 위해 꾸민 명목쌍륙(名目雙六)에서 비롯되었다는 것은 이에서 왔다.

도상11은 판과 흑백의 말이다.
도상12는 백제에서 보낸 정창원 소장의 목화자단 쌍륙판이고,
도상13은 판의 모양이다.

11   12   13

일본의 쌍륙법은 우리와 다르지 않다. 15개의 말을 한쪽 끝에서 반대쪽으로 먼저 옮기는 쪽이 이긴다. 통에 넣은 주사위 두 개를 던져서, 두 개의 말을 옮기되, 나온 숫자가 같으면 특별한 보너스를 얻는다. 곧 상대의 말이 두 개 들어있는 밭에는 들어가지 못하나, 그 숫자로 미치지 못하는 곳의 말을 떼는 것이다. 그 말은 처음 밭에서 다시 떠나야 한다. 주사위를 던져서 나온 숫자에 따라 말을 잘 옮기는 한편, 상대의 말의 진행을 막아야 이긴다. 노는 방법이 같다기보다 일본 쌍륙이 조선의 방법을 본뜬 것으로 생각된다고 한 마스가와 고우이치(增川宏一)의 말은 이를 가리킨다.

쌍륙이 인도에서 나왔다지만, 그 뿌리는 전 3천년 대의 고대 이집트에 있다. 판은 가로세로 10줄을 세 줄로 나란히 그리고, 동물 뼈로 만든 주사위나 윷처럼 생긴 작대기를 던져서 나온 수에 따라 말을 옮겼다. 이것은 고대 그리스에서 12줄 3열(列)로 바뀌었다가, 고대 로마에서 중앙에 줄이 없는 12줄 2열형으로 되었다.

서남아시아에서 중근동으로 퍼져나간 쌍륙은 실크로드를 거쳐 중앙아시아·인도·중국 등지로 들어갔다. 서쪽으로는 로마제국에 의해 유럽 전역과 영국에 전파되었고, 중세 이후 모든 계층의 사람들이 즐겨 놀았다. 오늘날 유럽의 백가몬(Backgammon)은 인도에서 유럽으로 건너간 쌍륙의 변형으로, 형식은 다르지만 노는 방법은 쌍륙과 매우 닮았다.

앞에서 든 대로, 마스가와 고우이치가 일본 쌍륙이 중국에서 직접 들어간 것처럼 얼버무린 것은 잘못이다. 그의 말대로 중국과 우리 판이 같고, 일본의 것이 우리 것과 일치한다면, 한국에서 건너갔다고 보는 것이 옳다. 쌍륙판을 혼수품의 하나로 삼은 것도 두 나라가 같다.

4) 종경도(從卿圖)

승경도(陞卿圖)·승정도(陞
政圖)·종정도(從政圖)라고도
한다. 모두 벼슬살이 도표라
는 뜻이다. 길이 1.5m, 너비
1m쯤의 종이에 그은 3백여
개의 칸에 벼슬 이름을 써넣
고, 윤목(輪木)을 굴려서 나

01

온 수에 따라 말을 쓰는 놀이다. 수가 많으면 빨리 올라가고 적으면 늦
어지게 마련이다.

윤목은 16㎝쯤의 굵은 박달나무를 다섯 모로 깎은 것으로, 가운데
는 부르고 양끝은 조금 가늘며, 모서리마다 1에서 5까지의 금을 에어
놓았다. 이것이 없으면 윷이나 주사위로 대신하며, 2~5명이 다섯 패를
지어서 벌인다. 말은 구별이 쉽도록 빛깔로 나타낸다. 이를테면, 문과
(文科) 출신은 붉은 말, 무과(武科)는 푸른 말, 남행(南行)은 누른 말, 군졸
(軍卒)은 흰 말, 은일(隱逸)은 붉은 테를 두른 누른 말을 쓴다.

성현(成俔, 1439~1504)은 『용재총화(慵齋叢話)』에 "종정도는 하륜(河崙,
1347~1416)이 만들었으며, 9품에서 1품까지의 관작을 차례로 적었다.
윤목 여섯 면에 각기 덕(德)·재(才)·근(勤)·감(堪)·연(軟)·빈(貧) 따위의 여
섯 자를 써서 덕과 재가 나오면 올라가고, 연과 빈이면 탈락하는 것이
마치 벼슬길과 같다"고 적었다(권 10).

도상1이 20세기 초의 풍속화가 김준근(金俊根)의 '종경도치는 모양'
이라는 이름의 풍속화이다.

조선 시대의 관리는 중앙과 지방을 합쳐 모두 3,800명쯤 되지만, 등급이 많고 이름이나 상호관계가 복잡하였다. 따라서 이 놀이는 양반 자제들의 관직에 대한 체계적인 관념을 심어주는 데 도움이 되었다.

판의 맨 아래에 벼슬길의 출신(出身)을 나타내는 유학(幼學)·진사(進士)·생원(生員)·문과(文科)·무과(武科)·은일(隱逸)을 배치하고, 위쪽에 그보다 한 단계 높은 관직을 쓴다. 그리고 맨 위 칸에 좌찬성(左贊成)·우찬성(右贊成)·세자사(世子師)·부원군(府院君) 따위를 비롯한 삼정승(三政丞)이 있다.

이어 바깥쪽 사방으로 외직(外職)인 8도 감사(監司)·병사(兵使)·수사(水使)를 비롯한 주요 고을의 수령(守令)을 두고, 가운데 첫 꼭대기에 정1품과 종1품을 늘어놓으며, 맨 밑은 종9품이다. 벼슬자리를 다 써넣기도 어렵거니와, 그렇게 하면 긴장감도 떨어지므로 판의 크기에 따라 주요 관직만 배치한다. 이밖에 삭직(削職)·파직(罷職)·유배(流配)·금부(禁府)·사약(賜藥) 따위도 있어서 변화가 따른다.

출신은 순서에 따라 윤목을 두 번씩 굴려서 정한다. 첫 번 굴린 것은 출신의 큰 구별이고, 두 번째는 출신의 작은 구별이다. 큰 구별은 문과 출신·무과 출신·숨어서 공부하다가 벼슬길에 오르는 은일출신(隱逸出身), 과거에 붙지 못한 채 벼슬을 사는 남행출신(南行出身), 군졸출신(軍卒出身) 따위의 다섯 가지이다.

작은 구별은 문·무과의 과거 중에서 증광과(增廣科)·식년과(式年科) 따위로 구별한다. 증광과는 나라에 경사가 있을 때 보이는 임시 과거이고, 식년과는 3년마다 한 번씩 정기적으로 치른다. 은일출신도 부름을 한 번 받은 것과 두 번 받은 것을 구별하며, 남행에도 생원(生員)이나 진사(進士)처럼 과거의 합격 여부를 따지고, 군졸도 갑사(甲

土)·정병(正兵)으로 나눈다. 큰 출신이 결정되면 해당하는 말을 나누어 가진다.

두 번째 윤목을 굴린 사람은 나온 수에 따라 자기 출신 칸에서 벼슬살이를 시작한다. 문과는 5가 증광(增廣), 4가 식년(式年), 3이 정시(庭試), 2가 별시(別試), 1이 도과(道科)로, 가장 높은 자리(문과는 영의정[領議政], 무과는 도원수[都元帥])에 먼저 올라가는 쪽이 이긴다. 그러나 중간에 파직을 당하거나 사약을 받기도 하므로 긴장이 따른다.

승진을 거듭해서 영의정에 오르면 다시 우의정(右議政)·좌의정(左議政)·봉조하(奉朝賀)로 나간다. 이때 2를 얻으면 우의정, 3을 얻으면 좌의정으로 좌천되고, 4나 5를 얻어야 최고위의 봉조하가 된다. 그러나 그 자리에서 다시 2나 3이 나오면 영의정으로 돌아가고, 4나 5가 나와야 영예롭게 은퇴한다.

윤목을 처음 던졌을 때 많은 수가 나와야 좋다. 출신이 앞서야 승진이 빠르기 때문이다. 그러나 승진을 잘하다가도, 외직(外職)으로 빠지면 좀처럼 내직(內職)으로 돌아오기 어렵다. 또 파직·삭직·유배를 당하면 환본직(還本職)을 거쳐야 그 전의 관직으로 돌아간다.

도상2는 종경도 판이다.

양사법(兩司法)과 은대법(銀臺法)도 있다. 양사는 사헌부(司憲府)와 사간원(司諫院)으로, 이 자리의 사람에게 미리 정한 수 곧, 2면 2 또는 3이면 3에 나오면, 그가 지정한 상대 말은 움직이지 못한다. 그리고 정한 숫자 5면 5, 또는 4면 4를 얻어야 다른 자리로 간다. 은대는 승정원(承政院)으로, 이 자리의 사람이 정한 수를 얻으면 당하(堂下)의 모든 말은 얻은 수를 쓰지 못하고 모두 바친다. 이러한 규칙은 놀이에 변화를 주기 위한 것이다.

중국 것을 본뜬 종경도도 나돌았다. 명종(明宗, 1545~1567) 때 어숙권(魚叔權, ?~?)이 낸『패관잡기(稗官雜記)』의 기사이다.

옛적에 (일 벌이기를 좋아한 사람이) 중국의 관제(官制)를 본떠 우리네 종경도에 따라 급품(級品)을 나누어 올라가게 하였다. 이를 중국 종정도(從政圖)라고 일렀다. 오직 관품의 높고 낮음만 따온 것으로, 중국 제도를 모르는 사람이 만들었다(권2).

도상3은『한국의 놀이』에 실린 윤목이고 **도상4**는 윤목과 주사위(왼쪽 아래)이다.

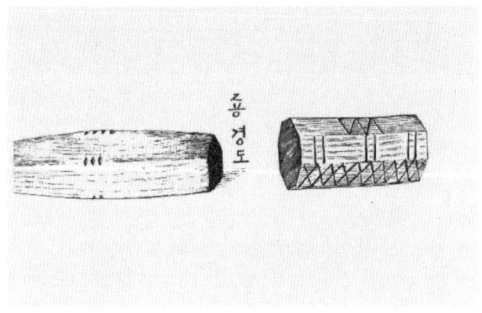

03

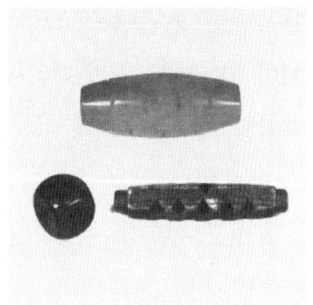

04

도상5는 출신의 결정표이다.

고려 시대에는 종경도를 본떠서 만든 성불도(成佛圖)가 나돌았다. 불교의 수행과 교리를 비롯하여, 육도(六道)의 윤회(輪回)에서 벗어나 해탈의 경지에 이르는 과정을 나타낸 것이다.

윤목은 모두 세 개이며, 여섯 모의 각 면에 나(南)·무(無)·아(阿)·미(彌)·타(陀)·불(佛)을 새겼다. 인간 세계인 인취(人趣)부터 시작하여 마지막의 대각불(大覺佛)에 이른다. 주사위 셋이 모두 불(佛)이 나오면 육도(六道) 가운데 어느 곳에 있든지 회광전(回光殿)으로, 남(南)이 셋이면 해태굴(懈怠窟)로 가며, 자기 위치에 표기되지 않은 숫자가 나오면 잡(雜)이 되어 한 칸씩만 옮긴다. 그리고 '불'이나 '타'가 세 번 나오면 한 번 더 던진다.

윤목을 던질 때 염불을 외우지 않으면 바로 무골충(無骨蟲)으로 가며, 화를 내면 인도의 네 계층 가운데 최하위인 전타라(栴陀羅)로 떨어지는 따위의 벌칙이 있다.

이 놀이가 세속의 것과 다른 점은 남에게 폐를 끼치지 않으며, 수가

출신의 결정

一(도)	二(개)	三(걸)	四(윷)	五(모)
幼 學	進 士	武 科	文 科	隱 逸
二三四五 개걸윷모	二三四五 개걸윷모	二三四五 개걸윷모	二三四五 개걸윷모	二三四五 개걸윷모
進武文隱	蒙文監教	直部別宣	司注副典 僕 內	侍翰翊敦 令 都
士科科逸	奉科察官	傳 長將檢官	乘書正籍	直林贊正

05

지나치거나 모자라면 움직이지 못하고, 마지막 사람까지 대각불(성불)
에 이르러야 끝나는 점 등이다. 전라남도 순천시 숭주군(昇州郡) 선암사
(仙巖寺)에 조선 시대 후기의 것으로 보이는 성불도(가로 18칸에 세로 38
칸) 한 벌이 있다.

　강원도 춘천(春川)에서는 정초에 종경도로 한 해의 운수를 점치기도
하였다. 처음에 급제해서 영의정에 이르면 크게 길하고, 중도에서 파직
되면 흉할 것이라 여긴 것이다.

　일본에서는 관직쌍륙(官職雙六) 또는 관위쌍륙(官位雙六)이라고 한다.
　이것은 17세기 이전에 나왔다. 일반적으로 나선형으로 짠 판의 바깥
한끝에서 출발하여, 중심부의 종점까지 빨리 이르는 쪽이 이긴다. 주
사위 숫자나 밭 위치에 따라 한 번 쉬거나 뛰어넘으며, 출발점에서 다
시 시작하는 함정도 있다. 이것은 초기에 문자만으로 구성되었으나, 점
점 그림 위주로 바뀌었다. 윤목에는 조(祖)·품(品)·위(位)·개(皆)·등(等)·급
(級) 따위의 여섯 글자를 새겼다.

『일본완구사(日本玩具史)』의 기사이다.

　일설에 도중쌍륙(道中双六, 남승도를 가리킴)은 현재 대만(臺灣)의 한족(漢
族)이 즐기는 호로분운(胡盧分運)이 조선에 들어가서 통일된 뒤 다시 바
뀐 것이라고 하나, 호로분운은 나선형으로 이루어지고, 그 선 안에 여
러 가지의 초목금수(草木禽獸)를 적은 것이다. 그리고 1에서 6까지의 숫
자를 새긴 붉은 색과, 검은색 주사위 두 개를 굴려서 나온 숫자에 따라
상하진퇴(上下進退)하는 점에서 승관도와 같다.
　또 이것이 조선으로 들어가서 통일되었다는 쌍륙은 전면에 조선 8도의

각부를 그려 넣고, 이에 군수·목사·관찰사·절도사 등의 관직을 배치하였다. 돌아가며 주사위를 던져서 그 수에 따라 순행한 끝에 서울에 이르러 영의정이 되는 구조이다. 이 둘이 도중쌍륙의 구성법과 매우 닮았으나, 일본으로 들어왔다는 기록이 없어 도중쌍륙과 어떤 관계가 있는지 분명치 않다(有坂與太, 1977).

글 내용이 모호하다. 더구나 우리 종경도와 남승도를 혼동하는 따위의 흠도 보인다. 그러나 우리 것과의 연관성에 대해 언급하였을 뿐만 아니라, 저쪽으로 들어갔을 가능성을 내비친 점은 주목된다.

1798년에 나온 관직승진쌍륙(官職昇進双六)은 조(祚)·품(品)·계(階)·등(等)·급(級) 따위의 글자를 새긴 주사위를 던져서 대사인(大舍人)에서 출발, 신기우(神祇右)에 이른다. 14단계로 이루어진 밭의 총수는 201개이며, 각기 벼슬 이름을 적었다. 최고위직은 태정대신(太政大臣), 최하위직은 인옥사(因獄司)이다. 대재권수(大宰權帥)나 춘궁제태부(春宮諸太夫)의 밭에서는 단 한 개의 주사위만 유효하고 나머지는 무효가 되며, 이와 대조적으로 두 번째 것만 유효한 것도 있다. 이들은 모두 단조로움을 덜기 위해 마련한 것이다.

19세기 후반기에 나온 관위수구려구(官位須具侶具)나, 명치관위쌍륙(明治官位双六)은 맨 위가 천황이다. 1880년에 나온 관원상인진분출세쌍륙(官員商人振分出世双六)은, 이름 그대로 상업의 성공과 관리의 출세를 좌우로 나누어 적었다. 상인은 잡상인·전당포 주인·미쓰비시(三菱) 회사·쌀 회사(米商社)·은행장을 거쳐서 부호의 자리에 이른다. 한편, 관리는 서생(書生)·병사·순사·판임관(判任官)·경시(警視)·재판관·부현지사(府縣知事)·참의(參議)·육군대장·대신(大臣)으로 승진한다.

한편, 1890년에 나온 당세견립 서생운명 비평쌍륙(當世見立書生運命批平双六)은 매우 흥미롭다. 서양 유학이 출세의 지름길로 등장한 것이다. 주사위에 적힌 대로 대가(大家)가 되어 승진하고, 토산(土産)의 연설을 하며, 학위를 사서 졸업하고, 재주가 없어도 돌아오면 관리가 되는 것이다. 유학을 떠나기 위해서는 우등으로 관리의 양행(洋行) 길을 잡거나, 관리가 되어 바라던 양행을 떠난다. 양행 길은 성적이 우수하거나, 관리로 재직 중에 얻는 두 종류가 있다.

오키나와(沖繩)에도 승관도나 승경도를 닮은 것이 있다(가로 38㎝에, 세로 52.5㎝). 하위직에서부터 출발, 섭정(攝政)·현인(賢人)·아성(亞聖)을 거쳐 성인에 이르는 구도이다. 최하위는 유형(流刑)·도인(盜人)·감옥 등으로, 죽음의 밭에 들어가면 자격을 잃고 만다. 관직은 사당봉행(砂糖奉行)·삼사관(三司官)·연두친방(年頭親方)·자관(紫冠)·당세두(唐勢頭) 따위의 류큐(琉球)의 독특한 관직을 적었으며, 주사위 각 면에 충(忠)·효(孝)·덕(德)·인(仁)·악(惡)·도(盜)의 여섯 글자를 새겼다.

종경도가 한·중·일 세 나라에만 있는 것은, 같은 한자 문화권을 이룬 까닭이다. 마스가와 고우이치는 "일본의 쌍륙이 오래 전에 중국에서 직접, 또는 조선을 거쳐 들어온 것을 알리는 하나의 근거이지만, 확실히 어느 때 처음 전래하였다고 결코 단언할 수 없으며, 아마도 18세기에 중국의 영향을 받았을 가능성을 부정하기 어렵다"고 덧붙였다(『쌍륙[双六]』 Ⅱ).

답답하기 짝이 없는 말이다. 그에 견주면 앞에서 든 유우자카 요타로(有坂與太郎) 쪽이 성실하고 솔직하다는 느낌이다.

우리에게서 들어간 사실을 이렇게 얼버무릴 까닭이 무엇인가?

5) 그네

01

큰 나뭇가지 따위에 두 가닥의 줄을 매어 늘이고, 맨 아래에 붙인 밑싣개에 앉거나 올라서서 몸을 움직여 앞뒤로 오가는 여성의 대표적 단오(端午)놀이이다. 첫 기록은 중국에서 13세기 말쯤에 나온 『문헌통고(文獻通考)』의 "고구려 사람들이 단오 때 그네를 뛰었다"는 기사이다(「고구려」).

고려의 이규보(李奎報, 1168~1241)가 여성의 그네 뛰는 정경을 읊조린 시(「단오에 그네 뛰는 여인[端午見鞦韆女戲]」)이다.

推似神娥奔月去	밀어 올리니 달로 나는 항아●인가 싶더니
返如仙女下天來	하늘의 선녀인 듯 사뿐히 내리누나
仰看跳上方流汗	줄을 차며 솟을 때 손에 땀을 쥐지만
頃刻飄然又却廻	삽시간에 펄럭이며 돌아오누나

(『동국이상국집[東國李相國集]』 제3권)

●'항아'는 중국 신화에 나오는 달의 여신으로, 상아(嫦娥)라고도 불린다.

도상1은 김홍도(金弘道, 1745~1806?)의 그림(부분)으로, 그네를 타려는 아낙이 왼발을 밑싣개에 올려놓고 있다.

도상2는 20세기 초의 풍속화가 김준근(金俊根)이 남긴 쌍그네 장면이다. '츄쳔ㅎ는 모양'이라는 화제(畫題)가 보인다.

02

고려 현종(顯宗, 1009~1031) 때 중국 사신으로 간 곽원(郭元, ?~1029)도 "우리는 단오에 그네를 즐긴다"고 하였다(『송사(宋史)』). 백성뿐 아니라 귀족들도 마찬가지였다. 『고려사(高麗史)』에 "최충헌(崔忠獻, 1149~1219)이 단오에 백정동궁(栢井洞宮)에 그네를 매고 문무(文武) 4품 이상의 관원을 불러 사흘 동안 잔치를 베풀었다"는 기록(129권 열전 제42 「최충헌 전[崔忠獻傳]」)이 그것이다. 고려 중기의 권신 최이(崔怡, 1166~1249)는 그네 놀이에 엄청난 사치를 부렸다.

(1) 『고려사』의 기사이다.

> 5월에 (…) 관원을 위한 잔치를 벌였다. 산처럼 맨 채붕(綵棚)에 수놓은 장막과 깁 휘장을 둘러치고, 안에 무늬 비단과 채색 꽃으로 꾸민 그네를 맸다. 은과 자개를 박은 큰 동이 넷에 얼음덩이를 담고, 큰 술잔 넷에 이름난 꽃 10여 가지를 꽂아서 눈이 부셨다. 기악(伎樂)과 백희(百戲)를 베풀었으며, 잘 차려입은 팔방상(八坊廂)의 공인(工人) 150여 명이 뜰에서 풍악을 울리자, 현가(絃歌)와 고취(鼓吹) 소리가 천지에 울려 퍼졌다.
> 최이는 팔방상 공인에게 백금(白金)을 서 근씩 주고, 영관·기생·재인(才人)에게도 금과 비단을 내렸다(129권 열전 권 제42 「최이 전[崔怡傳]」).
> ● '팔발상'은 고려 시대에 음악을 담당한 관서의 하나이다.

고려 말에는 임금도 그네를 뛰었다. 우왕(禑王, 1374~1388)이 "거리를 돌아본 다음, 수창궁(壽昌宮)에 가서 임치(林檜) 등과 그네를 뛰었다"는 『고려사』의 기사가 그것이다(열전 권제 49 신우[辛禑] 13년 10월 신해). 그러나 고종(高宗)은 1216년과 1246년에 단오의 그네와 풍악을 금하였고, 충숙왕(忠肅王)도 1314년 5월에 그네와 격구를 막았으며, 충렬왕(忠烈

王)도 같은 명을 내렸다(1322년 5월). 지나친 사치가 중요 원인이었을 터이다.

조선 시대에는 그네 터에서 남녀의 눈이 자주 맞았다. 『성종실록(成宗實錄)』의 "하급 관리가 남대문 밖에서 그네 뛰던 여자와 정을 통하였다"는 기사가 좋은 보기이다(11년[1479] 10월 18일). 양반 부인의 그네뛰기를 큰 흉으로 안 것도 이와 연관이 깊다.

성종도 "정효상(鄭孝常, 1432~1481)의 아내가 스스로 그네를 뛰고 비자(婢子) 등과 동침하였다면 실행(失行)한 것과 다름없다"고 하였다(『성종실록』 13년[1482] 6월 20일).

같은 왕 24년[1493], 사헌부와 사간원에서 도총관(都摠管) 등에게 죄 묻기를 청한 기사이다.

단오에 부자 상인과 시정(侍丁)의 무리가 종루(鍾樓) 뒤에 그네를 매고 남북으로 나뉘어 겨루었습니다. 그 호화로움이 채붕과 같고 서울의 사녀(士女)가 구름처럼 모여들었습니다. 부녀자 둘은 가마를 타고 옆의 기녀(妓女) 집으로 가서 구경하였습니다. 이는 놀이가 아니라, 아름다운 계집을 모아 벌인 음란 행위입니다. 풍속을 어지럽혔으니 국문(鞫問)에 붙여야 합니다(5월 24일).

왕이 듣지 않은 것을 보면 그네에 대한 이해가 깊었던 듯하다. 더구나 그는 홍문관에 술을 내리며 '그네(鞦韆)'를 비롯하여, '선정전 이른 아침(宣政殿早朝)'과 '서정을 했던 원수가 머리를 바치다(西帥獻馘)'라는 제목의 율시 세 편을 지어 올리라고도 하였다(『성종실록』 23[1492]년 4월 19일).

그것은 그렇거니와, 당시 서울의 그네 열풍이 남북 두 패로 나뉘어 겨룰 만큼 높았다니 놀라운 일이다.

(2) 같은 왕 때의 성현(成俔, 1439~1504)도 『용재총화(傭齋叢話)』에 이렇게 적었다.

서울 거리에 긴 장대에 맨 그네에 올라, 곱게 차린 계집아이들이 떠들며 채색의 줄을 잡고 다투어 뛰자, 젊은 남자들이 몰려와 줄을 밀고 끄는 등 음란한 장난이 그치지 않았다. 조정의 금령으로 지금은 줄었다(제2권).

조선 후기의 『경도잡지(京都雜志)』를 비롯한 여러 세시기에 그네 뛰는 모습이 실려 있다. 『열양세시기(洌陽歲時記)』는 "젊은 남녀가 그네뛰기를 즐긴다. 서울과 시골이 같지만 평안도가 제일이다. 고운 옷과 좋은 음식을 장만하여 즐기는 것이 설날과 같다"고 적었다.

한편, 제주도에서는 8월 보름에 놀았다.

(3) 『동국세시기(東國歲時記)』의 기사이다.

그네는 하나가 뛰는 외그네와 둘이 뛰는 쌍그네가 있다. 앉거나 서서 뛰며, 높이 오르는 것으로 승부를 짓는다. 그네 앞에 세운 긴 장대 꼭대기에 달아놓은 방울을 발로 차게 하거나, 밑싣개에 긴 자 줄을 매달고 높이 올랐을 때의 높이를 잰다. 줄은 길이 9~10m이며, 옆에 잡아맨 부드러운 무명천으로 짠 안전줄을 손목에 감는다(5월 단오).

조선 중기의 문신 심수경(沈守慶, 1516~1599)이 『견한잡록(遣閑雜錄)』에

"우리는 중국에서 한식에 뛰는 것과 달리 단오에 뛴다. 명절 풍속이 이렇게 다른 까닭을 알 수 없다"고 하였듯이, 우리와 중국은 철이 달랐다.

앞과 같은 시기에 경기도 개성(開城) 송악산(松岳山, 489m)의 다섯 신당에서 단오굿을 벌일 때, 대왕 부인이 그네를 뛴다며, 대왕당(大王堂)의 목상(木像)을 들어내고 그네를 뛰는 시늉을 지었다. 이것은 대왕의 신이 내렸다는 어떤 박수가, 홀아비로 지내기 적적하니 부인을 붙여달라고 하여 대왕 상 옆에 바친 것이다. 그네는 대왕 부인뿐 아니라 대왕도 뛰고, 둘을 묶어 쌍그네도 시켰다.

또 이들에 이어 그네를 뛰면 부부가 화합하고, 아이를 낳으며, 무병장수도 누린다는 소문이 퍼져서, 구름처럼 모여든 남녀들이 다투어 올랐다. 명종(明宗, 1545~1567) 때 열 살 난 왕세자를 관례시키고 세자빈을 뽑기에 앞서, 상궁을 이곳에 보내 치성을 드렸고 상궁이 대리 그네도 뛴 것이 좋은 보기이다.

도상 3은 황해도 평산 소놀음굿에서 무당이 작두그네를 타는 모습이고, 도상 4는 3층 그네이다.

03   04

도상5는 중국 운남성(雲南省) 리수족(傈僳族)의 회전그네이고,
도상6은 동남아시아의 외줄그네이다.

서악(西岳)인 송악산은 송도(松都)의 진산(鎭山)인 데다가, 조선 초 도읍을 옮기기에 앞서 팔도 성황에게 벼슬을 내릴 때 진국공(鎭國公)에 오른 덕분에, 이 산의 그네가 널리 알려진 것이다.

황해도 평산(平山) 지방의 '소놀이굿'에서는 무당이 그네 밑싣개에 칼날을 세워놓고 그네를 탄다. 이것이 작두그네이다. 이밖에 한 그네에 셋이 3층 무동을 한 채, 뛰기도 하였다.

일본에서는 브랑코·슈유센(鞦韆)·유사하리(由佐波利)라고 부른다.

「브랑코[ブランコ]」의 간추린 기사이다.

브랑코는 포루투칼어 balanco의 와전(訛傳)이라고 한다. 18세기 초의 이름인 후라코코·브라코코·브랏코·브란도·브랑코 따위는 일반에서도 이때부터 썼을 터이다. 그전에는 수유센 또는 유사하리라고 불렀다.

05   06

중국에서 들어온 슈유센은 9세기 초에 나온 『경국집(經國集)』에 처음 보이며, 일본 이름 유사하리는 이보다 1백여 년 뒤에 나온 『왜명유취초(倭名類聚抄)』에 실렸다.

이 둘 가운데 어느 것을 먼저 썼을까? 슈유센이 들어오기 전부터 유사하리라고 불렀는지, 슈유센을 일본식으로 바꾼 것인지 잘라 말하기 어렵지만, 오늘날 브랑코를 일본 전국에서 유사하리계의 사투리로 부르는 점으로 미루어, 유사하리가 먼저인 듯하다.

'유사하리'는 흔들리는 모양을 이르는 유사유사(ゆさゆさ)와 흔들리는 양태를 일컫는 '후루(震る)' 또는 '흔들어서 움직이게 하는 것(搖り動かす)'을 가리키는 동사 '유사부루(ゆさぶる)'의 명사형이다. 따라서 흔들리는 모습은 짐작되지만, 본디 어떤 형식이었는지는 모른다. 유사하리계의 민속 어휘인 브랑코에는 극히 간단한 것에서부터 슈우센처럼 복잡한 것도 포함되므로 구별이 더욱 어렵다.

이를테면 나가노현(長野県)과 니가타현(新潟県)에서는 단지 나뭇가지를 잡고 전후좌우로 몸을 흔들며 노는 것을 이르고, 오키나와의 미야코지마(宮古島)에서는 오늘날처럼 두 줄에 밑싣개를 매단 형식을 가리킨다. 주변 지역으로 눈을 돌리자.

도상7은 그네를 즐기는 인도의 여인이다.

07

인도(印度) 이동(以東)의 브랑코 분포지역을 보면, 두 줄에 밑신개를 붙인 것과 외줄짜리로 구분된다. 외줄짜리는 나뭇가지 아래에 잡아맨 한 줄의 덩굴·등(藤)·줄 따위를 잡고 오가는 것으로, 흔히 발을 거는 고리를 끝에 붙인다. 앞의 것은 일본·조선·중국·동남아시아 대륙부·서부 인도네시아에, 뒤의 것은 동부 인도네시아에서 오세아니아에 걸쳐 분포하며, 이 가운데 더러 두 줄 그네도 섞여 있다.

두줄 그네는 전 2천 년 후반의 인도의 베다 시대에 있었던, 의례적인 쁘렝카(prenkha)의 영향을 받았다. 곧, 인도 이동 지역의 브랑코 발달은 두 단계로 이루어졌다. 제1단계는 밑신개가 없는 외줄 그네이고, 제2단계는 쁘렝카의 영향으로 생긴 두줄 그네이다. 물론 제2 단계 쪽이 새로운 것이며, 동남아시아 지역은 힌두화(化)한 서력기원 초기 이후에 퍼졌다. 따라서 일본의 유사하리가 쁘렝카계인 추천이 들어오기 전에 제2단계로 발전하였다고 보기는 어렵다. 아마도 제1단계의 것이었거나, 나뭇가지를 잡고 오가는 따위의 더욱 간단한 것이었으리라고 추정된다.

일본에서는 브랑코를 민속 의례보다 놀이로 즐겨왔다. 에도(江戶) 시대에 나온 『삼여청사(三餘淸事)』에 중국과 달리 남자들이 놀았다고 적혔다.

인도에서는 브랑코를 거룩한 의례로 여겼다. 베다(Veda) 시대에 시작된 종교적 부랑코인 쁘렝카는 호오도리 제관이 주재하는 동지(冬至)의 의례로, 이에는 태양주조(太陽呪助)의 뜻이 들어있다. 브랑코가 동서쪽으로 흔들리는 경우, 제관은 서쪽에서 들어와 얼굴을 동으로 향한 채 밑신개에 앉는다. 이는 땅에서 한 주먹 높이만큼 떨어졌다. 제관이 한쪽의 손바닥을 밑싣개에 이어 땅에 대면서 '태양이 대지의 여신과 몸을 섞는다'고 외친다. 이에 따라 쇠약의 극에 이른 동지의 태양이 힘을 얻는 것이다.

더구나 베다의 종교적 관념은 브랑코를 태양이나 바람처럼 생각하며, 하늘과 땅을 잇는 기능을 지녔다고 여긴다. 이처럼 쁘렝카는 풍양의례(豊穰儀禮)의 뜻을 지녔다. 태양의 남신(男神)과 대지 여신의 교합은 고대 문명 고유의 천부지모(天父地母) 성혼(聖婚) 관념에 속한 것으로, 이로써 풍년이 든다고 믿은 것이다.

이처럼 복잡한 의미를 지닌 쁘렝카는 동·남아시아로 들어가면서 의례(儀禮)로 바뀌었다. 이 요소는 일본에 들어오지 않은 듯하나, 천지의 매개 기능은 특히 동남아시아 도서부에서 샤만적 종교 직능자에 의해 성속(聖俗)의 두 세계를 잇는 의례기구로 계승되었다. 이러한 종교적 직능자가 쓰는 경우를 제외하면, 쁘렝카 영향권에 있는 거의 모든 브랑코는 여성이 뛰거나, 여자가 오르는 데 의미가 있는 듯하며, 이는 쁘렝카의 성혼관념을 연상시킨다.

곧, 태양의 남신 브랑코에 여성이 오름으로써 성혼(成婚)에 이르기 때문이다. 이 요소는 중국 및 조선을 거쳐 일본에도 들어왔다. 내가 아는 사례가 많지 않으나, 남규슈(南九州)에서 오키나와(沖繩) 등지에 분포한다. 이를테면, 가고시마현(鹿兒島縣) 센다이시(川內市 西方下町)의 브랑코는 단오 행사로 벌인다. 주역은 어린이들이지만, 해변의 브랑코에 오르는 것은 깨끗한 옷을 입은 소녀들이다. 소년들의 역할은 그네의 줄을 끊는 장난을 치거나, 8월 15일의 줄다리기에 쓰는 줄을 신사(神社)로 옮기는 일뿐이다.

오키나와 미야코지마(宮古島)에서는 조의 추수가 끝난 음력 오뉴월의 갑오(甲午)일(이 섬의 전통 신년)에 명절 행사로 벌인다. 이날, 처녀들은 와카미즈(若水)●를 뒤집어쓰고 깨끗한 옷으로 갈아입은 뒤, 미리 마련해 둔 브랑코를 나무에 매달고 올라 뛰는 것이 관례이다. 이케마지마(池間島)와 이라부지마(伊良部島)도 마찬가지이다(寒川恒夫, 1998).

●'와카미즈'는 설날 아침에 내나 우물에서 처음 떠서 신에게 바치는 물로, 악귀를 없애준다며, 입을 헹구거나 차를 끓여 마시기도 한다.

한편, 앞 사람은 "일본의 그네가 중국에서, 그리고 지금도 성행되는 조선 반도에서 들어왔다"고 적었다.

유럽으로 퍼져간 그네의 한 줄기는 에게해·소아시아·메소포타미아 등지의 오리엔트 지역으로 퍼졌다. 세계에서 가장 오랜 그네 유물은 메소포타미아의 마리 유적(전 3000년대 중반)에서 나온 것으로, 작은 풍년의 여신상이 뛰는 보습이다. 그네는 의자 옆으로 작은 구멍을 뚫고 끈을 꿰어, 무엇인가에 걸어서 흔들도록 만들었다.

러시아 발트해 지역의 농민들은, 봄부터 여름까지 열심히 그네를 타면 농작물이 잘 자란다고 믿는다. 또 태국에서는 신년 초에 시바신을 위하는 의례로 벌였다. 오직 벼를 거두는 시기에 그네를 뛰는 인도네시아와 술라웨시섬에서는 이를 수확제로 여긴다.

동아시아에서 그네가 가장 성행된 곳은 우리나라이다. 중국 산동성(山東省)에서 곡예에 가까운 그네를 뛰었다는 보고가 있지만, 우리 재간도 그에 못지않다. 현재 중국에서도 우리 겨레가 가장 즐긴다. 상량식 때 목수가 그네를 타고, 무당이 영검을 보이기 위해 작두그네를 타는 민속도 우리에게만 있다.

한편, 중국 남부와 일부 북부 그리고 타일랜드·네팔·인도 등지에 널리 퍼진 회전그네를 우리와 일본에서 즐기지 않은 것은 뜻밖이다.

우리가 중국과 달리 그네를 양기가 가장 왕성해지는 단오에 즐기고, 이를 남녀가 뛰기도 하며, 뛰고 나면 아이를 낳는다고 여기는 것은, 앞에서 든 소가와 쓰네오(曾川恒夫)의 해석과 일치한다.

우리가 외줄 그네를 즐긴 것도 기억해 둘 일이다.

힌두교의 이론과 사상의 바탕이 되를 문헌들을 모은 『우파니샤드』에 적힌 블랭카 의식에서 그네에 오르는 사제(祭司) 호도리는 남성으로, 천공신(天空神)과 지모신(地母神)이 한 몸을 이루는 중개자 구실을 한다.

인도에서 그네에 남자가 오른 것은 음양의 조화가 가져오는 농사의 풍년을 기대한 까닭이다. 그들의 하의(下衣)는 우리네 두루마기처럼 아래가 터진 까닭에 그네에서 이는 양풍(陽風)이 바로 음(陰)의 상징인 대지의 여성을 일깨우고, 이로써 음양의 화합이 이루어질 것이라고 여긴 것이다. 그네를 양(陽)의 방향인 동쪽을 향해 맨 것도 마찬가지이다.

오늘날의 팬티는 20세기에 들어와 일본 사람들이 입기 시작하였으며, 농촌의 여성들은 20세기 중반 무렵에도 서서 오줌을 누었다.

이에 견주어 여성이 그네에 오르면 자신이 지모신의 구실을 하는 셈이다. 따라서 천공신으로 여겨지는 그네에, 지모신인 여성이 오름에 따라 두 신의 음양의 조화를 이루고 그 결과 농사의 풍년과 자손의 번영이 다가온다고 믿는 것이다. 이러한 점에서 보면 본디 남성의 전유물이던 그네가 시대가 흐르면서 여성의 놀이로 바뀐 듯하다.

6) 씨름

  씨름에는 서서 하는 선씨름, 허리띠를 두 손으로 잡는 띠씨름, 오른
팔과 다리에 샅바를 감고 겨루는 바씨름, 오른쪽 넓적다리에 맨 샅바
를 상대가 왼손으로 잡는 왼씨름, 왼다리에 맨 샅바를 상대가 오른손
으로 잡는 오른씨름 따위의 다섯 가지가 있다.

  이밖에 나이에 따라 어른의 상씨름, 젊은이의 중씨름, 어린이의 애기
씨름으로 나누기도 한다. 씨름은 어느 때나 즐기지만, 5월 단오 씨름을
첫손에 꼽으며, 7월 백중(百中)이나 8월 한가위 씨름은 버금간다.

  우리는 삼국시대 전부터 씨름을 즐겼다. 고구려 씨름은 중국 길림성
(吉林省) 집안현(輯安縣) 통구(通溝)에 있는 4세기 말의 씨름무덤과 앞과
같은 현 집안시(集安市) 5세기 중엽의 장천(長川) 1호 무덤 그림에 보인다.
도상1이 씨름무덤의 그림이다.

  장사 두 사람이 네 마리의 새가 앉은 큰 나무 아래에서 겨룬다. 이
나무는 춤무덤·사신(四神)무덤·감신무덤(龕神塚)에도 있다. 춤무덤은 입
구 좌우 양쪽에 한 그루씩, 사신무덤은 한 벽에 대칭으로 두 그루를,
감신무덤에는 큰 나뭇가지를 가위다리꼴로 엇갈리게 그렸다.

01

이들은 모두 신성(神性)을 나타낸다. 단군신화(檀君神話)의 환웅(桓雄)도 하늘에서 태백산 신단수(神壇樹)로 내려왔다. 따라서 씨름무덤의 나무는 '신성한 장소'임을 알리는 표지물이다. 오늘날에도 우리는 마을의 큰 나무를 당산(堂山)이라 하여 신으로 받들며, 그 밑에 신당을 짓고 제례를 올린다. 씨름무덤의 나무 이름을 알 수 없으나, 흔히 느티나무(槐木)를 신목(神木)으로 삼는 점을 떠올리면 좋다.

둘 가운데 왼쪽의 '눈이 깊고 코가 높은(深目高鼻) 꾼'은 서역(西域) 사람으로 보인다. 자세히 볼수록, 고구려 사나이가 아닌 것이 분명하다. 따라서 이 그림은 고구려와 서역의 국제 경기 장면인 듯하다. 이 때문에 심판을 세웠을 터이다. 이 무렵에는 고구려와 서역 사이에 교류가 잦았다. 장천 1호분이나 길림성 통구의 삼실무덤(三室塚) 벽화에 등장하는 적지 않은 서역인들이 그 증거이다.

이밖에 나무 아래에 앉은 동물 두 마리도 눈길을 끈다. 이제까지는 개로 여겼으나, 1986년에 세밀하게 관찰한 사이또 타다시(齋藤忠)는 곰과 범이라는 주장을 폈다. 그의 말대로 곰과 범이 분명하다면 왼쪽 노인은 단순한 심판이 아니라, 환웅이나 그에 버금가는 신적 존재일 터이다. 따라서 이 그림은 단군신화 자체에 대한 묘사이거나, 적어도 이와 연관이 깊은 내용을 담은 것으로 생각된다.

또 그는 "씨름판 옆에 나무가 있고 그 위에 네 마리의 새가 앉은 광경을 주의해야 한다. 씨름 광경이 생활의 한 장면이 아니라 장송(葬送) 의례와 연관되었다고 볼 때 나무에 그린 네 마리의 새도, 죽은 이의 영혼을 새가 나르는 사실을 가리키는 듯하다"고 덧붙였다. 씨름이 장례와 연관되었다는 것이다.

백제와 신라 시대의 씨름에 대한 기록은 없으나, 두 나라에서도 벌였을 터이다.

우리 역사상 씨름을 가장 좋아한 임금은 고려 충혜왕(1330~1332)이다. 『고려사(高麗史)』의 "왕이 된 첫해(1331)에 나랏일을 젖혀 둔 채 아랫것(內侍)들과 씨름을 벌여서 위아래의 예절이 없었다"는 기사가 그것이다(36권 「세가[世家]」 36). 반드시 이 때문만은 아니겠지만, 그는 이듬해 자리에서 물러났다. 그러나 다시 왕위에 올라 4년이 되던 해(1343)의 밤에도 씨름 구경에 나서고, 많은 베를 상으로 주어 비난을 샀고, 같은 해 11월에 거리에 나가 격구((擊毬)와 씨름(角抵戲)을 보고 역시 상을 주었다(『고려사』 36권 「세가」 36). 이때의 각저희는 씨름뿐 아니라, 여러 가지 종목이 포함된 한바탕의 놀이판이었다. 그가 밤에 구경을 나선 까닭도 이에 있다.

공민왕(恭愍王, 1351~1374)은 씨름꾼을 곁에 두고 벼슬도 내렸다. 14년(1365), 박강(朴强)이 힘센 시위군(侍衛軍)을 연달아 물리치자 쌀(廩米)을 주는 외에 중랑장(中郎將) 벼슬까지 내린 뒤 숙위(宿衛)에 배치한 것이다(『양촌집[陽村集]』 제21권 「전류[傳類]」).

고려와 조선에서는 씨름꾼을 용사(勇士)라고 불렀고, 조선 시대에는 왕을 지키는 갑사(甲士)도 이들 가운데에서 뽑았다. 세종도 씨름에 대한 관심이 컸다. 한강 변(원년[1418] 6월 15일)과 남산(8년[1426] 3월 25일, 같은 해 4월 2일), 그리고 동쪽 교외(18년[1436] 2월 15일)에서 자주 씨름판을 벌이면서, 중국 사신들에게도 보였다. 또 경회루(慶會樓)에서 이안사(李安社, ?~?) 등에게 씨름을 시키고 상을 주었으며, 무사의 무예 연습 종목에도 넣었다(『세종실록』 13년[1431] 3월 병술).

세종은 씨름을 하다가 상대를 죽인 중을 형조에서 교형(絞刑) 시키려 들자 "1등을 감하고 장례비를 물어주게 하라"고 일렀다(12년[1430]

12월 17일). 이어 같은 해, 같은 달 26일에 일어난 같은 사건에 같은 결정을 내린 것을 보아도, 그는 씨름 애호가였음이 틀림없다.

02

명종(明宗) 대에 씨름이 싸움으로 번지는 등 폐해가 잇따라서(『명종실록』12년[1557] 6월 21일과 20년[1565] 12월 26일), 사헌부에서 막았으(15년[1560] 5월 6일) 여전히 계속되었다. 현종(顯宗) 때(1659~1674)는 씨름에 진 어떤 종이 분을 이기지 못해 상대를 칼로 찔러 죽인 일도 있었다(『현종실록』5년[1664] 5월 계미). 또 같은 해 씨름에 진 쪽이 화풀이로 사람을 죽이자, 이번에는 죽은 이의 아내가 가해자를 살해하는 일이 벌어졌다. 이에 영조(英祖, 1724~1776)는 거리의 씨름에서 치고 때리는 일이 일어나면 살인 여부를 가리지 말고 백 대의 매를 치라는 금령을 내렸다(『영조실록』47년[1771] 11월 18일).

다리에 샅바를 매는 왼씨름이나 오른씨름이 언제 나왔는지 모르지만, 적어도 19세기 이전임이 분명하다.

도상2는 유숙(柳淑, 1827~1873년)이 그린 「대쾌도(大快圖)」이다. 이 그림의 주인공들이 오른손으로 상대의 왼다리의 샅바를 잡은 것이 그 증거이다.

홍석모(洪錫謨)가 1849년에 낸 『동국세시기(東國歲時記)』의 기사이다.

둘이 무릎을 꿇고 각기 오른손으로 상대 허리를 잡는 한편, 왼손으로 오른편 넓적다리를 쥔다. 같이 일어나면서 상대를 들거나 다리를 들어 메치며, 밑에 깔리는 쪽이 진다.

씨름 재간에는 안걸이(內句)·밖걸이(外句)·둘러메치기(輪起) 따위가 있다. 힘이 세고 손이 빨라서 자주 이기는 이를 판막음(都結局)●이라고 부른다. 중국인들이 이를 본떠 벌이면서, 고려기(高麗技) 또는 요교(僚挍)▲라고 불렀다(「단오[端午]」).

● '판막음'은 이긴 사람이 계속해서 싸워서 최 우승자를 가리는 몽골식 씨름이고,

▲ '요교'는 정강이를 걸어서 상대를 넘어뜨리는 재간일 터이다.

도상 3이 김홍도(金弘道, 1745~1806?)가 남긴 바씨름 장면이다. 오른쪽 사람이 상대가 왼쪽 허벅지에 맨 살바를 오른 손목에 감아쥐었다. 상대도 마찬가지이다. 이 씨름이 언제, 어디서 나왔다가, 어느 때 자취를 감추었는지 알 수 없다.

03

근래까지 왼씨름·오른씨름·띠씨름 세 가지가 있었으나, 1972년에 창립된 대한씨름협회에서는 왼씨름 한 가지만 인정한다.

고려기 및 요교는 우리 씨름의 특징을 나타낸 것으로, 저들과 달리 다리를 잡고 겨룬다는 뜻이다. 저들이 우리 씨름을 배웠다는 대목도 기억할 일이다. 한편, 『동국세시기』의 "김천(金泉) 사람들이 해

마다 단오에 직지사(直指寺)에서 씨름을 벌였다"는 기사는 씨름이 절집 행사와 연관되었을 가능성을 알리는 보기이다.

일본에서는 각력(角力)·각력(捔力)·각저(角觝) 따위로 적는다.

가장 오랜 기록은 『고사기(古事記)』에 있다. "땅의 임금 타케미나카 (建御名方)가 하늘 신 타케미카즈찌(建御電神)의 손을 잡으려 들자 얼음 기둥과 칼로 변하였고, 하늘 신은 상대의 손을 갈대의 잎처럼 꺾어서 굴복시켰다"는 내용이다(상권).

(1) 『일본서기(日本書紀)』의 기사는 더 자세하다.

타이마(當麻)에 용감한 타이마노게하야(當麻蹶速)가 있었다. (…) 이즈모 국(出雲國)의 장사 노미노스쿠네(野見宿禰)의 소문을 들은 천황이 그날로 사람을 보냈다. (…)
둘은 마주 선 채 각기 발을 들어서 찼다. 이즈모 쪽이 상대의 갈비뼈를 차서 분지르고, 다시 허리를 밟아 숨통을 끊었다. 천황은 타이마의 땅을 모두 그에게 주고 측근에 두었다(「스이닌[垂仁] 천황」 7년[99] 7월 7일).

씨름에 이긴 노미노스쿠네는 그 뒤 신이 되어, 여러 신사(神社)에서 받든다. 실상 그는 한국에서 건너간 무리의 우두머리이며, 앞의 이야기는 이쪽에서 건너간 사람들이 선주민들을 정복한 사실을 씨름으로 나타낸 것이다. 타이마의 사람들은 진 타이마노게하야의 무덤(五輪塔)을 세우고 왼쪽에 그의 모습을, 오른쪽에 행적을 새긴 돌비를 마련하였다. '씨름의 개조(開祖)'라고 시작되는 이 글의 끝부분이다.

이긴 쪽이 반드시 뛰어난 것은 아니다. 때로는 승기(勝機)나 시운을 못

만나 지기도 한다. 승자에게 박수를 보내는 것은 좋다. 그러나 패자를 위해서도 약간의 눈물은 흘려야 하지 않을까? 진 쪽을 아끼는 사람들의 마음이 애절하다.

도상4가 무덤이고 오른쪽으로 씨름관이 보인다.
도상5의 노미노스쿠네의 씨름 장면이다.

소우가와 쓰네오(寒川恒夫)는 노미노스쿠네와 타이마노게하야 두 집단이 모두 장례와 연관된 직업을 가진 점을 들어, 고대의 씨름을 장례 의식의 한 절차로 보았다. 고쿄쿠(皇極) 천황 원년(642) 7월 21일, 백제에서 온 교기(翹岐, ?~?)를 위해 씨름판을 벌인 것도, 5월 21일 교기의 하인 하나가 죽고, 이튿날 교기의 아이가 죽은 것과 연관시켰다. 옛 무덤에 흙인형 씨름꾼(力士 埴輪)을 묻어둔 것 또한 마찬가지라는 것이다. 이러한 점에서 고구려 고분 벽화에 보이는 씨름 장면도 죽음과 씨름을 나타내는 자료로 보아야 한다는 주장도 폈다. 그리고 내륙 아시아의 여러 민족들도 죽은 자의 제사 때 씨름을 벌인 것을 곁들였다.

04

05

5세기(469)에는 여성 씨름도 등장하였다.

(2) 『일본서기』의 기사이다.

이나베노마네(韋那部眞根)라는 이름의 목공이 돌을 모탕 삼아, 종일 나무를 다듬어도 도끼날이 상하지 않았다. 이를 본 유랴쿠(雄略, 456?~479?) 천황이 '돌을 치는 일은 없는가?' 묻자, '그렇습니다.' 하였다. 천황은 들보 (훈도시)만 걸친 궁녀들에게 씨름(相撲)을 시켰다. 이를 쳐다보면서 나무를 깎던 그는 날의 이를 빠뜨렸다. 노한 천황은 죽이라고 하자, 곁에 있던 친구가 '목수가 없으면 집을 누가 짓나?' 하는 노래를 부르자, 알아듣고 그대로 두었다(권제 12 「유랴쿠雄略 천황 13년[475] 가을 9월).

도상 6이 1785년에 벌어진 여성 씨름 장면을 나타낸 그림(「鎌倉山女相相撲濫觴」)이다.

여성 심판 앞에서 반나체의 씨름꾼 둘이 겨루는 가운데, 같은 차림의 선수들이 응원을 하고 있다. '겸창산'은 가나가와현(神奈川県 鎌倉市)에 있다.

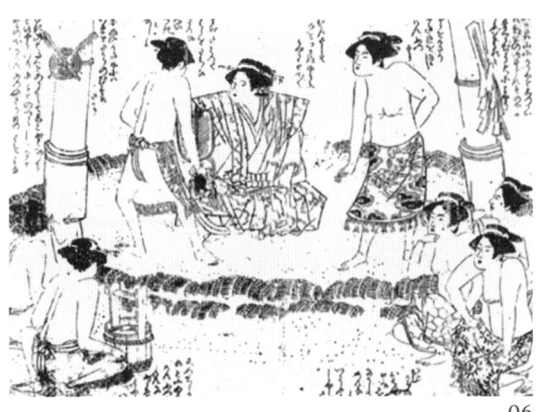

06

8세기에 평성경(平城京)이 세워지기 전까지, 천황이 죽으면 옛 궁을 버리고 새로 짓는 것이 관례였다. 앞의 글은 목공의 친구가 이를 깨우친 것이다. 이보다 앞선 5세기 후반에서 7세기 전반의 고분(古墳)에서도 씨름꾼 흙인형(埴輪牛)과 씨름을 벌이는 테라코타를 붙인 장식 토기와 돌로 깎은 씨름꾼이 나왔다. 머리를 뒤로 묶어 머리띠로 늘어뜨리고 들보를 찬 모습이다.

민간에서는 일찍부터 씨름을 농사의 흉풍을 점치는 의례로 삼았다. 오늘날에도 시마네현(島根県)의 이즈모다이샤(出雲大社), 교토의 가모(賀茂) 신사, 나라(奈良)의 가스까(春日) 신사, 오사카(大阪)의 스미요시(住吉) 신사 등에서는 의례적 씨름을 대규모로 벌인다. 이러한 제의(祭儀)를 위한 씨름은 둘이 마주 서서 다리를 높이 들었다가 땅을 밟는 동작을 거듭한 뒤, 어깨를 껴안고 뛰며 돌아간다(兵庫県).

나라현의 한 신사(奈良豆比古)에서는 신주(神主)가 건네준 나뭇가지를 들고 '호이 호이' 소리치고 위아래로 흔들며 배전(拜殿) 주위를 천천히 돌아간다. 행사(行司)의 신호에 따라 어린이들이 둘씩 마주 서서 손뼉을 치며 만세를 부르는 곳(滋賀県)도 있다. 이러한 양식의 씨름은 서일본에 집중적으로 분포한다.

다리를 높이 드는 동작은 악령(惡靈)이나 죽은 이의 원혼을 진정시켜서 사회의 안정을 지키려는 주술적 의미가 있다. 이것이 점차 농작물의 흉풍을 점치고 비를 빌며, 대지의 신을 복속시키는 단계로 이어 간 것이다. 또 씨름절(相撲節)에 무악(舞樂)을 베푸는 것도, 탈을 쓰고 땅을 밟거나 차는 동작에 씨름처럼 악운을 쫓는 주력(呪力)이 깃들였다고 여기는 까닭이다.

734년부터는 궁중에서 해마다 7월 7일이면 천황 앞에서 씨름(天覽相

撲)을 벌였고, 이것은 활쏘기(射禮) 및 말 위의 활쏘기(騎射)와 함께 중요한 연중행사(相撲節會)로 손꼽혔다.

대전 순서 및 편성 따위의 규칙이 제정된 것은 821년이다. 씨름판은 따로 없었고 약자 순으로 벌였으며, 승부가 나지 않으면 비긴 것으로 쳤다. 이때의 씨름도 단순한 겨루기가 아니라, 국태민안(國泰民安)과 오곡(五穀)의 풍년을 기원하며, 농작물의 흉풍을 점치는 국가적 의례로 벌였다. 씨름 뒤, 가락을 울리면서 산악(散樂)과 잡기(雜技) 크게 펼친 까닭도 이에 있다.

궁중의 씨름은 12세기 중반에 천황의 권위가 떨어지고 무가(武家)에서 세력을 잡으면서 신사(神社) 의례로 바뀌었다. 죽은 이의 영혼을 위로하거나 잡귀를 물리치는 행사가 되고, 건물의 수리 및 신축 비용 마련을 위해서도 벌였다.

한편, 무사들은 씨름을 무술 훈련 종목으로 삼았으며, 전국(戰國) 시대(1467~이후 1세기)에는 무술을 위한 씨름이 성행되었다. 오다 노부나가(織田信長)가 1570년에서 1581년 사이에 1천5백 명이 벌이는 씨름대회를 자주 연 것이 좋은 보기이다.

17세기에 전문 씨름패들이 전국에 퍼졌고, 18세기 중반에는 여성의 씨름패가 인기를 모았다. 그네들은 전국 순회 경기 외에 지역 행사나 결혼 피로연 따위의 경사(慶事)에 불려갔고, 신사의 의례에도 끼어들었다.

기우제(祈雨祭)에서 나체 씨름도 벌였다. 앞에서 든『일본서기(日本書紀)』의 여성의 나체 씨름 기사로 미루어 역사가 오랜 듯하다.

여성 씨름이 예능의 하나가 된 것은 특기할 일이다. 1872년에 남녀의 씨름을 막았음에도 여성 씨름은 그대로 남았다. 지금도 사가현(佐賀縣 伊万里市 金比羅宮)에서는 귀신에게 바치는 여성 씨름을 벌인다. 이곳의 씨름은 16세기 말부터 시작되었다.

 동북 지방에서는 여자가 씨름을 하면 비가 내린다고 할 정도로 주력(呪力)을 믿는다. 아키타현(秋田県)에서 7월 말이나 8월 초에 가뭄이 들면, 여자들이 신사 경내에 씨름판을 마련하고 벌였다. 승패를 떠나 시시덕거리거나 외설적인 동작을 되풀이하였으며, 여러 번 거듭할수록 효과가 높다고 여겼다. 여성의 음기(陰氣)가 비를 불러오거나, 경내(境内)를 여성이 더럽히면 신이 노하여 비를 내린다는 속신 때문이다. 곳에 따라 전문 씨름패를 부르기도 하였다.

07

09

08

도상7이 반나체 여성의 씨름이고,

도상8은 고급 관료들 앞에서 벌이는 같은 씨름이다.

도상9는 여성 씨름꾼의 체력단련 모습이다.

바닥에 누운 씨름꾼 위에 곡식 섬 두 개를 가로 놓은 뒤 다시 두 개를 세로로 놓았다. 이어 사다리 모양의 널을 건너지르고 그 위에 네 개의 섬을 나란히 올려놓고 나서 양쪽의 여자가 가운데에 둔 절구에 곡식을 찧는다.

혼자 하는 씨름도 있다. 후지와라노 아키히라(藤原明衡, 989?~1066)는 『신원악기(新猿樂記)』에 인기가 높았다고 적었다. 에히메현(愛媛県 越智郡 大三島町)의 오오야마쓰미 신사(大山祇神社)에서 단오의 모심기와 9월 9일의 벼 베기 때 벌이는 홀로 씨름은 논 신(田神)과의 겨루기라고 한다. 씨름판으로 뚜벅뚜벅 힘차게 올라온 씨름꾼이 씨름 흉내를 내며 판을 돌아가다가 2승 1패로 신에게 승리를 바친다. 신이 그 보답으로 풍년을 내린다는 것이다.

오키나와현(沖繩県)의 씨름은 본토와 전혀 다르다. 이름도 시마(角力)와 스모우(相撲) 두 가지로 쓴다. 본토 씨름은 20세기 초에 들어갔다. 현재는 오키나와의 전통 씨름과 본토 씨름이 양립하는 셈이다. 시마에도 판(土俵)은 있으나, 밖으로 밀려 나갔다가 다시 들어와 겨루며 등이 바닥에 닿아야 진다. 또 처음부터 우리처럼 상대의 허리띠를 잡고 시작한다. 이는 상대를 넘어뜨리거나 판의 밖으로 밀어내는 본토의 스모와 크게 다르며, 오히려 우리 씨름에 가깝다. 1964년의 오키나와 해양박람회를 계기로 우리와 친선경기를 가진 것도 닮은 데가 있었기 때문이다. 저쪽 관계자 말이다.

오키나와의 씨름(角力)은 본토 것(相撲)과 다른 점이 너무 많아 시합을 못하지만, (한국) 씨름은 오히려 그레꼬로만 스타일의 레슬링과도 겨룰 수 있으며, 현재 교류도 이루어지고 있다.

한국 씨름이 프로로 바뀌면서, 해마다 오가며 벌였던 한일(韓日) 사이의 씨름대회는 중단되었다. 씨름이 오키나와에 들어간 것은 15세기 후반이며, 일반에서는 단오(오늘날에는 한가위)의 풍년(豊年) 제사 때 벌였다.

나라현(奈良縣) 사쿠라이(櫻井市)시 마키무쿠산(卷向山, 567m) 기슭에 씨름의 명인(名人) 노미노스쿠네(野見宿禰)를 받드는 신사(1996년부터 패자 타이마노게하야도 함께 모신다)와 최초의 씨름 터가 있다.

나는 1993년 2월 이곳을 찾았다. 역(卷向)에서 신사까지의 1.5km쯤은 완만한 비탈길이었다. 경내에 들어섰을 때 이미 엷은 땅거미가 내리고 있었다. 좌우를 두리번거렸으나 아무도 눈에 띄지 않았다. 배전(拜殿)의 댓돌 앞으로 다가가자 아무렇게 벗어 던진 신발 두 짝이 보였다. '계십니까?' 소리쳐도 인기척이 없었다.

돌아서려다가 마음이 시키는 대로 미닫이를 반쯤 열고 안을 들여다보았다. 어렴풋이 서창(西窓)을 등에 지고 앉은 노인(中由 雄)의 모습이 떠올랐다. 그는 '누구냐?' 묻지도 않고 이쪽을 물끄러미 건너보고만 있었다. 들어가 인사를 올리고 씨름 신사 내력을 물었다. 나이가 워낙 많은 데다가(93살), 사투리가 심해서 알아듣지 못하였다. 내가 '문헌자료가 없습니까?' 묻자, 그는 감싸고 앉았던 담요를 들추면서 일어섰다. 두터운 내의 바람이었다. 얇은 팸플릿과 귤 두 알 그리고 명함을 건네주면서 "나라현의 어떤 신사에 가든지, 어려운 일을 만나면 이것을 내어보이시오"하고 덧붙였다.

그의 직함은 '奈良県 神社廳 副廳長 穴師坐兵主神社 宮司'였다. 내가 일어서자 지척이며 도리이(鳥居) 밖까지 배웅을 나왔다. 이 넓디 너른 신사에서 어째서 혼자 사는가?라고 묻지는 못하였다. 마침 저녁들 서쪽으로 연시 모양의 해가 자취를 감추고 있었다.

'금 테두리 모자의 역장'은 물론이고 역무원조차도 없으며 승객조차나 하나뿐인 간이역 벤치에 앉아, 열차를 기다리면서 그가 준 귤을 꺼내 껍질을 벗겼다. 그것은 차고 달았다.

몽골의 수도 울란바토르에서는 해마다 공산혁명 기념일인 7월 11일에 나담(naadam) 축제가 열린다. 말달리기·활쏘기·씨름 따위가 이틀 동안 이어진다. 씨름 선수는 울란바토르시를 비롯하여 18개 군과 3개 시 그리고 256개 마을에서 뽑는다.

전국에서 모인 512명은 9회전으로 결판을 낸다. 1회는 16개의 동아리로 나뉘어 벌인다. 2회까지는 심판이 비슷한 재간을 지닌 선수끼리 짝을 짓지만, 3회부터는 지난해 우승자에게 상대를 고르는 특권을 준다. 2회에 256명, 3회에 128명, 4회에 64명이 남는다. 그리고 9회에서 둘이 승부를 짓는다.

5회까지 이긴 사람은 특별한 이름으로 부른다. 5·6회는 매, 7·8회는 코끼리, 마지막 우승자는 사자(아르슬란)이다. 사자가 이듬해 다시 이기면 '거인'이 되고, 세 번째는 '전국 거인', 네 번째는 '무적의 자리'에 오르며, 다섯 번 이상은 '전국의 무적 거인'이 된다.

1990년 7월 12일, 울란바토르시의 국립 경기장. 후견인과 함께 씨름판(너른 풀밭)으로 들어온 씨름꾼들은 새의 날개처럼 두 팔을 번쩍 들어서 춤을 추는 듯한 동작을 보인다. 이것이 힘센 날갯짓으로, 내 힘이 이만하니 누구든지 덤비라는 뜻이다. 우람한 엄장에 견주어 몸은 나는 듯 가볍다. 관중들은 손뼉을 치며 함성을 지른다. 심판이 좌우로 갈라선 이들의 이름을 소리 높이 외치자, 한 사람씩 나서서 손으로 자신의 넓적다리를 두 번 치고 볼기를 한 번 때린다(이는 일본 씨름을 연상시킨다). 이들은 정강이까지 이르는 구달(장화)을 신고, 샅을 겨우 가린 쇼닥(짧은 바지)에 조닥(등과 팔을 덮는 저고리)만 걸친 까닭에 앞가슴과 배가 그대로 드러난다.

정작 씨름은 지루하기 그지없었다. '사자' 둘은 이리저리 옮겨 다니며 잠깐씩 어르다가 땀을 닦는 동작을 헤아릴 수도 없이 거듭하였다. 두 시간이나 지나면서 공교롭게 가랑비까지 내렸다. 우산을 펼쳐 든 채 숨을 죽이며 관전하던 사람들은 큰 소리를 질렀다. 기다림에 지친 나는 일어서서 층계를 내려오고 있었다. 바로 그때였다. '와' 하는 함성이 등 뒤에서 터지는 것이 아닌가? 뒤에 들으니, 한쪽이 미끄러지는 바람에 싱겁게 끝났다고 한다. 시간제한이 없는 까닭에 서너 시간을 끄는 일도 드물지 않다고 한다. 손으로 땅을 짚는 것은 괜찮아도, 넘어지거나 팔꿈치 또는 무릎이 땅에 닿으면 진다. (도상 10~11)

10   11

미야모토 도쿠조우(宮本德藏)는 "2~3세기에 몽골에서 시작된 씨름이 유목 기마민족의 동부 이동에 따라 5세기 초 압록강 연안의 환도(丸都 집안현[集安縣])에 있는 씨름 무덤에 그림으로 남았다"면서, 띠 모양이나 둘러 감는 방법은 한국보다 오히려 일본 씨름에 가깝다고 덧붙였다.

이는 고구려 씨름의 일본 전래를 설명하는 동시에, 현재 일본 씨름이 고구려 씨름에 가까운 사실을 간접적으로 나타낸 셈이다. 모리 고우이치(森浩一)도 "고고학 자료를 보면, 일본 씨름 원류는 동아시아 북방의 민족의 문화, 그중에도 고구려 문화와 관련이 있는 듯하다"고 적었다.

나아가, 일본 씨름꾼들이 상투를 틀고, 부정을 물리치려고 씨름판에 소금을 뿌리며, 심판의 외침이 우리말에 가까운 점들도 유사성을 알려주는 보기이다. 일본씨름협회 전 이사장이자, 씨름박물관장인 후타고 야마(双子山) 일행도, 일본 씨름의 원류를 찾기 위해 1992년 4월 우리나라에 왔다가 "몽골 씨름이 한국을 거쳐 오키나와로 건너갔고, 이것이 뒤에 일본 본토로 들어왔다"고 하였다. 한편, 앞의 미야모또 토쿠조우도 일본 씨름계의 기라성이었던 리키도잔(力道山, 1924~1963)·다마노 시마(玉乃島, 1925~1963)·미에노 우미(三重海 1948~)·후다바 야마(双葉山, 1912~1968) 등이 모두 한국계였던 사실을 들고, 이는 고구려와 신라의 흐름이 근년에까지 이어 내려온 결과라고 하였다.

씨름에 관한 가장 오랜 유물은 서기전 3천 년쯤의 고대 메소포타미아 초기 왕조시대 유적에서 나온, 둘이 겨루는 장면을 새구리 항아리이다. 이집트 중(中) 왕조(전 2000년~전 1800년) 시대의 바니타스(vanitas) 벽화에도 레슬링을 닮은 동작이 보인다. 인도의 『본행경(本行經)』에 석가가 황태자 시절에 씨름 따위로 체력을 다졌다는 기사가 있다.

씨름은 지구상의 가장 많은 민족이 즐기며, 동아시아를 비롯하여 터키·이란·인도·동남아시아 대륙의 산간 지역·대만의 원주민 등도 벌인다.

인도에는 전 3세기쯤 부처 생전의 이야기를 담은 책에 씨름대회 모습이 들어있다. 인도의 마람 나가(Maram Naga)족은 결혼식의 이벤트로 꼽는다. 결혼식 날 저녁 신랑과 신부의 친구들이 외설적인 노래를 부르는 가운데, 신랑 쪽과 신부 쪽 남자들이 겨룬다. 어느 쪽이 이기는가에 따라 신랑 신부 가운데 누가 더 오래 사는가, 아기가 얼마나 태어날 것인가를 점친다.

시베리아 동부의 야쿠트족도 마찬가지이다. 그들은 집짐승의 무리를 목초지(牧草地)로 내보내는 계절에 우마(牛馬)의 다산(多産)을 기원하는 씨름을 벌인다. 한 쪽은 검은색이나 차색을, 다른 쪽은 흰색 옷을 입는다. 검은색이나 차색은 겨울을, 흰색은 여름을 상징하여, 겨울팀이 이기면 봄이 온다고 기대한다.

7) 축국(蹴鞠)

농주(弄珠) 또는 기구(氣毬)라고도 한다. 겨(糠)·털(毛髮)·공기 따위를 넣은 가죽 공을 여럿이 둘러서서 발로 차고 받는 놀이로, 일정한 높이까지 많이 차는 쪽이 이긴다.

우리네 역사는 오래다. 후진(後晉)의 장소(張昭, 894~972) 등이 낸『구당서(舊唐書)』의 "고구려 사람들이 축국을 잘 한다(人能蹴鞠)"는 기사가 그것이다(「동이전[東夷傳]」). 신라도 마찬가지이다.

『삼국유사(三國遺事)』에 "김유신(金庾信, 595~673)이 어느 해 정월, 집 앞에서 춘추공(春秋公)과 축국을 하다가, 일부러 상대의 옷 끈을 밟아서 끊었다"는 기사가 보인다(권제1 기이[紀異] 「태종춘추공[太宗春秋公]」). '일부러'는 상대의 누이동생을 아내로 삼는 계기로 삼으려고 그렇게 하였다는 뜻이다.

고려 시대에도 성행되었다.

고려 말의 문장가 이규보(李奎報, 1168~1241)의 시(「우연히 공을 보고 풍자함[偶見氣毬, 因寓意]」)이다.

氣滿成毬體   바람 가득 찬 공
因人一蹴沖   한 번 차 높이 오르더니
氣收人亦散   공기 빠져 내버리자
縮作一囊空   빈 주머니 되고 말았네
(『동국이상국후집[東國李相國後集]』 제6권 고율시[古律詩] 96)

이 시는 제목의 '풍자함'이라는 말대로 권력자의 버림을 받은 서글픈 심정을 축국의 공에 견준 것이다. 그것은 어떻든, 이로써 12세기 초에 겨나 털 대신 공기를 넣은 공이 나온 것을 알 수 있다.

18세기 말의 『무예도보통지(武藝圖譜通志)』에서도 당(唐)의 『초학기(初學記)』를 들어 "국은 국(鞠, 球)으로 지금의 축국은 공놀이(球戲)이다. 옛적에는 털 뭉치로 꾸몄으나, 지금은 가죽 태(소의 오줌통)에 바람을 넣어서 찬다"면서, 다시 송(宋) 황영조(黃朝英, ?~?)의 『상소잡기(緗素雜記)』를 인용하여 "축국은 두 가지이다. 기구(氣毬)는 발로 차는 것이고, 격구(擊毬)는 말을 타고 채로 치는 것"이라고 덧붙였다.

축국은 19세기에도 이어 내렸다. 『동국세시기(東國歲時記)』에 "젊은 이들은 축국을 한다. 공은 큰 탄환만 하며 위에 꿩의 깃을 꽂았다. 둘이 마주 서서 차되, 떨어뜨리지 않는 것이 으뜸"이라고 적혔다(「기타 12월 행사」).

일본에서는 게마리(蹴鞠)라고 부른다.

10세기 초에 나온 『왜명유취초(倭名類聚抄)』에 "국(鞠)의 소릿값은 국(菊)이다. 또 구(毬)의 이름은 '마리'로, 가죽 주머니에 겨(糠)를 채우고 찬다"고 적혔다.

도상1이 나무로 둘러싸인 절집 마당에서 벌이는 축국장면이다. 공이 상상 이상으로 높이 솟았다.

01

⑴ 가장 오랜 기록은 『일본서기(日本書紀)』에 보인다.

> 나까도미노 가마고노무라지(中臣鎌子連)는 (…) 나까노 오오에(中大兄)가
> 법흥사(法興寺)의 느티나무(槻木) 아래●에서 무리와 함께 축국(擊毬)을
> 할 때 공을 차는 순간 가죽신이 벗겨지자, 두 손으로 받아들고 나아가
> 무릎을 꿇고 바쳤다. 이에 상대도 무릎을 꿇고 받았다(「고고쿠[皇極] 천
> 황 3년[644] 정월」).
>
> ● '절집의 느티나무 아래' 운운한 부분은 축국을 궁중 의식의 하나로 삼은 것
> 을 알려준다.

이어 몬무(文武) 천황 원년(710) 6월 15일에 축국회(蹴鞠會)가 열리기
도 하였다. 미나모토노 다카아키라가(源高明, ?~983)의 『서궁기(西宮記)』
에 "다이고(醍醐, 885~930) 천황이 신하의 묘기를 구경하였다"는 기사
가 있고, 953년에 무라카미(村上, 926~967) 천황이 공을 520번 이상 차
는 동안 땅에 떨어뜨리지 않은 자에게 녹(祿)을 주었다는 기록도 보인
다. 한편, 『축국구전집(蹴鞠口傳集)』에 "백 번 이상 차고도 떨어뜨리면 안
된다는 강박관념이 앞서서 중도에 달아난 자도 있다"고 적혔다.

헤이안(平安) 시대(8~12세기)에는 귀족들이 자신의 집에 국장(鞠場)이
라는 이름의 전용 연습장을 만들고, 매일 재주를 익혔다. 이에 따라
12세기에는 점점 의례화하여 경기 자체보다 차는 법을 중시하였으며,
기예를 중심으로 하는 독점적 가업(家業)으로 전승되었다.

13세기에 나온 『내외삼시초(內外三時抄)』에 따르면, 구장은 가로 17m
에 세로 27m인 네모꼴의 평지였다. 중앙부에 가로 6.6m, 세로 6.9m의
정방형 정점이 되도록 동남쪽에 버드나무, 동북에 벚나무, 서북에 소
나무, 서남에 단풍나무를 심어서 네 계절을 나타냈다. 이것은 경기 기

술상 매우 중요한 구실을 하였다. 공을 일부러 나무 위로 차서 가지에 걸린 공이 어디로 떨어질지 모르게 하는 재간을 펼친 것이다. 한 동아리는 보통 4~6명이며, 경기장 크기에 따라 8명도 놀았다. 지름 24㎝의 공은 큰 수사슴의 가죽으로 꾸몄고, 가죽 구두를 신고 찼다. 복장도 따로 입고 관이나 모자를 쓰는 것이 관례였다.

도상2가 귀족의 집 마당에서 벌인 경기 장면이다.

'하루(또는 一暮) 축국'은 서(序)·파(破)·급(急)의 세 단계로 이루어지며, 단계마다 차는 법이 달랐다. '서'는 천천히 기본적인 재주를 펼치는 것이고, '파'는 고도의 재간을 보이는 것이며, '급'은 공을 떨어뜨리지 않고 차는 회수를 겨루는 일이다. 소나무 아래의 사람이 처음 세 번 차고 나서 다른 사람에게 넘기며, 이를 일단삼족(一段三足)이라고 부른다. 처음에 공을 받고, 두 번째 높이 차올려서 기량을 과시하며, 세 번째 상대가 받기 쉽도록 넘긴다.

무로마치(室町) 시대(1338~1578)에는 무가(武家)로 퍼져나가면서 예

도(藝道)의 하나로 손꼽혔다. 그리고 가직(家職)으로 삼는 공가(公家)가 나온 것도 이 무렵이다. 아스카이케(飛鳥井)·난바(難波)·미코히다리케(御子左)의 세 종가(宗家)가 대표적이다.

02

이들은 면허증까지 발급하였고, 축국에 관한 의식과 방법도 이들을 중심으로 발전하였다. 15세기 이후에는 아스카이케만 남아 현재에 이른다.

대반야경(大般若經)에 "축국 연기자는 축족(蹴足), 명수는 상족(上足) 또는 명족(名足), 미숙자는 비족(非足)이라고 일렀다. 16세기에는 높이 15발(丈)에, 길이 10m의 줄을 매고 그 위에서 외다리로 족국(足鞠)을 하며 건너간 재주꾼도 있었다"라는 기사가 보인다(第73卷「오서[奧書]」).

에도(江戶) 시대 전반기인 17세기 초로 접어들면서 중세 때 성행했던 기예(技藝) 가운데 서너 가지가 서민들 사이에 부활하면서 축국도 그 하나로 손꼽혔다. 이를테면, 높이 8m 이상으로 차올린 공을 되받아서 차올리는 재간을 고족(高足), 이러한 축국을 곡국(曲鞠)이라고 부른 것이 좋은 보기이다.

1907년에 교토(京都)에 축국보존회가 생기면서 지금은 한 해 두 번 봄·가을에 벌인다. 1966년 1월, 나라현 사쿠라이시(桜井市)의 한 신사(談山神社)에서 벌어진 축국 설명이다.

공은 사슴 가죽 두 장과 말가죽으로 꾸미며, 먼저 신사의 본전(本殿)에 바치고 기도를 올린 뒤, 단풍나무 가지에 묶어서 경기장으로 옮긴다. 이때부터 여러 글귀를 붙인 검은 건(烏帽子)을 쓴 여덟 명이 공을 찬다. 공은 하늘 높이 솟아오르고 때로 열댓 번까지도 찬다.

(2) 한편, 나카지마 가이(中島海)는 『유희대사전(遊戲大事典)』에 축국이 중국에서 한국을 거쳐 들어왔다면서, 문을 하나 세우고 겨루는 방법에 대해 이렇게 설명하였다.

중고(中古)의 무사들이 즐긴 놀이이다. 홍·백 두 편 가운데 한쪽이 문에 미리 정한 만큼 공을 넣으면 심판이 금은 또는 다른 색의 공을 준다. 이를 양구(揚毬)라 하며, 문에 넣는 쪽이 이긴다. 상대는 이를 적극적으로 막는 동시에, 자기 패들이 공을 넣게 하려고 애쓴다(1957년).

중국의 축국은 제기처럼 여럿이 둘러서서 차거나, 따로 마련한 경기장에서 두 패가 상대의 문에 차 넣는 두 가지 방식이 있었다. 문도 하나만 세우거나, 양쪽에 두 개를 두거나, 아예 두지 않기도 하였다. 우리가 일본에 축국을 전하였고, 뒤의 방식이 일본에 들어간 것을 보면 우리도 즐겼을 법하지만, 이에 관한 기록이 없다. 일본에서 이를 기예로 삼아 특정 가문에서 독점적으로 이어온 것은 특기할만한 일이다.

도상3이 공이고, **도상4**가 근래의 여성이 공을 차는 모습이다.

03

04

8) 격구(擊毬)

   말을 달리며 채로 공을 쳐서, 상대의 문에 넣는 경기이다. 양쪽의 선수들이 마주 선 가운데에서, 한 여성이 공을 공중으로 높이 쳐올리면서 시작한다. 이를 마구(馬毬) 또는 타구(打毬)라고도 하며, 서양의 폴로(Polo)라는 이름은, 버드나무 뿌리로 만든 공을 가리키는 티베트 말 풀루(Pulu)에서 왔다. 채는 길이 1m쯤이고, 한쪽 끝이 숟가락처럼 우묵하다. 단청을 입히고 다른 끝에 상모(象毛)를 달아 꾸민다.

   에이치(H)자 꼴의 문은 경기장 가운데나, 한끝에 하나만 세우기도 한다. 둘이면, 공을 상대방 문에 먼저 넣는 쪽이 이긴다. 두 개의 기둥 위쪽에 가로 걸어놓은 구멍 뚫린 널빤지가 문이다. 공이 구멍을 빠져나가지 못하면, 밑에 쳐놓은 그물에 걸려 되돌아 나오며 이를 다시 친다. 공이 구멍을 지나면 한 점을 얻는다. 이와 달리, 문이 경기장 한끝에 있으면, 공을 치면서 문을 돌아오는 것으로 점수를 매긴다.

   도상1이 오늘날의 경기 장면으로 공을 채려는 선수들이 말을 몰아간다. **도상2**는 격구 채에 공을 담는 장면이다.

01   02

(1) 고려의 문신 이규보(李奎報, 1169~1241)의 『동국이상국집(東國李相國集)』에 실린 격구장 기사이다.

격구장은 무려 400보나 되고 평탄하기가 숫돌처럼 반듯하며, 주위의 담은 길이만 여러 리(里)에 이른다. (…) 말을 잘 타는 선수들이, 천 리를 달린다는 준마(駿馬)에 올라 재빨리 채를 휘두르며 번개처럼 오간다. 동에서 서로 뛰다가 곧 멈추고, 달리는 말 위에서 손을 맞잡는다.
말은 발굽을 모으면서 뛰고, 사람은 구르다가 사라지는 공을 빼앗는다. 마치 용의 무리가 갈기를 날리고 사나운 발톱을 뻗치며, 큰 바다 속에서 진주 한 알을 놓고 다투는 듯하다. 참으로 놀라운 일이다(권 24 「우태루기[又大樓記]」).

도상3처럼 고구려의 여성들도 격구를 즐겼다. 일본 나라현에 있는 다카마쓰 고분(高松塚) 벽화의 여성들 가운데, 오른쪽에서 두 번째 여인이 격구 채를 들고 있는 것이 그 증거이다.

발해에서는 격구를 구마회(球馬會)라고 일렀다. 『요사(遼史)』의 "발해로 도망쳤던 거란(契丹) 태조 야율아보기(耶律阿保機, 916~926)의 삼촌 일행이 서너 해 뒤의 구마회 날, 좋은 말을 훔쳐 타고 달아났다"는 기사가 그것이다(915년).

고려 시대 격구에 관한 첫 기사는 태조(太祖, 918~943) 때, "경상북도 상주(尙州)에 있던 후백제의 아자개(阿字蓋, ?~?)가 투항 의사를 비치자, 그를 맞는 행사 연습을 격구장에서 벌였다"는 내용이다(『고려사』 권1 태조 원년[918

03

9월 갑오). 또 태조 11년(928), 격분한 후백제의 견훤(甄萱)이 오어곡성(烏於谷城)●에서 항복한 여섯 명과 그들의 처자를 격구장에서 조리돌려 죽인 것을 보면 여러 곳에 격구장이 마련되었던 것을 알 수 있다.

고려 중기까지 격구는 겨울을 제외한 세 계절에 벌였으나, 말기에 이르러 단오 행사로 굳어졌다. 그때는 고구려처럼 여성들도 즐겼다.

●'오어곡성'은 경상북도 군위군(軍威郡) 부계면(缶溪面)일 터이다.

(2) 『고려사』의 기사이다.

서경(西京)●의 구제궁(九梯宮) 따위의 낙성 때 (…) 유수(留守)를 비롯한 백관들이 의장악대(儀仗樂隊)를 갖추고 임금의 가마를 마천정(馬川亭)에서 맞았다. 대악(大樂) 및 관현악대가 다투어 기교와 사치에 힘쓰고, 부녀가 말을 달리며 공(毬)을 치자, 왕이 금지하여 결국 끊어지고 말았다(권14 예종[睿宗], 11년[1116] 4월 신묘).

● '서경'은 평양을 가리킨다.

고려 임금 가운데 의종(毅宗, 1146~1170)만큼 격구를 좋아한 이도 없다. 『고려사』의 "신하들이 가뭄을 이유로 말리자 내 재간도 이제 다시 쓸 기회가 없겠구나" 하는 탄식을 내뱉었다는 기사가 그것이다(권17 의종 원년[1147] 5월).

그러나 이 뒤에도 격구를 멈춘 날이 거의 없었다. 10월에 구경하고, 이듬해 12월 자신이 채를 잡았으며, 4년 9월에는 북원(北園)에 구장을 새로 만들기까지 하였다. 6년(1152) 3월에 간관(諫官)들이 합문(閤門) 밖에 와서 말렸음에도 듣지 않자 한림원(翰林院)에서 몰려들었다. 그제서야 그대들의 말이 지극히 옳으니, 내 어찌 따르지 않겠는가 하고, 이튿날 마필을 모두 내보내고 북문을 막았다.

최이(崔怡, 1166~1249)는 한술 더 떠서, 고종 16년(1229)에 이웃집 백여 구(區)를 빼앗아 동서 길이가 수백 보에 이르고 평평하기가 바둑판같은 격구장을 만들었으며, 수백 채의 민가를 헐어 구장을 넓혔다. 또 경기 때 일어나는 먼지를 막으려고, 마을 사람들에게 물을 뿌리게 하고, 날마다 도방(都房)의 마별초(馬別抄)를 모아 격구를 벌였다(『고려사』 권129 「최이 전[崔怡傳]」).

충혜왕(忠惠王, 133~1332)도 의장(儀仗)과 호위가 없이 나장(螺匠)만 데리고 숭인문(崇仁門) 밖에서 즐겼고(3년[1342] 4월), 공민왕(恭愍王, 1351~1374)은 금주령을 위반한 녹사(錄事) 최종(崔宗)에게 격구 재간이 뛰어나면 용서하겠다며 풀어주었다(원년[1352] 6월 1일). 그러나 무슨 까닭인지 23년(1374) 5월에, 격구와 돌팔매 싸움을 막았다.

고려 말에는 선수들의 차림새와 용구가 지나치게 화려해져서, 안장 하나에도 보통 집 열 채 값이 들어서 충숙광(忠肅王, 1332~1339)이 한 때(1314년) 금하였으나 효과가 없었다.

조선 태조(太祖, 1392~1398)는 공을 말 앞뒤 두 발 틈으로 쳐내는 명인이었다. 『용비어천가(龍飛御天歌)』의 간추린 기사이다.

말을 빨리 몰아 수양(垂揚)하고 있는 사이, 갑자기 돌에 부딪힌 공이 반대로 말의 앞발 사이를 거쳐 뒷발 사이로 나갔다. 이에 곧 몸을 젖혀 기울이고 말의 꼬리 쪽을 막고 치자, 공이 말의 발 사이를 거쳐서 구문(毬門)으로 들어갔다. 이 동작을 방미(防尾)라고 한다.

또 수양하는 중에, 공이 다리 기둥[橋柱]에 부딪혀서 말의 왼쪽으로 나가자, 오른쪽의 등자(鐙子)를 벗고 몸을 뒤집은 다음 발을 내린 채, 다시 쳐서 구문 밖으로 날렸다. 사람들은 이 횡방(橫防) 동작을 일찍이 보지 못한 재주라고 하였다(44장).

정종(定宗, 945~949)이 "팔다리가 저리고 아파서, 때로 격구로 몸을 풀어 기운을 돌리겠다며, 안뜰에서 격구를 하였다"는 『정종실록』의 기사(1398년 1월 9일)를 보면, 말을 타고 달리는 격구가 아니라 땅에서 치는 타구(打毬)를 즐긴 것으로 생각된다.

태종(太宗, 1400~1428)도 신하에게 격구에 진 죄를 묻겠다는 농담을 건넬 정도로 즐겼다(『태종실록』 4년[1404] 10월 20일).

우리 격구 수준은 중국에까지 알려졌다. 명(明)의 황제가 세종(世宗)이 보낸 하정사(賀正使) 일행에게 "너희가 격구를 잘한다니 보고 싶다"며, 좋은 말 두 마리를 주고 "열심히 익혀 임금이 부르면 궁에 들어가 보이라"고 한 것이 좋은 보기이다(『세종실록』 2년[1420] 1월 2일).

왕은 7년[1425] 3월 21일, 군사들에게 격구를 가르치고 채 30개를 내렸다. 같은 해 4월 19일 병조(兵曹)에서 무과(武科) 시취(試取)와 춘추(春秋) 도목(都目) 시험 과목에 격구를 넣자는 의견을 올린 것도 그의 관심이 남달랐기 때문이다.

이에 대해 신하들이 "선유(先儒) 주희(朱熹)●도 무익한 타구(打毬)를 삼가라고 일렀고, 우리 태조와 태종이 무예 훈련에 격구를 뺀 까닭이 이것이라"고 하자 이렇게 반대하였다.

중국의 황제(黃帝) 때▲ 시작된 격구는 한(漢)과 당(唐)을 거쳐 송(宋)과 원(元)대까지 이어져 왔다. 저들이 어찌 폐단을 몰랐겠는가? (…) 전조(前朝)의 멸망이 어찌 격구 탓인가? 내가 이를 시행한 것은 (…) 병사의 무예를 늘리기 위해서이다. 더구나 격구장이 성 밖에 있는데, 무슨 폐단이란 말인가? (…)

격구는 본디 전술을 익히는 것이지 놀이가 아니다. 옛날 격구를 즐긴 것도 무술을 닦기 위해서였다. 이를 어찌 한갓 폐라고 하겠는가? 마음 쓰기에 달렸을 뿐이라며 물러서지 않았다(『세종실록』 12년[1447] 9월 21일).

● '주희(1130~1200)'는 송나라의 유학자이고, ▲ '황제 때부터'는 아주 오래되었다는 뜻이다.

같은 해 12월 23일 병조에서 "공에서 문까지는 120보(步), 말을 세운 곳에서 공까지는 15(步)로 한다"는 따위의 격구 자세와 방법 및 절차를 보고하였다.

성종(成宗, 1469~1494) 원년(1470)에 병조에서 격구를 무과 및 무예 도시(武藝都試)에 넣기를 청하며 "격구는 말 위에서 벌이는 가장 긴요한 재주임에도, 근래 무사가 정성껏 연습하지 않습니다. 옛 관례에 따라 무과 및 무예 도시에 넣으소서" 하는 말을 덧붙인 것을 보면 그 사이에 관심이 부쩍 줄어든 것을 알 수 있다(원년[1470] 9월 16일).

임금이 그대로 따랐음에도 21년(1490) 11월 8일 모화관(慕華館)에서 보인 무과 시험에 22명을 뽑았으나, 격구 해당자는 하나도 없는 형편이었다. 광해군(光海君) 2년(1610)에는 무예 시험에서 격구를 빼기에 이르렀다. 1485년에 제정된 『경국대전(經國大典)』의 격구 형식과 방법은 고려 시대와 큰 차이가 없으나, 개인의 기량을 가리는 절차를 구체적으로 밝힌 것이 다르다(「무과시취[武科試取]」).

(3) 『무예도보통지(武藝圖譜通志)』에 실린 동작이다.

도상 4는 비이, 도상 5는 할흉, 도상 6은 배지, 도상 7은 지피, 도상 8은 도돌방울, 도상 9는 구을방울, 도상 10은 수양수의 동작이다.

04

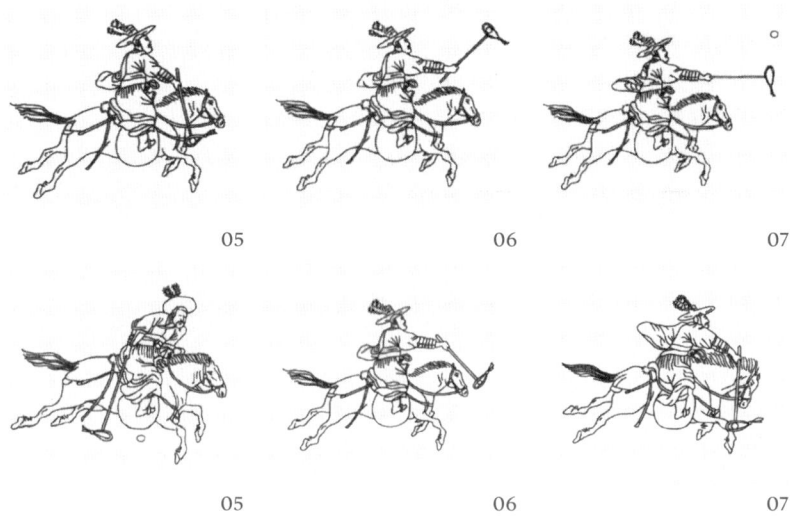

05   06   07

05   06   07

다음 표는 조선 시대 역대 왕들의 격구 관련 기사를 헤아린 결과이다.

① 태조(1392~398) 8회   ② 정종(1398~1400) 11회

③ 태종(1401~1417) 43회   ④ 세종(1418~1450) 44회

⑤ 세조(1455~1468) 27회   ⑥ 성종(1469~1494) 37회

⑦ 정조(1776~1800) 3회

이에 따르면 건국 초기의 왕성했던 관심이 중기까지 이어내렸으나 후기로 접어들면서 시들해지다가 마침내 사라진 것을 알 수 있다.

정조(正朝) 14년(1790)에, 이덕무(李德懋) 등이 『무예도보통지』를 낼때, 격구를 아는 이를 찾았으나 허사였다고 한다. 그 사이에 자취를 감춘 것이다. 이 때문에 앞 책의 「격구보(擊毬譜)」는 『경국대전』과 『용비어천가』를 바탕으로 꾸밀 수밖에 없었다.

우리·중국·일본의 옛 책에 격구가 타구(打毬)·포구(抛毬)·척구(擲毬)

따위로 적힌 것을 보면 초기에는 함께 쓴 듯하다. 발해의 왕문구(王文矩)가 일본에 전했다는 놀이도, 저들의 문헌에는 타구로 적혔다. 이는 '타'와 '격'이 '공을 친다'는 뜻을 지닌 데서 왔을 터이다.

일본의 이름은 다규(打毬)이다.

(4) 류메료(主馬寮)에서 펴낸 「타구의 유래(打毬ノ由来)」에 실린 기사이다.

고닌(弘仁) 천황 13년(822) 정월, 발해국(渤海国)의 국사(國使)가 풍악전(豊楽殿)에서 타구를 벌이자 이를 본 사가(嵯峨, 786~842) 천황이 면(棉) 200둔(屯)을 내렸다는 기사가 『유집국사(類集国史)』에 보인다(권제 72). 이러한 발해국과의 국교 관계로 미루어 당(唐)나라에서 성행된 타구가 발해국을 거쳐서 고닌 연간(810~823)에 일본으로 들어왔다는 설이 유력하다.

그리고 『속일본후기(続日本後紀)』에 "죠우와(承和) 원년(834)에, 닌묘(仁明, 810~850) 천황이 무덕전(武徳殿) 뜰에서 사위부(四衛府) 군사(武者)들의 타구를 구경하였다"는 기사가 있다.

이는 타구가 8~9세기에 들어온 것을 알려준다.

나라(奈良) 및 헤이안(平安) 양조(兩朝) 때는 주로 오월 단오 뒤에 벌였고, 이를 천황이 구경하는 궁중 행사로 삼았다고 한다.

가마쿠라(鎌倉) 시대(1192~1333) 이후에는 계속된 전란에 따른 경제력 부족으로 연중행사가 축소되다가 마침내 중지되기도 하였다.

그 뒤 도쿠가와(徳川) 8대 장군 요시무네(吉宗, 1684~1751)의 장려에 따라 마상 무술(馬上武技) 연습으로 막부(幕府)의 중요 관료를 비롯한 제후

(諸侯)들이 다시 시작하였다. 그리고 현재의 경기법이 확립된 것은 천보 (天保) 연간(1830~1843)으로 추정된다.

타구는 11대 장군 이에나리(家齊, 1773~1841) 및 12대 장군 이에요시 (家慶, 1793~1853) 시대에 황금시대를 맞았다. 메이지(明治, 1868~1912) 이후, 일본 전통의 마술은 서양 마술에 압도된 탓에 서양식의 안장(鞍裝) 을 이용하는 현대식으로 바뀌었으나, 궁내청(宮內廳) 주마반(主馬班)에 에도 시대 중기에 성행된 타구 관련 기구가 보존되어 있다.

조선 후기의 고증학자 한치윤(韓致奫, 1765~1814)이 낸『해동역사(海東 繹史)』에도 "889년, 발해 사신 왕문구(王文矩, ?~?)의 일행이 일본에 갔 을 때, 그들의 격구를 본 천황이 솜 200둔(屯)•을 내렸다"는 기사가 있 다(권41 「교빙[交聘] 통일본시말[通日本始末]」).

• '둔'은 150g으로 셈하지만, 450g이라는 설도 있다.

도상11은 나카오 쇼에이(中尾松榮, 1843~1917)가 그린 에도(江戶) 시대 의 타구 장면이다(和歌山市立博物館).

또 일본의『경국집(經國集)』에도 천황이 감격한 나머지 스스로 시를 지었다는 내용이 있다(권11 「잡영[雜詠]」).

앞에서 든 대로, 일본에서 격구를 '타구'라고 한 것과 달리 우리『발해 고』에는 '격구'로 올라 있다. 그러나 『발해국 지장편』의 앞에서는 타구(권 2 「총략」), 뒤에서는 격구라고 한 것으 로 미루어(권10 「왕문구전」) 발해에서 는 두 가지 이름을 함께 쓴 것으로

11

보인다.

한편, 어떤 학자가 『왜명유취초(倭名類聚抄)』의 "타구는 옛 황제가 만든 것으로 병사의 훈련에 이용하였다"는 내용을 들어, "중국에서 일본으로 들어온 것으로 생각된다"고 한 것은 잘못이다. 그것이 사실이라면 발해 사신의 격구 내용을 자세히 적지 않았을 터이다. 이마무라 토모(今村 鞆, 1870~1943)도 일본의 타구는 발해에서 들어왔다고 하였다(『朝鮮風俗資料集說』第6章 「打球樂」).

도상12가 1666년에 나온 『훈몽도휘(訓蒙圖彙)』 따위의 여러 문헌에서 찾아낸 여성의 격구 장면이다(앞의 책, 1937).

격구에 관한 첫 기록은 『만엽집(萬葉集)』에 보인다. 세이무(聖武) 천황 4년(727) 정월, 여러 왕자와 신하들이 들에서 타구를 즐겼다는 내용이다(권6 「잡가[雜歌]」 1). 또 그가 자신의 개인 용돈을 빼내 격구를 친

12

측근에게 벌을 주었다는 기록은, 궁중에서 성행된 사실을 알려준다. 격구 형식은 무라카미(村上) 천황 때(955) 갖추어졌으나, 구문(毬門)이 두 개인지, 하나였는지 분명치 않다.

한편, 『서궁기(西宮記)』의 "무라카미 천황 3년(966) 6월 7일, 홍휘전(弘徽殿)에 구문을 세우고 어린이들에게 도보(徒步)격구를 시켰다"는 내용은 우리네 타구나 장치기일 터이다.

헤이안(平安) 시대 말에 나온 『본조세기(本朝世紀)』의 기사이다.

986년 5월 30일 오후, 천황이 남전(南殿)에서 격구를 보았다. 번졸(番卒) 이상 좌우근위(左右近衛) 및 좌우병위(左右兵衛) 그리고 관인(官人) 20명으로 두 팀을 짰다. 머리에 모두 박관(狛冠)을 쓰고 말을 탄 채 남쪽 계단 앞에 서자, 우대신(右大臣)이 공을 쳐서 뜰 가운데로 보냈다. 이에 모두 달려가서 공을 쳤다. (…) 이제는 격구를 보기 어렵다.

박관의 '박'이 박견(狛犬)처럼 '고구려의 개'를 가리키는 점에서, 고구려의 격구 선수가 쓰던 관이 발해로 이어 내리고 이것이 다시 일본으로 건너갔을 가능성이 크다.

그것은 그렇거니와 불과 23년 사이에 보기 어렵다고 하였으니 놀랍다. 12~16세기에는 타구 기사가 보이지 않는다.

19세기에는 막부(幕府)를 비롯한 여러 번(藩)에서 벌였다. 이때 기마대(騎馬隊) 두 패가 구장(球場) 한끝에 나란히, 또는 구장 양끝에 마주 세운 각각의 문에 일정한 수의 공을 먼저 쳐서 넣는 쪽이 이기는 것으로 방법이 바뀌었다. 채 끝에 공을 치기 쉽도록 그물을 붙인 것도 변화의 하나이다. 이 규칙은 각자가 일정한 수의 공을 채로 쳐서 문에 넣는 우리네 격구를 본뜬 듯하다.

타구는 1831년부터 공식 기록에서 사라졌으며, 현재는 궁내청과 아오모리현(青森県) 하치노에시(八戸市) 신라신사(新羅神社)의 산쟈(三社) 축제, 그리고 야마가타현(山形県) 야마카타시(山形市)의 호레쓰신사(豊烈神社) 축제 때 벌인다.

궁내청의 격구는 홍백(紅白) 각 다섯 마리의 말을 타고, 그물이 달린 채에 공을 넣어서 던지는 형식이며, 먼저 12개를 넣는 쪽이 이긴다.

이미 살펴본 대로 놀이는 한 나라의 국운과 무관하지 않다. 국운이 융성할 때는 지도자들도 격렬하고 활기 넘치는 놀이를 즐겼다. 당(唐)의 태종이 일부러 사람을 티베트에 보내서 배워오게 하고, 반세기가 채 못 되어 널리 퍼진 것은 당 제국의 성립을 예고한 것이었다. 이를 여성들이 즐긴 사실도 마찬가지이다. 고구려의 힘이 솟아오르던 무렵에는 여성들도 격구 채를 잡았으며, 고려도 마찬가지였다. 따라서 고려 초반에 여성 격구가 금지된 것은 국력 쇠퇴의 전조이기도 하였다.

도상13은 신라 신사의 경기 장면이고,
도상14는 호레쓰신사 축제 때의 타구 장면이다.

조선왕조의 태조(太祖)도 명인이었고, 우리 수준은 중국의 황제도 놀랄 정도였다. 그리고 세종 임금이 격구를 과거 시험 과목으로 삼은 것도, 그의 위대성을 알려주는 좋은 보기이다. 더구나 그는 옹졸한 신하들의 반대에 끝까지 물러서지 않았다.

13

14

왕조의 융성기가 지나는 16세기 중
반에 이미 격구가 시들해지더니, 18세기
후반에는 완전히 자취를 감추고 말았다.

일본에서 한때 자취를 감추었던 격구
가, 17세기에 되살아나서 우리와 대조를
보인다. 이후 저들의 힘은 점점 커졌고,
결국 우리를 집어삼켰다.

15

도상15는 공이다.
도상16는 오늘날의 타구 장면이고
도상17은 선수 복장과 타구 채이다.

페르시아에서 전 500년 이전에 시작된 격구는 콘스탄티노플과 투
르키스탄을 거쳐 티베트로 들어갔다가 한줄기는 중국·한국·일본으로,
다른 줄기는 인도로 건너갔다. 19세기 중반에 영국인이 규칙을 개정,
1871년에 최초의 공식 경기가 열렸으며, 세계 각지로 퍼져나가 오늘날
의 폴로(Polo)로 바뀌었다.

16

17

9) 꼭두각시놀음

꼭두각시의 '꼭두'는 인형을, '각시'는 색시를 이른다. 이밖에 '박첨지놀음' 또는 '홍동지(洪同知)놀음'이라고도 한다. 박첨지놀이의 '박(朴)'은 인형의 얼굴을 바가지로 만든 데서 왔으며, '첨지'는 몰락한 양반을 가리킨다. 그리고 홍동지의 '홍'은 벌거벗은 몸을, '동지'는 조선 시대 하급 관직의 이름이다.

16세기의 이름은 광대(廣大)이다.

일본의 안도 마사쓰구(安藤正次)는 "괴뢰(傀儡) 또는 괴뢰자(傀儡子)를 이르는 일본말 쿠구쓰(クグツ)는 한국어 Koang-tai(광대)에서 왔으며, 일본의 인형극(人形劇)은 한반도를 거쳐 대륙에서 들어왔다"고 하였다. 그러나 오가타 히사키치(尾形龜吉)와 가와타케 시게토시(河竹繁俊)는 "광대가 아니라 꼭두각시놀음의 '곡두'가 뿌리이고, 이는 후한(後漢, 25~220)에서 육조(六朝, 618)까지의 인형극 이름인 곽독(郭禿)에서 왔다"는 주장을 폈다.

01

도상1은 남사당패와 꼭두각시놀음의 장례장면이다.

우리 꼭두각시놀음의 역사는 길다. 5~6세기의 고구려 장천(長川) 1호무덤 벽화에 한 장면이 보이며, 당(唐)의 두우(杜佑)도 801년에 낸 『통전(通典)』에 "굴뢰자(窟礧子)를 괴뢰자(傀儡子)라고도 한다. (…) 북제(北齊)의 후주(後主) 고위(高緯, 555~577)가 매우 즐겼다. 고구려에도 있으며, 현재 민간에서 성행된다"고 적었다. 이밖에 12세기의 『악서(樂書)』에서 닮은 기사를 실었다(권185 「우인희[偶人戱]」).

내용 설명이 없는 것이 아쉽지만, 고구려에서 꼭두각시놀음을 즐긴 것이 분명하다. 그리고 13세기 후반에 나온 중국의 『문헌통고(文獻通考)』의 "고(구)려에 꼭두각시놀음이 있으며 꼭두각시(傀儡)와 월조이빈곡(越調夷賓曲)은 고구려를 멸망시킨 무장 이적(李勣, ?~669)이 가져와서 황제에게 바쳤다"는 기사를 보면(권 48), 수준이 높았을 뿐 아니라 중국 것과 달랐던 것이 분명하다.

고려에서는 괴뢰자희(傀儡者戱)라고 불렀다(『해동역사[海東繹史]』 권22 「악지[樂誌] 악가[樂歌] 악무[樂舞]」). 이규보(李奎報, 1169~1241)도 「꼭두각시 놀음을 보고(觀弄幻有作)」라는 다음의 시를 남겼다(부분).

造物弄人如弄幻	조물주 사람을 꼭두각시 놀리듯 부리더니
達人觀幻似觀身	저 사람 제 몸 움직이듯 꼭두각시 놀리누나
人生幻化同爲人	산 사람이나 꼭두각시나 놀림받기 한가지라
畢竟誰眞復匪眞	누가 진짜이고 누가 가짜인지 모르겠네

俯仰嚬伸具體微	내려보고 올려보고 찡그리다 얼굴 펴니
孰將心匠奪天機	누구의 솜씨로 하늘의 재주 차지했나
人緣一氣成蚩蠢	기운 하나로 꿈틀거리며 살아가는 인간
氣出還同罷幻歸	그나마 빠지면 꼭두각시놀음도 끝이로세

(『동국이상국후집[東國李相國後集]』 권 3)

고려 시대에는 이 놀음을 팔관회(八關會) 때 벌였다. 성종(成宗) 6년 (987) 6월, 최승로(崔承老)가 팔관회의 규모를 줄이자면서 여러 꼭두(偶 人) 제작에 경비와 노력이 많이 드는 데다가 한 번 쓴 뒤 버리며, 이를 본 중국 사신이 얼굴을 가리고 지나갔으니 막자고 하였으나 듣지 않았 다(「열전[列傳]」 권 제6 시무[時務] 28조).

예종(睿宗)은 오히려 서경(西京)의 팔관회 때(1120년 10월), 말을 타고 마당을 돌아다니는 관복 차림의 허수아비 둘이, 개국 공신 김낙(金諾, ?~?)과 신숭겸(申崇謙, ?~927)을 본떴다는 이야기를 듣고 감동하여 한시 (漢詩)와 향가(鄕歌)를 읊조렸다(『고려사』 권14 「세가[世家]」 예종 15년 10월 신 사[辛巳]).

(1) 『고려사절요(高麗史節要)』에 어린이들의 꼭두각시놀음 기사도 보인다.

의종(毅宗) 17년(1163)때, 혜민국(惠民局) 남쪽에서 동서(東西) 두 패의 어린이들에게, 각기 풀을 엮어 만든 여자 인형에 비단옷을 입히는 외 에, 곱게 차린 계집종으로도 꾸몄다. 또 금옥(金玉)으로 꾸민 사방 한 발 크기의 탁자에 음식도 차렸다. 그들은 많은 구경꾼 앞에서 아름다 움과 정교함을 다투더니, 대엿새 뒤 어디로인가 떠났다(권11 의종 17년 [1163] 2월).

많은 구경꾼 앞에서 대엿새 동안 벌였다니 일정한 줄거리를 갖추었 을 터이다. 그리고 '이들이 다른 데로 떠난 것'은 유랑 예인 집단인 것 을 알려준다.

이것은 조선 시대로 이어 내렸다. 성현(成俔, 1439~1504)의 "네 벽을 두른 좁은 공간●의 꼭두각시놀음(小室四壁藏傀儡)"이라는 말이 그것이다(『허백당집[虛白堂集]』권7 「관잡희[觀儺戱]」).

● '네 벽을 두른 좁은 공간'은 오늘날의 장막일 터이다.

나식(羅湜, ?~1546)이 「괴뢰부(傀儡賦)」에 "여러 가지 기관과 장치가 빠르게 움직여/조화옹도 슬며시 자신을 잃는다"고 한 것을 보면, 내부에 기계장치를 한 놀음인 듯하다.

이것은 20세기 중기까지 중남부로 떠돌던 남사당패들의 '덜미'로 전승되었다. 이름은 꼭두각시의 목덜미를 잡고 노는 데서 왔으며, 현재의 극본은 조선 시대 후기에 이루어졌을 터이다.

무대는 마당에 세운 네 기둥에 맨 다락에, 너비 1m쯤의 막을 둘러쳐서 꾸민다. 꼭두를 놀리는 대잡이들은 다락 안에, 잽이들은 막 앞에 앉으며 이들은 이야기도 나누며 이끌어 간다.

도상2는 꼭두각시놀음 무대 앞에서 놀이를 벌이는 남사당패들이다.

꼭두각시의 키는 같지 않다. 박첨지와 평안감사 따위는 70~80㎝, 박첨지 딸은 60㎝, 상좌와 상제 등은 20~30㎝이다. 머리는 바가지나 진흙 또는 종이를 여러 겹 덧붙여서 꾸미며, 몸·팔·손은 나무를 깎아 붙인다. 등장인물은 곳에 따라 조금씩 다르다.

02

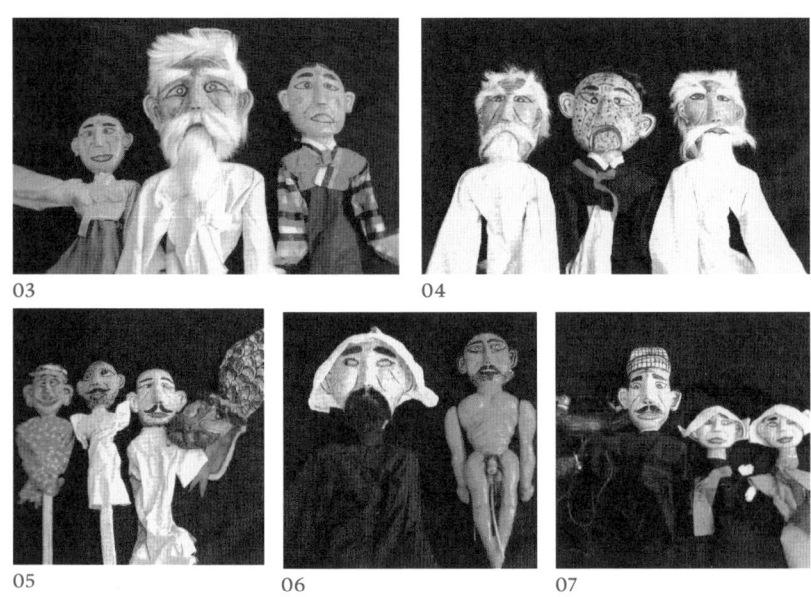

03   04

05   06   07

도상3의 가운데가 박첨지이고

도상4는 박첨지·큰마누라·동방노인(오른쪽)이며

도상5는 영노·박첨지 큰손자·홍백가·이시미이다.

도상6은 묵대사와 홍동지, 도상7은 평안감사(왼쪽)와 상좌들이다.

이 놀음은 박첨지와 평양(平壤) 감사(監司)에 연관된 두 부분으로 이루어졌다.

산받이(꼭두각시의 대화 상대)와 남사당패 놀이판에 끼어들어 이야기를 나누던 박첨지가(1막 곡예장), 홍동지를 불러 조카딸과 놀아난 상좌들을 내쫓는다(2막 뒷절). 홍동지는 용강의 이심이에게 잡힌 박첨지를 구해주고(3막 최영로집), 박첨지는 부정한 세상이 보기 싫다며 눈을 감고 나타난다(4막 동방노인).

박첨지가 살림살이를 돌머리집에 많이 주자, 마누라는 중이 되겠다며 금강산으로 떠나고(5막 표생원), 평안감사는 포수와 매를 대령시키라고 이른다(6막 매사냥). 벌거벗은 홍동지가 평양 감사 어머니의 상여를 메고 나서며(7막 평안감사 상여), 박첨지는 명당에 절을 짓는다(8막 만사[輓詞]).

경기도 개성(開城) 등지의 연등(燃燈)놀이 때 벌인 망석중놀이도 꼭두각시놀음의 하나이다. 만석중·노루·사슴·잉어·용 따위의 꼭두각시 팔다리에 맨 노끈으로 조정하는 무언극(無言劇)으로, 일정한 줄거리는 없다.

일본의 이름 '쿠구쯔(クグツ)'는 곽독(郭禿)을 가리키는 중국 말 쿠쓰에서 왔다. 한말(漢末) 이후에 곽독을 '구루' 또는 '구쯔'라고 부른 까닭이다. 『왜명유취초(倭名類聚抄)』에서는 괴뢰(傀儡)를 '쿠구쯔'로 새겼다. 이에 대한 세 가지 설이다.
① 한국 이름 꼭두각시가 음운 변화를 일으켜 쿠구쓰가 되었으며, 이는 서역(西域)에서 들어왔다.
② 나무의 정령신(精靈神) 이름이 쿠구노치노미코토(久久能遲命)인 데다가, 꼭두각시를 목인(木人) 또는 목우(木偶)라 이른 데서 왔다.
③ 『만연집(萬葉集)』의 쿠구쓰(久具都)처럼, 꼭두각시를 '쿠구(莎草)'라는 물가의 풀로 엮은 그릇에 넣고 다닌 데서 왔다.

가와타케 시게토시(河竹繁俊, 1889~1967)는 ③의 설명에서 "이 그릇을 한국에서도 쿠구쓰라 부른다고 하였으나 알 수 없다. 아마도 고려 시대의 재인(才人)이나 화척(禾尺)이 꼭두각시를 놀리면서, 버드나무로 짠 고리 따위를 만들어 팔기도 한 것을 이르는 듯하다고 적고, 타키가와 세이지로(瀧川正次郎)도 "일본의 꼭두각시패들이 냇가의 대(竹)로 여러 가지 용기(竹器)를 엮는 등 생태가 닮은 점을 보면 (한국의) 백정족(白丁族)과 우리 꼭두각시패(傀儡子族)가 같은 종족이라고 단정한다"고 덧붙였다.

'구구쓰'의 뿌리는 우리말 광대이다.

안도 세이지(安藤正次)는 '광대'의 광이 구구(kugu)가 되고, 타이(tai)가 투(tu)로 바뀌어 쿠구쓰라는 일본 말로 굳었다고 하였고, 니시무라 신지(西村眞次)도 "쿠구쓰의 뿌리가 조선어와 같다면 꼭두각시패는 조선인, 만주인, 나아가 일본인과도 같은 퉁구스 계통으로 보아야 한다"고 적었다.

꼭두각시놀음은 일찍 한국에서 들어갔다.

12세기 초에 오오미 마사후키(大江匡房)가 『괴뢰자기(傀儡子記)』에 "집이 없이 떠돌며 담요로 천막을 치고 수초(水草)를 따라 옮겨 다니는 꼭두각시패들은 (…) 밤에 백신(白神)을 섬긴다. 이들은 8세기에 산악(散樂)과 함께 중국에서 조선을 거쳐 들어왔다"고 한 것이 그것이다.

'백신 운운'에 대해 오오와 이와오(大和岩雄)는 "백신은 재인백정(才人白丁)이 받드는 백신(白神)이다. 일본에 건너온 재인백정은 진씨(秦氏) 무리에 섞여 있었을 것"이라고 적었다. 진씨 무리의 '진씨'는 6~7세기에 신라에서 건너가서 교토(京都)의 호족이 된 진하승(秦河勝, ?~?)을 가리킨다.

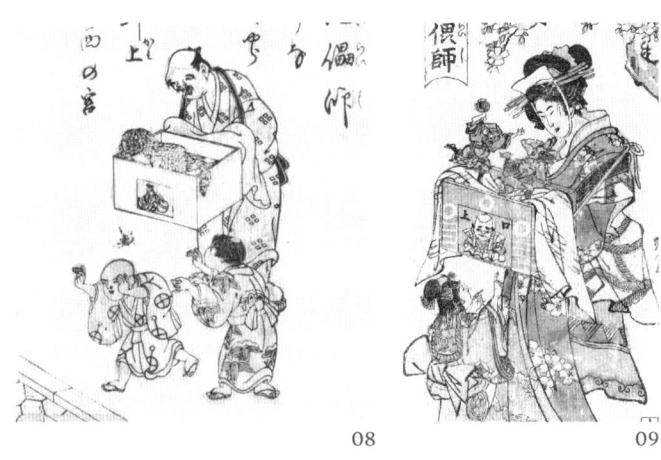

08   09

　근래에 테라오 요시오(寺尾善雄)도 "대륙에서 여러 계층의 도래인(한국인)이 와서 대중 예술의 담당자가 되었으며 그 가운데 꼭두각시패(傀儡師)가 대표적이라"고 하였다.

　도상 8은 남 괴뢰사, **도상 9**는 여 괴뢰사의 꼭두각시놀음이다.

　한편, 예능이 된 꼭두각시놀음이 들어오기 전에 신의 뜻을 전하는 매개체로 꼭두각시를 썼다는 주장도 있다. 동북 지방의 무녀가 꼭두각시를 두 손에 들고 부리며, 대잡이가 모습을 감추는 다른 나라와 달리, 문악계(文樂界) 인형극에서 모습을 드러내는 것도 그 내림이라는 것이다.

　10세기 무렵에는 천막에서 지내는 꼭두꾼들이 여러 지역으로 돌았고, 사냥과 곡예를 생업으로 삼는 외에 여자는 노래를 부르면서 몸도 팔았다.

　이 놀음이 자리를 잡은 것은 16세기이다. 대잡이 햐야쿠다 유(百太夫)가 십이단초자(十二段草子) 따위의 줄거리에, 류큐(琉球)에서 들어온 샤미센(三味線)의 음곡(音曲)을 붙여서 닌교조루리(人形淨琉璃)라는 음악극을 선보인 것이 계기였다.

앞 시대에는 역사상 인물에서 따온 시대물(時代物=謠曲)을 현대물(世話物=能狂言)로 대사를 바꾸어 길에서 공연하는 정도에 지나지 않았으나, 이때부터는 순수한 조루리와 음악이 없는 골계 꼭두각시놀음으로 나누고 이들을 엇바꾸어가며 놀았다.

그리고 17세기 후반에, 치카마쓰 사에몽(近松門左衛門) 등이 대본을 크게 바꾸면서, 부리는 기술도 발전하였다. 꼭두각시의 옷자락 안으로 손을 넣고 놀리다가, 등으로 넣은 것이 그 하나이다. 이에 따라 꼭두각시에 발이 달리고, 입도 열렸으며, 눈도 깜박였다. 1734년에는 셋이 부리는 일본 특유의 유형이 나왔다. 하나는 몸과 머리를, 다른 하나는 왼손을, 또 다른 하나는 다리를 움직인 것이다.

이것은 신사(神社)의 행사로도 전승되었다. 후쿠오카현(福岡県 吉富町)의 하치만고죠 신사(八幡古表神社)와 오이타현(大分県 中津市)의 고요 신사(古要神社)의 것이 대표적이다. 현재 하치만고죠 신사에서는 윤년이 드는 해 8월 상순에, 고요 신사에서는 3년에 한 번씩 10월 12일에 무악(舞樂)이나 세남무(細男舞) 등의 예능을 본뜬 춤꼭두각시와 씨름꼭두각

10

11

시놀음을 벌인다.

춤꼭두각시는 끈을 매어 손으로 움직이고, 왼발이 몸과 연결된 씨름 꼭두각시는 끈으로 오른 다리와 두 손을 조종한다. 이들은 14세기 초에 처음 나왔으며, 지금의 것은 1617년에 재현되었다.

도상10이 하치만고죠 신사의 씨름꾼 들이고
도상11은 씨름 장면이다.

17세기 이후에는 대잡이가 가슴에 매단 상자에서 꼭두각시를 놀렸고, 마지막으로 들고양이의 껍질을 꺼낸 까닭에 '목걸이 꼭두각시' 또는 '산고양이 꼭두각시'라고 하였다. 18세기에는 자동으로 움직이거나 원격 조종에 의한 가라쿠리(からくり) 꼭두각시극도 나타났으며, 여럿이 호흡을 맞추어 실이나 특수한 작대기로 부렸다.

도상12가 주인공을 손으로 조정하는 꼭두각시이다.
도상13은 효고현(兵庫県)꼭두각시 극장(戎座人形芝居館)의 공연 장면이다.

12

13

19세기의 수레 꼭두각시(車人形)도 뺄 수 없다. 물레수레(轆轤車)라는 특수한 삼륜차(三輪車)에 한 사람이 걸터앉아서 부렸다. 당시의 꼭두각시가 모두 작았으나 이것만 컸다. 셋이 부리던 것을 하나가 부림에 따라 오른손은 꼭두각시의 오른손을, 왼손은 머리와 왼손을, 발가락 사이에 꼭두각시 발꿈치에 붙인 꼭지를 정강이에 끼우고 놀렸다.

19세기 말에는 사이타마현(埼玉県)에 꼬챙이 꼭두각시(串人形)가 등장하였다. 길이 50m, 지름 5㎜의 꼬챙이를 꼭두의 팔에 걸어서 부린 것이다. 이로써 하나이던 대잡이가 둘로 늘어나서 부리는 독특한 연출 방식이었다.

앞에서 든 대로, 일본의 꼭두각시놀음이 한국에서 건너갔음에도, 무대와 연출 방식 그리고 조종법은 중국과 닮았다. 그중에도 현사괴뢰(懸絲傀儡)·장두괴뢰(杖頭傀儡)·포대괴뢰(布袋傀儡) 따위는 중국 방식 그대로이다.

한편, 일본 꼭두각시의 내용이 더욱 풍부해졌을 뿐 아니라, 오늘날까지 신사(神社)에서 전승되는 것은 부러운 일이다. 이에 견주어 우리는 독자적인 길을 걸어는 왔으나, 발전시키지는 못하였다.

이러한 가운데 고구려와 고려의 꼭두각시놀음이 전하지 않는 것은 아쉬운 일이다.

10) 마상재(馬上才)

　말 위에서 펼치는 여러 가지 곡예로, 말놀음(馬戲)·곡마(曲馬)·말광대라고도 한다.

　『삼국지(三國志)』의 "고구려 사람이 말타기에 능하고, 백제의 풍속에 기사(騎射)를 중히 여긴다"는 내용(「위지[魏志]」, 「동이전[東夷傳]」)은 삼국시대부터 마상재가 성행했음을 알려준다.

　평안남도 강서군(江西郡)에 있는 삼국시대의 약수리 벽화 고분(藥水里 壁畫 古墳)의 사냥 장면과 앞과 같은 군의 대동군(大同郡) 팔청리(八淸里) 고분의 벽화 내용이 그것이다.

　약수리 무덤에는 달리는 말 위에 앉은 채 공중에 던져 올린 물건을 받거나, 말 등에 엎드린 장면이 있다. 팔청리 무덤의 그림은 말 위에서 두 사람이 서로 몸을 돌려서 나팔 끝을 거의 마주 대고 불고, 말도 한껏 목을 돌린 자세를 보인다. 또 장천(長川) 1호분의 탈을 쓴 인물도 말꼬리를 잡고 뛰어오르려 한다. 고구려는 유목민족의 전통이 강한 국가였던 만큼, 마상재의 수준이 매우 높았다.

01

02

도상 1이 약수리, 도상 2가 팔청리의 그림이다.

고구려 고분벽화에 나타난 마상재의 내용을 근래의 것과 견주어 보면, 여러 가지 재간을 이미 그때부터 지니고 있었던 것을 알수 있다. 본디 북방 기마민족이던 그들이라 외부에서 들어온 고난도의 말타기 재주도 쉽게 익혔을 터이다.

또 백제와 신라의 유적에서 나온 천마도(天馬圖)·기마인물도(騎馬人物圖)·토기 따위에 보이는 여러 종류의 말을 비롯해서 안장·재갈·말방울 따위의 부품은 기마 문화가 고구려에 못지않았던 것을 알려준다.

마상재는 이익(李瀷, 1681~1763)의 『성호사설(星湖僿說)』에 '원기(猿騎)'로 올랐고, 최남선(崔南善, 1890~1957)은 표기희(驃騎戲)·마기(馬技)·입마기(立馬技)라고 적었다. 『고려사(高麗史)』에 희마(戲馬)·농마희(弄馬戲)라는 이름도 보인다.

(1) 앞에서 든 『성호사설』의 원기 설명이다.

오늘날의 마상재로, 달리는 말 위에서 원숭이나 새처럼 부리는 온갖 재주를 가리킨다. 군문(軍門)의 병사들도 즐기며, 말타기와 활쏘기에 도움이 될 듯하다. 쓸데없이 부리는 뭇 장난과 다르므로, 그대로 두어도 좋을 것이다. 더러 쌍마(雙馬)를 잘 타는 자도 있다(제5권 「만물문[萬物門]」).

마상재에 대한 첫 기록은 『삼국사기』에 보인다. "신라 지증왕(智證王

500~514) 때의 장군 이사부(異斯夫, ?~?)가 거도(居道, ?~?)에게 배운 말놀음(馬戲)으로 가야(伽耶)를 정복하였다"는 기사(권 제44 「열전[列傳]」 제4 거칠부·거도)가 그것이다. 또 같은 책에 "거도는 해마다 말 떼를 장토(張吐)라는 벌판에 모아 놓고 군사들이 타고 달리며 놀게 하였다. 이를 마숙(馬叔)이라 부른다"는 대목도 보인다.

고려도 마찬가지이다.

『고려사』의 "의종(毅宗, 1146~1170)이 부벽루(浮碧樓)에서 신기군(神騎軍)의 마희(馬戲)를 보고 백금 2근을 내렸다"는 기사가 그것이다(의종 22년[1168] 4월 을사[乙巳]). 최씨 무신 정권의 3대 집권자 최항(崔沆, ?~1257)도 같은 날, 고관들을 집에 불러 잔치를 베풀고 농마희(弄馬戲)와 격구를 보였다는 내용이 있다. 마상재를 무술로 삼은 것이다.

조선 태조 이성계(李成桂, 1392~1398)는 마상재의 달인이었다. 1362년 7월, 함경도 홍원(洪原)으로 쳐들어온 원군(元軍)과 싸울 때, 적장의 창을 마상재 재간인 등리장신(鐙里藏身)으로 피한 것이다. 이는 오른쪽 오금을 안장에 걸친 채, 오른손으로 안장 뒤쪽을 잡고 몸을 왼쪽으로 떨어뜨린 상태에서, 말의 왼쪽 옆구리에 거꾸로 매달려 달리는 동작으로 마협장신(馬脇藏身)이라고도 한다. 창을 헛 찌른 적장은 중심을 잃고 스스로 거꾸러졌다. 고려 말의 마상재 수준이 가늠되는 좋은 보기이다.

16세기에 이르면서 관심이 부쩍 줄었다. 중종(中宗, 1506~1544) 때의 승지 윤희평(尹希平, ?~?)의 말이다.

무사 가운데 보사자(步射者)는 많지만, 기사자(騎射者)는 적습니다. (…) 오늘날 말타기를 익히지 않아 큰 걱정입니다. 담당 관서에서 마상재를 시험케 하소서 (『중종실록』 6년[1511] 12월 6일).

그러나 『선조실록(宣祖實錄)』의 "젊은 살수(殺手)들에게 마상재 시험을 보이고 입격자에게 차등대로 상을 내렸다(28년[1595] 9월 10일)"는 기사는 그 사이에 마상재가 무예 시험 과목에 포함된 것을 알려준다. 더구나 젊은이들에게도 적극적으로 권장한 것을 보면 중요성을 깊이 깨달은 것이 분명하다. 임진왜란을 겪으면서 더 절감하였을 것이다. 재상 유성룡(柳成龍, 1542~1607)도 『징비록(懲毖錄)』에 "충주(忠州)의 의병장 조웅(趙雄, ?~?)이 말 위에 서서 달리기를 잘하여, 왜적을 많이 죽이고 끝내 전사하였다"고 적었다. '살수'는 칼이나 창 따위를 지닌 군사(軍士)이다.

선조는 중국 마상재도 가르쳤다.

"중국 마상재의 어떤 재주를 얼마나 배웠는가? (…) 그 재주를 시험해서 상을 줄 터이니 훈련도감(訓鍊都監)에 물으라"고 한 것이다(33년 [1600] 1월 23일).

이어 광해군(光海君)은 2년[1610] 9월 25일, 마상재 시험을 보였고, 11년(1619) 9월 19일에는 "종실(宗室) 가운데 정2품 이하 및 무신 금군(禁軍)과 도감(都監) 무사(武士)들 가운데, 기사(騎射)와 마상재에 능한 인물로 포수와 살수를 뽑고 오늘 안으로 규정을 정하라"는 명을 내렸다.

우리 마상재는 일본에 널리 알려졌다.

인조(仁祖, 1623~1649)에게 마상재꾼을 보내달라고 조른 것이 좋은 보기이다. 동래(東萊) 부사 이홍망(李弘望)이 "왜사(倭使) 후지모도 나와(藤智繩, ?~?)가 서계(書契)는 보여주지 않고, 말로만 마상재꾼 수십 명을 구합니다(12년[1634] 12월 8일)"고 아뢴 것이다. 임금이 서계를 먼저 올리라고 하자, 이틀 뒤 이렇게 보고하였다.

그들은 관백(關白)●이 마상재를 보고 싶어 하여, 도주(島主)가 보냈다고 하였습니다. 제가 여러 장수들과 함께 보려 한다니, 반드시 당신 나라에 없는 재주일 것이다. 우리나라에도 그러한 재주를 지닌 사람이 많지 않다. (…) 제가 관백이 잠시 보느냐? 아니면 오래 머물게 하려느냐 묻자, 한두 번 본다는 대답이었습니다.

●'관백'은 섭정(攝政)과 함께 신하가 오를 수 있는 최고위직이다.

임금의 허락이 떨어졌다. 『연려실기술(燃藜室記述)』에 도감별대(都監別隊) 장효인(張孝仁)과 김정근(金貞勤)이 통신사(通信使)와 함께 건너가서 재주를 보였으며, 그 뒤부터는 반드시 마상재에 뛰어난 인물이 동행하였다고 적혔다(별집 제18권 「변어전고[邊圉典故] 왜국[倭國]」).

이밖에 인조(仁祖, 1623~1649) 때의 이세번(李世蕃)과 인문조(印文調), 영조(英祖, 1724~1776) 때의 지기택(池起澤)과 이두흥(李斗興) 등이 일본에서 이름을 날렸다.

그러나 30여 년 뒤인 현종(顯宗) 3년(1662)에, 사간(司諫) 이민적(李敏迪)이 희극(喜劇)을 닮은 마상재는 그만두는 것이 좋다고 할 정도로 관심이 엷어졌다. 임금이 허락지 않은 것은 그나마 다행한 일이다. 현종 5년(1664)과 숙종(肅宗) 8년(1682) 4월 및 12년에 마상재 시험을 보였고, 영조 때(15년[1739])도 이어졌다.

한편, 정조(正祖)가 8년(1784) 9월, 춘당대(春塘臺)에서 별군직(別軍職) 지원자에게 시험을 보이려 하였으나, 모두 달아나고 말았다. 어렵고 위험해서 익히지 않은 것이다. 이에 임금은 신응주(申應周)를 파직시키고 기타 관원을 귀양 보내거나 벼슬을 깎았다.

효종(孝宗, 1649~1659) 대에도 마상재 시험은 이어졌다. 관무재(觀武才)

를 벌이고, 마상재를 시험하였다. 나이 젊은 문신과 나이 많은 무신들에게 말을 타고 달리라고 명하였다. 동지(同知) 엄황(嚴榥)과 주경순(朱景順) 등 거의 80세에 이른 사람들도 능히 말을 타고 달려서, 왕이 자품(資品)을 올리거나, 말을 상으로 내렸다(『효종실록』 3년[1652] 8월).

임금이 나이 많은 신하들까지 말을 타고 달리게 한 것은, 북벌(北伐)의 의지를 굳히는 동시에, 관료들의 의식도 일깨우기 위해서였을 터이다.

정조(正祖) 때(1759~1776) 나온 『무예도보통지(武藝圖譜通志)』에 보이는 마상재의 재주이다.

① 말 위에 서서 달리기(도상3)

장비를 갖춘 말을 채찍으로 쳐서 내달리게 한 다음, 가볍게 올라타는 재간이다. 안장 위에 올라서서 왼손으로 고삐를 잡은 채, 오른손의 삼혈총(三穴銃)을 높이 들어 공중에 쏜다. 이어 고삐를 조금 늦추고 몸을 공중으로 솟구쳐서 체중을 덜어 속도를 늘리다가, 다시 고삐를 당기고 몸을 실리면서 늦추기도 한다.

② 말의 등 넘나들기(도상4)

안장(鞍裝)의 앞을 두 손으로 잡고, 몸을 쫙 펴서 말의 등에 엎드리는 재간이다. 이어 배를 말의 등이나 안장에 닿지 않게 하면서 몸을 말 왼쪽으로 옮긴다. 발을 땅에 댈 듯이 몸을 낮추었다가, 다시 들어 말 등을 넘어 오른편으로 간다. 오른편에서도 발을 내렸다가, 왼편으로 넘어가며 이 동작을 여러 번 거듭한다. 이를 좌우칠보(左右七步)라고 한다.

③ 말 위에 거꾸로 서기(도상5)

안장 앞부분을 두 손으로 잡고 윗몸을 말 왼쪽으로 떨어뜨린 채, 하반신을 공중으로 쫙 편다. 오른편 어깨는 말 왼쪽 앞 죽지에 닿을 듯이 내려

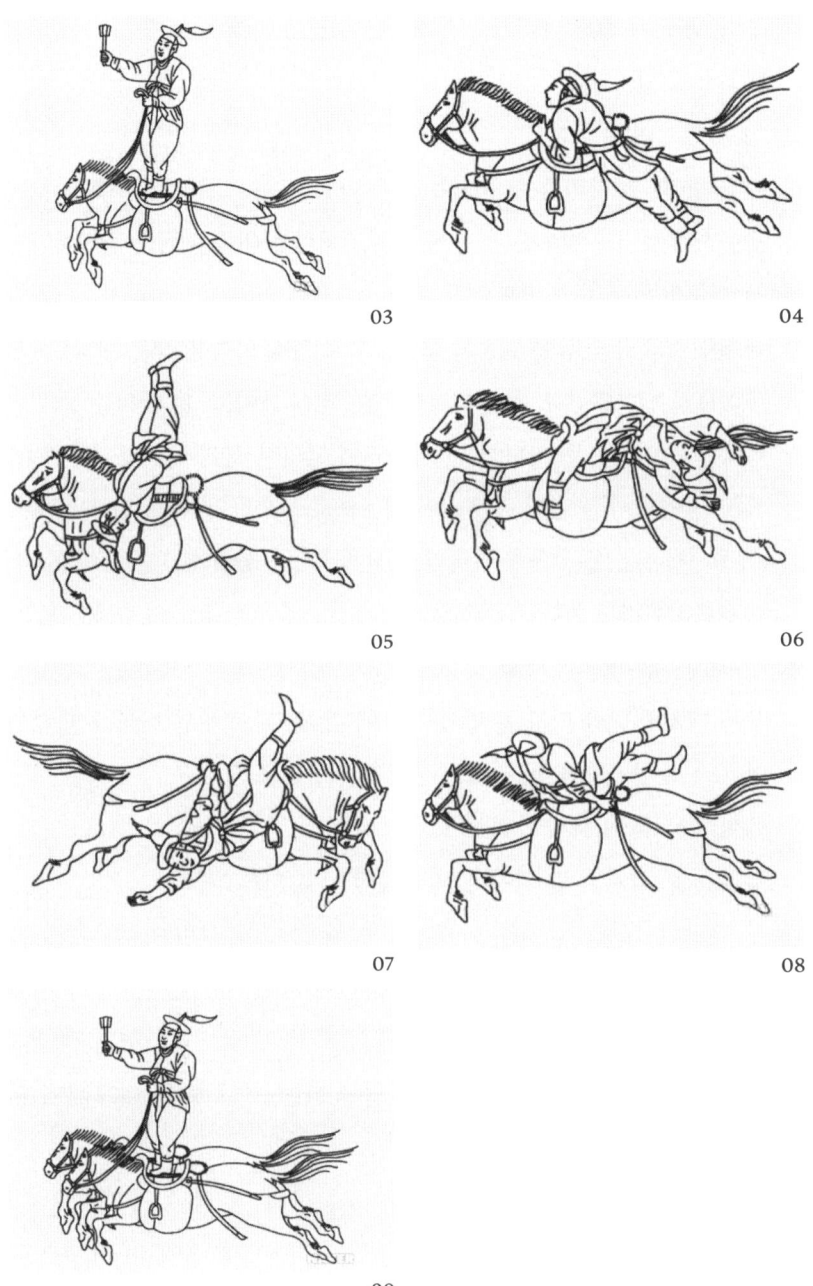

03

04

05

06

07

08

09

오며, 공중에 뻗친 다리가 휘청거리는 순간에 몸을 빠르게 돌려서 다음 동작으로 넘어간다.

④ 말 위에 눕기(도상6)

말을 탄 채 두 다리를 한 쪽으로 모은 다음, 두 손으로 안장 뒤쪽을 잡고 반듯하게 눕거나 엎드린다. 총에 맞은 것처럼 상대를 속이는 방법이다.

⑤ 말 옆구리에 몸 숨기기(도상7)

오른편 오금을 안장에 걸치고 오른손으로 안장 뒤쪽을 잡은 채, 몸을 말 왼쪽으로 떨어뜨린다. 등은 말 왼쪽 옆구리에 붙이고, 왼 다리는 말의 머리쪽으로 뻗으므로 사람이 말 옆구리에 달려서 끌려가는 듯하다. 왼손으로 땅의 모래를 집어 흩뿌리며 적진으로 들어간다. 몸을 말 오른쪽으로 옮겨서 같은 동작을 반복한다. 이를 등리장신(鐙裏藏身) 또는 마협장신(馬脇藏身)이라고 한다.

⑥ 말 위에 뒤로 눕기(도상8)

보통 때처럼 말을 타고 두 발을 등자에 건 채, 뒤로 누워 머리를 말 엉덩이 쪽으로 가져간다. 한 손으로 말꼬리를 잡기도 한다.

⑦ 쌍마(雙馬) 위에 서서 달리기(도상9)

달리는 두 마리의 말 위에서 앞의 동작을 펼친다.

마상재에는 키가 크고 윤이 나며 훈련이 잘된 수말을 쓴다. 특히 부루말(흰말)이 좋으며, 가라말(검은말) 중에도 네 발굽이 흰 것은 괜찮다. 말에 온갖 치레를 갖추며, 사람도 전립(戰笠)을 쓰고 붉은 더그레에 붉거나 누른 바지를 입고 허리를 광조띠로 조인다.

제주도에서도 10월 보름에서 정월 보름까지 석 달 동안 벌이는 빅달림(말달리기) 때 말 위에서 재간을 부렸다. '놀이개' 종목이 그것으로,

10여 명으로 구성된 두 패가 각기 말을 탄 채 노래를 부르고 춤도 추면서 재주를 부린 것이다. 이밖에 말을 바로 타거나 거꾸로 타고 장애물을 넘기도 하였다.

일본의 마상재는 한국에서 들어갔다.

이를 기예(騎藝)라고 적는다.

(1) 간다가 바쿠류시(神田 白竜子, 1680~1760)가 쓴 『화한무가명수(和漢武家名數)』의 간추린 기사이다.

1682년에 조선의 마상재가 일본에 전래되었을 때, 도쿠가와 쓰나요시(德川綱吉, 1680~1709) 장군도 구경하였다. 말을 이용한 곡예나 연극 따위의 볼거리가 다양했다. (…) 도쿄(東京)의 승마술은 이 조선법을 바탕으로 삼았다. 그로부터 미나모토노 쓰네모토(源経基, ?~961), 미나모토노 미쓰나카(源滿仲, 913~997) 따위의 제가(諸家)가 등장하여 오가사와라식(小笠原式), 다이헤이본오쓰보식(大坪式), 미즈미식(八見式) 따위의 승마술의 여러 유파가 나왔다.

(2) 유학자 나카무라 란린(中村蘭林, 1697~1761)의 『학산록(學山錄)』 기사이다.

조선의 마희(馬戲)는 참으로 절묘기이(絶妙奇異)하다. (…) 1748년에 조선의 사신이 왔을 때, 제술관(製述官) 박경행(朴敬行, 1710~?)과 필담을 나누었다. 그는 "우리나라에서는 말을 타고 적진 속으로 달려 들어가는 기술을 무예로 꼽으며, 춘추(春秋)의 시험에 따라 상을 준다. 이 기예(騎藝)를 하는 이가 4백~5백 명 있다. 언제부터 시작되었는지 모르나, 오래된 것은 틀림없다. 창검이 빽빽하고 깃발과 북소리 요란한 적진 속을 이 기예로써 몸을 감추고 들어가 깃발을 빼앗고 장수를 베면 감히 대적하지 못한다. 이것은 중국에도 없다"고 하였다.

실제로 우리 마상재는 일본 통신사(通信使)가 갖추는 종목 중의 하나였으며, 1635년부터 1763년까지 모두 일곱 번 현지에서 펼쳐 보였다. 이때 조선의 마상재가 천하제일이라고 할 정도의 인기를 얻었다. 그 내용은 회화·서책·장신구 따위의 소재로 활용어 판매되었고, 마상재용 말을 사려는 사람의 문의가 이어졌다(전경욱, 2014).

메이지(明治) 정부가 1896에서 1914년에 걸쳐서 낸 『고사유원(古事類苑)』에도 "조선에 마희라는 기예가 있다. 사신이 올 때마다 반드시 보였다. 곡마라고도 하는 이것은 대단히 절묘기이(絶妙奇異)하다"는 대목이 보인다.

도쿠가와 이에미쓰(德川家光, 1604~1651)의 요청에 따라 우리 마상재인(馬上才人) 둘이 에도(江戶) 성내에 모인 여러 고관과 유명 번주(藩主)들 앞에서 재간을 펼치는 장면을 일본 화가들이 그린 마상재 그림(馬上才圖)도 있다. 이에 말 위에 서는 동작, 말 좌우로 넘어가는 동작, 말 위에 거꾸로 서는 동작 따위의 세 가지 기예가 들어 있다.

마상재를 연속 동작으로 그린 한인희마도(韓人戲馬圖)도 전한다. ① 기수가 말 고삐를 잡고 등장하고, ② 말 위에 올라서며(馬上立), ③ 말 오른쪽에 몸을 숨기고(鐙裏藏身), ④ 두 마리의 말 위에 서는 동작(雙騎馬)의 네 가지이다. 첫째와 둘째 동작에서는 『무예도보통지』처럼 전립을 쓰고 호의(號衣)를 입었으나, 오른손에 삼혈총 대신 부채를 들었다. 이것은 판화로 제작되어 널리 퍼졌다.

이밖에 조선통신사 해설도인 『조선빙사상해(朝鮮聘使詳解)』 제4권에도 마상재를 그림과 함께 실었다.

마에다 이사무(前田勇)가 낸 『상방연예사전(上方演藝辭典)』의 들어 있는 일본 마상재는 다음 네 가지이다.

① 달리는 말의 배에 붙기

② 말을 탄 채 칼을 빼어서 윗몸을 옆으로 뉘고 적진으로 들어가기

③ 달리는 말 안장 위에 서서 칼 쓰기

④ 달리는 말 위의 안장에 한 손으로 물구나무를 선 채, 다른 손으로 부채질하기

일본에 우리 마상재 그림 네 가지, 곧 ① 「마상재도(馬上才圖)」, ② 「마상재도권(馬上才圖圈)」, ③ 「한인희마도(韓人戲馬圖)」 ④ 「조선인희마도(朝鮮人戲馬圖)」 따위가 있다.

①의 「마상재도」에는 달리는 말 위에 서서 한 손에 부채를 들고 연행하는 모습과 거꾸로 서서(倒立) 달리는 모습을, ②의 「마상재도권」에는 마상도립(馬上倒立), 횡마(橫馬), 쌍마(雙馬) 등 8종의 묘기를 펼치는 모습을 그렸다. ③의 「한인희마도」는 마상재의 각 장면을 싣고 제목을 달았으며, ④의 「조선인희마도」에는 세 마리의 달리는 말 위에서 각각 부채를 들고 서 있는 자세, 도립하는 자세, 횡와 자세가 보인다.

이밖의 문헌에는 ①『헌상어마병곡마기록(獻上御馬幷曲馬記錄)』, ②『조선빙사상해(朝鮮聘使詳解)』, ③ 종대마수전어등성행렬 국국어대명방어치주부병곡마도(宗對馬守殿御登城行列國國御大名方御馳走附並曲馬圖) 따위가 있다.

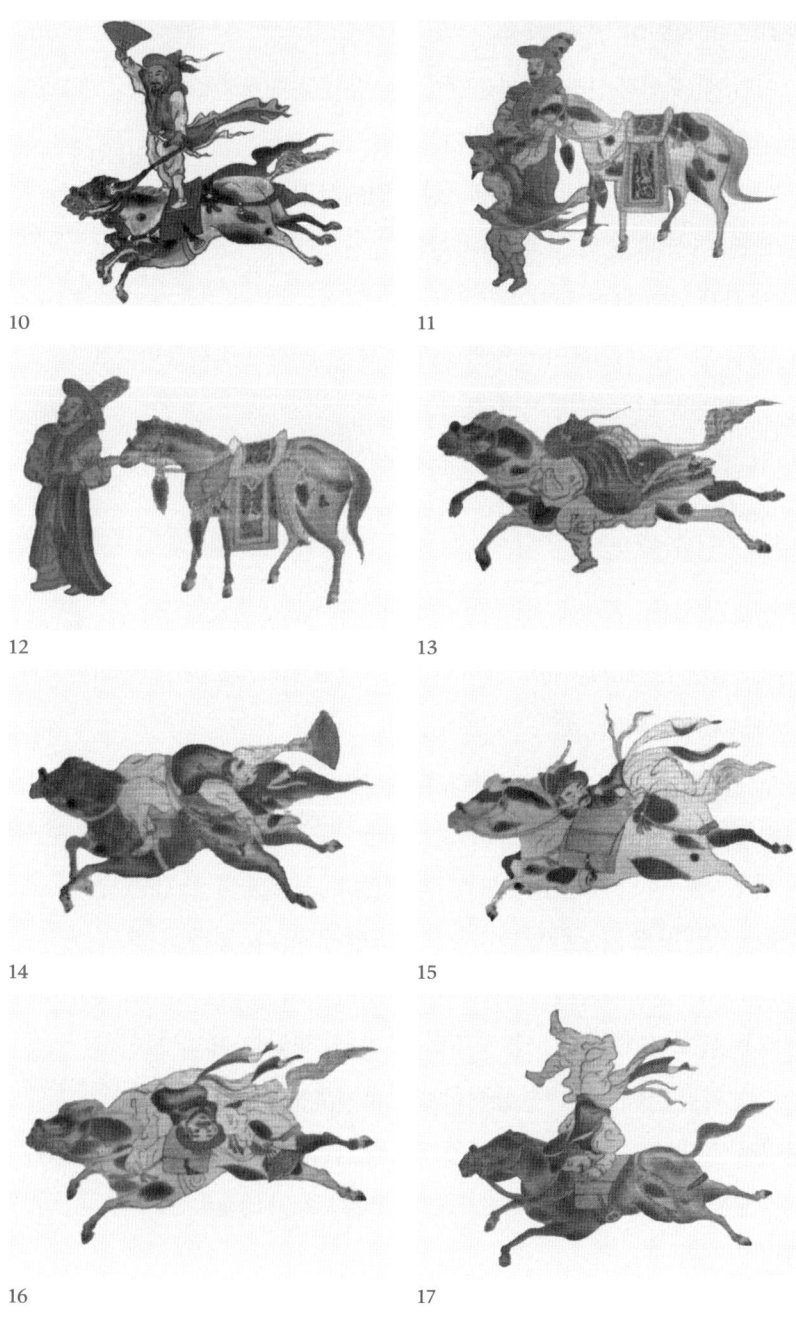

10

11

12

13

14

15

16

17

①의 『헌상어마병곡마기록』은 막부(幕府)의 장군에게 주는 헌상마(禮單馬) 여섯 마리와 곡마 세 마리에 관한 기록이고, ②『조선빙사상해』는 마상재의 각 연희장면과 함께 내용을 설명한 기록이다. ③『종대마수전어등성행렬 국국어대명방 어치주부곡마도』는 대마도주(對馬島主)의 에도 등성(登城) 행렬, 각 지역의 통신사 접대와 함께 마상재도(馬上才圖)를 수록한 책이다.

도상10은 일본인이 그린 우리 마상재의 쌍마(雙馬) 장면이다.

도상11은 한인마희도(韓人馬戲圖),

도상12는 말 끌고 들어오기,

도상13은 좌우칠보(左右七步) 걷기,

도상14는 말 등 뒤로 눕기,

도상15는 말 등 옆으로 눕기,

도상16은 몸 숨기기,

도상17은 말 등에서 물구나무서기 따위의 장면이다.

11) 매사냥

매를 돌보고 부리는 이를 수할치 (강원도·경기도·경상북도), 매방재(함경북도), 봉죽(평안북도), 매받이(평안북도·강원도), 봉받이(강원도·경상북도), 매방소(경상북도), 수하치(경상북도), 주갈치(경상남도 남해) 따위로 부른다.

01

이 가운데 수할치·수하치·주갈치는 몽골 계통 이름이다. 우리말 장사치·조라치(하급관리)·홀치(임금 경호원)·반빗아치(반빗간의 허드렛일꾼) 따위의 '치'는 우리말 '꾼'에 가까운 몽골말이다.

우리 매사냥의 역사는 길다. 고구려의 태조왕(太祖王, 53~146)에게, 숙신(肅愼)의 사신이 자줏빛 여우 갖옷·흰 매·흰 말 따위를 바치자, 기뻐한 왕이 잔치를 베풀었다는 기록(『삼국사기』「고구려본기」제3 66년 10월)이 그 것이다. 또 4세기의 황해도 안악(安岳) 1호 무덤, 평안남도 용강군(龍岡郡)의 감신(龕神) 무덤, 중국 동북부 집안(集安)의 장천(長川) 1호 무덤 및, 세칸무덤 등에도 매사냥 장면이 보인다.

도상1이 고구려 강역이던 집안시 장천에 있는 세칸무덤의 매사냥 장면으로, 말 위에 앉은 수할치가 매를 날리려는 장면이다.

도상2도 3~4세기의 매사냥 장면이다. 왼쪽 위의 수할치가 매를 날리자 기다리던 동물들 뒤를 따르고, 뒤쪽의 수할치는 오른손에 얹은 매를 내려다본다. 오른쪽 끝은 짐승들을 놓아준 몰이꾼이다.

도상3은 19세기의 풍속화가 김준근(金俊根)이 남긴 매사냥 그림이다.

백제의 아신왕(阿莘王, 392~405)은 장성하자 매사냥과 말타기를 즐겼고(『삼국사기』 권25 「백제본기」 3), 법왕(法王, 599~600)은 살생을 막으려고 1년(599) 민가의 매를 풀어주었다(같은 책 권 제27 「백제본기」 제5). 백제에서는 귀족뿐 아니라 백성들도 즐겼다.

신라도 예외가 아니다. 매사냥에 빠진 진평왕(眞平王, 579~632)을 신하들이 말렸으나 듣지 않았다(앞 책 권 제45 「열전」 제5). 또 경주(慶州)의 선도산(仙桃山)에서 경명왕(景明王, 917~924)이 매를 잃자, '찾으면 반드시 성모(聖母)께 벼슬을 드리겠습니다'하고 빌었더니, 매가 돌아와 대왕(大王) 자리를 바친 일도 있다(『삼국유사』 권제5 「감통[感通]」 제7).

고려 말에는 매사냥 담당 기관을 따로 둘 정도로 열기가 높았다. 대표적 임금이 충렬왕(忠烈王)이다. 9년(1283)에 응방도감(鷹坊都監)을 설치, 종3품을 도감에 앉히는 한편 몽골의 수할치도 불러왔다.

『고려사』에는 그가 매사냥에 나설 때마다, 많은 사람이 한숨을 쉬었다고 전한다. 심지어 궁중의 동산에 큰 매 집을 짓고 두 신하에게 맡기는 한편, 자신도 하루 두 번씩 가 보았다. 그들은 매를 기른다는 핑계로, 성안의 닭과 개를 수없이 거두었다. 벼슬(捉鷹別監)을 여러 사람에게

02

03

주며 전국의 매를 잡아들이는 소동까지 벌였다. 응방에 딸린 백성의 집은 205호에 이르렀고, 과중한 세금을 피하려고 응방에 이름을 올린 사람이 헤아릴 수 없었다. 매 먹이 비용이라며 은과 베를 거둔 까닭에, '매를 고기로 기르지 않고, 은과 베로 배를 불린다'는 원망이 쏟아졌다.

뒤를 이은 충목왕(忠穆王, 1344~1348)이 응방을 없앴으나, 공민왕(恭愍王)은 다시 두면서 '놀기 위해서가 아니라, 매의 용맹스러움을 좋아하기 때문'이라고 둘러대었다(『고려사』 권43 「세가[世家]」 공민왕 20년 11월 무진).

조선의 임금들도 마찬가지였다.

태조(太祖)는 4년(1395) 4월과 5월에 한강으로 매사냥 구경을 나섰다. 또 같은 해 10월, 민간의 닭과 개가 해를 입는다며 왕자와 여러 군(君)의 매 사육을 막았으나, 7년(1395)에 한강 가에 응방을 두었다. 금령(禁令)은 눈가림이었을 터이다.

태종(太宗)은 한술 더 떴다. 2년(1402) 9월의 매사냥 때, 갑사(甲士) 10여 명과 응군(鷹軍) 20여 명을 딸린 것이다. 그러나 이듬해 사사로운 매사냥을 막는 한편(3년 8월 무신), 응군을 16명으로 줄였다(3년[1410] 11월). 또 이를 효과적으로 줄이려고 종친(宗親)·부마(駙馬)·제군(諸君)의 응패(鷹牌)를 녹색으로 바꾸어, 일반의 흑색과 구별하였다(7년 12월).

세종(世宗)도 병조(兵曹)와 사헌부(司憲府)에 매사냥 단속을 엄중히 일렀다(『세종실록』 권1 즉위년 9월 계축). 9년(1427) 11월에 허조(許租)가 매를 함경도와 평안도에서만 바치도록 하고, 경상도와 전라도는 빼자는 청을 올리자 허락하는 한편, 앞의 두 지역에서 해동청(海東靑)을 잡거나 본 사람에게 상을 주라고 일렀다(10년 3월). 이는 오로지 중국에 보내기 위해서였다.

11년(1429) 5월에는 중국 사신이 스스로 달라고 하였다. 12년에 수할치(鷹師)를 90명으로 늘려 세 패로 나누고, 15년에 응방을 사복시(司僕寺)에 소속시킨 것도 저쪽의 요구가 더욱 거세진 탓이다. 세종과 문종(文宗, 1450~1425)은 해동청을 보냈고, 단종(端宗, 1462~1466)은 7마리 요구에 2마리가 모자라 애를 먹었다(『노산군일기』 권4 즉위년 11월).

같은 왕 17년(1435) 10월, 병조에서 각 고을의 수령들이 매를 허가 없이 관아에서 기르거나, 사람들에게 주어 날리기도 하는 탓에 금령을 어기는 사람에게 죄를 묻지 못한다는 보고를 올렸다(『세종실록』 17년 10월 정미). 관리들의 매사냥 병폐가 더욱 깊어진 것이다.

매의 진상(進上)을 막은 성종(成宗, 1469~1494)도, 응방 폐지론에는 고개를 저었다. 이 탓인지 진상이 그치지 않았으며, 매를 서울로 가져올 때 백성의 닭과 개를 빼앗는 등의 폐해가 막심하였다. 이에 '각 고을과 역(驛)에서 매의 먹이를 기르라'는 명을 내렸다. 처음과 달리 매 진상을 부채질한 셈이다. 그는 늙은 신하에게 매를 주며, 어머니를 봉양하라고 이른 적도 있다.

(1) 허봉(許篈, 1551~1688)의 『해동야언(海東野言)』이다.

상(喪)을 당한 영상(領相) 성희안(成希顔, 1461~1513)은 벼슬을 내놓았다. 복을 마친 그에게 다시 벼슬을 내리자 끝내 받지 않았다. 임금은 중관(中官)을 통해 매 한 마리를 주면서 공사에서 물러나 틈이 나거든, 교외에서 사냥하여 어머니께 드리라고 하였다(2).

가장 호화로운 매사냥을 즐긴 이는 연산군(燕山君, 1494~1506)이다. 응방을 좌우로 나누고 수할치를 각기 400명이나 붙이는 외에 80명의 관원을 전국에 보내 매를 거두었다. 응방의 매와 개는 수만 마리에 이르렀고, 진귀한 새와 짐승까지 먹였다. 이들의 하루 먹이도 어마어마하여 백성의 원성이 하늘까지 치솟았다.

명종(明宗) 때(1545~1567)도 폐해는 줄지 않았다.

이 뒤로도 응방을 없앴다가 다시 두는 일이 거듭되었다. 중종(中宗) 때
도 매의 진상이 문제였다. 이언적(李彦迪, 1491~1553)은 매잡이가 신역(身
役) 면제를 받지만, 잡지 못하면 집과 땅을 팔아 한 마리에 베 50~60 필
(疋)을 주고 사 바치는 폐단을 지적하였다(『중종실록』 23년[1528] 윤시월).

도상4가 오른손에 매를 받은 수할치이고,

도상5는 산등성이에서 꿩이 날아오르기를 기다리는 수할치이다.

도상6은 꿩을 챈 매를 쓰다듬는 수할치이다(S. Bergman).

우리 매는 중국뿐 아니라, 일본인도 탐냈다. 조경남(趙慶男, 1570~1641)
이 낸 『난중잡록(亂中雜錄)』의 "함경감사(咸鏡監司) 유영립(柳永立)의 온 가
족이 사로잡혔다가 (…) 영립만 도망 나오고, 어머니는 매를 주고 **빼왔**
다"는 내용(2 임진년 10월 18일)이 그것이다. 또 같은 책에 "부산(釜山) 동
래(東萊)의 왜적이 우리와 더불어 함안(咸安)에 시장(市場)을 열자 저들은
우리에게서 **빼앗은** 소와 말을 내고, 우리는 표피(豹皮)와 매를 팔았다"

04

05

06

는 기사(3 을미년 6월)도 보인다.

응방이 없어진 것은 선조(宣祖, 1567~1608) 때이고, 현종(顯宗, 1659 ~1674) 뒤에는 매사냥 기록이 줄었다.

(2) 이익(李瀷, 1681~1763)이 지은 『성호사설(星湖僿說)』의 간추린 기사이다.

> 송골매(鶻)를 큰 매(鷹)에 견주면, 새매(鷂)는 농탈(籠脫)에 견주는 것과 같다. 해동청(海東靑)은 송골매 따위로 (…) 꼬리가 길고 눈망울이 검으며, 똥을 급하게 깔기지 않는다. 『명사(明史)』에 세종(世宗)이 명(明)의 황제에게 보냈으나, 받지 않고 농기구(가래와 호미 따위)를 내렸다. (…) 해동청은 꿩을 단 한 마리도 놓치지 않으며, 빠르기는 큰 매의 갑절이다 (제4권 「만물문[萬物門]」).

사냥에는 매의 주인 수할치와 털이꾼 그리고 배꾼이 합세한다.

털이꾼(4~5명)들은 잔솔밭에 숨은 꿩이 날도록 작대기로 두드려가며 '우, 우' 소리치다가, 꿩이 날면 '디워, 디워' 하고 고함을 질러서 수할치에게 알린다. 산마루에서 기다리던 수할치는 이때 매를 날린다. 단단하면서 탄력을 지닌 물푸레나무로 깎은 작대기는 손잡이 쪽에 끈을 달고, 짧은 나무토막을 잡아매어 허리에 차고 다닌다. 털이꾼은 꿩이 머리를 풀숲에 틀어박고 숨었을 때, 모르는 척 옆으로 지나가면서 이것으로 후려쳐서 잡기도 한다. 앞쪽으로 다가서면 눈치를 채고 잽싸게 달아나는 까닭이다.

배꾼은 매나 꿩이 날아간 데를 털이꾼에게 알려준다. 수할치와 털이꾼이 멀리 떨어져 있으면, 의사 전달이 어려우므로 사냥터 건너편 산 등성이에서 살핀다. 그러나 배꾼을 따로 두지 않고, 수할치와 털이꾼만 나서기도 한다.

검은색을 싫어하는 매를 위해 반드시 흰옷을 입고 명주 수건으로 머리와 귀를 싸며 노랑 수건을 덧쓰기도 한다. 먹거리로 누룽지와 엿에 후추 깨를 뿌린 후추 양념 밤엿과 말린 쇠고기나 노루고기 따위를 가져간다.

사냥터는 양지바르고 낮으면서 관목이 들어찬 곳이 좋다. 수할치 손에서 벗어나 하늘로 치솟은 매는, 꿩을 보자마자 내리꽂히듯 뒤쫓는다. 꿩의 머리를 날카로운 발톱으로 휘감아 쥐고 눈을 쪼은 다음, 목털을 뽑고 핏줄을 끊으려 든다. 매 꽁지에 달아놓은 방울에서 나는 소리를 따라간 수할치는 매 옆으로 다가가서, 발목 끈을 잡은 채 꿩과 매를 무릎 위에 올려놓는다. 매가 털을 뜯도록 꿩을 돌려대며 기다리다가(갑자기 빼앗으면 성질 급한 매는 화가나 죽는다), 꿩을 슬그머니 무릎 아래로 숨기면서 미리 준비한 마른 닭이나 꿩의 머리를 내준다.

'꿩 잡는 것이 매'라는 말이 있지만, 꿩도 죽여줍쇼 하고 엎드리지는 않는다. 죽을 힘을 다해 내빼면서, 쫓고 쫓는 사투를 벌인다. 이것이 매사냥의 묘미이다. 꿩은 매 눈에서 벗어나려고 산등성이로 날다가, 갑자기 고도를 낮추며 등 넘어 숲속으로 기어든다. 급히 솟아올라 숨는 데를 확인한 매는 급히 날아내려서 챈다. 꿩과 매가 공중에서 뒤얽히기도 한다. 매는 꿩 밑으로 누워 날면서 꿩을 채어 함께 땅으로 떨어진다.

나이가 들거나 매에 시달렸던 꿩은, 나름대로 묘수를 편다. 몰이꾼이 작대기를 아무리 휘둘러도 절대로 날지 않고, 배를 땅에 바짝 깐 채 기어 달아나는 것이다. 또 매 눈에 띄지 않도록 산기슭으로 낮게 날거나, 얼결에 날아올랐다가도 곧바로 땅으로 내려 기어 달아난다. 잔가지 우거진 숲으로 숨는 따위의 꾀도 쓴다. 어떤 꿩은 이제 죽는구나 싶을 때,

등을 땅에 대고 마지막 안간힘을 써서 달려드는 매의 앞가슴을 발로 긁는다. 이때 매 가슴이 찢어지며 내장이 쏟아진다.

도상7은 많은 꿩을 거둔 수할치의 기쁨에 찬 표정이다(S. Bergman).
도상8이 1970년대 초의 전라북도 진안군(鎭安郡) 성수면(聖壽面) 구신리(求臣里)의 매를 든 수할치이다.

강원도 평창(平昌)에서는 생매를 받을 때(매의 격을 높여서 '잡는다'고 하지 않는다), '뒤피'라는 틀을 쓴다. 매끈한 물푸레나무로 우산을 편 것처럼 둥글게 엮은 것(지름 1m쯤)의 뒤쪽을 말뚝에 잡아매고, 다른 한 끝에 적당한 크기의 돌을 달고 끈을 맨 것이다. 돌이 달린 쪽이 반쯤 들리도록 끈을 근처의 나뭇가지에 건 다음, 닭이나 비둘기를 미끼로 넣고 매가 챌 때까지 기다린다. 이들은 먼 곳에 매가 나타나도 몹시 울고 벌벌 떠는 까닭에 대비가 쉽다. 매는 반드시 꿩을 잡은 장소에 다시 나타나므로, 뒤피는 그 자취가 있는 곳에 놓는다. 이를 산봉우리에 놓을 때는, 길이 세 뼘의 후리채를 장치했다가 매가 미끼를 챌 때 가둔다.
매는 아침결에 잘 든다. 뒤피에 매가 들면 앞쪽으로 가지 않고, 옆으로 다가가서 깔고 앉은 다음, 장갑 낀 손으로 들어낸다. 평안북도에서는

07   08

다리를 보자기 가운데에 뚫은 두 개의 구멍으로 빼고, 아래에서 위로 날개를 감싸 묶은 다음 머리만 내놓고, 다리를 끈으로 잡아맨다. 뒤피는 덮치(평안도), 덮재기(강원도), 덮치기(경기도)라고도 한다.

도상9가 뒤피이고
도상10이 통홰 위의 매이다.

그물(매장)도 쓴다. 길이 3m의 장대 세 개를 세모꼴로 벌려 세우고, 좌우 양쪽에 길이 2.5㎜, 너비 2m의 그물을 건다. 위는 말뚝에 잡아매고 아래 좌우 양끝은 야들야들한 나뭇가지를 꿰어 끝이 조금 벌어진 대 말뚝에 끼워 둔다. 사람은 가운데 기둥에서 빗변 쪽으로 4~5m 떨어진 곳에 파놓은 매막(구덩이)에 들어가 숨는다. 미끼에 팔린 매가 달려들다가 그물에 휘말린다.

생매를 길들일 때는 장대 두 개를 30m쯤 벌려 세우고, 이들을 연결한 줄을 매 두 다리 사이의 젓갈끈(주로 사슴 가죽) 구멍에 꿴다. 장대 한쪽에서 산 닭을 손에 쥔 수할치가 '쥬 쥬' 하면, 매는 채려고 난다. 이것이 '줄밥'으로, 보통 때의 '낮밥'과 구별한다. 이를 거듭하는 사이에 길

09

10

이 든다. 수할치는 잘 때 매를 몸 위에 올려놓아 뒤척일 때마다, 잠에서 깨도록 한다. 잠이 적어야 길이 잘 드는 까닭이다. 한 달쯤 지나면 사람에 익숙해지고 먹이를 채는 재간도 늘어난다.

매는 둥근 나무토막에 꽂은 기둥(길이 60㎝) 위에 가로로 박은 막대기(길이 30㎝)에서 지낸다. 이 통화(강원도 홍천에서는 매투아리라 이른다) 기둥에 젓갈끈에 달린 끈을 잡아맨다.

사냥 전날 밤, 사람들이 번갈아 가며 매의 가슴을 쓰다듬어서 잠을 깨운다. 가슴이 약한 매는 조금만 건드려도 소스라치게 놀라고 그로써 신경이 더욱 날카로워진다. 수할치는 저녁에 7~8개의 목화씨를 주었다가, 이튿날 아침 뱉어 놓은 씨를 헤아린다. 노랗게 변해야 배의 기름기가 빠져서 사냥에 열심을 내기 때문이다. 피 칠한 솜을 주었다가 토하는 과정을 세 번 거친 다음에 사냥에 나서기도 한다. 평안도에서는 기름기가 적은 수탉의 살을 물에 담가 기름기를 빼고 닭의 깃털에 싸 준다. 매는 이튿날 아침 노란 기름이 낀 깃털 뭉치(고얄)를 뱉는다.

매가 꿩을 채면 빨리 빼앗는다. 꿩의 눈을 쪼고 골을 빼먹으면, 게으름을 피우거나 멀리 날아가 버리기 때문이다. 달아난 매를 다시 손에 넣으려면, 이만저만한 고생이 아니다. 수할치는 10리고 20리고 산을 넘고 물을 건너 좇아간다. 매가 나무에 앉으면, 미끼(닭이나 꿩)를 던져 준다. 그러나 매가 움직이지 않으면, 밤이 되기를 기다렸다가 횃불을 눈앞으로 들이대면서, 장대 끝에 잡아맨 말총 올가미로 목을 옭는다. 밤에도 눈을 뜨고 자는 매는, 갑자기 밝은 빛을 만나면 날지 못한다.

그러나 이것은 운이 좋은 경우이고, 행방을 가늠조차 하기 어려운 때도 있다. 하루 이틀 뒤 배가 고픈 매는, 인가의 닭을 잡아먹다가 잡힌다. 이때는 꽁지에 달린 얇은 뼈에 새긴 주소를 보고 수할치에게 알린다. 이 뼈를 평안도에서는 '시치미', 강원도에서는 '단장구'라 한다. 수할치는 돌보아준 대가로 닭값을 넉넉하게 치르거나, 매사냥을 해서 꿩을 넘겨준다. 그러나 사냥을 잘하는 매는 워낙 비싼 까닭에, 욕심이 앞서는 사람은 시치미를 떼버리고 제 것으로 삼는다. 알고도 모르는 체 '시치미를 뗀다'는 말은 이에서 나왔다. 시치미를 떼는 일이 하도 잦아서, 평안도에서는 매 허벅지에 문신도 하였다.

　도상11이 시치미이고, 도상12는 시치미를 달고 나르는 매이다(권재명). 도상13은 여러 나라에 이름을 떨친 우리 보라매이다.

　매는 사고팔았다. 1930년대에 쌀 대여섯 가마와 맞먹었으며, 사냥을 잘하면 황소 한 마리와도 바꾸었다. 꿩은 총으로 잡은 '불치'보다, 매가 잡은 '매치'를 더 쳤다. 경기도 이천시(利川市) 창전동(倉前洞)의 김익환(1970년에 76살)은 1966년 무렵에도 이천읍 부근에서 매를 부렸다.
　그는 용인시(龍仁市) 범안골(虎里) 신당리 고개에서 한 해 가을에 10여 자루(매는 이렇게 헤아린다)를 받았으며, 많으면 30여 자루에 이르렀

11　　　　　　　12　　　　　　　　　　　　13

다. 일제 강점기에는 해마다 허가를 냈고, 비용도 만만치 않아 소 한 마리 값이 들었다. 허가증에는 매를 팔에 받은 수할치 사진을 붙이고 사냥 구역을 적었다.

일본에서는 다카가리(鷹狩)라고 부른다.
이것은 우리가 건네주었다.

『일본서기(日本書紀)』의 기사이다.

진도쿠(仁德) 천황 43년(355) 9월 1일 의망둔창(依網屯倉)의 아이고(阿餌古)가 이상한 새를 바치며, "제가 늘 그물로 새를 잡아왔지만, 일찍이 못 본 것이라 이상히 여겨 바칩니다"고 하였다. 천황이 사케기미(酒君)을 불러 무슨 새인가? 묻자 "이러한 종류의 새는 백제에 많습니다. 길들이면 사람을 잘 따르며 빨리 날아가 여러 새를 잡기도 합니다. 백제에서는 구지(俱知)라고 부릅니다"는 대답이었다. 그가 돌보았더니 곧 길이 들었다. 주군은 다리에 가죽끈을 걸고 꼬리에 작은 방울을 단 뒤, 팔뚝에 얹어서 천황에게 바쳤다. 이날 백설조야(百舌鳥野)에 가서 사냥을 벌였다. 암꿩이 많이 나는 곳에 놓았더니, 잠깐 사이에 수십 마리를 잡았다.

14
15

이달 응감부(鷹甘部)를 두었다. 사람들은 매 기르는 데를 응감읍이라고 불렀다(권 제11).

도상14는 오사카에 있는 주군의 무덤이고,
도상15는 그의 무덤에 세운 비이다.

매사냥을 일본에 전한 사실보다, 다리 사이에 가죽을 채우고 꼬리에 방울을 달았다는 내용에 무릎을 치지 않을 수 없다. 우리와 똑같기 때문이다. 방울은 앞에서 든 대로, 매가 꿩을 챈 자리를 알리는 구실을 한다. 오사카(大阪)에는 주군의 묘비와 그를 신으로 받드는 신사(鷹神社)가 있다.

그 뒤, 응감부는 대보율령(大寶律令)에 따라, 병마사(兵馬司)와 대등한 주응사(主鷹司)로 승격되었으며, 뒤에 민부성(民部省) 방응사(放鷹司)라고 고쳐 불렀다.

꼬리에 방울을 달고 발톱을 세운 6~7세기의 매와 수할치 그리고 흙인형이(埴輪) 간토(關東) 지방에서 여러 점 나온 것은 매사냥이 널리 퍼진 것을 알려준다.

16

도상16이 그를 위해 세운 응합(鷹合) 신사의 본전(本殿)이다.
도상17이 사냥에 나선 수할치이고, **도상18**은 매를 받은 장군의 모습이다. **도상19**는 매를 받은 상류계층의 부인이다.

천황 가운데 매사냥을 가장 즐긴 이는 간무(桓武, 736~806)이다. 그가 평성경(平城京)에서 장강경(長岡京)으로 도읍을 옮긴 10년 만에, 다시 산성(山城)의 우태(宇太)로 옮아간 것도(794년) 매사냥 때문이라는 설이 있다. 실제로 그는 132회의 매사냥 가운데 105회를 이곳에서 벌였다. 그의 뒤를 이은 사가(嵯峨) 천황도 재위 25년 동안(809~823) 81회나 벌이는 한편, 『신수응경(新修鷹經)』을 완성시켰다. 매사냥은 귀족 사회에도 성행되었으며, 이들에게 딸린 유명한 수할치들은 각기 유파를 형성하였다.

14세기 중반에서 말기까지의 군사 기록인 『태평기(太平記)』에 매사냥이 등장하며, 17세기에 나온 「태평기회권(太平記繪卷)」에도 말 위의 수할치가 다섯 마리의 개와 함께, 매를 날려서 꿩을 잡는 그림이 있다.

일본에서도 우리 매를 더 좋아하였으며, 임진왜란 때 무장들이 다투어 도요토미 히데요시(豊臣秀吉, 1536~1598)에게 바친 것도 이 때문이다. 또 뇌물로도 썼다.

장군 가운데 매사냥을 가장 즐긴 이는 토쿠가와 이에야스(德川家康,

17   18   19

1542~1616)로, 평생 천 번 이상 나섰다. 수할치(鷹匠)는 16세기 말 막부의
직제로 편입되고, 17세기 중반에는 허가제로 바뀌었으며, 1681년에는
막부(幕府)에 딸린 수할치가 116명에 이르렀다. 한때 폐지되었던 매사냥
이 1716년에 부활 했으나 정원이 40여 명으로 줄고, 1866년의 응장(鷹
場) 제도 폐지에 따라 직제마저 없어졌다.

일본의 고관들이 조선통신사를 통해 매를 손에 넣은 점도 특기할
일이다. 1719년에 황매 41마리를 주었고, 1725년에는 우리 수할치가
오사카(大阪)의 막부까지 가서 건넸으며, 1740년에는 어린 창응(蒼鷹)
69마리를 보냈다.

도상20은 전쟁을 연상시키는 매사냥 장면이다.

하시구치 쇼우부(橋口尙武)는 매사냥이 시작된 중앙아시아 기마민족
이 매를 오른손에 받는 점을 지적하였다. 그리고 고구려 고분의 매사
냥 장면과 저들의 고대 흙인형(埴輪)을 비롯한 근대 그림들을 들며 "매
를 왼손에 받는 것은 조선 반도와 일본의 특색이라고 해도 좋을 것"이
라고 덧붙였다.

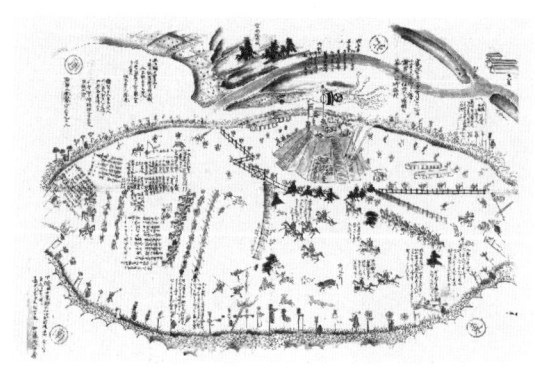

이를 몰랐던 나는
자료를 살폈다. 직접
현지에 갔던 위그르
자치구의 카자크족이
나, 중국의 가곡관(嘉
谷關)에서 나온 3~4
세기의 채화전(彩畵塼)

20

및 당대(唐代)의 여러 유물도 그의
말대로였다. 그리고 아라비아·러
시아·중국 동북부도 같았다.

그러나 자료를 모두 대조한 결
과 그렇지 않은 지역도 많았다.
아라비아와 중아시아 수할치 가
운데 왼손을 쓰는 사람이 있는가

21

하면, 우리 20세기 초의 김준근(金俊根)의 풍속화나, 같은 시기에 나
온 서양 책의 주인공들은 오른손에 받았다. 그리고 최근까지 매사냥
을 즐긴 전라북도 진안군의 전씨도 오른손을 썼다. 일본에도 오른손
흙인형이 한 점 있다. 따라서 개인의 습관에 따른 대체적인 경향에 지
나지 않으며, 이를 문화적 차이나 지역적 특성으로 보는 것은 무리인
셈이다.

도상21은 아라비아의 수할치이고, 도상22는 매를 잡는 그물이다.
도상23은 인도의 매사냥 그림이다.

22

23

중앙아시아에서 시작된 매사냥의 한 줄기는 이집트·아시리아·페르시아를 거쳐 유럽으로 퍼져나가고(아프리카 중부 이남과 아메리카대륙에는 들어가지 않았다), 다른 한 줄기는 중국을 거쳐 우리에게 들어왔다. 영국에는 8세기 중엽에 퍼졌으며, 12~13세기에 전성기를 맞았다. 매사냥은 인도에도 들어가 무갈제국(1526~1875) 시대에 성행되었다. 나는 1991년 인도 뉴델리 국립 박물관에서, 매사냥 장면을 표현한 그림이나 유물을 40여 점이나 발견하였다.

　　도상24는 눈덮개로 눈을 가린 수리이다.
　　도상25는 날개를 편 수리의 모습이다.

　　몽골 서북쪽에 거주하는 카자흐 사람들은 1990년에도 생계를 위해 매(검독수리)사냥에 자주 나섰다. 그해 여름, 매사냥을 보려고 몽골 수도 울란바토르에서 서북쪽으로 1,700여㎞ 떨어진 바양울기까지 비행기로 4시간을 날아간 다음, 다시 자동차로 북으로 120㎞를 더 달렸다. 러시아 국경에서 20㎞ 떨어진 지점이었다.

　　수할치(매사냥꾼) 두룸한(1990년에 50살)은 검독수리로 여우·토끼·승

24

25

냥이 따위의 비교적 큰 짐승을 잡는 다른 이들과 달리, 여우 사냥에만 매달렸다. 정부가 털 한 장에 80도그리크를 내기 때문이다. 몽골 고등학교 교사의 한 달 봉급(600도그리크)에 견주면 매우 높은 값이다. 10월부터 이듬해 1월까지의 사냥철에 20마리쯤 잡지만, 운이 따르면 40여 마리도 거둔다. 사냥은 여우가 잠 깨기 전인 새벽 5시 무렵부터 어두워질 때까지 한다.

새해 첫 사냥 날 그의 아내는 차(茶)를 하늘에 뿌리며(이들은 차를 가장 귀한 것으로 여긴다), 많이 잡게 도와주소서 하는 축원을 올린다. 이어 말에 올라 떠날 때 우유를 끼얹으며 다시 빈다. 집으로 돌아온 뒤에는, 양을 잡고 술을 마시며 자축한다.

사냥을 떠날 때 검독수리의 배가 부르면, 가운데가 뚫린 작대기를 입에 틀어넣고 물을 부어서 게워 내게 한다. 이는 전날 저녁 목화씨를 먹이는 우리 관습을 연상시킨다. 몽골과 우리네 매사냥법은 닮은 점이 한 두 가지가 아니다.

검독수리는 먹이를 채면 그 자리에서 주인을 기다린다. 다른 곳으로 달아나는 일도 없다. 수할치가 인가로 내려와 차를 마시며 쉴 때도, 산 위에 그대로 있다. 주인이 '가가가, 허잇 가가'하고 소리쳐야 날아와 앉는다. 매는 햇새끼에서 13살에 이르기까지 각기 다른 이름으로 부른다.

두룸한의 할아버지·아버지·맏아들(27살)도 수할치이다. 젓가락처럼 가녀린 그의 아내는 무려 아홉 명의 자녀를 낳았으며, 막내가 다섯 살이다. 맏아들은 부모 곁의 다른 게르에서 산다.

12) 들돌들기

음력 칠월 보름인 백중(百中)을, 중원(中元) 또는 백종(百種)이라고도 한다. 중원의 '원(元)'은 도교에서 왔다. 도가(道家)에서는 하늘의 선관 (仙官)이 한 해 세 번의 원일(元日), 곧 정월 대보름 상원(上元), 칠월 보름 중원, 시월 보름 하원(下元)에 인간의 선악을 가린다고 한다.

'백종은 백 가지 씨앗'이라는 뜻이다. 이 무렵에 여러 가지 채소와 과 일이 나오는 까닭에, 백곡의 씨앗을 갖추어 놓은 데서 온 이름이다. 옛 적에는 부모님의 혼령을 위해 음식과 과일을 차려놓고 빌었다. 불교에 서도 부처님께 공양을 올리는 우란분회(盂蘭盆會)를 치른다. 이는 불제 자 목련(目蓮)이 어머니의 영혼을 구하려고 맛있는 음식과 과일을 바친 데서 유래한다.

제주도에서도 맛있는 물고기가 난다고 하여, 밤늦게까지 횃불을 밝 히고 잡았으며, 한라산(漢拏山)의 산신을 위한 제사를 제주시(濟州市) 아 라동(我羅洞)에 있는 산천단(山川壇)에서 지냈다. 이 무렵에 자란 곡식과 과일을 거두면, 그가 큰바람을 일으킨다고 여긴 까닭이다.

01

02

도상1은 마을 당산나무 앞에 놓인 들돌이고,
도상2는 백중날 심판 앞에서 돌을 들어 올리는 장면이다.

농촌에서는 백중을 '머슴 생일'이라고 불렀다. 논농사 가운데 가장 힘든 논 매기가 끝나기 때문이다. 불덩이 같은 햇볕 아래에서 돌처럼 굳어버린 논바닥을 쪼그려 앉아 파 뒤집는 작업은 바로 지옥 그대로였다. 한 포기라도 더 건지려는 부지런한 농군은 세 번이나 맸다. 이처럼 힘든 일을 마친 머슴에게 생일이라고 하여. 새 옷과 신발을 마련해 주고 하루 놀리는 것이 관례였다. 또 부지런한 머슴을 뽑아 소에 태우고 집집을 도는 축하 행렬도 벌였다. 백중을 '호미씻이' 또는 '호미걸이'라고도 부른 것은 앞으로 호미를 쓰지 않고 걸어둔다는 뜻이다.

새 옷차림의 머슴들은 장으로 몰려가 먹고 마시고, 사고 싶었던 물건도 손에 넣었으며, 이를 '백중 장'이라고 일렀다.

이 무렵이면 특히 어린 머슴의 가슴이 뛰었다. 승급 심사(?)가 열리기 때문이다. 나이 어리고 힘이 달리는 애머슴은 새경을 온머슴(어른 머슴)의 반밖에 받지 못한다. 시간이 지남에 따라 아이도 어른이 되지만, 마을에서 인정을 받아야 한다. 이를 위한 것이 들돌들기 행사이다.

주로 정자나무 앞에 놓인 들돌을 애머슴이 등에 업고 마을을 한 바퀴 돌아서, 온머슴으로서 손색이 없음을 보이는 행사이다. 이를 진새(전라남도 고흥)·판례(강원도 강릉)·공배(충청남도 아산)라고 불렀다. 이밖에 유월 유두, 칠월 칠석, 한가위 때 벌이는 곳도 있다.

심사에 합격하여 온머슴이 되면, 주인집에서 날을 따로 잡고 단오 무렵에 축하 잔치를 벌였다. 마을 머슴들에게 술 한 동이, 닭죽 한 동이, 돼지고기 등을 대접하고, 당사자에게 새 옷 한 벌을 입혔다. 충청도에서는 이를 '공배턱 치른다'고 일렀다.

황해도 재령(載寧)에서는 머슴을 멈꾼·어석멈꾼·새끼멈꾼의 셋으로 나누었다. 새경을 삿갓이라고 하여, 쌀 한 말에 70~80전이던 시절, 멈꾼에게 20~30원을 주었다. 그리고 '삼동 옷 해 입힌다'며, 겨울철 바지저고리, 광목이나 무명으로 지은 중의적삼 한 벌, 북정이 중의적삼 한 벌을 주었다. 그들은 정월에 보름, 단오에 이틀, 한가위에 하루 쉬었다.

충청남도 아산(牙山)에는 머슴을 젖머음·중머음·상일꾼으로 가렸다. 젖머음은 스무 살 안짝으로, 옷만 입히고 새경은 주인 마음대로 정하였다. 중머음에게는 벼 넉 섬에 돈 5원과 봄에 무명 등걸이 잠뱅이, 여름에 베 등걸이와 잠뱅이, 가을에 무명 중의적삼, 겨울에 솜 바지저고리를 주었다. 쟁기질을 잘하는 상머슴은 쌀 한 말이 90전인 때, 5원과 벼 닷 섬을 주고 사철 옷을 해 입혔다.

머슴은 한 해 일이 마무리되는 동짓달 동짓날에 새로 들이거나 내보냈다. 경상북도 영천(永川)에서는 들어온 날 '들참려'라고 하여, 주인집에서 낸 음식을 마을 일꾼들이 함께 먹었다. 머슴이 떠날 때는 조추바리떡을 해주며, 먹고 남으면 싸 보냈다. 같은 도의 문경(聞慶)에서는 일꾼의 첫날의 첫 상을 디림상이라고 하여 잘 차렸다. 이곳에서는 달을 기준으로 들고나는 달머슴 풍습이 있었다.

들돌은 들독·등돌·든돌·진새돌·당산돌·신돌·초군돌·차돌백이돌 따위로 불린다. 타원 또는 원형으로 한 마을에 한두 개, 많으면 대여섯 개가 있다. 흔히 마을 어귀·당산나무 밑·정자·당집 앞터·논 등지에 두며, 이곳을 거석거리 또는 들독거리라 불렀고, 이것이 있는 마을을 거석마을이라고도 일렀다. 한편, 들돌이 힘센 장사가 있다는 징표가 되어 잡귀를 막아준다고도 여겼다.

유래담은 여러 가지이다.

전라남도 흑산도(黑山島) 진리(鎭里)에서는 당을 처음 지은 입향조(入鄕祖)가 번쩍번쩍 빛나는 돌을 발견하여 신(神) 돌로 삼았다는 말이 전하고, 같은 도의 여천군(麗川郡) 율촌면(栗村面) 방월리(方月里)의 것은 한 여인이 마을 뒷산에서 치마에 싸서 당산나무로 옮겼고, 같은 도의 보성군(寶城郡) 웅치면(熊峙面) 유산리(酉山里)의 것은 늙은 장사가 산에서 앞가슴에 품고 와서, 작게 다듬었다고 일러온다.

들돌은 이처럼 신비한 존재인 까닭에 백중뿐 아니라 정월 대보름에 당제(堂祭)를 지낸 뒤 신의 뜻을 알아보았으며, 세상이 평안하기를 바라거나 아이를 얻기 위해 금줄을 치고 빌기도 하였다.

충청남도 금산군(錦山郡) 제원면(濟原面) 용화리(龍化里)에서는 들돌에 앉지 않았다. 다른 마을 사람이 앉으면 도전으로 여겨서 반드시 들고 가도록 하였고, 못하면 몰매를 때렸다. 또 마을마다 당산제나 거리제를 지낸 뒤, 이 돌에 술을 붓고 농사의 풍년을 빌었다. 아이 못 낳는 여인이 음부를 비비면 아기를 배며, 특히 숫총각이 들어 올린 날 밤에는 효험이 높다고 여겼다.

다음은 돌을 드는 여러 가지 방법이다.
① 두 발을 벌리고 허리를 굽힌 자세로 드는 땅뜨기
② 무릎까지 올리는 물박치기
③ 허리에 올리기
④ 가슴에 올리기(도상4)
⑤ 어깨 위로 올리기
⑥ 등으로 넘기기

이밖에 가슴에 안고 당 주위 한 바퀴 돌기, 어깨에 메고 당나무 돌기, 마을 돌기, 지게에 얹고 두 손으로 귀를 잡으며 일어서기도 있다. 작은 돌은 들어서 등으로 넘기고, 중 돌은 어깨에 멘 채 당나무나 마을을 돌며, 큰 돌은 땅뜨기와 물박치기를 하거나 허리에만 올려도 장사로 불렸다.

충청남도 대전시(大田市) 지족동(智足洞) 신촌(新村) 마을의 들돌은 200㎏의 달걀꼴 청석으로 가로 51㎝, 둘레 1.15m이다. 칠월 칠석이나 백중 날 젊은이들이 땅뜨기·무릎들기·가슴에 얹기·어깨로 넘기기·마당 돌기를 겨루었으며, 이로써 품앗이의 자격을 얻었다.

제주도에서는 겨울철에 '뜽(들)돌 거리'에 모여 힘을 겨루었다. 두 손으로 들기·가슴에 대고 들기·배에 붙여서 들기·들고 허리 펴기·들고 일어서기·땅에서 떼기·들고 걷기 등 여러 방법을 썼다. 이 가운데 돌을 든 채 가슴과 허리를 꼿꼿하게 편 자세를 으뜸으로 쳤으며, 외부 사람은 돌을 보고 마을 젊은이들의 힘을 짐작하였다.

오늘날 제주도 서귀포시(西歸浦市) 법환동(法還洞)에서 해마다 여는 법환수산일품 한치축제에 '뜸돌들기' 종목도 들어 있다. 2003년 8월 24일의 제4회 대회에 등장한 돌 가운데 가장 큰 것은 긴 쪽 59㎝, 짧은 쪽 40㎝, 두께 17㎝(무게 100㎏), 중간 크기는 긴 쪽 46㎝, 짧은 쪽 40㎝, 두께 17㎝(무게 70㎏)이었다. 그리고 여자들은 30㎏짜리를, 어린이는 20㎏을 든다.

우리는 예부터 무거운 짐 들기를 벌였다. 5세기 초 고구려 세칸무덤(三室塚) 벽화에 평행 고임돌을 떠받들고 있는 장사가 좋은 보기이다. 5세기 말 대안리(大安里) 1호 무덤 벽화에도 같은 장면이 있다.

이 전통은 조선 시대에도 이어졌다.

『세종실록(世宗實錄)』의 "두 손에 30kg의 모래주머니를 하나씩 들고 120m를 걸렸다"는 기사(27년[1445] 6월 을사)가 그것이다. 또 같은 해 7월, 두 손에 각각 30kg의 물건을 들고 192m를 걸은 사람은 1등(一力), 156m는 2등(二力), 120m는 3등(三

03

力)으로 매겼다(『세종실록』 27년 7월 신묘). 이 규정은 『경국대전(經國大典)』에 그대로 반영되었다. 이어 숙종(肅宗) 때는 모래 20말을 담은 섬으로 군관을 뽑으려 하였으나, 한 사람도 들지 못하여 반쯤만 들어도 부료군관(付料軍官)에 넣었다(『숙종실록』 6년[1680] 4월).

도상3은 '힘자랑'이라고 적은 제주도의 들돌이다.
도상4는 가슴에 들돌을 올리고
도상5는 제주도의 젊은이가 돌을 들어 올리는 장면이다.
도상6은 돌을 어깨에 메는 모습이다.

04   05   06

07

08

09

10

11

12

13

14

일본의 이름은 치카라이시(力石)이다.

이밖에 번지석(番持石)·중경석(重輕石)이라고도 한다. 형태는 둘글며 무게는 60~70kg에서 200kg이다. 들돌 들기는 간토(關東) 및 도카이(東海) 지역에 집중적으로 분포하며, 오랜 것은 17세기 후반까지 올라가지만, 대부분은 근세 말 이후에 벌였다. 그리고 19세기 말 이후에 사라졌다.

도상7은 대반석(大盤石)이라는 건물 안에 놓인 들돌이고
도상8은 신체(神體)로 모신 들돌이다.
도상9는 철창 안에 모신 들돌이다. 안내문에 '남자는 왼손, 여자는 오른손으로 들면 행복이 찾아온다'고 적혔다.
도상10은 돌의 무게를 새겨 넣은 들돌이고
도상11은 여러 가지 크기의 들돌이며
도상12의 왼쪽은 들돌의 내력을 적은 비이다.
도상13은 들돌을 어깨 위에 올려놓은 모습이다.
도상14는 들기 쉽도록 줄을 얽어놓은 들돌이다. 오른쪽의 심판이 유심히 살피고 있다.
도상15는 가슴에 껴안은 모습이다.

15

옛적에는 돌 자체가 신앙의 대상이었으며, 돌을 흔히 절집이나 신사에 둔 까닭도 이에 있다. 나가노현(長野県)에서는 환자가 들어서 가벼우면 낫고, 무거우면 낫지 않

는다고 여겼다. 농가에서는 석점(石占)이라고 하여, 들어 올렸을 때 무겁게 느껴지면 흉년, 가벼우면 풍년이 든다고도 일렀다. 또 들돌에 손을 대면 힘이 붙거나 괴력(怪力)이 생긴다는 신앙도 있다. 도쿄도(東京都 黑田區)에 있는 미메구리(三圍) 신사의 것이 대표적이다.

들돌들기에는 두 계통이 있다.

하나는 중세 민간신앙에 바탕을 둔 돌점(石占)에서 나온 것으로, 와카야마현(和歌山県 高野山)이나, 나가노현(長野県 上槫訪市)의 중경석(重輕石), 가나가와현(神奈川県 大磯)의 범돌(虎石) 따위가 그것이다. 범돌은 범의 반점이 들어갔거나 맹호(猛虎)가 입을 벌린 형상의 돌로, 미남이 들면 가볍고, 추남이 들면 무겁다고 한다. 이 돌은 가물 때 비를 내리는 효험이 높으며, 그 전조로 무게가 열 배로 늘어난다고 여긴다.

다른 하나는 중세의 힘센 호걸 전설과 연관된 것으로, 가나가와현(神奈川県) 가마쿠라시(鎌倉市) 고류(御靈) 신사의 가마쿠라권오랑영정(鎌倉權五郎影政)의 몌석(袂石)이나 수석(袖石)이 그것이다. 가나가와현 오다하라시(小田原市)에 있는 소가고로(曾我五郎)의 들돌(力石)은 원수 타도의 대망을 품은 고로가 자신의 힘을 시험하려고 들어 올렸으며, 이와 별도로 이 돌의 무겁고 가벼움에 따라 소원성취 여부를 알아보았다는 이야기가 전한다. 이는 들돌과 돌점이 혼합된 보기이다.

15세기 무렵의 「낙중낙외도병풍(洛中洛外圖屛風)」에 교토(京都)의 가모가와(鴨川)에서 젊은이들이 돌을 드는 장면이 보인다. 돌 이름은 무쌍괴력(無雙怪力)으로, 돌 밑에 적은 벤케이이시(弁慶石)의 '벤케이'는 범종을 히예산(比叡山)으로 끌어 올렸다는 장사(弁慶)이다. 효고현(兵庫県 飾磨郡 荒川村)에는 그가 쇼샤산(書寫山)에 머물 때 힘을 시험하였다는 돌도 있다.

한편, 농가에서는 들어 올리는 돌이나 섬의 무게에 따라 머슴의 삯을 매겼다. 들돌로 그해 농사의 흉풍을 점치거나, 들어 올리는 정도에 따라 풍년이 든다는 신앙도 이에서 나왔을 터이다. 또 아이를 낳은 뒤 해변이나 내에서 가져온 돌을 어린아이 베개나 침대에 놓아서 산신에게 바쳤으며, 이것도 들돌이라 불렸다.

1664년의 각명(刻銘)이 있는 도쿄(東京都 江東區) 시노부(志演) 신사 경내의 돌에는 절부(切付)라는 글자를 비롯하여 무게·돌 이름·연월일·지명·들어 올린 사람 이름·후견인(後見人)·보조원 이름 따위도 새겼다. 이것이 가장 오랜 것이며, 1705년 명(銘)을 지닌 사이타마현(埼玉県 岩槻市 諏訪神社)의 것이 버금간다. 이밖에 도쿄(東京都 港区) 아카사카(赤坂)에 있는 호도우지(報土寺)에 장사(雷前爲右衛門)가 들었다는 무게 112.5kg의 돌도 있다.

들어 올리는 방법은 시대와 지역에 따라 다르다.
① 두 손으로 껴안아 배에 올리고 가슴까지 밀어 올린 뒤, 손을 바꾸어 두 손으로 들어 머리 위로 올리기
② 두 손으로 배에 올리고, 손을 바꾸어 가슴까지 올린 다음, 한쪽 어깨에 올려놓고 머리 뒤를 거쳐 다른 어깨로 옮기기
③ 돌이나 큰거울떡(大鏡餠)을 두 손으로 들고 걸어서 멀리 가기 이를 절구나 큰거울떡 대좌(臺座) 위에 올려놓고 걷기도 한다.
④ 반듯하게 누운 사람 발바닥 위에 다른 이가 돌을 올려놓기
⑤ 옆으로 누운 돌 일으켜 세우기

고치현(高知県)에서는 젊은이들이 돌이 있는 신사의 경내나, 또래 숙소(若者宿) 또는 길가의 작은 불당(辻堂)에서 제일(祭日)·농휴일(農休日)·농

한기(農閑期) 등에 벌인다.

이시가와현(石川県)의 들돌 들기에는 평생 의례의 성격이 들어 있다. 돌이나 섬 또는 일정한 무게를 지닌 것을 들어 올린 젊은이는 팥을 둔 찰밥(赤飯)을 먹고, 마을 사람들의 축하를 받는다. 이때부터 또래 집단에 들어가고, 남자로 인정받으며, 혼인 자격도 얻는다.

치바현(千葉県 君津郡 小絲村)에서는 성년식 때 앞머리를 자르기에 앞서, 쌀 너 말 닷되 들이(60kg)의 현미 한 가마를 들어 올리는 시험을 보인다. 도쿠시마현(徳島県)의 남해안에서는 아이가 태어난 직후 산신(産神)에 올리는 삼신상(産飯)을 들돌(力石)이라고 부른다. 이로써 튼튼하게 자란다는 것이다. 오키나와현(沖縄県)에서는 표면을 공처럼 매끄럽게 다듬은 40~60kg의 돌을 머리 위에 올려놓는 겨루기를 벌인다.

'쌀섬들기'는 17세기부터 미곡상인들 사이에 유행하였으며, 샤미센(三味線)에 맞추어 들어 올리는 예능은 이에서 나왔다. 나고야시(名古屋시)에서 전국 각지의 장사들이 모여들어 겨룬 일도 있다.

한국과 일본에서는 들돌 자체를 신비한 존재로 여겨서 의례를 베풀지만, 중국에서는 단순히 힘겨루기의 수단으로 쓴다.

일본 나라(奈良)에 있는 아스카(飛鳥) 신사에 보존된 들돌은 이 풍속이 한국에서 건너갔을 가능성을 보여준다. 이것은 일본 최초의 신사인데다가, 나라 일대는 한국에서 건너간 사람들이 터전을 닦았기 때문이다. 한국과 일본의 들돌 풍속이 매우 닮은 점도 유념해둘 필요가 있다.

02

집단놀이

1) 돌팔매 싸움(石戰)

석전희(石戰戲)·편전(便戰)·석편전(石便戰)·변전(邊戰)·척석희(擲石戲) 따위로도 부른다.

홍석모(洪錫謀, 1781~1857)가 지은 『동국세시기(東國歲時記)』의 서울 돌팔매싸움 기사이다.

대보름날 삼문(남대문·서대문·동대문) 밖과 아현(阿峴) 사람들이 만리(萬里)재에서 몽둥이를 휘두르고 돌을 던지며 고함을 질러대는 것이 편싸움(邊戰)이다. 삼문(三門) 밖이 이기면 경기도(京畿道)에, 아현패가 이기면 다른 도의 농사가 잘된다고 한다.
이 때문에 용산(龍山)과 마포(麻浦)의 주먹패들이 떼를 지어 아현쪽을 거들며, 싸움이 한창일 때는 천지가 뒤집히는 듯하다. 머리를 싸매고 쳐들어가되, 팔이 부러지고 이마가 터져서 피가 흘러도 그치지 않는다. 비록 죽어도 후회하지 않으며, 생명에 대한 아무 보장도 없다. 관청에서 막지만 듣지 않는다.

성안의 어린이들도 종로 네거리와 비파정(종로구 관수동에 있던 정자) 등에서 싸움을 벌였고, 성 밖으로는 만리재와 우수(雨水)재, 서울역 건너편 도동(桃洞)에서 후암동(厚岩洞)으로 넘어가는 고개를 싸움터로 삼았다(「대보름[上元]」).

도상1은 20세기 초의 풍속화가 김준근(金俊根)이 그린 돌팔매싸움 장면이고, 도상2는 풍속화가 이억영(李億榮)의 작품으로 내를 낀 양쪽에서 돌을 날리고 있다.

도상3은 평양시(平壤市)의 돌팔매 싸움의 장면이다(서울대박물관의 「평양도 병풍」). 도상4는 〈National Geographic〉지에 실린 돌팔매싸움 장면이다(1902년 2월호).

이보다 조금 앞서 나온 『경도잡지(京都雜誌)』에도 같은 기록이 있다. 20세기 초에도 이 싸움에 사람이 죽는 일이 일어났다. 1902년부터 이듬해까지 서울에서 이탈리아 총영사로 근무했던 까를로 로제티(Carlo Rossetti)도 구경하던 한 미국인이 자기 주위에 떨어진 돌을 다시 던져서 한국인 한 명이 죽었다고 적었다. 수천 명이 겨루는 가운데 섞여 있

01

02

03

04

던 여섯 명의 유럽인들도 가담하였던 듯하다.

경상북도 안동(安東)에서도 해마다 정월 16일에 중계천 양쪽에서 돌을 던져 승부를 내었고, 황해도와 평안도에서도 대보름에 벌였다.

이 행사의 역사는 오래다.

(1) 636년에 나온 『수서(隋書)』의 고구려 돌팔매싸움 관련 기사이다.

> 해마다 정초에 패수(浿水, 대동강)에서 벌이며, 임금은 가마를 타고 나가 의장(儀仗)을 벌여 세운 채 구경한다. 승패가 나면 왕은 옷을 벗어 물에 던진다. 좌우 양편 사람들은 그 옷에 물을 끼얹거나 돌을 던지면서, 소리를 질러 쫓고 쫓기기를 두세 번 거듭한다(「고구려전[高句麗傳]」).

임금이 구경하고 옷을 벗어 던지기까지 하였다니, 얼마나 크게 즐겼는지 알만하다. 싸움이 절정에 이르렀을 때 옷을 벗어 던진 것은 임금과 백성이 하나가 되어, 나라의 평안과 풍년을 기원하는 뜻이 담겨있다. 강에서 벌이고, 임금 옷 위에 물을 뿌렸다는 내용도 마찬가지이다.

신라(新羅)에는 돌팔매 부대도 있었다. 『삼국사기(三國史記)』의 "문무왕(文武王, 661~681) 때, 노당(弩幢)·운제당(雲梯幢)·충당(衝幢)·석투당(石投幢) 따위의 사당(四幢)을 두었으며, 휘장은 없었다"는 기사가 그것이다(권40 「잡지[雜志]」 9).

고려(高麗)에서도 여진(女眞) 정벌 때의 핵심 부대인 별무반(別武班)에 신기(神騎)·신보(神步)·경궁(梗弓)·정노(靜弩)와 함께 돌팔매군(石投軍)을 편성하였다(『고려사』 권81 「병[兵]」).

돌팔매싸움도 더욱 성행되었다. 『고려사』에 "수릿날 깨진 기왓장을 던지고 몽둥이를 휘둘러 싸웠다"는 기사(권134, 「신우[辛禑]」 2년[1367] 5월)

가 전한다. 백병전처럼 주먹질과 발길질도 날렸을 것이다. 또 정초의 고구려 풍속이, 고려에 들어와 수릿날 행사로 바뀌었음을 알 수 있다.

신우(辛禑, 1374~1388)도 푹 빠졌다. 지신사(知申事) 이존성(李存性)이 돌팔매싸움은 임금이 볼 것이 못 된다고 막자, 소수(小竪)를 불러서 매질을 시키고 탄환(彈丸)으로 쏘기까지 하였고(『고려사』「신우」6년[1380] 5월), 이어 9년(1383) 4월에 구경한 그는 이듬해 5월, 잘하는 자들에게 술과 지팡이를 주며 부추겼다. 12년(1386) 4월에도 보고, 이듬해 5월에는 연이틀 동안 눈을 떼지 못하였다.

돌팔매싸움은 부상자가 나오고 죽기도 하는 등 폐해가 커서 충목왕(忠穆王)이 원년(1345) 5월에 금지령을 내렸음에도 따르지 않아, 공민왕(恭愍王) 23년(1374) 5월 다시 막았다.

조선 시대에도 돌팔매 부대(擲石軍)를 정규부대로 꾸미고, 무관 가운데 당상관이 거느리도록 하였다(『태조실록[太祖實錄]』3년[1394] 4월 경오[庚午]). 그만큼 큰 비중을 둔 것이다. 이들은 태조 6년 7월 및 8월의 왜구(倭寇)와의 전투에서 많은 공을 세웠다. 정종(定宗, 1398~1400)이 돌팔매질의 유용성을 이렇게 강조한 것은 당연하다.

우리 군사가 한곳에 모여 있을 때, 적이 활을 쏘면 백발백중이 될 것이다. 일찍이 돌팔매싸움을 보았더니, 갑자기 한두 사람이 작은 옆 골목에서 소리를 지르며 뛰쳐나오자 상대편이 모두 놀라 무너졌다. 작은 골목의 복병은 매우 두렵다(『정종실록[定宗實錄]』2년[1399] 1월 임인[壬寅]).

오늘날의 게릴라 전법인 셈이다.

일반의 돌팔매싸움도 여전하였다. 『태종실록(太宗實錄)』에 "왕의 거둥 때 거리의 돌팔매군이 사헌시사(司憲侍史) 김효공(金孝恭)의 벽제(辟除)

에도 피하지 않아 잡으려 하였으나, 오히려 치고 달아나고 말아 책임을 물어 탄핵하였다"는 기사가 있다(1년[1401] 5월 5일). 임금 행차를 무시하고 돌 던지기를 계속할 만큼 그 열기가 강했던 것이다. 태종은 이듬해 수리날과, 4년 4월 29일에 구경하였다.

세종(世宗)은 한 발 더 나갔다. 3년(1421) 5월 2일 돌팔매싸움을 보고 이틀날, 병조참판 이명덕(李明德)에게 수백 명의 돌팔매부대를 편성하라고 이른 것이다. 그리고 이틀날 종루(鍾樓)에서 구경하였다. 그 내용이다.

왼편은 방패(防牌) 3백여 명, 오른편은 돌팔매군(擲石軍) 150여 명이었다. 돌팔매군은 고려 때 설치되었으며, 근년에 폐지하였다가 다시 옛 군졸을 모으는 한편, 새로 뽑아 꾸몄다. (…) 방패 쪽이 번번이 달아나자, 총제 하경복(河敬復)·곽승우(郭承祐)·권희달(權希達)·박실(朴實)과 상호군(上護軍) 이징석(李澄石)·대호군(大護軍) 안희복(安希福) 등이 기사(騎士)를 거느리고 공격하였으나 역시 밀렸다. 경복은 돌에 맞아 구레나룻이 상하고, 온 힘이 다 빠졌다. 그가 군졸들에게 "내 옥관자를 보았느냐?" 묻고서야 공격이 그쳤다.

또 돌팔매군이 징석의 말을 빼앗아 바치자, 상왕(上王)은 "경복의 무리가 크게 다쳤느냐?" 물었다. 이에 경복 등은 비록 싸움은 졌지만, 부상은 없다며, 겨우 누로 올라왔다. "어째서 매번 지느냐?"는 상왕에게 그는 "저녁놀에 눈이 부시고 바람과 티끌이 얼굴을 덮어서 돌을 보기가 매우 어려웠습니다"고 하였다. 이에 방향을 바꾸고 돌 대신 몽둥이로 겨루게 하였으나 마찬가지였다.

상왕은 "방패군이 건장한 보졸인 줄 알았더니, 실상 겁이 많고 용기도 없다"며, 돌팔매군 40여 명을 뽑아 방패 쪽에 붙였다. 그러나 앞장서서 싸우는 것은 돌팔매군 뿐이고, 방패 쪽은 모두 달아나 숨었으며 나머지도 고함만 질렀다. 상왕은 "넘어진 사람은 다시 치지 말라. 죽거나 다치면 안된다"며, 의원에게 돌보라 이르고 저녁 무렵에 끝냈다(『세종 실록』 3년[1421] 5월 4일).

이 돌팔매군은 아마도 전날 편성된 좌우대일 것이다. 옛 군졸들이 섞이기는 하였지만, 배가 넘는 방패군을 물리쳤으니 그 용맹이 짐작되고 남는다. 더구나 합세한 기마병들도 달아나기에 바빴다니 말이다. 오죽 다급했으면, 대장의 구레나룻이 상하고 옥관자가 떨어져 나가며 말까지 빼앗겼겠는가? 방패 대장의 '햇빛과 바람' 운운한 변명은 구차스럽기 그지없다.

세종은 이튿날인 단오에 같은 장소에서 돌팔매부대끼리 붙였다.

돌팔매군을 좌우대로 나누고, 잘 싸우는 자를 모아 보충하였다. 좌군은 흰 기를, 우군은 푸른 기를 표지로 삼았으며, 거리는 2백 보였다. 임금은 기를 넘어서 쫓지 말라면서, 기를 빼앗는 쪽에 상을 많이 주겠다며 부추겼다. 우군이 번번이 쫓겼다. 권희달과 하경복이 기사들을 거느리고 공격하였지만, 좌군이 굳게 막고 돌을 비가 오듯이 던졌으며, 희달은 돌에 맞아 말에서 떨어져 달아났다. 화가 난 기사들이 고함을 치면서 쳐들어가 좌군의 기를 빼앗아 바쳤다. 상왕은 좌군 대장 방복생(方復生)에게 "기를 빼앗긴 것은 치욕이니, 마땅히 힘을 다하라" 고 일렀다. 이에 복생 등이 용기를 내어 크게 이겼다. (…) 돌팔매군에게 술과 고기 외에 면포 1백 필, 정포(正布) 2백 필, 저화(楮貨) 4천 장을 내렸다(『세종 실록』 3년[1421] 5월 5일).

세종 임금의 위대한 점은 이러한 면에서도 잘 나타난다. 불과 사흘 동안 돌팔매군을 뛰어난 군대로 바꾼 까닭이다. 그는 돌팔매질은 놀이가 아니고 무술이라면서, 조직을 다지기 위해 응모자가 천민(賤民)이면 복호(複戸) 시키고, 양민(良民)이면 서용(叙用)하라는 명까지 내렸다. 그러나 이들의 기세에 겁을 먹은 무리들은 그들이 불시에 사변을 일으키면 국가가 위태롭다고 항소를 해대었다. 이로써 조직이 1428년 해체되고만 것은 아쉬운 일이다.

한편, 정부는 부상자가 많이 나자 돌팔매싸움을 막았지만, 효과가 없었다.

(2)『세종실록』의 기사이다.

> 오늘 반송정(盤松亭)●에서 다시 벌이자, 양녕대군(讓寧大君)을 비롯한 여러 종친과 원윤(元尹) 등이 구경하였다. 돌 잘 던지는 김춘자(金春子) 등 20여 명을 좌우대로 나누어 겨루게 하고, 종친들도 스스로 말을 달려 종횡으로 지휘 독전하며 몽둥이를 들고 치고받아서, 많은 부상자가 나고 더러 죽기도 하였다(20년[1438] 5월 19일).
>
> ● '반송정'은 서울시 서대문구 천연동(天然洞)에 있던 정자이다.

일반의 돌팔매싸움에 대한 열정도 식지 않았다.

『예종실록(睿宗實錄)』의 기사이다.

> 수릿날 성안 사람들이 훈련원● 활터에 모여 돌팔매질을 벌였고, 사상자도 나왔다. 이는 국초(國初)부터 있던 일로, 남녀 가릴 것 없이 다투어 구경하였다. 세종 임금이 막았지만 그치지 않았다(원년[1448] 5월).
>
> ● '훈련원'은 서울시 중구 을지로 6가에 있었다.

성종(成宗)도 4년(1473) 5월 6일, 선전관 이윤검(李尹儉) 등을 동대문 밖으로 보내서 막았다.

중종(中宗) 5년(1510)의 삼포왜란(三浦倭亂) 때, 왜인들이 부산포(釜山浦)와 제포(馬山)를 차지하자, 안동(安東)과 김해(金海)의 돌팔매꾼 수백 명이 나서서 무찌른 일은 널리 알려졌다.

명종(明宗) 대에도 이들은 큰 활약을 하였다. 10년(1555) 5월 27일, 왜변 진압을 논의할 때, 심연원(沈連源) 등이 "김해 사람 1백여 명을 이미 뽑아 보냈습니다. 본도(本道)에 변이 나면 안동 사람을 내세워서 지키는 것이 좋습니다"고 하자, 임금이 따른 것이다. 지방은 물론, 중앙 방위에도 돌팔매꾼을 쓸 계획을 세울 만큼, 그들의 능력이 높이 평가되었다.

(3) 1530년에 나온 『신증동국여지승람(新增東國輿地勝覽)』에 실린 김해 지방의 돌팔매놀이 기사이다.

해마다 4월 8일에 어린이들이 성 남쪽에 모여 돌팔매질을 익힌다. 수릿날에는 좌우 두 편의 젊은이들이 기를 흔들고 북을 치며, 돌을 빗발처럼 던져서 승부를 짓는다. 다치거나 죽어도 후회하지 않고, 고을 수령이 말려도 소용없다.
경오년(庚午年), 왜(倭)와의 전투에서 돌 잘 던지는 자를 선봉으로 삼았더니 적군이 앞으로 나서지 못하였다(제32권 김해도호부[金海都護府]「풍속[風俗]」).

영조(英祖)는 가장 강력한 금령을 내렸다.

저자거리에서 씨름하며 치고 때리는 일에 대해 살인 여부를 가리지 말고, 관사(官司)에서 엄중히 장(杖) 백 대를 안겨라. 평양(平壤)의 대보름 돌팔매싸움도 (…) 굳게 막고, 포청(捕廳)에 일러서 서울에서 단오 씨름을 하고, 정월 초하루에 돌팔매싸움을 벌이는 자는 종중결곤(從重決棍)●에 처하라(『영조실록[英祖實錄]』 47년[1771] 11월 18일).

● '종중결곤'은 두 가지 이상의 죄를 함께 어긴 자에게 가장 중한 죄를 적용하여 곤장을 엄중하게 치는 일을 가리킨다.

이 무렵 서울에서는 정월 초하루에 벌인 것을 알 수 있다.

돌팔매질은 1865년, 대동강을 거슬러 평양으로 들어온 미국 상선 제너럴 셔만(General Sherman)호를 물리치는 데도 공을 세웠다. 모란대(牡丹臺)에 모인 돌팔매꾼 가운데 이만춘(李萬春)이 갑판에서 수심을 재던 수병을 맞히자, 그 뒤 아무도 갑판에 모습을 드러내지 않았다는 것이다. 이 소식을 들은 대원군은 주요 강과 포구에 이들을 배치하라는 명을 내렸다.

돌팔매싸움은 1910년대까지 이어 내렸다.

경상북도 문경군(聞慶郡) 산북면(山北面) 수중리의 권기술(1983년에 85살)은 11살 때부터 열 번 나섰다. 그의 말이다.

너비 60~70㎜의 금천(錦川)을 사이에 둔 안동(安東) 권씨(權氏)·안동 김씨(金氏)·밀양(密陽) 박씨(朴氏)들로 이루어진 수중리(약 1백 호)와, 인천(仁川) 채씨 마을인 산양면(山陽面) 현리(縣里)(약 70호) 사람들은 해마다 한가위에 벌였다. 현리 쪽이 이기면 수중리에 쳐들어가 탱자를 모두 따오고, 반대가 되면 현리의 배를 수중리 사람들이 차지하였다.

돌은 닥나무 노끈으로 만든 '줄팽개'●에 얹어서 힘껏 돌리다가 던졌다. 인원은 60여 명이었으며, 주장을 대방(大房)이라 불렀다. 싸움은 오전 11시쯤부터 벌였고, 한 시간 만에 결판이 났다.

● '줄팽개'는 새끼로 뜬 두 줄(길이 60~80㎝) 바닥에 우묵한 받침을 붙인 것으로, 한쪽 끝에 고리가 달렸다. 돌을 망에 올려놓은 다음, 집게손가락을 고리에 걸고 두 줄을 쥐고 힘껏 돌리다가 한 줄을 놓으면, 돌이 멀리 날아간다. 이것으로 농가에서는 논에 모여드는 새를 쫓기도 하였다.

한편, 일제(日帝)는 1912년 3월 25일 돌팔매싸움에 대한 금령을 내리면서 위반자에게 구류 또는 벌금을 매겼다(「조선총독부관보[朝鮮総督府官報]」). 이는 물론 돌팔매싸움이 일제에 항거하는 운동으로 번질 것을 막기위한 조치이다.

일본의 이름은 인지(印地)이다.

8세기부터 정월 및 단오 행사로 벌여왔으며, 돌던지기(印地)·돌로맞추기(印地打ち)·작은돌 던지기(小石打슘)·작은돌 마주던지기(向い礫)·표석(飄石)이라고도 하였다.

도상5는『인지사고도(印地寺古圖)』에 실린 군마현(群馬県)의 돌팔매 싸움으로 전쟁을 연상시킨다.

05

8세기 초에 나온 『만엽집(萬葉集)』에 "돌팔매질을 하면 닿을 듯 가깝게 보이는 은하수이지만, 사이가 떨어져 있기 때문인가 건너갈 도리가 없네"라는 구절이 있다(729년 7월 7일). 또 881년에 교토(京都)의 어린이들 수백 명이 돌팔매싸움 흉내를 냈다는 기사(『일본삼대보록[日本三大實錄]』)와 "997년 4월 16일 좌대신(左大臣)의 집에서 퇴출하던 고위 관리가 가잔(花山, 968~1008) 법황(法皇)의 하인 수십 명에게 돌팔매질을 당했다"는 기사도 보인다(『소우기[小右記]』). 한편, 이 무렵에 이르러 '석합전(石合戰)'이라는 이름으로 통일되었다.

　이는 전투에도 이용되었다. 『육오화기(陸奥話記)』에 1051년에 반란을 일으킨 아베노 요리도키(安倍賴時, ?~1056)의 무리가 관군에게 돌을 던져서 큰 해를 입혔다는 기사가 좋은 보기이다. 12세기 초의 무장 쿠스노기 마사시게(楠木正成, ?~1336)는 치하야죠(千早城) 농성 때 돌팔매질로 맞섰으며, 이 뒤부터 16세기까지 성곽에 반드시 팔매용 돌을 마련해 두고 무기로 썼다.

　후지와라 소우츄우(藤原宗忠)의 1107년 5월 23일자 일기에 "요즈음 경중(京中)의 아랫것들이 네거리마다 돌팔매싸움을 벌여서 죽음에 이르기도 한다. 이처럼 위험한 것은 곧 중지시켜야 한다"고 적은 것을 보면, 폐해가 적지 않았던 것이 분명하다(『중우기[中右記]』).

　그의 염려대로 당시의 열기는 상상을 뛰어넘었다. 정부가 막자, 1231년에 일어난 큰 기근(飢饉)이 그 탓이라는 여론이 일었다. 하는 수 없이 정부는 경우에 따라 허락한다는 예외 조항을 발표하였다. 이에 돌팔매싸움이 잡귀를 물리친다는 신앙이 퍼지면서, 정월 14일의 악귀와 역신(疫神)을 쫓는 쓰이나(追儺) 의례와 대보름 그리고 단오(端午)의 어린이 명절을 비롯하여 각 신사(神社)의 축제 때도 벌이게 되었다.

　가마쿠라(鎌倉) 시대(1192~1333)에는 이를 신불(神佛)에게 바치는 의례로 여겼다. 아이치현(愛知県) 서부에 있는 아쓰타(熱田) 신궁(神宮) 등지의 절집이나 신사(神社)를 비롯하여 교토 각지에서 벌인 것이 좋은 보기이다.

1231년, 막부(幕府)에서 "여러 신사의 제례 때 벌이는 돌팔매싸움은 그렇다고 하거니와, 칼로 사람을 베면 곧 중지시키라"는 어교서(御敎書)를 냈지만, 금하면 기근이 든다는 이유를 들어 반대하였다. 또 1263년에 반포한 「공가신제(公家新制)」에, 경중(京中)에서 벌이지 말라는 조항을 두었고, 그 뒤 여러 차례 금령을 내렸으나 효과가 없었다.

1369년에 거리에서 벌어진 돌팔매싸움에 45명이 죽고, 1538년에는 103명이나 목숨을 잃는 참사가 일어났음에도 해마다 때가 되면 어김없이 벌였다. 행운이 깃들인다는 속신 때문이다. 1266년 4월 21일 새벽, 가마쿠라(鎌倉) 부근의 산(比企谷山)기슭에서 수십 명이 벌인 돌팔매싸움에, 부근 사람들까지 합세하여 활을 쏘아댄 탓에 또 많은 사람이 죽었다. 저녁에는 무장을 갖추고 말을 탄 패들끼리 싸움이 붙어, 그 형세가 전쟁과 같았다고 한다.

12세기에 제작된 『연중행사회권(年中行事繪卷)』의 '단오절 돌팔매싸움 광경'에 돌을 피해 달아나는 행인과 칼로 베는 자의 모습이 보인다. 1369년 4월 21일의 가모(加茂) 축제 때의 돌팔매싸움에서 45명이 죽었다는 『후우매기(後愚昧記)』의 내용은 이를 가리킨 것이다.

돌팔매싸움을 묵인해 온 신사나 절집에서도 마침내 금령에 따랐다. 1483년 나라(奈良)의 흥복사(興福寺)에서 그만둔 것이 좋은 보기이다. 그러나 지방의 열기는 오히려 더 뜨거웠다. 어린 오다 노부나가(織田信長, 1534~1582)가 기후(岐阜)에서, 도쿠가와 이에야스(德川家康, 1543~1616)가 시즈오카(靜岡)에서 돌팔매싸움을 벌인 것도 이 무렵이다. 부상을 입으

면 집의 문 앞에 세우는 '정월 소나무(正月松飾り)'나 금줄을 태운 재를 바르면 낫는다 여겼고, 돌에 맞으면 운이 좋아진다는 믿음까지 퍼졌다. 한편, 4월부터 9월 사이에 절집이나 신사 제례 때 벌여온 돌팔매싸움 은 15세기부터 5월 4~5일의 행사로 바뀌었다.

도상6은 전국(戰國) 시대(1467~1567)의 서민들이 벌이는 냇가의 돌팔 매싸움 장면이다. 양쪽에서 꽃무늬를 그린 깃발을 들고 응원을 한다.

시대의 변화에 따라 열기도 점점 식어서 축제나 혼례 등의 경사 때 나 벌이게 되었다. 1624년에서 1644년 사이에 전국에 내린 금령도 이 러한 분위기에서 나온 것이다. 이어 규모가 축소되면서 어린이 놀이로 정착되었다. 1688년에서 1704년에 나온 『대화경작회초(大和耕作繪抄)』 에도 "어린이 행사이며, 어른의 돌팔매싸움은 보기 어렵다"고 적혔다.
그나마 20세기 초에는 후쿠시마현(福島縣 平市 豊間町)에서 해마다 정 월 14일에 벌여온 어린이 돌팔매싸움도 사라졌다. 어른의 돌팔매싸움

06

은 야마나시현(山梨県 山梨市)에서 1926년 무렵까지 명맥이 유지되었으나, 한쪽에 부상자가 생기면 중지하였다. 그러나 더러 농사의 흉풍을 점치는 의례로 벌였으며, 예대로 이기는 쪽에 풍년이 든다고 믿었다. 돌을 멀리 날리려고 대나무 끝을 쪼개고 그 사이에 끼워 던지거나, 새끼로 뜬 물풀매에 올려놓고 던지기도 하였다.

이마무라 토모(今村鞆)는 "돌팔매싸움의 본디 이름은 조선의 『동국세시기』에 적힌 대로 변전(邊戰)이었으며, 이를 한자로 쓰면서 편전(便戰)으로 바뀌었다. 일본의 '인찐(印陣)'도 변싸움에서 나왔다. 이것은 고구려·신라·백제 사람들이 무리를 지어 일본으로 이주할 때 들어왔다"고 적었다(『역사민속·조선 만담[歷史民俗·朝鮮漫談]』). 인도우 미치꼬(印東道子)는 더 구체적으로 "야요이 시대(弥生, 전 3세기~3세기)에 벼농사와 함께 농경의례의 하나로 한국에서 들어왔다"고 못을 박았다(『계간 돌멘[季刊 とるめん]』).

일찍이 손진태(孫晋泰, 1900~?)는 우리네 돌팔매싸움이 본디 군사적 목적으로 시작되었고, 농경 의례적 성격은 뒤에 생긴 것이라고 하였다. 오바야시 타료(大林太良)도 고구려 돌팔매싸움을 북방적 색채가 짙은 군사적 행사로 보았다. 그는 함경도를 제외한 전국 각지의 농촌과 도시는 물론이고, 논농사 지역과 밭농사 지역 그리고 해안·평야·산간에서도 벌였다면서, 이러한 분포 상태는 특정한 농경 형태에 연관된 농경 의례라기보다, 오히려 군사 훈련을 목적으로 한 국가 행사로서 널리 퍼진 것으로 보인다고 덧붙였다(1992;185). 따라서 우리네 돌팔매싸움에는 농경의 풍작을 기원하는 남방적 요소와, 군사적 목적을 위한 북방적 요소가 결합된 셈이다.

그는 앞 글에 이어 중국의 돌팔매싸움에 대해서도 "조선과 달리 군사적 훈련의 성격을 지닌 국가적 연중행사로서의 돌팔매싸움은 전혀 벌이지 않았다. 중국의 그것은 어디까지나 민간 레벨의 행사이며, 또 남방 농촌의 행사이고, 압도적으로 정월 행사이다. 질병 예방이나 구제(驅除)와 함께 농양(農穰) 의례의 성격이 짙다"는 설명을 붙였다.

앞에서 든 이마무라 토모(今村鞆)는 우리와 일본의 돌팔매싸움을 이렇게 견주었다(1928년).

1) 닮은 점
① 시기가 정월이나 단오에 집중되고
② 들이나 내 또는 시가지에서 벌이며
③ 처음에 어린이나 청년들끼리 겨루다가 장년층으로 번지고
④ 처음에 돌을 던지다가 몽둥이를 휘두르는 육박전으로 바뀌어 사상자가 속출하며 죽어도 후회하지 않고, 관청에서 막아도 효과가 없으며
⑤ 마을 중심으로 무리를 지으며, 응원군에 대한 특별한 제한은 없지만, 관례에 따라 각 마을끼리 특정 마을을 응원하며
⑥ 더러 깡패들이 끼어들어 치안을 어지럽히고,
⑦ 돌팔매로 적을 물리칠 뿐 아니라, 별도의 부대를 창설한 점

2) 다른 점
① 한국에는 명절 행사라는 점 외에 종교적 의미가 없으나, 일본에서는 신사의 제례와 관련이 깊고
② 한국에서는 몽둥이를 미리 마련하지만, 일본에서는 때로 아이들이 버드나무 가지를 벗긴 회초리를 휘두를 뿐이며
③ 한국에서는 흉기를 쓰지 않으나, 일본에서는 칼·창·총포 따위를 동원하며

④ 한국에서는 튼튼한 갓을 쓰고 한 손에 부채꼴의 방패 비슷한 것으로 돌을 막지만, 일본에는 맨손으로 벌이며

⑤ 한국은 지고 이김에 따라 농사의 흉풍이 갈린다고 믿지만, 일본에는 이같은 관념이 없는 점

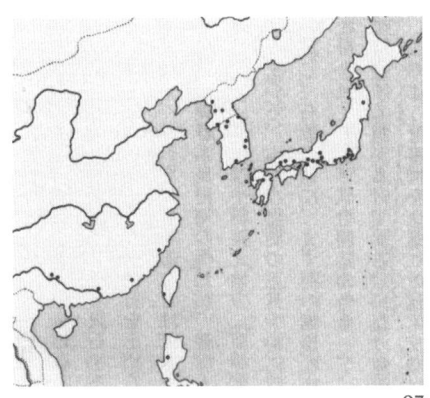

07

그러나 우리도 풍년과 무사태평을 비는 행사로 벌여왔으며, 일본에도 농경의례적인 성격이 짙게 배어 있다.

도상7은 돌팔매싸움 분포이다. 우리·일본·인도네시아가 중심지역으로 그 남부지역에도 일부 분포한다.

말레이시아의 바다크족은 벼를 거둔 뒤 수확제로 벌였다. 두 패로 나뉜 청년들이 논 가에서 갈대 창이나 돌을 던졌고, 여자들은 함성을 질러 응원을 보냈다. 상처를 입거나 죽어도 앙심을 품지 않았다.

인도네시아 사부섬에서는 우기 직전, 전쟁의 신인 뭉기아에게 제례를 올린 뒤, 남자들이 손에 방패를 들고 날아오는 돌을 막으며 싸움을 벌였다.

필리핀 루손도에서는 벼를 거둔 뒤의 수확제나, 토란 씨를 심을 때 성장의례로 벌였다. 돌에 맞아 피가 나면 곧 자기의 논으로 달려가 피를 흘렸고 싸움이 끝나면 그해 농사 풍년에 감사하고 이듬해의 풍농을 기원하였다. 또 던지는 돌처럼 큰 감자가 열리기를 바라기도 했다.

2) 횃불싸움

정월 대보름날 저녁에 농촌의 청소년들이나 이웃 마을이 편을 갈라서 산과 들녘에서 횃불로 싸운 민속으로, 거화전(炬火戰) 또는 홰싸움이라고도 한다.

도상1은 충청남도 부여에서 2020년에 벌어진 횃불싸움 장면이다(국립민속박물관).

도상2는 홰꾼들이 홰를 흔드는 장면이다.

도상3은 승리에 도취한 홰꾼들 모습이다(평화문제연구소).

⑴ 첫 기록은 홍석모(洪錫謨, 1871~1857)의 『동국세시기(東國歲時記)』에 보인다.

대보름날 초저녁에 횃불을 들고 높은 곳에 오르는 것을 달맞이(迎月·望月)라고 한다. 달을 먼저 보는 사람이 운이 좋으며, 달빛으로 점도 친다. 붉으면 가물고, 희면 홍수가 날 징조이다. 달이 뜰 때의 형체·대소·출렁

01

거림(湧浮)·높낮이도 점의 대상이다. 또 달의 윤곽과 사방의 짙고 옅음(厚薄)으로, 한 해 농사를 미리 안다. 달 사방이 두터우면 풍년, 얇으면 흉년이고, 조금도 차이가 없으면 평년이 되리라고 한다(「대보름[上元]」).

(2) 앞과 같은 책에 호서(湖西)지방에서 횃불싸움(炬戰)을 벌였다는 기사가 있다.

홰는 흔히 싸리나 갈대 또는 노간주나무 따위를 엮어서 만들며, 불을 붙여서 길을 밝히거나(홰를 잡고 앞서가는 사람을 홰꾼이라고 함), 밤늦게 들일을 할 때 주위에 세워서 짐승을 쫓았다.

그러나 횃불싸움에 쓰는 것은 이와 다르다. 겨릅대나 싸릿대 또는 식대(줄기의 높이 6~7m로 마디의 사이가 긴 볏과의 상록성 식물)의 묶음 사이사이에 관솔을 넉넉하게 박은 다음, 꿀 찌꺼기를 끓여 짜낸 밀이나 기름을 듬뿍 먹인 솜 뭉치를 함께 비틀어 잡아맨다. 이에 불을 붙이면 흔들거나 휘둘러도 쉽게 꺼지지 않는다. 겨릅대나 식대 따위를 구하기 어려우면 빗자루로 대신한다(「대보름[上元]」).

횃불싸움은 마을 단위로 벌인다. 홰꾼들은 떠오르는 달이 잘 보이

02

03

는 언덕에 진을 치고, 상대 마을 사람들에게 욕설을 퍼부어 약을 올린다. 응원하는 풍물 가락은 귀를 찢는 듯하다. 달이 모습을 드러내자마자 홰에 불을 붙여 들고 휘두르며, 상대 쪽으로 달려간다. 홰에 맞아 머리털이 그슬리거나, 얼굴을 데거나, 옷이 타도, 마지막 홰가 꺼질 때까지 그치지 않는다. 이 싸움에서는 진지를 빼앗거나, 포로를 많이 잡은 쪽이 이긴다. 그리고 이긴 마을에 풍년이 든다고 믿는다.

도상 4는 세워 놓은 달집이고, 도상 5는 달집이 타는 모습이다.

진쪽의 벌은 곳에 따라 다르다.

전라북도 진안군(鎭安郡) 일대에서는 나무하고 풀 베고 꼴 따위를 거두는 '초장길'을 이긴 쪽이 차지하며, 진 쪽은 한 해 동안 그곳에 들어가지 못한다. 같은 도의 장수군(長水郡) 일대에서는 이긴 쪽이 상대쪽을 마을 안으로 들이지 않는다.

충청남도 금산군(錦山郡) 추부면(秋富面) 신평리(新坪里) 신탑 마을의 행사의 기사이다.

04

05

해마다 정월 대보름에 무사태평을 비는 탑제(塔祭)를 지낸 뒤, 이웃의 평촌리와 횃불싸움을 벌였다. 청소년들은 마을 빈터에서 솜뭉치나 헝겊·싸리나무·짚단 따위로 홰를 묶고, '달불'을 놓을 때 쓸 솔가지도 함께 마련한 다음, 어두워지기를 기다렸다가 평촌리(平村里) 쪽으로 가서 한동안 쥐불을 놓고 풍물을 치면서 신명 떨음을 하다가, 이윽고 달이 뜨면 달집에 불을 붙여서 횃불싸움의 신호로 삼는다. 저쪽 사람들도 달집에 홰를 붙인 뒤 이쪽으로 달려와 욕설을 퍼부으며 싸움을 건다. 이에 진 마을에 그해 액운이 들어간다고 하여 죽기 살기로 싸운다.

(3) 유만공(柳晩恭, 1793~1869)은 『세시풍요(歲時豐饒)』에 이렇게 읊조렸다.

星星列炬陌頭明　활활 타는 홰로 밝아진 온 거리
呼應群童隊隊聲　환성에 줄이어 답하는 청소년 무리들
跪拜我迎仙月女　꿇어앉아 선녀 같은 달 맞고 나더니
追芬芬忽作火攻兵　홰 들고 쫓고 쫓기는 군사로 바뀌었네
(산촌의 어린이들이 횃불을 밝히고 달맞이를 하다가, 곧 두 패로 나뉘어 서로 공격하는 것이 화전이다) (「대보름날 저녁[元夕]」).

대보름날의 달집태우기도 횃불싸움의 하나이다.

달집은 청솔가지와 볏짚 따위를 원뿔꼴로 쌓아 올려서 꾸민 엉성한 집이다. 그 안에 기름걸레나 기름을 먹인 솜뭉치들을 넣은 뒤, 언덕으로 달이 떠오르는 순간에 불을 붙이며, 이때 소원을 빌면 이루어진다고 한다. 풍물 가락에 맞추어 타오르는 달집 주위를 돌며 기세를 올리던 젊은이들은 횃불을 들고 상대방의 진지로 쳐들어간다.

전라북도 남원시(南原市)에서는 안에 대나무를 넣는다. 이것이 터지는 소리에 잡귀가 놀라 달아난다는 것이다. 경상북도 달성군(達成 郡)이나 부산시(釜山市) 동래구(東萊區) 일대에서는 달집이 타서 기울어지는 모습으로 흉풍을 가린다. 또 경상북도 청도군(淸道郡)에서는 아들을 바라는 여성이 속옷을 달집에 던지거나, 달집의 재를 모아 속옷을 빨면 소원을 이룬다고도 한다. 달이 뜨는 모습을 처음 보는 젊은이는 짝을 만난다는 고장도 있다.

따라서 햇불싸움과 달맞이 그리고 달집태우기에는 무사태평과 농사의 풍년을 비는 공통적인 성격이 배어 있다. 또 줄다리기나 돌팔매싸움처럼, 처음에는 어린이들끼리 벌이다가 뒤에 청장년들이 맞붙는다.

이 밖에 정월 대보름 전날 논둑이나 밭둑에 불을 지르고 돌아다니며 노는 쥐불도 있다. 들판에서 여러 개의 구멍을 뚫은 깡통에 짚단 등을 넣고 불을 붙여 빙빙 돌리다가 던져서 논밭의 잡초를 태워서 해충이나 쥐의 피해를 줄이려는 것이다.

(4)『동국세시기(東國歲時記)』의 기사이다.

정월의 처음 해(亥)자가 든 날을 돼지날, 또 자(子)의 날을 쥐날이라고 한다. 조선왕조에서 오래 이어온 행사로 하급의 젊은 관리들 수백 명이 잇달아 횃불을 땅에 끌면서 돼지 끄슬리자, 쥐 끄슬리자 하고 외치며 돌아다닌다.

이 무렵에 임금은 신하들에게 곡식 태운 재가 담긴 주머니를 신하들에게 나누어 주면서 풍년을 바라는 뜻을 보였다. 돼지주머니(亥囊)와 쥐주머니(子囊)라는 말이 나온 까닭이 이것이다. 바단으로 마른 돼지주머니는 둥글고, 쥐주머니는 기름하다. 정조(正租, 1776~1800)도 등극하자 이제도를 되살려서 주머니를 나누어 주었다.

한편, 백성들은 이날 콩을 볶으면서 쥐 주둥이 죽인다는 주문을 읊조린다. 호서 지방에서는 떼를 지어 횃불 사르는 일을 쥐불태우기(燻鼠火)라고 부른다. 돼지날 콩가루로 얼굴을 씻으면 흰빛이 난다는 말은, 돼지의 빛깔이 검을 것에 견준 데서 왔다(「돼지날[上亥日]·쥐날[上子日]」).

앞글의 '돼지'는 의문이다. 실제로 농가의 어린이들은 '두더지 잡자'고 외치며 논밭으로 돌아가며 두더지의 구멍을 절굿공이로 다져서 막았기 때문이다. 따라서 '쥐불태우기'는 쥐보다 잡초를 태워서 해충을 없애는 일을 가리킨다.

신흠(申欽, 1566~1628)의 시 「농가의 노래(田家謠)」의 부분이다.

亥日燻豕喙 해일에는 돼지주둥이 지지고
子日焚鼠腸 자일에는 쥐의 내장 굽누나
芒苗祛螟蠹 벼 보리 싹의 해충 없애
場圃除災殃 타작마당의 재앙 물리치니
汙邪與甌窶 높고 낮은 논밭에서 거둔
五穀盈倉箱 오곡이 곳간에 그득차리라
(『상촌선생집[象村先生集]』 제6권 오언고시[五言古詩])

횃불싸움·달집태우기·쥐불놀이는 불을 이용해서 악귀를 쫓는 동시에, 대지의 생산력에 왕성한 가운을 불어넣어 풍년을 거두려는 유감주술(類感呪術)이다.

일본에서는 사기장(左義長)이라고 부른다.

정월 14일 밤부터 이튿날 새벽 사이에 벌이는 불놀이(火祭)가 그것이다. 이는 삼구장(三毬杖), 곧 세 개의 구장(毬杖)이라는 뜻으로, 대나무나 장대 셋의 위를 모아 묶고 아래를 벌려 세운 데서 왔다. 8세기부터 19세기 중반까지 궁중에서도 벌였으며, 불이 타는 동안 악귀로 분장한 사람이 작대기를 휘두르고 북이나 징을 치면서 노래를 부르고 춤을 추었다.

도상6은 국가중요민속문화재로 지정된 가나가와현(神奈川県) 오이소 마치(大磯町)의 들판에서 세운 여러 채의 달집이다. 주위에 여러 모양의 탈을 걸어놓은 외에 꼭대기에도 악귀를 쫓는 험악한 인상의 대형 탈을 걸어놓았다.

도상7은 달집을 태우는 장면이다.

나가노현(長野県)에서는 장대를 삼신(三神)으로 여기며, 가운데에 신목(神木)이라는 심지를 박고 높이 감아올린 다음, 꼭대기에 불을 던져 농사의 흉풍을 점친다.

마을 지킴이가 하늘에서 이것을 타고 내려온다는 규슈(九州) 일대와 달리, 일반적으로는 정월 장식품, 이를테면 금줄이나 문송(門松) 따위를

06

07

각 집에서 거두어 일정한 장소에서 불을 지른다. 이곳에서는 화전민(火田民)이 벌이는 정월 7일의 행사를 첫손에 꼽았으나, 논농사가 퍼지면서 14일에도 벌였고, 오늘날에는 대보름 중심으로 바뀌었다.

곳에 따라 신목(神木)을 기둥 삼아 작은 집을 짓고 어린이들이 들어가서 새 쫓는 노래를 부르다가, 이튿날 새벽 불사르기도 한다. 이바라키현(茨城県)에서는 이를 '새쫓는집(鳥追小屋)'이라고 부른다.

군마현(群馬県)에서는 어린이들이 이레 아침부터 집집을 돌며, 새끼줄·대나무·섶나무 따위를 모아다가 어른의 도움을 받아 집을 짓고 사흘 동안 지낸다. 집에 불을 지를 때는 탈을 쓰고 흰 종이 오래기(御幣)를 휘두르면서 '새 쫓는다'고 소리치고, 북을 쳐서 악귀를 쫓는다.

도상8은 에도(江戸) 시대(1600~1867)의 이치무겐도야(一無軒道冶)가 오사카(大阪)의 연중행사를 해설한 『난파감(難波鑑)』에 실린 그림으로 달집에 불을 붙이고 있다.

주위에 둘러선 사람들은 불이 타오를 때 '호유쬬리돈도'라고 소리 질러 환호한다. 이는 '벼 이삭이여 빨리 싹이 트라'는 뜻이다. 세상에 태어나서 처음 쓴 글을 이 불에 태우면 뒤에 글씨를 잘 쓰고, 불을 쬐면 다시 젊어져 무병장수를 누리며, 재를 몸에 바르면 악귀가 달아난다고 믿는다.

08

그리고 어디서나 불이 힘차게 타오르면 시절이 좋아진다고 여긴다. 또 소원을 빌거나 악운이 물러가기를 바라며, 떡이나 경단을 구워 먹고, 팥죽을 쑤어 집집에 돌리기도 한다.

이것은 농경의례의 하나이다. 후쿠시마현(福島縣) 스가시(須賀市)에서 해마다 10월 10일 밤에, 젊은이들이 손과 손에 횃불을 들고 도칸야마(十日山)라는 언덕에 올라가서 휘두르며 대숲을 태웠다. 전국에서 농사의 풍년을 기원하여 벌이는 도오칸야(十日夜)와 관련이 깊은 것은 물론이다. 스가시 일대에서는 너구리나 오소리 따위를 쫓으려고 대숲을 태운다지만, 우리네 달집태우기나 쥐불놀이를 닮았다.

앞과 같은 현의 이와키시(岩木市 四倉町)에서는 정월 열흘날쯤부터 시작해서 13일에 본격적으로 벌이며, 14일에 마친다. 신정(新町)과 중정(仲町) 두 마을의 수백 명이 내를 사이에 두고, 각기 화톳불을 피워서 불을 붙인 적목(赤木)을 던진다. 대체로 물가에는 어린이들이 서고, 위쪽에는 노련한 젊은이들이 진을 친다. 적목은 6일에 장사꾼이 산에서 베어온 것으로, 그가 팔러 다닐 때 선주(船主)나 액년(厄年)을 맞은 사람이 사 둔다. 11시쯤 승패가 갈리면 진쪽이 달아난다. 신정 쪽이 이기면 풍어(豊漁)를, 중정 쪽은 풍년을 거두며, 불을 맞으면 감기에 걸리지 않고, 상처가 나도 냇물로 씻으면 나으며, 여성이 엉덩이를 쬐면 아이를 낳는다고 믿는다.

같은 시의 원야정(遠野町)에서는 두 마을 사람들이 정월 14일 밤, 내(入遠野川)를 사이에 두고 1m쯤 되는 나무에 불을 붙여서 던진다. 불이 활활 붙지 않은 나무를 던지면 비겁하다고 조롱하며, 힘이 모자라서 나무가 내 중간에 떨어지면 함성을 질러서 약을 올린다. 한 번 던진 나무는 다시 쓰지 않으며, 끝까지 던지는 쪽이 이긴다. 타다가 남은 나무는 문에 세워서 악귀를 쫓는다.

이밖에 각지에서 벌이는 주송 불태우기(柱松火あげ)·불던지기(火投げ)·관솔불던지기(投げ松明)·송명들기(揚げ松明)·주제(柱祭)·기둥 감기(柱卷) 따위도 같은 성격의 행사이다.

　달맞이·달집태우기·쥐불놀이 따위가 복합된 한국의 횃불싸움에는 중국이나 일본처럼 잡귀를 물리쳐서 마을의 태평을 이루고, 풍년을 거둔다는 뜻이 들어 있다. 이를 어린이들이 벌이다가 뒤에 어른들의 겨루기로 번지고, 젊은이들이 짝을 짓는 점도 세 나라가 닮았다. 일본의 일부 지역에서 우리처럼 이 싸움에서 이긴 쪽에 풍년이 든다고 믿는 것은 흥미롭다. 그리고 횃불을 쥐불 삼아 해충을 죽이는 것도 세 나라가 공통적이다.

　한편, 우리와 중국 사이에는 대조적인 면도 보인다. 우리는 횃불을 휘둘러서 상대와 싸움을 벌이고 이긴 쪽이 풍년이 든다지만, 저쪽에는 극적인 싸움보다 횃불을 밝혀 들고 행진을 벌이는 축제의 성격이 짙다. 중국에서는 횃불싸움도 내를 사이에 두고 상대 쪽에 불이 붙은 홰나 몽둥이를 던지는 정도에 지나지 않는다. 이러한 민속은 일본과 중국에서 성행되었다.

　중국에서 초기에는 횃불을 휘둘러 싸움을 벌이다가, 점차 축제 분위기로 바뀌었는지, 처음부터 해충을 쫓기 위한 민속으로 시작된 것인지 분명치 않다. 이 놀이는 한족(漢族)이 아니라, 서남쪽에 거주하는 소수민족 사이에서 나왔다는 설이 유력하다. 농경의 수확을 예축(豫祝)하고 풍요(豐饒)를 기원하여 홰와 불을 조상의 묘소로 가져간 뒤, 불을 붙이고 논밭으로 옮겨서 여러 신에게 제례를 베풀고 해충을 쫓기에 이르렀다는 것이다.

　횃불싸움이나 쥐불놀이는 중국 남부에서 벼농사와 함께 우리에게 들어왔으며, 또한 벼농사와 함께 일본으로 건너갔을 터이다.

3) 줄다리기

경상남도 창녕군(昌寧郡) 영산읍(靈
山邑)에서 해마다 3월 초에 벌이는 삼
일(三一) 문화제 가운데, 기둥 종목은
줄다리기이다. 옛 성터를 기준으로 동·
서 두 쪽으로 나뉜 천여 명의 주민들
이 벌떼처럼 달려들어 겨루는 장쾌한
놀이이다. 동은 수줄, 서는 암줄로, 서
쪽이 이겨야 풍년이 든다지만 그렇다
고 동쪽이 어물거리지는 않는다. 풍년

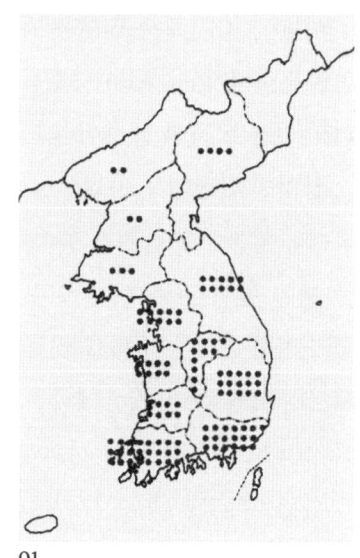

01

은 뒷일, 모든 힘을 다 짜내는 것이다. 한 집안이 갈린 경우, 놀이가 끝
나고 한 달이 지나도 서로 말을 나누지 않을 만큼 적개심(?)은 하늘에
닿는다.

도상1은 우리나라 줄다리기 분포도로, 벼농사가 중심인 중부 이남
에 집중적으로 분포한다.

도상2는 꼰 줄을 틀에 걸고 조이는 장면이다.

도상3은 줄을 도로에 나란히 깔아놓은 모양이고,

도상4는 한쪽에서 둥글게 몰아가는 장면이다.

도상5는 줄 한끝에 지은 고리를 굵은 줄로 동이는 장면이고,

도상6은 신령에게 승리를 비는 제사상이고,

도상7은 대장이 천지 신명에게 승리를 다짐하는 모습이다.

줄은 지름 70㎝쯤에 길이 100m쯤으로, 짚의 양도 엄청나거니와 줄 마련에 수십 명이 밤낮을 이어 매달려도 열흘 이상 걸린다. 암·수 두 줄의 형태는 같으나, 암줄 머리가 더 크다. 수줄을 꿰어 넣고 비녀 (길이 3㎜, 지름 25㎝의 통나무)를 질러야 하기 때문이다.

상대의 줄을 넘으면 당기는 중에 끊어진다고 하여 낮은 물론이고 밤에도 여럿이 횃불을 들고 지킨다. 그러나 줄을 넘으면 소원이 이루어진 다는 믿음도 강해서 지키는 쪽이나 넘으려는 쪽이나 눈에 불을 켜게 마련이다. 1930년대에 충청북도 충주시(忠州市) 목계(木溪)에서 어둠을 틈타 줄을 넘으려던 여인이 돌에 맞아 목숨을 잃기도 하였다.

02

03

04

05

06

07

08

09

10

11

12

13

도상8은 암 숫줄 사이에 비녀를 박은 장면이고

도상9는 사람이 당기기 위해서 곁줄을 몸에 감고 줄의 한끝을 풀어놓은 모양이다. 이로써 여러 사람이 당길 수 있다.

도상10은 줄의 머리를 화물자동차에 싣고 나머지 부분을 사람들이 메고 경기장으로 가는 장면이다.

도상11은 인근마을의 응원군들이 깃발을 휘두르며 힘을 돋우는 장면이다.

도상12는 곁줄에 매달린 줄꾼들 모양이다.

도상13은 이긴 쪽의 줄을 지붕위에 올려놓은 모습이다.

줄을 당길 때는 남녀노소 구분이 없이 달려든다. 줄 끝이 모자라면 여자들은 치마에 돌을 담아 허리에 올려 차고 누구의 허리든지 끼어 안고 버틴다. 또 인근의 여러 지역에서도 마을의 서낭패와 풍물패를 앞세우고 자기 마을의 방향에 해당하는 쪽을 응원하는 까닭에 모여드는 사람이 수천 명에 이른다. 이긴 쪽이 농사철의 물을 먼저 대거나, 진 쪽에서 그해의 부역을 맡는 조건 따위도 협동과 단결을 굳히는 구실을 한다.

1921년 3월 21일자 〈동아일보(東亞日報)〉에 따르면, 경기도 이천읍(利川邑)에서 벌어진 줄다리기에 참여한 사람 6천여 명에 구경꾼 3만여 명이었으며, 줄은 길이 800m쯤에 지름이 60m쯤이었다고 한다. 그 위에 사상자가 12명이나 나왔다니 얼마나 치열했던가를 알 수 있다.

1968년 3월 3일, 수백 명이 줄을 어깨로 떠메고 학교 운동장으로 옮긴 것이 오후 1시. 양쪽의 대장과 중요 인물들이 각기 차린 제물 상 앞에서 천지신명에게 승리를 비는 제사를 올렸다.

이어 수줄과 암줄을 꿸 때, 양쪽 대장은 저마다 제 쪽으로 끌어대라고 요구한다. '여자가 먼저 대는 법이 어디 있느냐?'는 서쪽 고함에, '요즘 세상이 어디 꼭 그러냐?'며 동쪽이 이죽거린다. 한 시간이 족히 지난다. 하도 답답해서 주위 사람들에게 까닭을 묻자 '어떤 남녀가 대낮부터 붙느냐?'며 낄낄대는 바람에 머쓱했다.

경찰관이 공포를 쏘는 등의 우여곡절을 거친 끝에, 양쪽 줄 머리가 차츰차츰 좁혀 들어 비녀를 꿰려는 순간, 한쪽 줄이 쑥 빠져나간다. 뒤쪽에서 행여 너무 나가는가 싶어 끌어당긴 까닭이다. 양쪽 대장의 줄을 대라는 고함에 따라 주춤주춤 다가서다가도, 다시 빠져나간다. 사람들은 또 '저렇게 들락거려도 끝나지 않으니 세기는 세다'며, 오히려 즐거 위한다. 옛적에는 성행위를 나타내는 노래도 불렀다.

부(父)았네 부았네
서쪽 씹이 부았네
달았네 달았네
동쪽 좆이 달았네

오후 5시, 어느덧 해가 지고 땅거미가 내리기 시작한다.

드디어 비녀를 꿰었다. 당기기 시작한다. 암줄의 승리. 10여 분만에 2m쯤 끌려왔다. 이긴 쪽은 자기네 줄을 잘라서 팔기도 한다. 거름으로 쓰면 농사가 잘되고, 소를 먹이면 병이 없으며, 지붕에 얹으면 집안이 무사태평하다는 것이다. 마산(馬山)의 어부들도 고기가 많이 잡힌다며 와서 사 간다.

흔히 동부는 남성을, 서부는 여성을 상징하지만, 강원도 삼척시(三陟市)에서는 이와 반대로 서부를 남성, 동부를 여성으로 여긴다. 영동(嶺

東)지방에서는 바다를 여성, 산을 남성으로 여기는 까닭이다.

전라북도의 김제(金堤)·정읍(井邑)·부안(扶安)·고창(高敞) 등지와 경기도 광주(廣州)에서는 남녀 두 동아리로 나뉘어 당긴다. 미혼 남성은 힘이 달리는 여성 쪽에 붙으며, 영산과 달리 언제나 암줄이 이긴다. 풍년을 바라는 까닭이다. 경상남도 진주(晉州)와 울산(蔚山) 등지에서는 줄을 당기면 그해 비가 잘 내린다

14

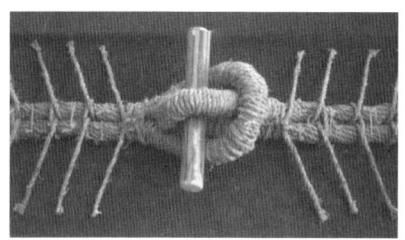
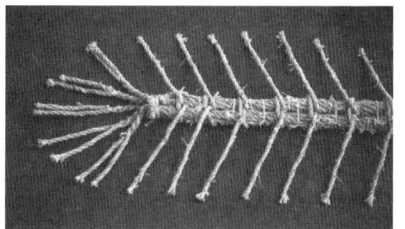

15 16

고 한다. 이는 줄을 용으로 여기는 데서 왔다. 물에 사는 용은 곧 물을 상징하는 까닭이다.

전라북도 정읍에서는 줄의 앞을 용머리, 뒤를 용꼬리라고 부른다. 경상북도 울진(蔚珍)에서는 암줄을 암룡, 수줄을 수룡이라고 이르며, 강원도 횡성(橫城)에서는 줄 몸에 비늘까지 달아서 용처럼 꾸민다. 충청남도 당진(唐津)의 기지시리(機池市里)에서도 줄다리기 자체를 풍운을 일으키는 용의 조화로 여긴다. 또 호남(湖南)의 일부 지역에서는 줄을 당기고 난 뒤, 그 줄을 마을 당산에 감아 두는 일을 '당산에 옷 해 입힌다'고 이른다. 이는 일본에서 정월에 집 문 앞에 세운 '문송(門松)'에 서려두는 것과 같다.

도상14는 전라북도 부안군 부안읍(扶安邑)에서 줄을 마을 당산에 감는 장면이다.

도상15는 암 숫줄을 연결한 모형이고,

도상16은 몸줄과 곁줄을 위에서 본 것이다.

도상17은 문 앞에 세운 소나무(門松)에 줄을 감아놓은 모양이다.

17

일본의 이름은 쓰나히키(縄引き)이다.

이곳의 줄다리기도 벼농사와 관련이 깊다. 쌀농사가 처음 시작된 규슈 일대에서 집중적으로 벌인 것도 이 때문이다. 우리도 밭농사를 짓는 한강 이북에는 거의 분포하지 않으며, 주로 벼농사 중심지인 영(嶺)·호남(湖南) 지방에서 벌인다. 무라야마 지준(村山智順)이 1941년에 낸 『조선의 향토오락(朝鮮の鄕土娛樂)』을 보면, 한강 이북의 줄다리기는 10% 정도에 지나지 않으며, 앞의 두 지역이 절반 이상을 차지한다.

도상18은 우리처럼 본격적인 줄다리기에 앞서 어린이들이 벌이는 줄다리기 장면이다.

우리나 중국에서는 정월 대보름에 집중적으로 벌이지만, 일본은 지역에 따라 다르다. 긴끼(近畿) 이북은 정월 대보름이고, 규슈(九州) 및 오키나와(沖繩)는 8월 15일이나 음력 6월에서 8월 사이이다. 따라서 줄다리기를 대체로 정월과 8월에 벌이지만, 농사력 측면에서 보면 어디서나 신년에 벌이는 셈이다. 오키나와는 음력 6월에서 8월 사이에 농작물을 거두는 동시에 새로 씨를 뿌린다.

18

오노 주로(小野重朗)는 정치와 문화 중심지였던 긴끼 지방에서 대보름줄이 성행된 것은, 고대에 이곳으로 건너간 한국계 이민자들이 끼친 영향의 결과라고 하였다(『十五夜網引の硏究』, 1997). 미야다 노보루(宮田登)도 "신년의 성적(性的) 풍양(豐穰) 의례인 줄다리기는 남중국에서 일본에 (또는 조선 반도를 거쳐) 들어온 것으로 인정해도 좋다"고 적었다(『日中文化交流史叢書』, 1995).

그러나 앞 사람은 한국계 운운한 끝에 옛적에는 한가위줄이 더 많았다고 덧붙여서, 한가위 줄이 일본에서 자생하였다는 뜻을 내비쳤다. 그의 이러한 생각은 우리네 전라남도 도서지방과 제주도·강원도·경기도·경상도 일부에서 한가위 줄을 당긴 사실을 모른 데서 온 것이다. 따라서 대보름줄은 물론, 한가위줄도 한국에서 건너갔다고 보는 것이 자연스럽다.

정월 대보름 줄을 당긴 까닭은 무엇인가? 달에 의지하여 농사를 짓는 농민들이 새해 들어 처음으로 달이 차는 날을 신성하게 여긴 까닭이다. 그들에게 있어 대보름은 새해 첫날이었던 셈이다. 줄다리기뿐 아니라 총 192건의 세시풍속 가운데 55건이, 동제와 민속놀이의 40%가 이날 열리는 까닭이 이것이다.

일본 규슈(九州)의 한 어촌에서는 줄을 길이로 당기지 않고, 몸줄을 가운데 두고 두 패가 서로 마주 서서 당긴다. 따라서 힘이 달리는 부분에서는 상대 쪽으로 끌려가고, 센 쪽에서는 반대로 끌어낸다. 이를 멀리서 보면 뱀이 구불구불 기어가는 꼴을 이룬다. 한밤 12시가 지난 썰물 때, 청년들은 바닷가에서, 어린이·여성·노인은 육지 쪽에서 당긴다. 한 시간에 열 번쯤 당기며, 이긴 쪽에 풍년이 든다고 한다. 농촌이 이기면 밭농사가 잘 되고, 어촌이 이기면 고기가 많이 잡힌다는 고장도 있다.

19   20

21   22

23   24

도상19이 양쪽에서 당기는 뱀꼴 줄다리기이다.

규슈 남부에서는 줄을 당기기 직전, 뱀처럼 사려놓은 줄 안에 어린이가 들어가서 달에게 절을 올리거나, 사탕수수·고구마·조·벼 따위를 바치며 풍작을 기원한다.

도상20은 한쪽 줄의 머리와 몸에 감은 줄이고,

도상21은 양쪽 줄을 꿰기 머리를 붙이는 장면이다.

도상22에서 암줄을 수줄에 꿰고 있다.

도상23은 비녀를 박은 광경이고,

도상24는 양쪽 머리에 네모꼴의 천을 펴고 양쪽의 대장이 기세를 올리는 장면이다. 이는 우리나 중국에 없다.

　오키나와(沖繩)의 나오미(奄美) 섬에서는 흔히 남녀가 당기며, 남자가 이기면 고기가 많이 잡히고, 여자가 이기면 농사가 잘된다고 여긴다. 그러나 여성 쪽이 이기는 경우는 드물다. 곳에 따라 줄을 당기고 나서 줄로 씨름판(土俵)을 꾸민 뒤 씨름을 하거나, 끊어서 강이나 바다에 띄우는 것으로 용이나 뱀을 되돌려 보내는 의례로 삼는다. 남녀대항 줄다리기는 가고시마현(鹿兒島縣)의 남부를 비롯하여 남서제도(南西諸島) 및 오키나와 일대에 분포한다.

　오키나와의 이시가키섬(石垣島)에서는 줄다리기에 앞서 동쪽에서 시종을 거느린 백발노인이 오곡의 씨앗을 가지고 등장하며, 이를 서쪽에서 나타난 흰 수건을 쓴 여사제(女司祭)가 받는다. 암줄이 이겨야 풍년이 든다는 생각은 다른 데와 같다.

　실제로 줄을 당기지 않고, 어린이들이 어깨에 메고 마을 주위를 돌면서 악운(惡運)을 줄에 담아 강이나 바다에 떠내려 보내는 것으로 여기기도 한다. 이바라키현(茨城縣)과 치바현(千葉縣)의 일부에서는 7월 보름날 어린이들이 용과 뱀을 본뜬 줄을 메고 집집을 찾아다니며, '이 줄을 타고 정령(精靈)이 찾아왔다'고 외친다. 줄의 형상을 용사(龍蛇)꼴로 꾸미는 많은 곳에서는 이들이 이계(異界)에서 찾아와 축복해 주고 악운을 몰아낸 다음, 다시 돌아간다고 한다.

　일본에도 남녀를 불문하고 이긴 쪽에 풍년이 든다는 고장도 있지만, 여성 쪽이 이겨야 시절이 좋다는 곳이 압도적으로 많다. 그러나 이기는 쪽이 정해진 데도 적지 않다. 줄다리기와 비와의 상관성은 오키나와 일대에 집중적으로 나타난다.

도상25는 양쪽의 줄 머리를 장대로 높이 들어 올리고 올라가면서 기쁨의 함성을 지르는 장면이다.

도상26은 머리줄 주위에 테를 두른 모양이다.

한·중·일 세 나라에는 이색적인 줄다리기가 있다.

경상남도 밀양(密陽)의 게줄다리기가 대표적이다. 줄 머리를 목에 걸고 손과 발을 땅에 댄 채 기면서 당기는 것이다. 줄 가운데의 매듭에 다섯 줄을 걸고, 다섯 사람이 끌기도 한다. 이들이 당기는 모습은, 영락없이 게가 기어가는 꼴이다. 중국 사천성(泗川省)의 티베트족도 같은 줄을 당긴다. 천으로 꼰 줄(길이 4m쯤) 양 끝에 지은 고리에 두 사람이 목을 걸고, 땅에 엎드린 채 손과 발을 써서 각기 앞으로 기어나간다. 가운데에 끈을 매달아서 줄이 어느 쪽으로 끌리는가를 판단한다. '코끼리 줄다리기(大象拔河)'라는 이름은 코끼리를 닮은 데서 왔다.

도상27은 경상남도 밀양의 게줄다리기 장면이다.

이밖에 줄을 목에 걸고 마주 서서 끌어당기는 격탄(格吞)과 줄을 어

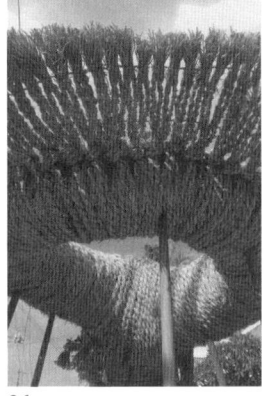

25

26

27

깨에 걸고 옆으로 끌어당기는 우견(牛牽)도 있다. 중앙 아시아의 키르기스족도 같은 놀이를 즐겼다. 쇠털로 꼰 밧줄을 다리 사이를 통해 목에 걸고, 두 손과 발을 써서 앞으로 끌고 간다. 미끄러지지 않으려고 손에 쥔 뿔을 땅에 박아 가며 끄는 점이 색다르다.

신강성(新疆省) 위구르 자치구의 카자흐족은 말 위에서 줄을 당긴다. 기수(騎手) 둘이 길이 2m쯤의 가죽끈을 잡고 끌어 잡아당기는 것이다. 심판의 구령(口令)에 따라, 각기 말을 채찍질하여 서로 반대 방향으로 끌어당긴다.

줄다리기의 본거지는 동남아시아의 쌀 재배 지역이다. 인도네시아 동부에서는 남성 태양신과 여성 지모신(地母神)이 한 해 한 번 만나는 의식으로 치른다. 농사 시작에 앞서 남녀 두 패가 성행위를 본떠서, 상체를 앞으로 굽혔다가 뒤로 젖히는 동작을 거듭하며 줄을 당기는 것은 이 때문이다. 남녀 신이 한 해 한 번 만나 그리움을 푸는 민속은 우리네 남도 지방에도 널리 퍼져 있었으나, 근래에 들어와 이 행사를 귀찮게 여긴 나머지 아예 부부로 만들었다.

라오스도 닮았다. 봄철 씨 뿌리기 전 어떤 날 저녁, 남성과 여성이 각기 열을 지어 뱀 춤을 춘다. 여성은 남성을 멀리 보내는 시늉을 해서, 비가 태양을 쫓는 뜻을 나타낸다. 줄다리기는 이 뒤에 벌이며, 역시 여성이 이겨야 풍년이 든다고 한다. 캄보디아에서는 사원이나 승원 안뜰에서 남녀가 풍년을 위해 줄을 당기며, 미얀마에서는 비를 바라는 의례의 하나로 벌인다. 줄을 뱀으로 여기는 관념은 일본에도 널리 퍼져 있다.

우리 줄다리기는 벼농사와 관련이 깊고, 줄을 용이나 뱀으로 여기며, 줄다리기를 성행위에 견주고 여성 쪽이 이겨야 풍년이 든다고 믿는 점에서, 중국 남부 및 동남아시아 일대의 줄다리기와 같은 셈이다.

4) 소놀이굿

정월 대보름과 팔월 한가위에 벌이는 이 굿은 황해도·경기도·충청북도를 비롯한 중부지방과 강원도 영서(嶺西)지방에 분포하는 소먹이놀이에서 왔다. 대보름에 농사의 풍년을 빌고, 한가위에 대풍에 감사를 올리는 의례이다.

소의 머리는 짚을 두툼하게 싼 고무래에 얼굴 그림을 붙이고, 뿔은 짚으로, 귀와 혀는 짚신이나 고무신 바닥으로, 고삐는 명주 또는 광목으로, 몸뚱이는 반으로 접은 큰 멍석 안에 대여섯 명이 들어가서 꾸민다. 이밖에 한 사람이 멍석을 뒤집어쓰고 송아지 구실을 한다.

몰이꾼(원마부)은 검은 전립(戰笠)과 남색 전복(戰服)에 홍띠를 매고 오른손에 삼신(三神)부채, 왼손에 고삐를 쥔다. 채찍을 든 곁마부도 같은 차림이다. 무당은 제석(帝釋)거리에서처럼 흰 고깔에 흰 장삼(長衫)을 걸치고, 흰 제석(帝釋) 부채를 든다.

그가 소와 함께 마을의 집집을 찾아다닐 때, 풍물패와 젊은이들이 따라간다. 문에서 '음메 음메' 울어서 주인이 나오면, 몰이꾼은 "옆집 누렁소가 싸리꼬챙이와 쌀뜨물이 먹고 싶어 왔으니, 푸짐하게 내시오" 하고 외친다(싸리꼬챙이는 산적[散炙], 쌀뜨물은 술이다). 주인은 준비했던 술과 음식을 낸다.

풍물패는 가락을 높여 신명을 돋우고, 소는 덩실덩실 춤춘다. 주인과 마을 사람들이 함께 흥겨운 춤마당을 펼친다. 몰이꾼은 "올 농사 대풍 들고, 두루 평안을 누리시오" 하는 덕담을 늘어놓는다.

01 02
03 04
05 06

　도상1은 경기도 양주시(楊州市)의 소놀이굿에 등장하는 소와 마부의 모습이고

　도상2가 소의 앞 모양이다.

　도상3이 부채를 든 몰리꾼이 소를 모는 모습이고

　도상4는 몰이꾼이 상대에게 덕담을 늘어놓는 장면이다.

　도상5가 경기도 이천(利川)에서 마련한 거북이고

　도상6은 마당에 차려놓은 상 앞에서 고사축원을 읊조리는 장면이다.

　도상7은 날씨가 아무리 가물어도 물이 퐁퐁 솟아오르게 해달라는 축원을 하는 모습이다.

07

경기도와 충청도 일부에 분포하는 거북놀이도 소먹이놀이의 하나이다. 수숫대나 짚으로 거북을 꾸민 점이 다를 뿐, 내용은 같다. 경기도 안성군(安城郡) 서정리(西井里) 거북놀이에 소와 송아지가 등장하는 까닭도 이에 있다. 충청남도 천안시(天安市) 일대에는 1960년대 초에도 한가위에 농기를 앞세운 풍물패와 맷방석을 뒤집어쓰고, 수숫잎을 꼬리로 삼은 거북이와 도롱이 차림의 질라래비(몰이꾼)로 구성된 거북놀이패들이 마을을 돌았다.

앞에 깃발까지 세웠다. 이들은 집에 들어가 마당·우물·부엌·장독대·마루·방 등으로 돌며 고사 덕담(德談)으로 축원을 올린다. 안주인은 마루에 쌀과 돈 그리고 정화수(井華水) 한 그릇을 차린 성주상을 놓고, 술과 음식을 내어 대접한다.

길라잡이의 '거북아 거북아 놀아라, 만석 거북아 놀아라, 천석 거북아 놀아라' 하는 소리에 풍물 가락이 울리면 거북이와 사람들이 덩실덩실 춤을 춘다. 한바탕 신명을 떨고 나서, 거북 일행은 다른 집으로 간다.

굿은 열두거리를 비롯하여 무당과 마부의 대화와 타령과 뒤풀이 등으로 구성된다. 바깥마당에서 '행추물림'을 한 다음, 서낭기를 마당 옆에 세우는 과장이 첫째거리이고, 마루에서 펼치는 둘째는 부정거리이다. 마루의 북·동·남쪽에 맨 시렁에 열두 신을 위한 '사위삼당'을 설치하고, 마루 북쪽에 삼신상을 차린다. 안마당에서의 셋째거리는 불사맞이거리로, 호구·말명·신장·대감·창부·걸립신을 들먹인다. 본향인 넷째부터는 마루에서 벌인다.

　다섯째는 조상을 위한 초가망거리이며, 여섯째거리에서 혼령(魂靈)들이 차례로 들어와 넋두리를 한다. 대감을 위한 일곱째는 창부타령으로 마감하며, 여덟째의 성주거리에서 성줏대를 들고 집터를 돈 뒤, 굿이 끝날 때까지 마루에 모신다. 아홉째는 산상거리이고, 열째거리(별상)에서 마부는 앉은 무당과 산마누라 노랫가락을 부른다. 열한 번째(신장)에서 오색기(五色旗)로 점을 치며, 열두째의 산신대감거리는 대감거리와 같다. 열 셋째에서 제석을 마루에 모신 뒤, 안방으로 들어가서 쌀이 담긴 말 위에 올라서서 공수를 내리고, 다시 마루로 나와 중타령·바라타령·제석타령을 읊조린다.

　이 뒤부터 무당과 마부가 문답을 나누며, 마부는 재담과 함께 타령을 늘어놓는다. 무당이 '마부, 소장수' 하고 부르면, 마부는 "기산(箕山) 영수(潁水) 별곤건(別坤乾) 소부(巢父) 허유(許由)가 나를 찾나?" 하며 여러 사람을 들먹인다. 다시 소장수 이름과 소 내력을 물으면, 전국 각지의 소 시장을 들고 나서 "은산에서 은을 뜨고, 수물(스물) 천냥을 잔뜩 싣고 들어왔으니, 이 소는 어운지고 시운진 소니, 이 댁 가중에서 사시오" 권한다.

　"보물을 그렇게 많이 싣고 왔다니, 보물타령이나 들려주오" 하는 요청에, 나라와 마을의 복을 빌고 나서 "이 댁 성주를 이룩할 제, 천금산(千金山)의 금을 뜨고 만금산(萬金山)의 은을 뜨고, 명산(命山)에 가서 명을 뜨고, 복산(福山)에 가서 복을 뜨고, 재수산에 가 사망 뜨고, 삼신산의 재수를 받아, 은자 보물은 스물 천냥, 한쪽에 달이 돋고 또 한쪽에 해가 돋아, 일광(日光)이면 월광(月光)이요, 월광이면 일광인데, 일광 월광 단월광에 이 댁 가중에 진연이요" 하고 읊조린다.

이어 치레 타령으로 넘어간다.

머리 치레에서 "인력거꾼의 상고머리…이마가 벗겨져서 대머리" 하며, 이런저런 사람의 머리 생김을 주워섬긴다. 대청의 성주를 위한 절 치레에서는 전국 각지의 절 이름을 들먹이고, 뿔치레에서는 소의 뿔을 비롯하여 새우·사슴·쳇불에 이르는 뿔타령을, 귀타령에서는 잎사귀·돌쩌귀·당나귀 따위를 끌어낸다. 이어 온몸의 각 부위를 들먹이는 굴레타령으로 넘어간다.

곡식타령에서는 각지의 벼 종류를, 성주타령에서는 전국의 나무를, 소장수 마누라 복색타령에서는 여인의 여러 가지 치장을, 집 타령에서는 재목·살림살이·집치장 따위를 들먹이고, 이 집에서 태어난 아이가 잘 자라나, 장원 급제하여 부귀공명을 누릴 것이라 읊조린다.

이어 경사굿이다. 열 넷째는 호구, 열 다섯째는 성주, 열 여섯째의 신(神)거리는 아홉째거리와 열 일곱째의 창부거리는 성주거리와 같으며, 여러 신들을 배웅하는 뒷전거리로 끝난다.

08

한편, 황해도 평산(平山)의 소놀음굿은 천상놀이와 지상놀이로 이루어졌다. 천상놀이에서는 옥황상제(玉皇上帝)의 명에 따라 세상에 내려온 제석(帝釋)이 인간을 탄생시키고 조선국(朝鮮國)을 세우는 내용을 타령으로 부른다.

도상8이 평산 소놀이굿의 소이고,

도상9는 소위에 올라앉은 무당의 모
습이다.

09

지상놀이에서 마부가 소를 끌고 밭을
갈면, 에미보살이 씨를 뿌리고, 지장보살
(地藏菩薩)이 김을 매며, 신농씨(神農氏)가
성장을 돌보는 동작을 펼친다. 이밖에 소
부리기·농기구 다루기·방아찧기·재수와
복 빌기·아기 점지하기 따위를 벌인다.

경기도 양주시(楊州市)의 소놀이굿처
럼 제석거리와 함께 경사굿의 일부로 펼치는 점에서 같은 성격을 지
닌 농경의례이다.

우리네 소먹이놀이나 소놀이굿의 유래에 대해서는 알려진 것이 없
으나, 중국의 타춘(打春) 민속의 영향을 받았을 가능성이 엿보인다. 이
에 대한 사례는 제주도에 가장 많이 남아 있다.

(1) 김석익(金錫翼)이 1918년에 낸 『심재집(心齋集)』의 기사이다.

해마다 입춘(立春) 전날, 주사(州司)에서 무당(巫覡)들이 꾸민 나무 소로 제
사를 지낸다. 이튿날 아침에 호장(戶長)이 (…) 목우(木牛)에 농구를 갖추고
무당들을 (…) 앞세우고 징과 북을 울리며 관덕정(觀德亭)●으로 간다. 무격
들이 여러 집으로 가서 뽑아 온 곡식 줄거리로 (…) 새해 농사의 흉풍을
점친다. 이어 호장이 객사(客舍)의 문밖으로 옮아가서 쟁기로 밭을 간다.
(…) 목우는 나무로 얽은 뒤 오채(五彩)로 꾸며 네 바퀴 수레에 올려놓는다.
● '관덕정'은 제주시 3도 2동에 있는 조선 시대 누정이다.

(2) 홍석모(洪錫謨, 1781~1857)의 『동국세시기(東國歲時記)』 기사이다.

함경도(咸鏡道)에서 입춘날 나무 소를 관청에서 마을 끝까지 끌고 돌아다닌다. 이는 흙소(土牛) 제도를 본떠서 풍년을 바라는 뜻"이다. 따라서 입춘에 나무로 꾸민 소를 끌고 다니거나 쟁기를 메워 땅을 갊으로써, 풍년을 기원하는 행사를 거의 전국에서 벌였을 터이다(정월 15일 「입춘 [立春]」).

농사의 풍작을 위한 나무소 부리기는 조선 시대 초기부터 궁중에서 민간의 것을 본떠서 베풀어 왔다. 이른바 내농작(內農作)이 그것이다.

(3) 『세조실록(世祖實錄)』의 기사이다.

세속에서 해마다 대보름날 전가(田家)의 농잠(農蠶) 모습을 차리고 그해의 풍년을 바랐다. 신사(辛巳)년부터 임금은 후원(後苑)에서, 좌우로 나뉜 관리들이 벌이는 것을 구경하였다. 쟁기로 밭을 가는 모양과 가지 뽕으로 누에를 기르며 노인과 어린이의 취하고 배부른 모습을 비롯하여 금수(禽獸) 초목(草木)에 이르기까지 대나무 줄기에 풀을 묶어 모든 형상을 만들었다(9년[1463] 정월[正月] 1월 15일 을사[乙巳]).

성종(成宗) 때는 좌우로 나뉜 사람들이 승부를 겨루었고(『성종실록』 18년[1487] 정월[正月] 1월 4일 을사[乙巳]), 규모가 점점 커지면서 사치가 극에 이르러 폐단이 컸다(같은 해, 같은 달 경술). 신하들의 중지요청에도 불구하고 행사는 연산군(燕山君) 대에도 이어졌으며, 중종(中宗) 대에 규모가 줄었다가 말년에 사라졌다. 명종(明宗) 17년(1562)의 '19년 동안이나 하지 않던 일'이라는 기사가 이 사실을 알려준다.

일본에서는 '太郎太郎祭(타로타로제)'라고 부른다.

규슈(九州) 서남쪽에 위치한 구시키노시(串木市)의 하지마자키(羽島崎) 신사(神社)에서는 음력 2월 4일 타로타로제(太郎太郎祭)라는 봄 의례를 치른다. 이 가운데 소로 가장한 사람이 나타나서 논을 가는 과정이 있다. 소는 한 사람이 얼굴에 탈을 쓰고 머리에서부터 검은 포장을 뒤집어써서 꾸미며, 아랫도리에 큰 자지를 달아서 황소임을 나타낸다. 사람들은 생명력의 상징인 이 소가 논을 갈아서, 풍요를 거둘 것이라고 기대한다.

도상10이 타로타로제에 등장한 소와 마부이다. 아랫도리에 달린 둥근 주머니가 풍년을 상징하는 자지이다.

도상11은 소의 형상이다.

에히메현(愛媛県, 南予)에서는 춘제(春祭)나 추제(秋祭) 때 청죽(靑竹)을 잘라서 몸통을 꾸민 소에, 종려의 털이나 붉은(赤紫) 천을 덮고 긴 머리 앞에 두 개의 뿔과 큰 입을 붙인다. 그리고 꼬리에 칼을 나타내는 흰 종이 오래기(御幣)를 달아둔다. 소 안에 들어선 10~12명이 머리를 힘차게 휘둘러서 악귀를 쫓는 시늉을 부린다. 신을 모신 가마(神輿) 앞에서 길라잡이 구실을 하는 이것을 소귀신(牛鬼)이라고 부른다.

10   11

12

　도상12는 오키나와현(沖繩県) 구로시마(黒島) 우제에 등장한 소의 옆
모양이다.

　농가에서 흔히 대일여래(大日如來)·대위덕명왕(大威德明王)·황신(荒神)
따위를 소의 지킴이로 받들지만, 오카야마현(岡山県)과 오사카부(大阪
府)의 일대에서는 소 자체를 신으로 모신다. 음력 7월 7일에 목욕시킨
뒤 제례를 베풀고, 소의 형태를 흙이나 짚으로 꾸미기도 한다. 또 기시
와다시(岸和田市)에서는 흙으로 빚은 소에 조개로 만든 귀와 눈을 붙이
고 그 위에 기와를 얹은 지붕을 얹는다.
　가이쓰카시(貝塚市, 脇浜)에서는 7월 7일과 8일에 실물 크기의 소를 진
흙으로 빚어 놓고 소신사(牛神社) 앞에서 제례를 올리며, 비가 알맞게 내
려서 농사가 잘되기를 기원한다. 소의 눈은 검은 돌, 귀는 비파잎, 뿔은
오이 등으로 꾸미며, 주위에 돌담을 둘러 보호한다.
　이러한 행사는 우신좌(牛神左)라는 어린이 동아리들이 중심이 되어
벌인다. 북을 두드리며 마을의 집마다 찾아가서 "소의 신에게 돈을 주
시오, 소의 신에게 짚을 주시오" 하고 외치며 제물을 비롯하여 떡·채소·
국수 따위를 거둔다. 짚으로 뜬 소를 끌거나 소 자체를 끌고 제례를 올

리는 풍습은 나라현(奈良県 野神)에도 있다.

교토(京都) 광륭사(廣隆寺)의 조사당(祖師堂) 앞에서 해마다 10월 10일 (옛적에는 음력 9월 12일)에 벌이는 우제(牛祭)에도 국가의 안녕과 오곡의 풍양을 바라고, 돌림병을 쫓는 뜻이 들어 있다. 제례는 특이한 탈을 쓰고 큰 칼을 찬 사람이 검은 소를 탄 채, 졸개 넷과 함께 절 주위를 순행하는 과정으로 진행된다.

도상13이 우제의 장면으로, 검은 소 위에 앉은 신직(神職)과 몰이꾼들이 가면을 썼다.

도상14의 신직은 여자 형상의 가면을 썼다.

도쿠시마현(德島県) 북부에서는 우사방(牛飼坊)이라고 하여, 13~16세의 어린이들이 소의 신을 모실 작은 집을 소 모양으로 짓는다. 이를 위해 재료를 살 돈을 거두기 위해 집마다 찾아다닌다. 이들의 요구에 응하지 않으면 누에 농사를 망치고, 된장 맛도 떨어진다는 악담을 퍼붓는다.

한편, 오카야마현(岡山県) 일대에서 우제(牛祭)를 치를 때, 소의 건강

13

14

15

을 위한 제물로 작은 오지로 빚은(陶製)의 소를 바치고, 오사카(大阪)의 사천왕사(四天王寺)에서도 같은 소나 소의 그림(牛繪馬)을 소궁(牛宮)에 봉납한다.

와카야마현(和歌山県)에서는 7월 7일, 소를 받드는 행사를 벌이면서 흙이나 짚으로 소를 엮어서 우신목(牛神木)에 바친다. 또 같은 현 오구군(邑久郡)에서는 보릿짚으로 엮은 소에 우신을 실은 뒤 신목(神木)에 잡아맨다. 가가와현(香川県)에서도 같은 소를 엮되, 비파잎으로 귀, 창포(菖蒲)로 뿔을 붙이고 신사에 바쳐서 무병을 빈다.

도상15가 도야마현(富山県)에서 우제를 지낸 뒤 소를 끌고 달리는 장면이다.

이밖에 새해에 각 집을 찾아다니며 복을 빌어주고 선물을 받는, 이른바 '내방자(來訪者)' 풍속도 거의 전국에 퍼져 있다. 특히 정월 대보름 행사 가운데 '신성한 내방자'를 바탕 삼은 것이 적지 않으며, 탈을 쓰고 여러 가지 예능을 펼치기도 한다.

우리네 중남부지방의 거북놀이, 중부지역의 소놀이, 중부 이북의 사자춤, 남부지역의 지신밟기, 제주도의 입춘굿도 같은 계통의 민속이다. 그리고 이들이 탈을 쓰기도 하는 점에서, 중국이나 동남아시아 대륙의 이른바 동물 가면무와도 상통한다.

한·중·일 세 나라의 특징에 대한 오바야시 타료오(大林太良)의 설명이다.

중국과 일본에서는 설이나 이에 이은 며칠동안이나 대보름에, 그 가운데도 설과 그 직후에 벌인다. 이와 달리 조선에서는 대보름에 집중되는 경향이 짙으며, (…) 방문자 관행에 민족적 공생(共生) 내지 지배(支配)라고 하는 성격이 거의 나타나지 않는다. 중국이나 일본에 비해 조선에서는 독자적인 발전이 이루어진 것이다. (…) 일본 풍속은 중세에 중국 또는 경우에 따라 조선의 영향을 받은 것이 아닌가 하는 가능성을 검토할 필요가 있다(1992;230).

이어 그는 "이러한 연초의 가면 무도(假面舞蹈)의 역사는 매우 오래다. 중국 고대의 나례(儺禮) 의식에 나타난 대로, 해가 바뀔 때 새 신(神)을 맞이하고 옛 신을 떠나보내는 의례이다. 뒤에 궁중 의례가 되었지만, 고대에는 민간에서도 베풀었으며, 이에 동물로 꾸민 가면무도(假面舞蹈)가 곁들여진 것으로 논농사 지역의 특징으로, 동남아시아 대륙에도 퍼져 있다"고 덧붙였다.

5) 사자놀이

정월 대보름날 사자로 꾸민 사람들이 집집을 찾아다니며, 잡귀를 쫓고 복을 빌어주는 의례이다. 나무나 대광주리에 종이를 발라 꾸민 사자의 머리와 꼬리에 들어간 사람 둘이, 풍물패를 앞세워 돌아다닌다. 사자 두 마리가 등장하는 고장도 있다.

1887년에 나온 「성천잡극(成川雜劇)」에 "사자 두 마리가 풍악에 맞추어 춤을 추었다"는 기사가 그것이다(성천은 평안북도에 있다). 이밖에 1801년에 나온 『화성성역의궤(華城城役儀軌)』에도 몰이꾼 셋이 사자와 범을 놀리는 장면이 들어있다(「낙성연도[落成宴圖]」).

함경북도 북청(北靑)에서는 정월 대보름날 밤에 사자놀이를 마친 패들이 이튿날 새벽에 집집으로 돌아간다. 주민들은 마당의 사자가 방을 거쳐 부엌·곳간·외양간·장독대 등으로 돌아가는 사이에 울리는 방울 소리에 귀신이 놀라서 달아난다고 여긴다. 또 아이를 사자 등에 올려놓으면 무병장수하고, 사자의 털을 베어 집에 두면 태평을 누린다고 믿었다.

사자는 뭇 짐승의 왕인데다가 정토(淨土)를 지키며 악귀를 쫓는 영수(靈獸)로 알려졌으며, 악귀를 쫓는 민속은 이에서 왔다. 전라남도 순천시(順天市) 송광사(松廣寺) 일주문(一柱門)의 소맷돌에도 사자 형상을 앉혔고, 중국에서도 대문에 사자 그림을 붙여서 잡귀를 쫓았다. 육조(六朝) 시대(229~589)에는 무덤 앞에 돌사자상을 놓았고, 이를 산예(狻猊) 또는 사자라고 불렀다.

01

도상1이 1930년대의 북청(北靑)사자와 몰이꾼이다.

도상2가 북청의 사자이다. 이 놀이를 1940년대까지 거의 전국에서 즐겼으나, 지금은 황해도의 봉산(鳳山)·강령(康翎)·은률(恩律)과, 경상남도 수영(水營)·통영(統營)·하회(河回) 등지에만 남아 있다.

우리나라에 들어온 시기는 모른다. 『삼국사기(三國史記)』에 "지증왕(智證王) 13년(512)에 신라의 이사부(異斯夫, ?~?)가 우산국(于山國, 울릉도)을 칠 때, 전선(戰船)에 나무로 깎은 사자(木偶獅子)를 싣고 가서, 위협한 끝에 항복을 받았다"는 기사가 있다(권 제4). 또 같은 책에 가야(伽倻)의 우륵(于勒, ?~?)이 지은 12곡 가운데 사자기(獅子伎)가 있다고 적혔다(『삼국사기』 권 제32 「악지[樂誌]」). 이 곡은 사자놀이를 위한 음률일 터이다.

한편, 신라의 최치원(崔致遠, 857~?)이 읊조린 『향악잡영(鄕樂雜詠)』 가운데 다음의 산예(狻猊)도 사자놀이이다(『삼국사기』 권 제32 「악지」).

遠涉流沙萬里來　멀고 먼 만 리의 사막 길
毛衣破盡着塵埃　옷의 털 다 빠지고 먼지만 남았네
搖頭掉尾馴仁德　머리와 꼬리를 흔들어 순하게 보였지만
雄氣寧同百獸宰　용맹한 기운 어찌 뭇 짐승에 견주랴

02

03

이는 사자놀이가 먼 서역에서 들어온 것을 알려준다. 이두현(李斗鉉)도 "구자국(龜玆國)에서 중국에 들어온 서량기(西凉伎) 계통"이라 하였고, 김학주(金學主)도 "백거이(白居易, 772~846)의 시를 들어 서량기(西凉伎)의 사자놀이와 같다"고 적었다.

도상3은 황해도 봉산(鳳山)의 사자이다.
도상4가 평안감사 환영도의 사자놀이이다(부분).

(1) 『중국잡기사(中國雜技史)』의 기사이다.

조선 사자춤의 사자는 한 사람이 들어가서 꾸미며, 두 손과 발에 사자의 머리를 붙였다. 『악부잡록(樂府雜錄)』의 '아홉 사자'도 이 계통으로 (…) 현대 일본의 경사자(鏡獅子)도 영향을 받았을 가능성이 있다.

이 글에서는 두 손과 발의 사자만 들었으나, 꼬리에도 또 하나의 사자 머리가 달리므로 모두 여섯이 된다. 지금까지 신라 사자탈에 관한 자료가 없었던 터에, 이 그림이 나와 이만저만 반가운 일이 아니다.

04

적어도 『당무회』의 저자는 당시 이
탈을 직접 보았거나 믿을만한 근거를
바탕으로 그렸을 것이기 때문이다.

　한편, 그림 옆에 적은 '신라박(新羅
狛)'은 '신라예(新羅猊)'의 잘못일 터이
다. 앞에서 든 일본말 번역판에 이 부
분이 빠지고, 그림도 보이지 않는 것
은 까닭이 무엇인지 궁금하다.

　일본의 후지와라노 미치노리(藤原

05

道憲, ?~1159)가 낸 『신서고악도(信西古樂圖)』(도상5)는 앞에서 든 『당무회』
를 본떠 그린 것이다. 전경욱은 "신라박이라는 동물 가면을 쓴 가면
희도 그려져 있는데, 이는 사자춤의 일종으로 보인다"고 적었다. 한편,
『신서고악도』의 신라박 옆에 적은 해제 또한 마단림(馬端臨, 1254~1323)
이 낸 『문헌통고(文獻通考)』의 사자춤 내용이므로, 앞에서 든 대로 '이리
박(狛)'이 아니라 '사자 예(猊)'로 보는 것이 자연스럽다.

　사자놀음은 고려로 이어졌다. 이색(李穡, 1328~1396)이 『구나행(驅儺
行)』에 "오방귀(五方鬼) 춤추고 사자도 날뛴다(舞五方鬼踊白澤)"고 읊은 것
이 그것이다(『목은집[牧隱集]』).

　조선 시대의 기록도 적지 않다.

　성종(成宗) 때(1448)의 중국 사신 동월(董越, 1432~1501)은 『조선부(朝鮮
賦)』에 "춤꾼들이 말가죽을 뒤집어쓰고 사자와 코끼리로 꾸몄다(飾獅
像盡蒙解剝之馬皮)"고 적었다.

(2) 유득공(柳得恭, 1748~1801)의 『경도잡지(京都雜志)』 기사이다.

나례도감(儺禮都監)에 딸린 연극에 산놀음(山戱)과 들놀음(野戱) 두 종
류가 있다. 다락에 포장을 치고 노는 산놀음에 사자·범·만석(萬石)중 등
이 춤을 추며, 들놀음에는 당녀(唐女)와 소매(小梅)가 등장한다(「노래와
광대[聲伎]」).

또 송만재(宋晩載, 1788~1851)의 『관우희(觀優戱)』에 줄타기와 불토하기
그리고 사자놀이에 대한 기사가 보인다(1843년). 한편, 『화성성역의궤
(華城城役儀軌)』와 김홍도(金弘道, 1745~1806?)의 「평안감사 환영도」에 등
장한 사자는 오방색(五方色) 곧, 푸르고(靑)·붉고(紅)·희고(白)·검고(黑)·누
른색(黃)으로 꾸몄다.

도상 6이 『당무회(唐舞繪)』에 실린 신라의 사자탈(新羅猊) 모습이다.

이응수는 사자놀이가 대체로 탈춤의 한 부분임에도 북청사자놀이
는 이름 그대로 독립적으로 존재하고, 또 오색(五色) 사자인 점에서 우
리 사자놀이의 원형이라면서, 신라 최치원(崔致遠)의 산예(狻猊)나 백제
의 미마지(味摩之, ?~?)가 일본에 전
한 것도 같으며, 중국이 이들의 원
류라고 하였다(『한국전통연희사전』).
그러나 오색사자의 '오색'은 다
섯 마리의 사자일 가능성이 크다.
『당서(唐書)』에 "사자 다섯 마리를 각
각 그 방향의 색깔로 꾸몄다"고 적

06

혔고(권 제38 「악지[樂志誌]」), 당(唐)의 단안절(段安節, ?~?)도 『악부잡록(樂府雜錄)』에 "각기 다섯 가지 색깔의 옷을 입었다"고 한 까닭이다. 이밖에 두우(杜佑, 735~812)의 『통전(通典)』(권146)과 『구당서(舊唐書)』의 사자도 다섯 마리로 보이며, 산악(散樂)의 잡희(雜戲)에는 아홉 마리(九頭獅子)도 등장한다. 따라서 본디 다섯이던 것이, 시대의 변천에 따라 한두 마리로 줄면서 오색으로 꾸민 듯하다.

우리 사자놀이는 고구려를 통해 들어온 오방사자놀이, 이와 같은 계통의 가야의 사자기(獅子伎), 백제 기악(伎樂)의 오방사자놀이, 서량기(西涼伎, 티베트 북쪽에 있던 서량)의 춤곡 따위가 어우러져서 성립되었다.

일본에서 기가쿠(伎樂)로 불리는 사자놀이는 백제의 미마지(味摩之, ?~?)가 612년에 가져갔다.

(1) 『일본서기(日本書紀)』의 기사이다.

귀화한 백제 사람 미마지가 오(吳) 나라에서 배운 춤(伎樂)을 출 수 있다고 하였다. 그는 사꾸라이(櫻井)에 살며 소년들을 가르쳤다. 마노노 오비토데시(眞野首弟子)와 이마기노야히도 사이몬(新漢濟文) 등이 배워서 춤을 전하였다(『스이코[推古] 천황 20년[612] 5월 5일).

이 글 가운데 '오'가 어디인가에 대한 여러 가지 설이다.
① 중국 삼국시대(三國時代)의 오(吳)이다.
② 서기 280년에 오가 망한 뒤, 강남지방을 이렇게 불렀다.
③ 특정한 나라 이름이다.
④ 중국 전체를 가리킨다.

③의 경우, 전라남도 구례(求禮)라는 설(金廷鶴)과 경상남도 낙동강(洛東江)에 있던 나라라는 설(李永植), 전라남도 남원(南原)이라는 설(李丙燾), 고구려를 가리킨다는 설(鮎貝房之進·三品彰英·上田正昭·金錫亨) 따위가 있다.

오는 고구려이다. 고구려의 '고(高)'는 높임말이고, '구려'가 나라 이름으로, '구레'는 구려의 일본식 표기이다. 일본말 '오'의 소릿값이 '구레'인 까닭에 이를 고구려를 가리키는 말로 쓴 것이다. 더구나 6세기 무렵의 남중국에는 오가 아니라, 남조의 송(宋)이 있었다. 실제로 오는 222년에서 280년까지 52년간 존속하였으므로 연대도 맞지 않는다. 따라서 삼국시대의 오가 아닌 것은 분명하다. 그리고 강남지방의 통칭이라는 설도 옳지 않다.

(2) '구레(吳)'가 고구려임을 알리는 기사는 『일본서기』에도 보인다.

오진(應神) 천황 37년(306) 봄 2월 무오(戊午) 초하루에, 치노오미(阿知使主)와 쓰가노오미(都加使主)를 구레(吳)에 보내 재봉공(裁縫工)을 구하였다. 이들은 고구려로 건너가서 오(吳) 나라로 갈 생각이었다. 고구려에 이르렀으나 다시 갈 길을 몰라 길라잡이를 붙여달라고 청하였다. 고구려의 왕이 구레하(久禮波)와 구레시(久禮志)를 안내자로 붙여준 덕분에 갈 수 있었다. 오나라 왕은 에히메(兄媛)·오도히메(弟媛)·구레하도리(吳織)·아나하도리(穴織) 등 네 여인을 딸려 보냈다(권 제10).

구레(吳)가 고구려라는 김석형의 지적대로, 백제로 간 두 사람은 길라잡이를 따라 고구려로 들어간 것이다. 만약 이들이 중국의 오로 갔다면, 두 사람이 안내하였다는 말은 사리에 어긋난다. 또 같은 책의 진토쿠(仁德) 천황 58년(370) 겨울 10월에 "구레국(吳國)과 고마국(高麗國)이 함께 조공하였다"는 기사도 사실 여부야 어떻든지, 고구려와 백제를 가리키는 것으로 보는 것이 자연스럽다. 중국의 오가 어떻게 당시 일본이라는 이름조차 없었던 야마또(일본)에 조공을 바쳤겠는가?

앞 책의 유랴쿠(雄略) 천황 6년(462) 여름 4월 조에도 "구레국(吳國)이 사신을 보내 물건을 바쳤다"고 적혔고, 같은 천황이 두 사람(身狹村主青·檜隈民使博德)을 구레국에 사신으로 보냈다는 기사도 있다. 이 또한 고구려를 가리키는 것이다. 이처럼 구레는 분명히 나라 이름이므로, 강남 통칭설은 근거가 없다. 한편, 『일본서기』를 비롯한 옛 문헌에 고구려를 '고마'로 적기도 하였지만, 이는 백제의 이름이 '구다라'로 정착된 이후의 일이다.

따라서 나리사와 마사르(成澤勝)가 '구레'를 고구려와 백제 사이에 있던 대방군(帶方郡)으로 비정한 것은 그럴듯하다. 『고사기(古事記)』에도 "오나라 사람들이 건너왔으며 이들을 구레하라(吳原)에 살게 한 까닭에 구레하라라고 부른다"는 내용이 있다(「유랴쿠[雄略] 천황」).

일본에서 오를 중국으로 여겼다는 주장을 편 가와타케 시게토시(河竹繁俊)는 "백제의 미마지가 전한 악무(樂舞)를 오에서 가져왔다지만 독특하고 큰 가면을 생각할 때 (…) 중국이 원산지가 아니라 서역이라 불리는 중앙아시아에서 (…) 중국에 들어온 것으로, 티베트나 인도 따위의 가면무도극(假面舞蹈劇)을 연상시킨다"고 하여 모순을 보였다. 뒤의 말이 사실이라면 탈춤은 고구려에서 들어갔다고 보는 것이 옳은 까닭이다.

기악(伎樂)을 긴메이(欽命, 509~571) 천황 때, 오왕(吳王)의 자손이 들여왔다는 설도 있으나(『신찬성씨록[新撰姓氏錄]』), 사자놀이는 2세기 뒤에 불교와 함께 건너갔을 가능성이 더 크다. 한편, 686년에 신라에서 온 손님 환영을 위해 가와라데라(川原寺)의 기악(춤꾼·잽이·악기·의상)을 쓰쿠바(筑紫) 항구까지 옮겼다는 『일본서기』의 기사는 기악을 절집의 공양 의례 외에 귀빈을 위한 잔치에도 연주한 것을 알려준다(「덴무天武 천황」 하 원년[672] 4월 8일). 이는 신라에서 들어갔을 가능성이 크다.

초기의 사자놀이는 절집의 법회 의식의 하나였다. 『법륭사 자재장(法隆寺資財帳)』 따위에 보이는 747년 명(銘)의 기악(伎樂) 탈들이 그것이다. 특히 가장 오랜 것의 하나로 손꼽히는 752년 명(銘)을 지닌 정창원(正倉院)의 사자는 동대사(東大寺) 대불개안(大佛開眼) 공양 때 쓴 것이다. 이 뒤 사자놀이가 민간에 퍼지면서 신사의 제례에도 등장하였다.

기악에서는 액막이 역의 치도(治道)를 선두로 사자·오공(吳公)·금강(金剛)·바라문(婆羅門) 따위가 따르며, 사자는 몰이꾼(獅子兒)의 지휘에 따라 춤을 추면서 악귀를 쫓는다. 기악이나 무악과 같은 고대 예능의 사자는 제장(祭場)의 잡귀를 물리치는 구실을 한다.

사자놀이는 8세기에 크게 퍼졌다. 12세기의 『신서고악도(新西古樂圖)』가 좋은 보기이다. 사자꼴의 가죽을 뒤집어쓴 한 사람은 머리에, 다른 하나는 꼬리에 들어가고, 한 몰이꾼과 두 동자(童子)가 뒤에서 징으로 신명을 돋우는 장면이다. 13세기에도 사자놀이를 사월 파일과 7월 15일의 우란분재(盂蘭盆齋) 때 펼쳤으나, 19세기에 사라졌다.

07

08

도상7이 『신서고악도』의 오색 사자이고,

도상8은 오키나와의 사자춤이며

도상9는 오키나와의 사자 머리이다.

09

중세(12세기 말~16세기)에 이르러 사자는 더욱 신성한 존재로 떠올랐다. 각 집의 부뚜막이나 집터의 부정을 가시는 외에, 사자가 머리를 물면 무사태평하다는 속신도 낳았다. 또 기우제나 홍수를 막기 위한 의례에도 사자놀이를 베풀었다.

기악뿐 아니라 무악(舞樂)에도 포함되었다. 주로 절집에서 이어온 무악은 당악·백제악·고려악·신라악이 중심이었으며, 특히 '고마이누(狛犬)'가 춤을 추었다. 앞에서 든 대로, '고마'는 한반도 또는 고구려를 가리키고 '이누'는 개라는 뜻이다. 곧 '한국 개'이다. 우리네 제주도 개와 진돗개가 일본 개의 시조가 된 사실은 널리 알려졌으며, 오늘날에도 신사나 절간 입구 양쪽에 세운 석상을 '고마이누'라고 부르는 것이 그것이다.

그리고 이들이 잡귀를 쫓는 구실을 하는 점은 사자춤과 일치한다. 이로써 무악도 우리가 전한 증거로 삼아도 좋을 것이다. 이 춤도 15세기 이후 점점 사그라졌다.

그러나 민간에서 세시풍속으로 굳어진 사자놀이는 1998년 9월 말 현재 7,878개소에서 벌일 정도로 널리 퍼져나갔다. 현재 전국에 분포하는 사자놀이는 대륙계의 2인 사자와, 동일본에 퍼진 1인 사자의 두 종류가 있다. 2인 사자는 몸을 5색 천으로 꾸미고 앞뒤 한 사람씩 들어가서 춤을 추며, 1인 사자는 사자탈을 각기 머리에 뒤집어쓴 여럿이 요고(腰鼓)를 치면서 춤춘다. 앞의 것을 기악(伎樂)사자, 뒤의 것을 풍류사자라고 이른다. 이밖에 백 명 이상이 들어가서 춤을 추는 백족(百足)사자도 있다.

간토(關東) 지방의 1인 사자놀이는 숫사자·암사자·중사자 셋이 등장하며, 꽃관을 쓴 소녀 또는 여장한 남자가 연주하는 음악에 따라 춤을 춘다. 이로써 잡귀가 달아나고 복이 오리라 여기는 것이다. 이때 배에 달아맨 북을 스스로 치면서 춤추고 노래를 부른다. 사자 머리 외에, 멧돼지·사슴·곰 따위의 머리로 꾸미기도 한다.

사자신악(獅子神樂)이라고 불리는 2인 사자놀이는 제례나 전악(田樂)에도 등장하며, 태신악(太神樂)과 산복신악(山伏神樂)에도 딸려 있다. 태신악은 사자가 벌이는 기도와 곡예로 이루어진다. 전국에서 베푸는 악귀 쫓기나 풍년을 기원하는 2인 사자놀이는 대체로 태신악계이며, 범의 머리(虎頭)를 쓰고 추는 호무(虎舞)도 있다.

앞에서 든 대로 기악 사자놀이는 7세기 초 기악의 일부로 한국에서 들어갔다. 이보다 50년 뒤에 들어온 무악(舞樂)에도 사자춤이 들어있으며, 사자와 연관된 여러 종류의 예능을 낳았다. 기악 사자는 신이 탄 가마(御輿) 앞에서 제례의 행렬을 이끄는 한편, 음악에 맞추어 악귀도 쫓는다. 이것은 뒤에 시골 청소년들이 집마다 찾아다니며 복을 빌어주는 연중행사가 되었고, 생업으로 삼은 사람도 나왔다.

한국·중국·일본의 사자놀이를 견주면 다음과 같다.
① 한국에서는 정월 14일과 대보름 그리고 단오에, 중국에서는 주로 정월

14일과 대보름에, 일본에서는 정월과 7월 15일 그리고 음력 8월 15일에 벌인다.

② 묵은해를 보내고 새해를 맞을 때, 백수(百獸)의 왕 사자의 위엄을 빌려서 잡귀를 쫓는 동시에 행운을 맞으려는 세시풍속인 점은 공통적이다. 사자를 앞세우고 집마다 찾아다니며, 무사태평과 풍년을 빌어주는 것도 그러하다.

③ 사자춤이 중국 기악(伎樂)에서 무악개장(舞樂開場)에 앞서 악귀를 쫓기 위한 음악으로 선두에 서듯이, 우리네 강령(康翎) 탈춤과 은률(恩律) 탈춤에서도 길놀이 선두에 서고, 하회(河回) 별신굿 탈놀이에서도 주지(住持)의 춤이 놀이 첫 대목에 등장한다.

이와 달리, 신라(新羅)의 최치원(崔致遠, 857~?)이 지은 「향약잡영오수(鄕樂雜詠五首)」에는 산예(狻猊)가 마지막에 등장하며 영남(嶺南)지방의 오광대(五廣大)와 들놀음도 마찬가지이다. 이에 대해 이두현(李斗鉉)은 "기악의 전승과 오기(五伎)의 전승이 서로 다른 것을 나타내는 듯하다"고 적었다.

④ 세 나라에서 사자놀이를 모두 일반인이 펼치지만, 오로지 마을 주민이 참가하는 한국과 달리, 중국과 일본에서 전문가가 이끌기도 한다. 특히 중국에는 대를 이어 오는 가문(家門)도 있으며, 이들은 서커스를 닮은 고난도의 재간을 보인다. 한편, 일본의 전문인들은 사자를 앞세우고 전국을 돌며 잡귀를 쫓거나 돌림병을 막는 구실을 한다.

⑤ 중국의 사자춤은 오락적인 요소가 많아 흥행에 성공하였으나, 일본은 종교적인 성격이 짙다. 중국과 한국 절집에서는 일찍 자취를 감추었음에도, 일본 절집의 무악(舞樂)에서 사자놀이가 큰 비중을 차지하는 까닭이 이것이다.

한편, 우리네 황해도의 봉산(鳳山) 탈춤에도 불교와의 연관성이 보인다. 하늘에서 내려온 사자에게 "문수보살(文殊菩薩)을 태우고 다니던 네가,

석가여래(釋迦如來)의 명을 받아 노승(老僧)을 파계(破戒)시킨 우리를 벌주려고 왔느냐?"고 묻는 대목이 그것이다.

⑥ 한국 사자는 한 마리가 원칙이며(북청[北靑]사자놀이도 본디 한 마리였다), 일본도 한 마리가 많다. 그러나 중국은 1~9마리이다. 한편, 북청사자놀이에서 사자가 사람(기생 또는 어린이)을 잡아먹지만(오늘날에는 토끼로 대신한다), 일본이나 중국에는 이 장면이 없다.

⑦ 일본에서 오늘날에도 8천여 개소에서 사자놀이를 즐기고, 중국에서도 대중오락의 하나로 여기지만, 한국은 정부가 무형문화재로 지정 보존한 덕분에 명맥이 유지되는 형편이다(전경욱, 2014;549~551).

4부

농기구

이 글에서는 일본으로 건너간 우리 농기구에 어떤 것이 있는가를 살피되,
일본의 문헌에 등장하는 것을 대상으로 삼았다. 나의 견해를 앞에 세우면
'제 논에 물대기' 라고 할 것이기 때문이다.

01

가는 연장 외

1) 가래

『한국생업기술사전(韓國生業技術事典)』
의 간추린 기사이다.

01

땅을 고르고, 도랑을 치며, 둑을 깎거나
쌓는 외에 흙을 떠 옮기는 기구이다. '가
래'라는 이름은 '논밭을 갈다'처럼, 흙덩
어리 따위를 부수어서 가루로 만든다는
뜻에서 왔다.

생나무를 손잡이와 몸이 하나가 되도록
깎고 넓죽한 끝에 말굽꼴의 날을 박았다. 손잡이를 잡은 장부꾼이 아래
쪽을 밟아서 땅에 박으면, 양쪽에 낸 구멍에 꿴 줄을 잡은 줄꾼 두 사람
이 좌우에서 당겨서 흙을 떠서 옮긴다. (…) 이처럼 몸에 날을 박은 것은
'날가래', 주로 눈을 치우는 데 쓰는 날이 없는 것은 '넉가래', 서해안의
갯가에서 낙지 따위를 거두는 작은 가래는 종가래라고 한다.

도상1은 20세기의 풍속화가 김준근(金俊根)이 남긴 가래질 장면 그림이다. **도상2**는 쌍가래질 장면이다.

02

가래는 가래꾼의 수에 따라 달리 부른다.

① **도상1**처럼 세 사람이 쓰는 것을 세손목 한카래
② 장부꾼 하나에 줄꾼 여섯이 붙는 것은 일곱목 한카래
③ **도상2**처럼 가래 둘을 하나로 묶어서 장부꾼 둘에 줄꾼 여덟이 쓰는 것은 쌍가래 또는 열목카래이다.

논밭에서는 주로 세손목 한카래를 쓰며, 나머지 둘은 공사장에서 이용한다. 가래로 떠낸 흙덩이를 '가랫밥', 가래를 세워서 흙을 깎아내는 일은 '칼가래질', 논둑이나 밭둑 깎는 일은 '후릿가래질'이라고 이른다(김광언, 2020; 25~27).

일본에서는 힛쿠와(引鍬)라고 부른다.

『일본민구사전(日本民具辭典)』의 간추린 기사이다.

답서(踏鋤)와 가래(鍬)의 성격이 합친 연장으로, 두 사람이 힘을 더하는 것이 특징이다. 중부지방의 산간부에서 썼으며, 힛쿠와는 기후현(岐阜縣) 북부의 이름이다.

한 사람이 갈지 않은 땅에 서서 두 손으로 자루를 감싸 안고 날을 땅에

박아서 밀면, 이미 갈아놓은 쪽에서 나무 자루를 잡아당긴다. (…) 가장
자리에서 가운데 쪽을 향해 빙빙 돌아 들어가거나, 천조식(千鳥式)● 으
로 옆으로 옮아가며 갈기도 한다. 날 끝에 보습(犁)처럼 흙을 떠올리는
부위가 없지만, 앞쪽으로 기울이고 박으면 덩어리가 뒤집히면서 부서진
다. 이 방법은 조선 반도의 가래를 많이 닮았다. (…) 무게는 4~5㎏이며,
어른은 한 손으로 들어서 나른다(1976; 475).

● '천조식'은 땅을 일정한 크기의 네모로 나누고, 가로와 세로로 가는 방식이다.

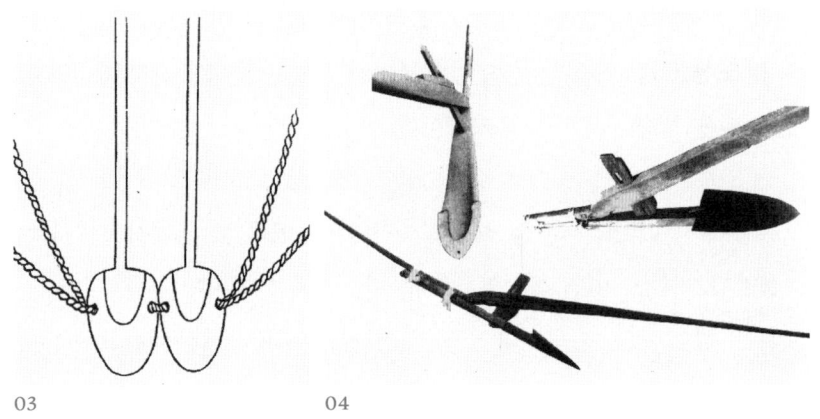

03   04

도상3은 가래를 이어붙인 모양이고, 도상4는 가래라기보다 우리
네 눕쟁기에 가깝다. 틀 위쪽에 박은 긴 나무는 성에, 끝에 끼운 날
은 보습, 긴 나무와 틀을 이은 널조각이 한마루를 빼닮은 까닭이다.
이곳에 쐐기를 질러서 손잡이와의 각도를 조절하는 것도 마찬가지이
다.『기술과 민속(技術と民俗)』에서 '사람이 끄는 쟁기(人力犁)'라고 한 것
은 그럴듯하다.

⑴ 가래는 우리 발명품이다.

　모습이나 짜임새로 미루어 우리 가래가 중국에서 들어왔다고 보기 어렵듯이, 일본 가래도 우리 것과는 거리가 있다. 중국 가래는 오히려 삽에 가까워서 논밭을 갈기 어렵고, 일본의 것은 줄을 굽은 나무로 대신한 까닭에 쓰기 불편할 뿐 아니라, 운반이나 보관에도 어려움이 따른다. 세 나라의 가래 가운데 우리 것이 가장 뛰어나다.

⑵ **우리 가래는 일본으로 건너갔다.**

　나가사키현(長崎県 西松浦郡)의 '고려 가래(高麗鍬)'가 그것이다. 자루를 날에 직각으로 박고, 한 사람이 쓰는 점 따위로 보면 가래의 변종인 셈이다.

　한편, 충청도와 일부 호남 지역에서 이와 똑같은 것을 화(和)가래라고 부르지만, 본디 우리 것이었는지 일제강점기에 저쪽에서 들어왔는지는 알 수 없다.

　코노 미치아키(河野通明)도 도상5를 곁들어가며 우리 가래가 일본으로 들어갔고, 이것이 뒤에 쟁기로 발전하였다고 적었다.

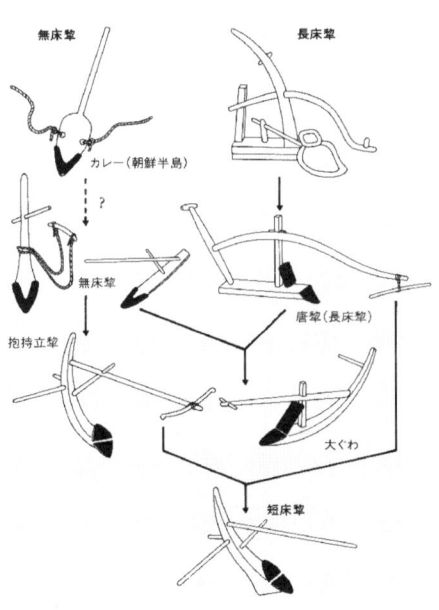

05

2) 괭이

『한국생업기술사전』의 기사이다.

땅을 파거나 고르며 씨앗을 흙으로 덮는 연장이다.

고대에는 돌이나 짐승의 뿔로 대신하였다. 함경북도 나선시(羅先市) 굴포리(堀浦里) 서포항(西浦港)의 신석기 시대(전 8000~전 1500쯤) 유적에서 나온 길쭉한 돌괭이는 길이 20cm쯤이다. 또 평안남도 온천군(溫泉郡) 운하리(運河里)의 궁산(弓山) 문화층에서 선보인 사슴뿔 괭이는 가지를 10cm쯤 잘라서 날을 만들었으며, 자루는 길이 30cm쯤이다.

이어 나무 괭이는 전 1세기의 전라남도 광주시(光州市) 신창동(新昌洞) 유적에서 발견되었다. 형태는 날이 너른 괭이와 뾰족괭이 두 가지이다. 또 굴포리 유적에서 선보인 정(丁)자꼴 곰배괭이는 어깨가 달려서 한 걸음 발전한 모습을 나타낸다. 가장 오래된 쇠 괭이는 전 3세기의 유물인 농경문(農耕文) 청동기(靑銅器)의 것이다.

도상1이 가짓잎괭이, **도상2**는 토란잎괭이, **도상3**이 곧은괭이이다. **도상4**는 강원도 산간지대의 여러 괭이이다.

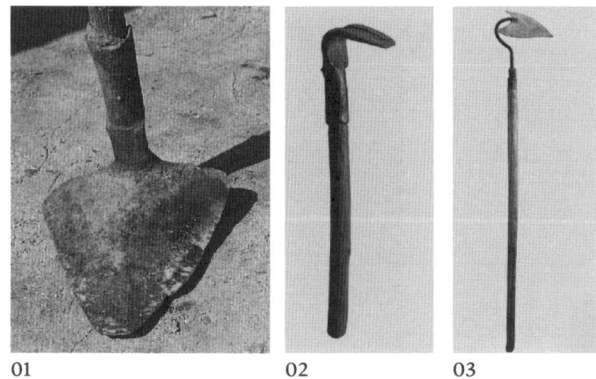

01   02   03

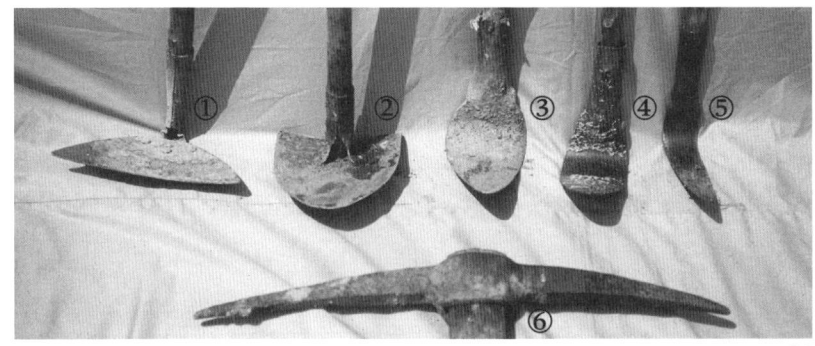
04

실제로 쟁기를 소에 메워 끌지 못하는 산간의 비탈에서는 사람이 혼자서 괭이로 가는 것이 더 쉽다(김광언, 2020;106~108).

다음은 **도상4**의 괭이의 구실과 이름이다.
① 골을 타면서 김을 매기 알맞은 가짓잎괭이
② 김을 매고 흙을 북돋우는 토란잎괭이
③ 괴통이 크고 넓어서 자루가 깊이 들어가서 단단한 밭을 파기 좋은 잎괭이
④ 날이 엄지손톱처럼 판판하고 앞이 둥그레해서 김매기 편한 둥근괭이
⑤ 날의 앞뒤 너비가 같고 좁으며 날만 둥그레해서 땅을 깊이 파기 알맞은 곧은괭이
⑥ 날이 황새의 부리처럼 가늘고 양쪽 또는 한쪽이 뾰족하며, 괴통에 자루를 박는 곡괭이는 근래에 나온 것으로 주로 큰 공사장에서 쓴다.

도상5는 경기도 화성시(華城市)의 농부 가족이 괭이로 텃밭을 가는 모습이다.

05

일본에서는 스키(鋤) 또는 쿠와(鍬)라고 부른다.

『일본민구사전(日本民具辭典)』의 간추린 기사이다.

괭이는 대표적인 농기구로 밭을 갈거나 삶고, 흙을 고르게 펴며, 이랑을 짓고 (…) 풀을 매기도 한다. 벼농사가 시작된 야요이(弥生) 시대(전3세기~3세기)에 지금의 쇼도쿠와(風呂鍬)를 닮은 너른괭이(平鍬)가 나왔다. (…) 이 무렵에는 서너 개의 이(齒)를 판 비추구와(備中鍬)나 만노구와(万能鍬)를 닮은 것도 선보였다.
고훈(古墳) 시대(3세기~6세기)로 접어들면서 널 끝에 쇠 날을 끼운 것이 나온 덕분에 깊이 갈 수 있었다. 그러나 실제로 퍼진 것은 대장간이 나타난 가마쿠라(鎌倉) 시대(1192~1333) 이후로 생각된다.
이 무렵부터 소나 말에 쟁기를 메우면서 괭이의 용도는 흙덩이를 잘게 부수는 우치구와(打鍬)로 바뀌었다. 에도(江戶) 시대(1600~1867) 후기에 빗추구와와 만노구와가 등장하면서 거듭 발전하여 카나구와(金鍬)를 비롯하여 나무나 풀뿌리를 끊고 개간에도 쓰는 오늘날의 가라구와(唐鍬)가 나왔다(1996;180~181).

나가사키현(長崎県)과 사가현(佐賀県)에서는 기름한 널에 U자꼴 쇠 날을 끼운 것을 괭이(鍬)라고 하며, 쇠가 아닌 널을 붙인 것은 널괭이(板鍬), 괭이 가운데 날이 너른 것은 너른 괭이(廣鍬), 쇠스랑처럼 좁은 쇠날이 달린 것은 비추괭이(備中鍬)●라고 부른다.

● 비추는 야마구치현(山口県)의 옛 이름이다.

뒤에 드는 대로, 이것은 괭이라기보다 쇠스랑에 가깝다. 우리 것과 다른 점은 날 끝이 뽀족하지 않고 조금 너른 것뿐이다. 곡괭이는 날 형태에 따라 두루미부리(鶩嘴)·오리부리(鴨嘴)·학부리(鶴嘴) 따위로 부른다.

06

　도상6은 에도 시대 때 밭을 고르는 농부의 모습을 그린 그림이다.
　도상7이 야요이(弥生) 시대(전 3세기~3세기) 유적에서 나온 나무괭이 복원도이다.
　도상8 가운데 ①·③·⑥·⑦이 나라현(奈良県)에서 나온 가라구와이고, ⑧은 오사카(大阪)의 괭이이다.

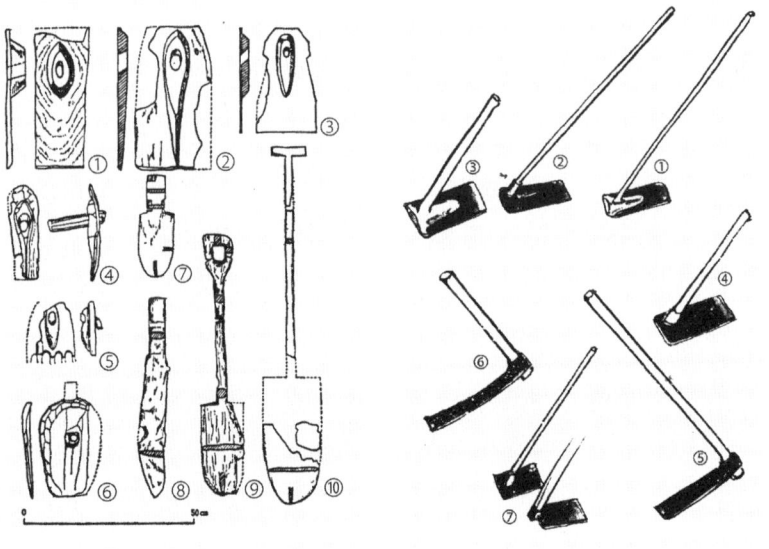

07　　　　　　　　　　　　　　08

우리 괭이는 일본으로 건너갔다.

(1) 『농구(農具)』의 기사이다.

남조선과 달리 일본에서는 대체로 야요이 시대 초기부터 수전(水田)의 중요한 경구(耕具)는 답서(踏逃 쟁기)가 아니라 괭이였으리라고 생각된다. 따라서 남조선에서 도래한 이 답서의 U자형 날을 일본에서(물론 따비 날로 쓴 것과 함께 논 따위에서도) 점차 괭이(鍬)로도 이용하게 되었을 터이다. (…)

『고어습유(古語拾遺)』●와 『구사본기(舊事本紀)』▲ 이후의 문헌에서는 모두 초(鍬)를 クワ(구와 괭이), 서(鋤)를 スキ(スキ, 쟁기)로 적었다. 이로써 일본에서 초와 서의 용자(用字)를 처음에 중국류에 맞추어 쓰다가 이럭저럭 8세기쯤에 뒤집힌 것으로 보인다. 이것은 앞에 적은 대로 U자형 날 사용 방법의 변화와 대응되는 것으로 생각된다(飯沼二郎·掘尾尙志, 1976; 45~46).

●『고어습유』와 ▲『구사본기』는 헤이안(平安) 시대(8~12세기)에 나왔다.

(2) 앞 책의 기사이다.

5세기 무렵부터 조선인에 의해서 새로운 대륙의 문화와 기술이 도입되자 (…) 가와라(河內) 왕조는 기나이(畿內)를 통일하고 현재 천황가(天皇家)의 조상이 되었다고 한다. 가와라에 이룩된 저 광대한 오진(應神, 200~310) 능(陵)이나 닌토쿠(仁德, 313~399) 능은 당시 조선인에 의해서 전파된 토목 기술의 우수성을 보여주는 것이다. (…)

당시 이 같은 토목공사에 큰 위력을 발휘한 것은 쟁기가 아니라 오히려 철제의 괭이(鍬)와 답서(踏鋤, 따비)였다고 생각된다. 이와 함께 조선인에 의해서 들어온 새로운 야금술(冶金術)에 따라 만든 이 같은 농기구들은 (…) 천황가를 비롯해서 귀족이나 호족(豪族)들에게 (…) 높은 생산력을 안겨주었다 (특히 천황가에). 이 점이 천황가가 고대국가를 형성할 수 있었던 하나의 원인이었다고 생각된다.

본디 나무 틀 끝에 쇠날을 박는 방법은 중국에서 들어온 따비(踏鋤)나 조선 반도에서, 또는 조선 반도를 거쳐서 들어온 선쟁기(無床犁)에 응용되었으며, 이것이 일본 괭이의 구조로 일반화하였다(50~56).

가라구와의 '가라'는 본디 한(韓) 또는 가야(伽耶)를 가리키는 낱말이었으나, 8세기 이후 중국에서 새 문물이 들어오면서 중국(唐)을 이르기도 하였다. 그리고 더러 소릿값이 같은 카라(辛)로도 적었다. 나라현(奈良県) 동대사(東大寺)에 딸린 가라신사(辛神社)의 이름도 본디 가라신사(韓神社)였다.

한국에서 건너간 농기구에 '가라'를 붙인 까닭이 이것이다. 키무라 세이지(木村靖二)는 『일본농업발달사(日本農業發達史)』에 일본 농기구 가운데 가라라는 말이 붙은 것은 모두 조선에서 들어왔다면서, 쟁기·괭이(鋤)·키·도리깨·맷돌·디딜방아 따위를 보기로 들었다(1936;51).

시마네현(島根県) 이즈모다이샤(出雲大社) 부근에 한국신사 현판이 걸린 것을 볼 수 있다. (☞88쪽 도상19)

실제로 고대부터 우리와 연관이 깊었던 나가사키현(長崎県)과 사가현(佐賀県) 등지에서 19세기 말까지 가래괭이를 포함한 괭이들을 '고려 괭이(高麗鍬)'(도상9), 또는 '조선 괭이(朝鮮鍬)'라고 부른 것(도상10)이 뚜렷

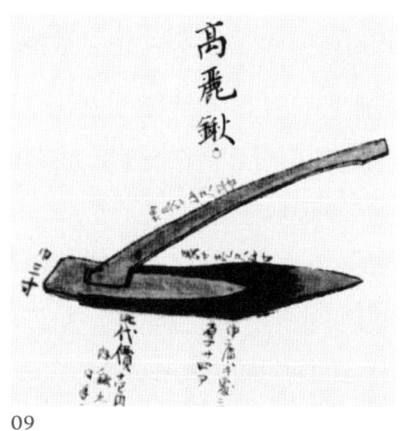

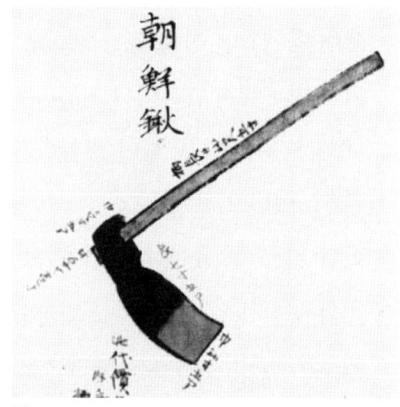

09   10

한 증거이다.

고치현(高知県) 고치시(高知市)에서 임진왜란(1592~1598) 때 일본군에
게 잡혀가서 두부를 만들어 팔며 살던 박호인(朴好仁, ?~?)을 비롯한 우
리 겨레들이 살던 지역을 지금도 도진(唐人) 거리라고 부르는 것도 기억
할 일이다.

앞글에서 따비가 중국에서 들어왔다고 한 것은 잘못이다. 이 또한
한국에서 들어갔다.

(3) 아즈마 우시오(東潮)의 글이다.

조선에서 쇠괭이를 5~6세기에 썼으며, (⋯) 일본은 4세기 말에서 5세기
초를 거쳐 6세기까지 내려온다. (⋯) 일본의 것은 출토상태나 양으로 미
루어, 조선에서 새로 들어온 것으로 보인다(1979; 527~531).

3) 따비

⑴『한국민족문화대백과사전』의 간추린 기사이다.

근래에까지 경기도 서해안과 도서, 그리고 제주도에서 극젱이로 갈고
남은 구석진 땅이나 돌밭을 갈았다. 뿌리나 청미래덩굴 따위를 캐는
'솔따비'도 있다. 따비로나 갈 수 있을 만한 좁은 땅을 '따비밭'이라고
부른다. 경기도 서해안에서 '따보', 전라남도 영광(靈光)에서 '따비', 함
경북도에서 '탑'이라고 이른다.
전 4~전 3세기의 농경문청동기(農耕文靑銅器)에 쓰는 모습이 있는 것은
그 역사가 오랜 것을 알려준다(☞404쪽 도상9).

따비에 다섯 종류가 있다.

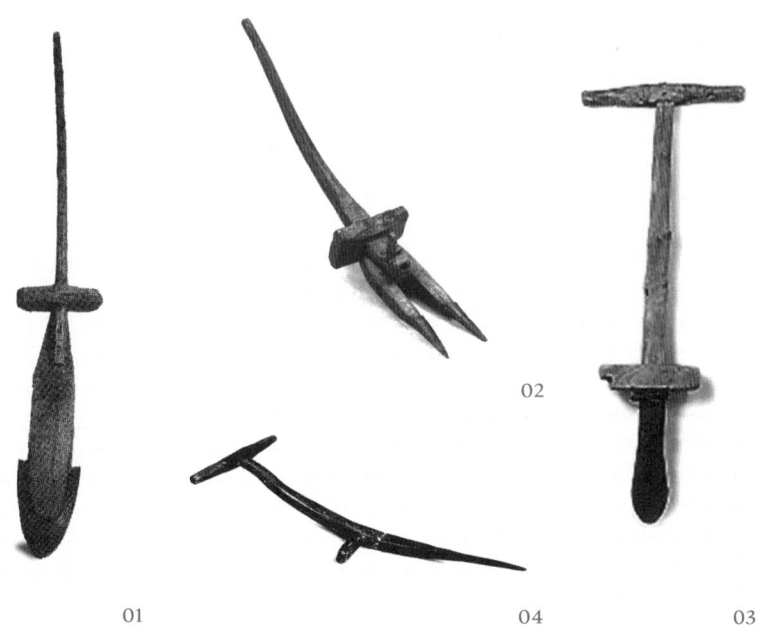

01　　　　　　　　　　02　　　　　　　04　　　　03

- 말굽따비(도상1)

  경기도 서해안에서 근래까지 썼다. 아래쪽이 앞으로 조금 휘어 나간 위쪽에 손잡이를 가로대고 중간의 턱이 진 곳에 발판을 달았다. 그리고 극젱이의 보습처럼 얇게 깎은 몸체 끝에 말굽꼴의 쇠날을 끼웠다. 땅을 갈 때는 손잡이를 옆으로 돌려서 흙을 떠엎는다. 무게는 몸 6.9㎏에 날 800g이다.

- 코끼리이빨따비(도상2)

  전라도의 해안 및 도서 지역, 제주도 등지에서 썼다. 무게는 9㎏이다. 발판까지의 몸은 말굽따비를 닮았지만 손잡이가 없고, 위 끝이 앞으로 길게 휘어서 뻗어나갔다. 발판 아래쪽에 코끼리 이빨처럼 끝이 뾰족한 세모꼴의 쇠날 두 개를 박은 까닭에 쌍따비라고도 한다.

- 주걱따비(도상3)

  제주도에 분포한다. 형태는 말굽따비를 닮았지만 날의 모양이 다르다. 몸 끝에 끼운 쇠날은 통으로 부어서 만든 것으로 윗부분은 괭이의 괴통처럼 둥글고 날의 너비는 좁은 편이며, 날 끝이 다른 따비처럼 뾰족하지 않고 주걱처럼 둥그스레한 것이 특징이다.

- 송곳따비(도상4)

  제주도에서 벤줄레라고도 한다. 따비의 전신이라고 할 굴봉(掘棒)을 닮았으며, 날 끝이 송곳처럼 뾰족하다. 곧은 몸 가운데 오른쪽에 발을 올려놓는 턱을 붙였다. 이것으로 밭에 박힌 돌 따위를 들어낸다.

  몸은 코끼리이빨따비를, 날은 말굽따비를 닮은 변형이다.

  충청남도의 가의도(賈誼島) 등지에서 썼지만 널리 퍼지지 않았다(제7권 김광언, 1989; 465~466).

05
06
07
08

　도상 5가 말굽따비로 1968년 여름, 인천시 옹진군(甕津郡) 덕적면(德積面) 북리(北里)의 농민이 따비를 잡은 앞모습이고, 도상 6은 옆 모양이다. 도상 7은 코끼리이빨따비이고, 도상 8이 옆 모양이다.

　코끼리이빨따비는 전라남도 영광군(靈光郡) 낙월면(落月面) 안마도(安馬島)의 것이다. 손잡이에서 발판까지의 틀은 말굽따비를 닮았으나, 손잡이 위가 앞으로 굽고, 코끼리이빨을 닮은 날 두 개가 뻗어 나왔다.

날을 깊이 박고 손잡이를 당기면 흙이 떠오르며, 말굽따비처럼 사람이 뒤로 물러나면서 땅을 갈아엎는다.

주걱따비는 날 끝이 주걱처럼 둥그레하며, 손잡이를 앞의 것들과 달리 옆으로 돌려서 흙을 떠엎는다. 이와 달리 제주도의 것은 날 끝이 송곳처럼 뾰족하며 짧은 발판을 틀 한쪽에 박았다.

도상9는 '농경문 청동기'이다. 위 오른쪽에 코끼리이빨따비를 두 손으로 잡은 남자가 한 발로 따비를 밟는 모습이 보인다.

도상10에 나타난 대로 그가 벌거벗은 채 자지를 들어낸 것도 눈길을 끈다(오마이뉴스 모바일). 이는 대지의 여신과의 음양의 조화를 나타내며, 이로써 풍년이 든다고 여긴 것이다. 조선 시대에도 풍년 의례에서 실제로 청년들이 벌거벗은 몸으로 논을 갈았다.

도상11은 근래 제주도에서 여러 사람이 이 따비로 밭을 가는 장면이다(홍정표).

일본에서는 구미스키[踏鋤踏] 또는 후미구와[鍬]라고 부른다.

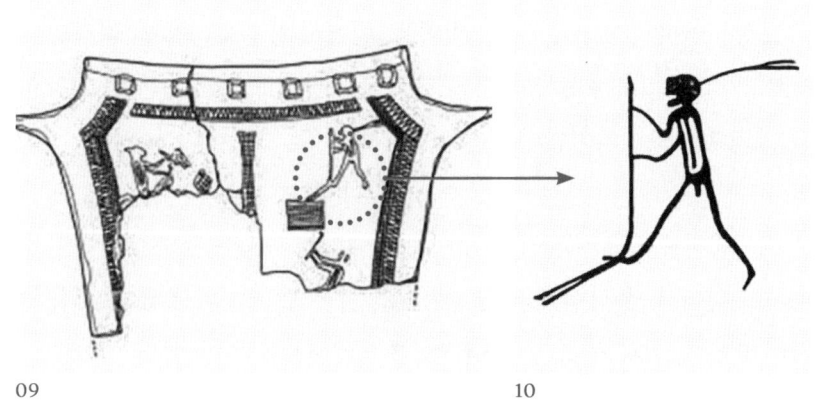

09   10

『일본민구사전(日本民具辭典)』의 기사이다.

주로 간토(關東) 지방에서 밭농사에 쓰는 따비[鋤 踏鋤]의 하나로, 발로 밟는 [踏] 괭이[鍬]라는 뜻이다. (…) 19세기 초·중반에 나온 『농구편리론(農具便利論)』에 실린 답초(踏鍬)는 19세기 초에 널리 퍼진 듯하다. (…)

11

사이타마현(埼玉県)의 것은 (…) 무게 4kg의 대형이며, 흔히 보리 씨 뿌리기를 앞둔 9월 하순에서 10월 초 사이에 땅을 간다. 간토의 남부에서는 남자가 뒤로 물러나면서 먼저 갈아놓은 두둑의 흙을 뒤집는다. 20세기 초에는 산비탈의 진흙밭에서 발이 셋 달린 것도 썼지만, 쇠스랑이 퍼진 1920년대에 자취를 감추었다(1996; 499).

도상12는 삿갓을 쓴 농부가 왼손에 손잡이 끝을, 오른손에 손잡이 중간을 잡고 오른발로 날을 땅에 깊이 박는 장면이다(『農具便利論』).

도상13은 도쿄도(東京都) 및 사이타마현(埼玉県) 서부지역의 농부가 따비로 땅을 가는 모습이다. 앞에서 든 것과 달리 발이 셋 달리고 날 뒤에 발 받침을 박은 것이 눈에 들어온다. 잡목의 숲에서 보리 농사를 짓던 무렵에는 집마다 갖추었다.

12

우리 따비는 일본으로 건너갔다.

(1) 『중국농업사연구(中國農業史研究)』의
기사이다.

13

조선 경기도 덕적도의 따비(夕ヒ, 耟)는 원
원(邧元, 1764~1849)이 (중국) 산동(山東)에
서 본 사(耜)이다. 이로써 우리 네노히로
데가라쓰키(子曰手辛鋤)처럼 앞쪽을 발로
밟는 담(鐔)이, 한대(漢代)의 뇌사(耒耜) 가
운데 있었음을 알 수 있다(天野元之助, 1962;723).

(2) 앞 책 증보판의 기사이다.

일본의 네노히로데가라쓰키가 우리네 말굽따비와 계통이 같은 사실을
설명하면서 내 책(『한국의 농기구』, 1969, 문공부 문화재관리국)에 실린 그
림을 옮겨 싣는 외에(718쪽), 1979년에 낸 같은 책의 증보판에 나의 앞
책에 실린 말굽따비, 주걱따비, 코끼리이빨따비의 사진 다섯 장을 소
개하였다.

이밖에 『한국서해도서(韓國西海島嶼)』의 따비와 앞에서 든 농경문
청동기(農耕文靑銅器)의 따비에 대해서도 간단한 설명을 붙였다(1979;
1084~1088).

(3) 『농구(農具)』의 기사이다.

신라(新羅)의 고분에서 나온 U자형 날은 아마도 따비의 날일 터이다. 오

늘날 한국에서 쓰는 따비 및 가래의 날과 지극히 닮았기 때문이다. 따비는 한 사람이 쓰는 답서(踏鋤)이고, 가래는 몸에 두 개의 새끼줄을 잡아매고, 3~6명이 쓰는 답서이다. 그리고 5, 6세기의 신라 고분에서 나오는 U자형 날에도 크고 작은 것이 있어서 하나는 21x6.5cm 정도, 다른 것은 12x10cm쯤 된다. 아마도 작은 것은 1인용이고 큰 것은 여러 사람이 썼을 것이다.

이러한 농구는 (중국의) 화북(華北) 지방에는 없다. 아마도 이것은 화북의 사질(砂質) 황토(黃土)와 남조선의 차진 토양(특히 논의)과의 차이에 기인하는 것으로, 화북의 괭이날(鍬先)을 남조선에서 U자형 따비(말굽따비)의 날로 바꾼 것일 터이다. 남조선에서는 오늘날에도 논갈이에 괭이(鍬)보다 따비를 더 많이 쓰는 듯하다(飯沼二郎·堀尾尚志, 1976; 43~44).

이어 내 책(1969년)의 가래와 말굽따비 그림을 옮겨 실었다.

'아마도 작은 것은 1인용이고 큰 것은 여러 사람용'이라고 한 부분은 가래를 한 사람이나 여러 사람이 쓴다는 내용인지, 1인용은 따비이고 여러 사람용은 가래라는 뜻인지 분명치 않으나 작은 것의 날이 12x10cm라는 점을 보면, 따비나 가래가 아니라 살포의 날로 생각된다.

그가 신라의 고분에서 나온 U자형 날을 따비날(말굽따비)이라고 한 것은 매우 적절하고 새로운 견해이며, 더구나 이러한 연장이 중국 화북지방에는 없다고 하여 이것이 우리네 발명품임을 간접적으로 시인한 점은 높이 살만하다. 그러나 "오늘날에도(한국에서) 논을 가는 데에 괭이보다 따비 쪽을 중요시하는 듯하다"는 대목으로 미루어 그 자신이 따비의 기능을 잘 알지 못하는 것이 아닌가 하는 의구심을 지우기 어렵다. 그의 다음 글을 읽으면 그러한 느낌이 더욱 짙다.

(4) 앞 책의 기사이다.

정창원(正倉院)에 네노히로데가라쓰키(子日手辛鋤)라는 이름의 기구가 둘
있다. 같은 형태로 자루는 두 번 구부러지고 그 가운데 하나는 현장(弦
長) 130㎝에 자루 길이 141㎝이다. (…) 몸에 담홍(淡紅)의 칠을 입혔으
며 (…) 날은 쇠로, 앞뒤에 금은니(金銀泥)의 넝쿨(蔓草)·꽃·나비·새의 무
늬를 그렸다. (…) 이는 실제 땅을 가는 데 쓴 농구가 아니라, 오로지 의
식용임을 나타낸다.
나라(奈良) 시대(710~784)에는 새해 들어 첫 쥐 날(子日) 천황이 스스로
땅을 가는 의식을 베풀었고(이는 고대 중국에서 들어온 궁정 의식이었던 모
양이다). 이것도 자루에 '덴뾰 호우지(天平 寶字) 2년(758) 1월 3일, 고겐
(孝謙) 천황이 썼다'고 적혔다. (…)
이것 자체는 8세기의 중국에서 들어오지 않았을 터이다. 다나카 사쿠
지로(田中作治郎) 씨의 말대로 '당시 조선에서 전파된 쟁기'라고 생각하
는 것이 좋다. (…)
그렇다면 나라 시대에 볏이 달린 가라스키(カラスキ)와 이것이 없는 가
라스키를 동시에 쓴 것일까. 아마도 둘은 모두 조선에서 들어왔을 터이
지만, 전자는 구식의 가라스키를, 후자는 새로운 가라스키를 가리키는
것으로 생각된다(49~50, 52~53).

도상14가 자루가 두 번 굽은 일본의 따비이고,
도상15는 날의 모양이다.

나는 이미 그가 이것을 쟁기라고 한 것은 잘못이며, 말굽따비의 한
종류라는 사실을 밝혔거니와(『韓國農器具考』, 1986;385), 자루가 두 번 구

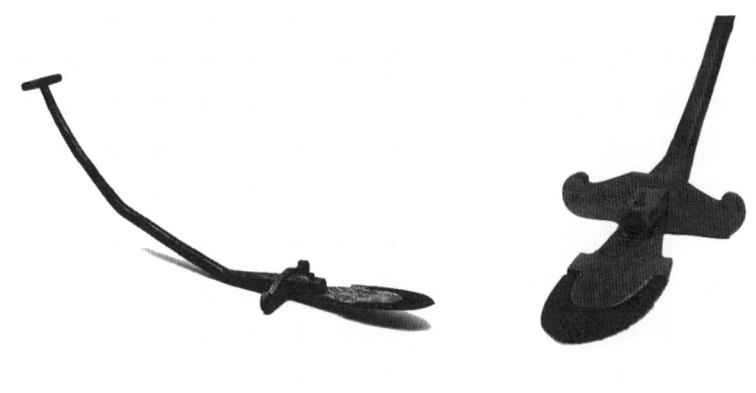

14   15

부러진 것이야말로 쟁기가 아니라 따비임을 알려주는 증거이다.

　손잡이 부분이 한 번 더 구부러진 것에 지나지 않으며 손잡이와 발판의 구조, 그리고 말굽날(U자형)을 끼운 방법 따위는 모두 같다. 더구나 그것이 쟁기라면 성에나 한마루를 붙박는 구멍 따위가 뚫려 있어야 할 것이다. 이러한 점에서도 우리네 말굽따비를 본뜬 연장임이 분명하다.

(5) 「민구로 본 백제 고구려 난민의 동향(民具から見た百濟·高句麗難民の動向)」의 기사이다.

　조선계 도래인(渡來人)이 조선 반도의 짧은 따비(短身踏鋤)를 가져오고, 이를 써오는 중에 근세 후기에 이르러 날이 둘 달린 것으로 바뀌는 과정을 복원한 것이다.

　고구려가 668년에 멸망 뒤, 고마군(巨麻郡 京都) 근처의 야마나시현(山梨県)으로 이주한 사람들은 따비(踏鋤) 자루를 스스로 마련하고, 날은 당시 유통되던 U자형 쇠를 손에 넣은 뒤 고국에서 쓰던 따비를 재현

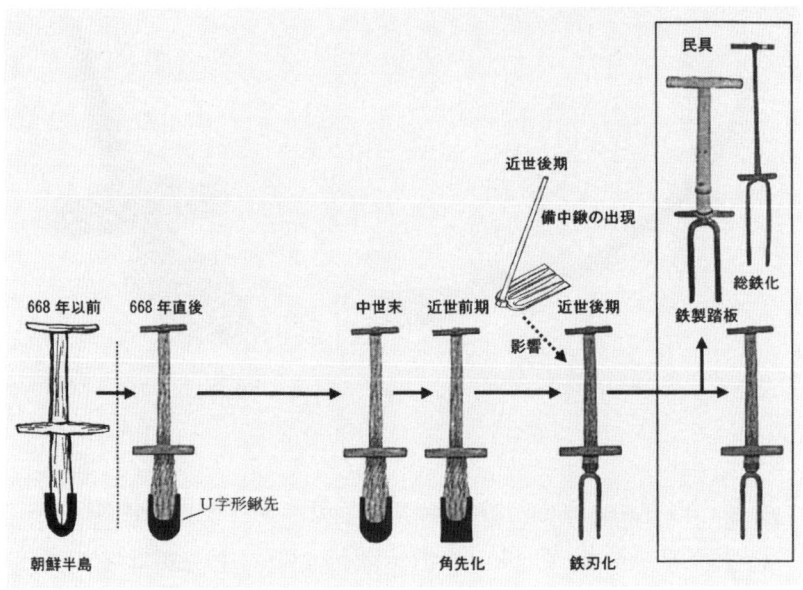

民具

近世後期

備中鍬の出現

影響

総鉄化

鉄製踏板

668年以前　668年直後　　　　　中世末　近世前期　　　近世後期

U字形鍬先

朝鮮半島　　　　　　　　　　　　　　　角先化　　　　鉄刃化

16

하였다. 이것은 중세 말(16세기)까지 기본적으로 변화가 없었다고 생각
된다. 근세에 들어와 이 형태는 (…) 날 끝이 둥근 꼴에서 네모꼴로 바
뀌는 동시에 끝이 날카로워지면서 중기에 대형화가 진행되었다(河野通
明, 2010; 136).

도상16이 앞 사람이 곁들인 따비 전파도이다.

4) 쇠스랑

『한국문화대백과사전』의 간추린 기사이다.

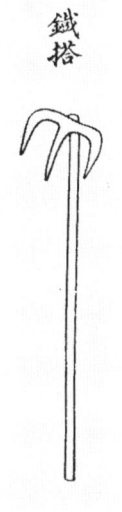

鐵搭

논밭을 갈고 썰 때, 씨를 뿌리고 나서 흙을 덮을 때, 두엄이나 풀무덤 따위를 쳐내는 데 쓴다.
갈퀴처럼 생긴 몸에 서너 개의 발이 달리고 ㄱ자로 구부러진 한쪽 끝에 자루를 박았다. 근래에는 서양의 포크처럼 발과 몸이 곧게 펴진 '호꾸'를 쓰기도 한다. 한편, 나무가 흔한 강원도 산간지대에서는 가지가 두세 갈래로 벌어진 자연생의 물푸레나무를 이용한다.
남자 한 사람이 하루에 1,000여 평의 밭을 고를 수 있다. 발이 둘인 두발 쇠스랑은 무게가 1.3kg이고, 셋짜리는 1.7kg쯤이다. 근래에는 쇠스랑의 목 부분을 한 번 더

01

구부려서 힘을 더 잘 받기 쉬운 것이 나왔다(권13 김광언, 1990;103).

도상1은 18세기 후반에 나온『해동농서(海東農書)』에 실린 오늘날의 것과 차이가 없는 쇠스랑(鐵搭)이다.

도상2는 김홍도(金弘道, 1745~1806?)가 남긴 풍속화의 부분이다(국립중앙박물관). 왼쪽 사람은 세발쇠스랑을, 오른쪽의 웃통을 벗은 농부는 네발쇠스랑을 들었다.

02

아즈마 우시오(東潮)는 세발쇠
스랑이 경주(慶州)의 신라 무덤 98
호 가운데 남분(南墳)에서 한꺼번
에 28개가 나온 것을 들고, 같은
시기의 일본은 서너 곳뿐이라며
신라 외에 백제유적에서도 발견되
었다고 적었다(1979;545).

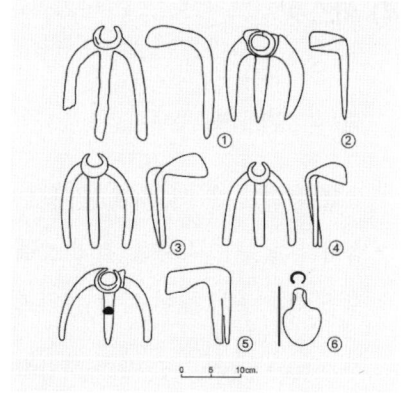

03

도상3이 신라 시대 유적에서
나온 쇠스랑이다.

일본에서는 마타구와[又鍬]·삼본구와[三本鍬]·비츄구와[備中鍬]·망가
[馬鍬] 따위로 부른다.

『일본민구사전(日本民具辭典)』의 간추린 기사이다.

날이 갈라진 기구의 총칭이다. 날은 둘·셋·넷·다섯 개짜리가 있다. 비추
쿠와(備中鍬)가 그것으로, 이름은 곳에 따라 다르지만 날의 형상을 이름
으로 삼은 지역이 많다.
논밭을 갈고, (…) 밭둑을 다지며, 고랑을 짓고, 감자나 고구마 따위를
캐는 등 농사 전반에 쓴다. 일본의 기본적 농구의 하나인 셈이다. 사용
목적이나 쓰는 농토에 따라 날의 형태나 크기, 자루와 날의 각도, 자루
길이가 다르다(1996;532).

우리는 이것을 쓰지 않았다.

일본의 쇠스랑은 한국에서 들어갔다.

(1) 『농구(農具)』의 기사이다.

> 남조선 삼국(三國) 시대의 신라 고분에서 나온 쇠스랑(股鍬)이 있다. 이
> 러한 농구는 중국의 전국(戰國 전 403~전 221) 시대의 화북(華北) 지방에
> 서는 쓰지 않았다.
> 이것은 화북의 철초(鐵鍬)에 자극을 받아 남조선에서 철기로 바뀌었을
> 터이다. 이러한 점은 조선 문화가 중국문화를 단순히 본뜬 것이 아니라,
> 하나의 독자성을 지닌 사실을 알려주는 좋은 보기라고 하겠다(飯沼二郎·
> 堀尾尙志, 1976; 44~45).

04   05

　도상 4는 농부들이 두발 쇠스랑(왼쪽)과 세발 쇠스랑으로 논의 흙덩
이를 부수는 장면이다.
　도상 5는 오키나와(沖繩県 島尾郡)의 아낙이 세발쇠스랑(三又鍬)으로 밭
을 가는 모습이다.

(2) 『일본 농경 기술의 기원과 전통(日本農耕技術の起源と傳統)』에도 닮은 기사가 보인다.

일본 쇠스랑에는 이(齒)가 셋인 것과 넷인 것이 있으며, 조선 반도 남부의 경주(慶州) 고분에서도 닮은 것이 나왔다. (…) 아마도 고훈(古墳) 시대(3세기~6세기)에 이르러 조선 반도에서 들어온 것으로 생각되지만, 널리 퍼지지는 않은 듯하다(木下 忠, 1985; 160).

(3) 산간지방에서 이를 도구와(唐鍬)라고 부르는 것도 한국에서 들어간 사실을 알려주는 증거의 하나이다. 앞에서 든 대로 '도우'는 '가라'라고도 하며 이는 중국의 당나라가 아니라, 우리(韓)를 가리키는 이름인 까닭이다.

일본에서 쇠스랑을 쓰기 시작한 것은 19세기 후반이다.

5) 쟁기

『한국생업기술사전』의 간추린 기사이다.

쟁기에 관련된 이름은 잠개류·장기류·쟁기류·연장류를 비롯하여, 보·보습·쇼보 및 소뷔·보장기·가대기·후치·극젱이·인걸이·잡은 것 등, 무려 67여 개에 이른다.

쟁기의 본디 말 '장글'은 고려 시대 노래 「청산별곡(靑山別曲)」에 보이며, 조선 초기에는 병잠기라고 하여 무기의 뜻으로도 썼다. 전쟁이 터지면 낫·삽·괭이·쇠스랑·호미 따위를 무기로 삼은 까닭이다.

본디 쟁기는 여러 가지 연장을 가리키는 말이었다. 이를테면 근래 서해의 어부들이 바다에 그물을 던지면서 '쟁기를 넣는다'고 한 것이 좋은 보기이다. 강원도의 석수(石手)는 돌을 다루는 연장을 '쟁기'라 하고, 돼지 한 마리를 잡아서 여덟 덩어리로 나눈 한 덩이나, 각을 뜨고 뼈를 바르지 않은 고깃덩이도 '쟁기고기'라고 하는 외에, 값도 '쟁깃금'이라고 불렀다. 이밖에 '한 쟁기'·'두 쟁기'라며 수를 헤아리는 단위로도 삼았다.

잠기가 잠기와 쟝기를 거쳐서 '쟁기'로 굳은 것은 19세기 후반이며, 첫 등장은 1905년에 나온 『한국토지농산조사보고(韓國土地農山調査報告) I (경기도·충청도·강원도)』이다. 제주도의 '잠대'는 잠기나 잠개의 자취이다. 또 평안도·황해도·강원도 북부지역에서 후치류를 연장이라고 부르는 것도 마찬가지이다.

쟁기에는 가장 중요한 술과 성에와의 각도가 45도쯤인 굽쟁기, 둘의 사이가 직각에 가까운 선쟁기, 술 끝이 안쪽으로 굽어서 성에와 평행을 이루는 눕쟁기의 세 유형이 있다.

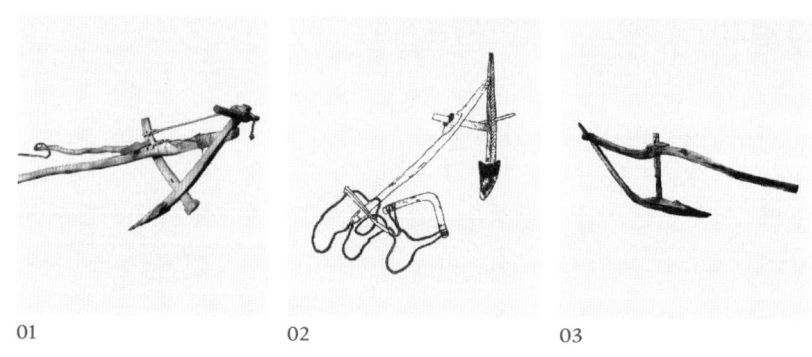

01   02   03

도상1이 굽쟁기, 도상2가 선쟁기, 도상3이 눕쟁기이다.

가장 오랜 쟁기(후치)는 전 8~7세기의 평안북도 염주군(鹽州郡) 주의리(做儀里)에 위치한 고조선(古朝鮮) 시대 유적에서 나왔다. 참나무로 깎은 눕쟁기로 길이 140㎝이다. 앞이 뾰족하며 날에 해당하는 바닥의 왼쪽이 얇고 오른쪽이 두터운 것은, 흙밥을 오늘날처럼 왼쪽으로 넘긴 것을 알려준다. 이는 중국 중북부 및 동북 지방에서 지금도 쓰는 목리(木犁)를 연상시키며, 우리도 경기도·충청도·전라도의 일부 평야 지역에서 20세기 초중반까지 이용하였다(도상4).

쟁기를 들어 옮기려고 성에 손잡이 아래에 박은 짧은 막대기를 '잡좆', 이와 똑같이 생긴 거리쟁기 멍에 가운데의 봇줄 걸이를 '홀아비좆'이라고 부른다. 보연장 따위의 손잡이를 이르는 북한의 '탑조지'도 '잡좆'의 사투리이다. 이는 쟁기와 대지의 여신과의 음양의 조화를 가리키는 말로, 보습으로 땅을 가는 것은 대지의 여신에게 정액을 뿌리는 행위로 여긴 데서 왔다.

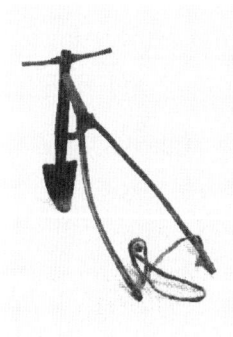

04

05 06

도상5는 쟁기를 소 두 마리에 메우고 가는 겨리쟁기질 장면이다.

도상6은 20세기 초의 풍속화가 김준근(金俊根)이 그린 쟁기질 장면이다.

16세기 중반에 나온 『미암집(眉巖集)』의 "(함경도)에서 해마다 입춘(立春) 날 아침에, 벌거벗은 청년들이 나무로 엮은 소를 몰아서 밭 갈고 씨뿌리며 농사짓는 시늉을 한다"도 기사도 마찬가지이다.

또 성에 한끝에서 아래로 비스듬히 뻗어나간 나무를 '술', 쟁기질할 때 볏이 떠올리는 흙을 '밥' 또는 '흙밥'이라고 한다. 쟁기로 이룬 곡식으로 밥을 짓고 이를 숟가락으로 떠먹는다는 뜻이다. 우리는 '잘산다'는 말을 '밥술이나 뜬다'고 둘러대고, 죽은 사람을 '밥술을 놓았다'고 일렀다.

쟁기로 땅의 넓이를 나타낸다.

논의 크기를 하루갈이·이틀갈이·사흘갈이 따위로 이른 것이 그것이다. 하루갈이는 황소가 하루에 가는 넓이이다. 부대기(火田)에서는 스무닷새 동안 가는 땅을 한 결(結)이라고 부른다(김광언, 2020; 688~691).

5) 쟁기　　417

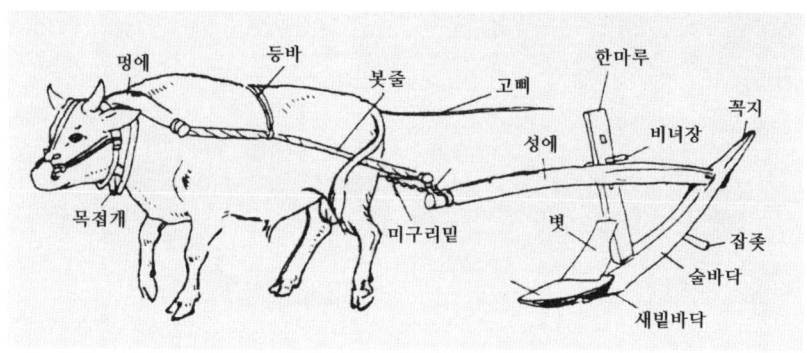

07

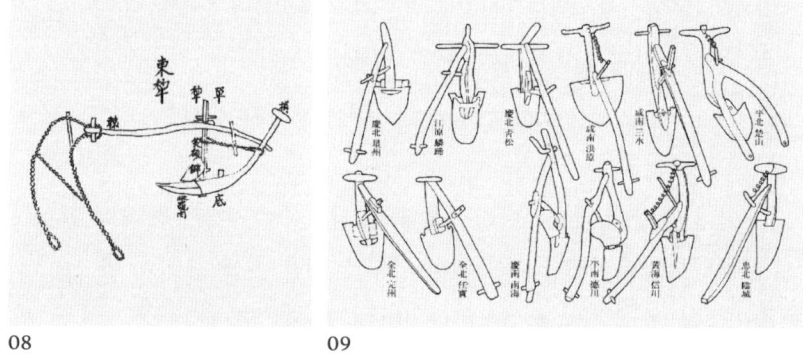

08   09

도상7은 쟁기의 부분 명칭도이고

도상8은 『임원경제지(林園經濟志)』(1827 ?)에 실린 쟁기 그림이다.

도상9는 모리 슈로쿠(林周六)가 전국의 쟁기들을 지역별로 나눈 것이다.

일본에서는 쟁기를 가라스키라고 부른다.

(1) 『일본어원대사전(日本語源大辭典)』의 "본디 한국(韓地)에서 들어온 까닭에 가라스키(韓鋤)●라고 부른다(『東雅』·『箋注和名抄』·『和訓栞』)"는 기

사가 그것이다(前田富祺, 2005; 365).

- 쟁기가 우리에게서 건너간 까닭에 韓鋤(가라스키)라고 한 것이다. 이를 '唐鋤 (가라스키)'라고도 적는다.

(2) 『일본민구사전(日本民具辭典)』의 간추린 기사이다.

리(犁)를 스키라고 하는 것은 서(鋤)가 없는 규슈(九州) 지방의 호칭이며, 19세기 말에 (…) 북부 규슈의 마경교사(馬耕敎師)가 동일본에 이경(犁耕) 을 퍼뜨리면서 리(犁)를 스키라고 부르는 습관이 늘어났다.

리(犁)를 국내에서 서(鋤)나 인력서류(人力鋤類)에서 진화한 것으로 보기 도 하지만, 같은 것이 동아시아에 널리 분포하는 외에 가라(唐·韓) 스키 라고 부르는 것을 보더라도 외부에서 들어온 것으로 생각된다.

형태적으로는 술 끝에 70~90㎝의 받침이 달린 장상리(長床犁, 우리네 눕 쟁기), 술의 받침이 30㎝쯤 되는 단상리(短床犁, 우리네 굽쟁기), 받침이 없 는 무상리(無床犁, 우리네 선쟁기)의 세 가지가 있다. (…)

쟁기가 일본에 들어온 시기는 고훈(古墳) 시대(3~6세기)로 올라가는 것 으로 추측된다. (…)

쟁기를 세계적으로 보면 소 한 마리가 끄는 쟁기와 두 마리가 끄는 쟁기 가 있으며, 일본에는 한 마리짜리가 들어왔다(1996; 277~278).

도상 10이 1666년에 나온 『훈몽도휘(訓蒙圖彙)』에 실린 쟁기로, 오른 쪽 위에 '가라스키(からすき)'라고 적혔다.

도상 11은 다치바나 모리쿠리(橘宗兵衛, 1679~1748)가 그린 웃통을 반 쯤 벗은 대머리 농부가 눕쟁이로 논을 가는 모습이다.

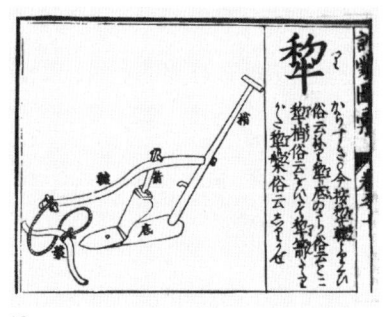

10   11

우리 쟁기가 일본으로 들어갔다.

(1) 『한국농업경영론(韓國農業經營論)』의 기사이다.

　북한 지방에서는 논밭을 갈 때 쟁기를 겨리소에 메운다. 보연장은 크고
무거워서 보습 하나만도 9kg쯤이다. 한인(韓人)의 쟁기를 부리는 재간은
매우 뛰어나며, 겨리소 대신 여덟 명의 남자가 끌기도 한다(吉川祐輝, 1903).

　소가 워낙 귀하거나 전염병의 피해로 수가 줄어들면 사람들이 대신
한 것을 가리킨다.

(2) 『한국토지농산조사보고(韓國土地農産調査報告)』의 기사이다.

　한인(韓人)이 쓰는 쟁기의 기능과 이를 부리는 재간은 놀라울 정도로 뛰
어나다. 무슨 쟁기든지 한 사람이 다루는 외에 소에 고삐도 꿰지 않는
다. 사람이 오르기조차 버거운 45도가 넘는 강원도의 밭에서 자유롭게
밭을 가는 모습을 여러 차례 보았다. 또 큰 돌이 여기저기 박힌 밭에서
도 겨리 쟁기로 흙을 떠엎는 것은 물론이고 위아래로 오르내리며 갈기
도 한다(小林房次郎·中村彦, 1905, 「京畿道·忠淸道·江原道」).

(3)『일본농구발달사(日本農具發達史)』의 기사이다.

쟁기는 소가 끄는 괭이(鋤)로, 한족(漢族)의 손에서 수입된 것임에 대해
서는 다시 더 말할 여지가 없다. 농구 가운데 흔히 가라(カラ 唐)라는 말
이 붙은 것이 있다. 당기(唐箕)·연가(連枷 カラサヲ[가라사오])·애(磑 スリウス
[스리우스] 일명 唐磨) 따위는 어느 것이나 나라(奈良) 시대(710~784) 또는
아스카(飛鳥) 시대(593~686) 및 다이와(大和, 647) 시대를 전후한 시기에
중국이나 조선에서 들어왔다(木村靖二, 1936;51).

그의 말처럼 농기구를 비롯한 여러 가지 기구 앞에 '가라(唐)'라는 관
두어가 붙은 것은 일본에는 없는 새로운 것이라는 뜻이다. 이 말이 처
음 보이는 문헌은 9세기 말(892~901)쯤에 쇼쥬(昌住, ?~?)라는 승려가 썼
다는 일본 최고의 자서(字書)『신찬자경(新撰字經)』이다.

쟁기를 가라스키(加良須支)로 새긴 첫 기사로, 그 뒤부터 이를 따라
오늘에 이르렀다. 더러 가라를 당(唐)으로 표기하여 자칫하면 중국으로
오인하기 쉬우나 본디는 한(韓)을 가리키는 말이었다. 일본 문헌 가운데
한궤(韓櫃)를 가라비츠(からびつ)로 새긴 것도 있으며 '도진(唐人)'도 한국
인을 가리키는 말로 츄고쿠(中國)·시고쿠(四國)·규슈(九州)지역 일대에서
는 우리 지게를 '도진 가루이'라고 부른다.

앞 책의 저자 자신도 "연가(連枷, 도리깨)가 조선에서 들어온 것임에
대해서는 의심의 여지가 없다"고 적었고(☞452쪽), 그것이 사실이라면
당기(唐箕)도 한국에서 들어온 키라고 해야 옳다. 그가 앞에서 쟁기가
한족(漢族)의 손에서 들어왔다고 하였지만 같은 논리를 적용한다면 이
또한 한국에서 건너간 것임이 분명하다.

(4) 『조선반도의 쟁기(朝鮮半島の犂)』의 간추린 기사이다.

일본의 농업문화가 괭이 문화라고 한다면 (…) 조선의 그것은 쟁기 문화라고 할 수 있다. 쟁기와 괭이 문화가 겹쳐진 지역은 중국일 것이다. 중국의 쟁기와 괭이 문화가 동쪽으로 들어와 둘로 나뉘어서 일본에서는 괭이 문화가, 조선에서는 쟁기 문화가 발달했을 터이다. (…)
조선의 쟁기 문화는 유래가 오래다. (…) 쟁기가 없으면 조선의 농업이 없다고 해도 지나친 말이 아니다(高橋 昇, 1944).

우리 쟁기에 대해 몇 사람의 언급이 있었지만, 대부분은 일본보다 뒤떨어졌다는 점을 강조하는 데 그쳤다. 그러나 저자는 편견에서 벗어나 바르게 판단하였다.

거의 모두 쟁기를 논할 때 형태를 기둥으로 삼음에도, 그는 가장 중요한 부분인 보습에 초점을 맞추었다. 이에 따라 유형과 분포 따위는 물론이고, 생산과정까지 상세한 조사를 펼쳤다. 더 나아가 보습의 대소를 철광의 유무 및 생산량에 연관시켜서 고찰한 것은 (무리가 없지 않지만) 매우 탁월하다.

처음으로 적용한 이러한 독창적 관점을 (일본과 한국을 통틀어) 그 뒤에 아무도 잇지 못한 것은 매우 아쉬운 일이다. 일본에서 우리와 대조적으로 땅을 길이로 간다는 대목은 흥미롭다.

(5) 『농구(農具)』의 간추린 기사이다.

(한국의) 5세기쯤의 고분에서 보습(犂先)이 나왔다. (…) 철제 보습은 이미 중국에서 전국(戰國) 시대(전 403~221)에 썼다. (…) 그러나 철제의 따비날이나 굽은날 쇠낫 따위의 중요한 농구가 모두 화북(華北)>조선(朝

鮮)>일본(日本)이라는 경로를 거친 점으로 미루어 (…) 이것도 같은 길을 따라 전파되었다고 생각된다. (…)

일본에서 8세기에 선쟁기와 눕쟁기를 썼고 이 둘은 남조선에서 들어왔을 것이다. 따라서 고대 남조선에서 이 둘을 썼다고 보아도 좋을 것이다 (飯沼二郎·堀尾尙志, 1976; 43~47, 66~67).

우리 쟁기의 일본 전파 시기를 5세기 무렵으로 본 것은 현재로서는 적절한 판단이라 생각되지만, 앞에서 들었듯이 철기시대 초기에 우리는 이미 쇠 보습이 달린 눕쟁기를 썼으므로 그 시기는 더 올라갈 가능성이 크다.

중국의 화북지방에서 들어온 것으로 보이는 눕쟁기가 어느 때쯤 선쟁기로 변화 발전했는지 문헌 기록이 없으나, 매우 오래되었으리라고 추측하기는 어렵지 않다. 그것은 우리네 농경 방법이나 토질이 선쟁기의 출현을 앞당기지 않을 수 없었기 때문이다. 따라서 저자가 나라(奈良) 시대에 이미 우리에게서 들어간 두 쟁기를 함께 썼다고 보는 것은 옳다고 생각된다.

(6) 『이경의 발달사(犁耕の發達史)』의 기사이다.

일본의 경우, 주로 무상리계(無床犁系) 선쟁기의 원류는 (…) 조선에서 들어왔고, 장상리(長床犁 눕쟁기)는 아마도 주로 대륙(중국)계로 생각해도 좋을 터이다. 조선에서 들어온 무상리는 그곳의 도래인(渡來人)이 가져왔을 것이다. 조선의 이경(犁耕)은 (…) 일찍부터 시작된 만큼, 쟁기를 가져온 것도 아주 오랜 초기의 도래인들이었을 것이다.

한편, 일본의 무상리계 분포권은 모두 조선해협 내지 일본해(日本海)의 연안 지방으로, 조선으로부터의 해상 교통이 해류 관계를 포함해서 매우 유리한 곳뿐이다. (…) 이 쟁기의 간토(關東) 분포권은 일본에서 일찍부터 이루어진 조선계 도래인의 집단 이주에 따라 이루어진 결과로 생각된다(嵐嘉一, 1977;152, 160~162).

저자가 눕쟁기를 대륙계로 추정한 것은 눕쟁기를 본디부터 일본에서 쓰지 않았다고 잘못 생각한 결과일 터이다. 이에 대해서는 앞에서 설명하였으므로 되풀이하지 않는다. 쟁기의 발달 순서로 보면 눕쟁기가 앞이고, 선쟁기는 그 뒤를 이었으리라 보는 것이 타당하다.

더구나 그는 선쟁기를 아주 오랜 초기의 도래인이 가져왔다고 하지 않았던가. 또 한 가지, 그는 눕쟁기를 중국으로부터의 수입품으로 추정하면서도 볏 밥을 떠넘기는 방향이 반대임을 들어 의문을 표시하였는데, 바로 이 사실은 눕쟁기가 우리에게서 건너간 사실을 가리키는 증거로 삼아도 좋다.

실정이 이러함에도 저들은 한국에서 건너간 사람을 처음 귀화인(歸化人)이라고 불렀다. '귀화'가 귀순(歸順)하여 복종하거나, 다른 나라의 국적을 얻어 그 나라의 국민이 된다는 뜻인 점을 생각하면 이만저만 엉뚱한 일이 아니다.

이것이 지금의 도래인(渡來人)으로 바뀐 것은 정조문(鄭詔文)이 교토(京都)에 세운 고려미술관에서 1969년부터 낸 계간지 〈일본에 남은 조선문화〉의 노력 덕분이다(주간 金達壽). 이로써 역사 학계는 물론이고 교과서에서도 바로 잡았다.

이에 대에 〈교토신문(京都新聞)〉은 "이 잡지는 고대 조선에서 들어온 인간과 문화를 빼면 (일본에) 아무것도 남은 것이 없지 않은가 하는 생각을 끼칠 만큼의 큰 영향을 남겼다. 편견에 차 있던 일본 고대사에 이렇게 대단한 충격을 준 잡지는 없을 것"이라는 평가를 실었다.

(7) 「동아시아 지역의 이경의 전개에 대한 시론(東アジアにおける犁耕の展開についての試論)」의 기사이다.

아시아에서 조선 반도는 선쟁기가 뚜렷한 곳이다. 거리쟁기에도 호리쟁기에도 선쟁기가 대부분이며, 가운데 중심이 높고 앞쪽으로 치우치는 형태를 이룬다. 이 쟁기가 분포하는 기타규슈(北九州)는 조선 반도에 가까운 만큼, 그곳에서 들어온 것이 거의 틀림없는 것으로 생각된다.

같은 호리 견인법이라도 쌍성에 방식이 북부에 뚜렷한 것과 대조적으로, 물주리막대식은 남부에 널리 퍼진 듯하다. 따라서 고대 조선 반도에서 이경(犁耕) 기술이 남하하는 과정, 고구려에 퍼졌던 이경이 신라·백제·가야 제국에 전파·도입되는 과정에서 물주리막대가 개발되었을 터이다. 그 시기는 신라의 경우 6세기쯤으로 생각된다(河野通明, 1996).

(8) 「민구로 본 일본에 대한 이경 전래 시기와 전래 사정(民具から見た日本への犁耕傳來時期と傳來事情)」의 간추린 기사이다.

(술 ·성에·한마루의 셋이 이루는) 세모꼴의 조선계 선쟁기(無床犁)와 그 계보를 잇는 쟁기는 규슈(九州)에서 간토(關東)로 퍼졌으며, 이는 조선계 도래인이 가져왔다고 해도 좋다. 그런데 중국인이 대거 건너온 역사가 없음에도, 중국계 눕쟁기(長床犁)는 규슈에서 간토에 널리 분포한다. (…) 도입 시기는 7세기 이전으로 보인다. (…)

정부 시책은 일과성인 탓에 그 이후에도 건너온 백제(百濟)와 고구려(高句麗)의 난민이 들어간 곳에는 비혼혈의 조선계 선쟁기가 남은 것이다. 한국의 극쟁이는 멍에와 함께 6세기에 들어온 것으로 보인다.

볏 밥을 넘기는 방향이 동아시아의 경우, 중국은 우반전, 조선 반도는 좌반전, 일본도 마찬가지이다. (…) 6세기에 도래인이 각지에 퍼뜨린 쟁기의 대부분은 볏이 없는 극쟁이이므로 좌반전도 우반전도 아니다. 야마구치현(山口県 周防)의 재래 쟁기가 좌반전인 것은 정부가 좌반전의 모델 쟁기를 강권한 까닭이다. (…)

조선계 쟁기는 보습이 커서 볏을 그 위에 올려놓지만, 일본은 작음에도 같은 방식을 쓴다. 이는 조선계 쟁기의 영향 탓이다(河野通明, 2009; 26).

이 글은 저자가 지금까지 벌여온 한·중·일 세 나라 쟁기 문화 비교 연구의 종합편이다.

(9)「와카야마현 북부 재래 쟁기의 -X각선 유상리와 한국 쟁기의 자취-(和歌山県北部の在來犁-X脚有床犁とチェンギの痕迹-)」

다음은 간추린 내용이다.

쟁기는 '가라스키'라는 호칭으로 보아도 일본 발명품이 아니라, 조선 반도나 중국에서 들어온 것으로 생각된다. 조선 반도는 세모틀(三角) 선쟁기(無床犁), 중국은 네모틀(四角) 굽은성에 눕쟁기(曲轅長床犁)라고 하듯이 형태가 전혀 다르므로, (일본의) 재래 쟁기는 어느 한쪽 또는 양자의 혼혈형으로 보인다.

조선계 세모꼴 선쟁기에 대해서는 조선계 도래인이 여러 곳으로 가져왔다는 설명이 가능하다. 그러나 규슈(九州)에서 간토로 퍼져나간 중국계 눕쟁기는, 6~7세기에 중국인이 대거 들어온 역사도 없어서 전래 과정이 숙제로 남았다. 일본 눕쟁기의 시원은 고사서(古史書)의 기록으로 보아 7세기로 올라가지만, 그때의 두 나라 교류는 견수사(遣隋使)와 견당사(遣唐使)가 맡았을 뿐이다. (…)

재래 쟁기(在來犁)의 조사가 시작된 1980년대부터 90년대 초에는 가위다리꼴 눕쟁기(X脚有床犁)를, 근대 선쟁기의 영향을 받아 만든 소형쟁기로 생각하였다. 그러나 그 뒤 각지의 재래 쟁기를 다수 조사한 결과, 이를 고칠 필요가 생겼다.

임시로 붙인 앞의 이름은 혼혈형 외다리눕쟁기(獨脚有床犁)에 대비되는 명칭으로, 쟁기를 받치는 두 개의 다리가 X자 꼴을 이룬 것을 나타낸다. (…)

또 가위다리꼴 눕쟁기(X脚有床犁)도 근대 선쟁기의 영향을 받아 나온 것이 아니라, 우리 극쟁이의 내림이며 그 전통이 1,300여 년 동안 전승되었다. 한편, 한국인 주거주 지역인 나라현(奈良県) 일대에서 우리 쟁기 대신 굽은 눕쟁기를 쓴 것은, 정권 담당자로서 국책 시행에 앞장서야 했던 사정이 있었을 것이다(河野通明, 『近畿民具』, 2009b; 31~32).

이 글은 일본인 특유의 치밀함과 끈질김을 알리는 좋은 보기이다. 그는 우리 쟁기와 일본 쟁기와의 연관성을 파헤치는 데 앞장서 왔으며, 이미 누구도 뛰어넘기 어려운 성과를 거두었다. 그의 노력은 계속될 것이다.

한편, 6~7세기에 벌써 일본 정부가 우리와 중국 쟁기를 들여다가 개량, 보급한 사실은 놀라운 일이기도 하다.

6) 끌개

'끌개'는 끌어서 굴리는 틀이라
는 말로, 흙덩이를 깨뜨릴 뿐 아
니라 뿌린 씨에 흙을 덮기도 한다.
　바람의 고장이라는 제주도에
는 나무로 꾸민 남테와, 돌로 꾸

01

민 돌테의 두 가지가 있다. 남테의 '남'은 나무의 옛말 남기에서 왔고,
'테'는 ㄱ바퀴 테처럼 둥근 것을 가리키므로 나무 바퀴를 닮은 틀이라
는 말이다. 따라서 돌테는 둥근 돌바퀴를 가리킨다.

　도상1은 서귀포시(西歸浦市) 성산읍(城山邑) 시흥리(始興里)의 것이다.
틀은 지름 60㎝쯤에 길이 1.14m의 통나무이며, 발은 지름 5~8㎝에 높
이 10~13㎝이다. 이들 83개의 발을 엇갈아가며 한 줄에 예닐곱 개씩 열
줄을 박았다(농업박물관).

　이와 같은 기구를 일본 오키나와(沖繩) 열도와 이와테현(岩手県)에서
쓰는 것은 흥미롭다(☞430쪽).

　이밖에 발을 박지 않은 통나무나(도상2), 돌테도 쓴다(도상3). 돌테
는 이름 그대로 통돌을 깎고 겉을 우툴두툴하게 다듬은 것으로, 지름
20㎝쯤에 길이 60~80㎝쯤이다. 쓰는 방법은 남테와 같다.

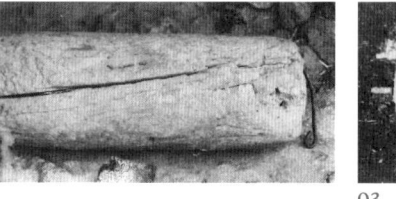

02　　　　　　　　　　　　　　03

04

05

　도상4와 도상5는 제주도에서 말을 풀어서 밭을 고르는 장면이다
(홍정표). 말을 풀어서 논밭의 흙덩이를 부수는 외에 뿌린 씨가 바람이
날리지 않도록 말을 부린 농법이 일본으로 들어간 것은 자연스러운 일
이다.

일본에서도 제주도의 것을 닮은 끌개를 썼다.

⑴『산잉의 민구(山陰の民具)』의 기사이다.

　오키(隱岐)에서는 소에 메워서 부대기(火田)의 흙을 부수는 외에, 송아
　지 길들이기에도 쓴다. 크기는 길이 1m에 너비 35㎝이며, 지름 20㎝
　쯤에 무게는 20㎏이다. 소나무나 홰나무로 짜며, 양끝과 가운데에 줄

을 걸어놓았다.

오키의 부대기는 산의 나무를 베어 뒤집 어 놓고 나서 흙을 고르는 까닭에 소에 메워서 끌었다. 송아지를 길들일 때는 한 두 사람이 올라서서 몰아간다(勝部正郊, 1990;86).

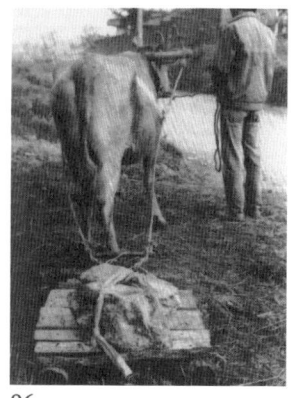
06

끌개를 송아지 길들이기에 쓰는 것은 우 리와 같다. **도상6**이 경기도 안산시(安山市) 단원구(檀園區) 대부동(大阜洞)에서 소가 돌을 얹은 끌개를 끄는 장면 이다.

(2)『오키나와의 민구(沖繩の民具)』의 기사이다.

논을 고르는 기구로, 끄는 돌테라는 뜻이다. 손으로 들 만한 돌 서너 개를 작대기에 잡아매고 소에 메우며, 돌은 석회석의 돌기가 많은 것 을 고른다.
이를 큰 돌 한 개로 꾸미기도 한다. 미야코(宮古)나 시마지리(島尻)의 천수 답(天水踏) 지역에서는 무도비기(ムトビキ)라고 하여, 갈대(ススキ 芒, 薄)의 뿌리 묶음을 소에 끌렸다. 이것은 흙덩이를 깨기보다 바닥 고르기에 알 맞다(上江洲 均, 1973;144).

07

도상7은 오키나와현(沖繩県)의 쿠루바샤(-クルバシャ-)라는 끌개 로, 제주도의 남테를 연상시킨다.

(3) 앞 책의 기사이다.

쿠루바샤-라는 이름은 소가 밭에서 끄는 바퀴인 데서 왔다. (…)
이시가키시(石垣市 川平)의 것은 길이 1.23m에 지름 35㎝이며, 적목(赤木)
인 까닭에 매우 무겁다. 일곱 개의 골을 파서 소나 말에 메운다. 떡갈나
무나 소나무로도 깎는다. (…)
1920년대에 대만(臺灣)에서 들어온 듯하다(上江洲 均, 1973;143).

앞에서 든 제주도처럼
(도상4·도상5), 가고시마
현(鹿兒島県)에서 말을 부
려서 밭을 고르는 것은
놀라운 일이다.
　도상8이 소에 메우고
논을 고르는 끌개이다.

08

7) 써레

『한국민족문화대백과사전』의 간추린 기사이다.

긴 나무토막에 둥글고 끝이 뾰족한 발 6~10개를 빗살처럼 나란히 박고 위에 손잡이를 가로 걸었다. 또 토막나무에서 대각으로 긴 나무를 대고 봇줄을 맨 다음 멍에에 연결하지만, 양쪽의 긴 나루채를 멍에에 직접 잇기도 한다.

일부 지역에서는 논을 삶는 무논써레와 밭을 고르는 마른써레 두 가지를 쓴다. 마른써레는 발이 위로 향하도록 뒤집어 놓고, 그 위에 어린이를 태우고 소가 끌어서 단단한 흙덩이를 삶는다.

한편, 전라남도 고흥군(高興郡)에서는 참나무 가지를 짧게 자르거나, 나무의 옹이가 많이 박힌 쪽을 아래로 향하도록 묶어서 소에 메운다. 이 위에 흔히 돌을 얹거나 젊은이나 어린이가 올라앉는다.

'공이 써레'라는 이름은 나뭇가지가 절굿공이를 연상시키는 데서 왔다. 무게는 10kg쯤이며 소와 남자 한 사람이 하루 2,000여 평을 다룬다.

써레는 앞에서 든 일반형 외에, 외나무틀 아래에 박고 사람이 그 위에

01

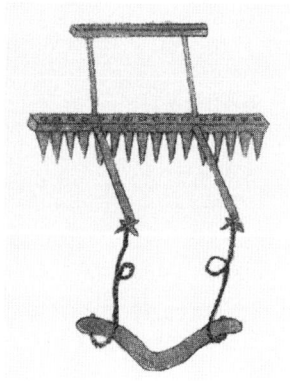

02

올라서서 소를 모는 외써레와, 긴네모꼴로 짠 틀에 걸어놓은 세장에 발을 박고 소에 메우는 평상써레의 두 종류가 있다(권14 김광언, 1990;263).

도상1은 조선 시대 경직도(耕織圖)에 보이는 써레질 장면이다.

도상2는 서유구(徐有榘, 1764~1845)가 쓴 『임원경제지(林園經濟志)』에 실린 써레이다.

도상3은 한복 차림의 농부가 써레로 논을 삶는 모습이다(〈National Geographic〉 1965년 5월호).

도상4는 써레를 겨리소에 메우고 논을 고르는 장면이다.

일본에서는 망가(馬鍬)라고 부른다.

(1) 『일본민구사전(日本民具辭典)』의 기사이다.

논을 삶는 대표적인 기구로 마구와(まぐわ)라고도 부른다. 봄에 모를 내려고 쟁기로 갈아도 흙덩이가 남는 까닭에 이것으로 삶아야 한다. 흔히 소나 말에 메우지만 사람이 끌기도 하며, 이를 후리마구와(振馬鍬) 또는 데마쿠와(手馬鍬)라고 부른다.

03

04

길이 1~1.2m에 너비 15㎝쯤 되는 쇠발(鐵刃)을 10~12㎝의 간격으로 열 개쯤 박는다. (…) 이것으로 여남은 번 삶으면 논이 평평해진다(1996;543).

(2) 『일본민속대사전(日本民俗大辭典)』의 기사이다.

써레는 17세기 이전부터 규슈(九州)에서 동북 지방에 이르기까지 전국에서 썼다. (…) 일본에서는 고훈(古墳) 시대(3세기~6세기)의 유적에서 출토되는 점에서, 왜(倭) 오왕(五王)● 시대의 교류를 통해 중국 남부에서 들어온 것으로 추정된다(河野通明, 2000[하];566).

● '왜의 오왕'은, 중국 남조(南朝)의 송서(『宋書』)에 등장하는 왜국 5대(五代)의 왕(讚·珍·濟·興·武)을 가리킨다. 5세기 초부터 1세기 동안 동진(東晋)·송(宋)·제(齊) 등지에 사신을 보내는 한편, 양(梁) 나라에서 관직을 받기도 하였다.

도상5는 1695년에 나온 『훈몽도휘(訓蒙圖彙)』에 실린 써레이고,
도상6은 사이타마현(埼玉県)의 아낙이 소의 코에 꿴 작대기를 잡고 써레를 메운 소를 이끌어 가는 장면이다(大館勝治).

일본의 써레는 한국에서 들어갔다.

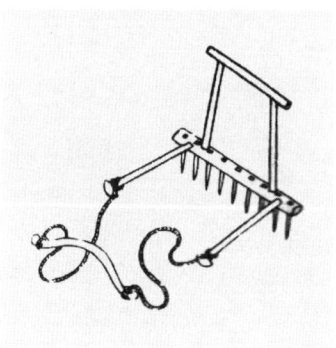

05

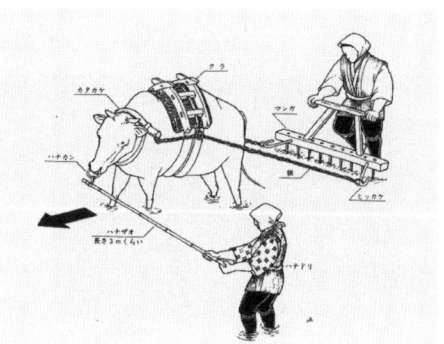

06

「농구가 말하는 고대인들의 이야기(農具から聞いた古代人たちの話)」의 간추린 기사이다.

써레는 5세기에 들어왔다. 최근 시가현(滋賀県 能登川町)의 이시타(石田) 유적에서 4세기 말~5세기 초의 써레가 나온 것도 증거의 하나이다.

고고학자들은 고훈(古墳) 시대에 스헤기(須惠器)를 비롯한 선진기술이 조선 반도에서 들어오고, 그곳에서 온 사람(渡來人)들이 쓰던 한식(韓式) 토기도 나온 점을 들어, 써레도 조선 반도에서 들어왔다고 보는 것이 상식이다(河野通明, 2000; 27~32).

도상7은 부부가 말에 메운 써레로 논을 삶는 장면을 나타낸 18세기 초의 『대화경작회초(大和耕作繪抄)』의 그림이다. 아낙은 앞에서처럼 고삐에 꿴 긴 작대기로 말을 이끌어간다.

도상8은 1716년에 나온 『여대학보감(女大學寶鑑)』에 실린 써레질 장면이다. 발이 많은 대형이라 손잡이와 틀 사이에 작대기를 걸어서 붙박았다. 우리는 물론, 중국에도 없는 이 방법은 소를 여성이 부리는 점과 연관이 깊을 터이다. 여자들을 위한 보감에 써레질 장면을 넣은 까닭이 이것이다.

07

08

8) 삼태기

『한국민족문화대백과사전』의 기사이다.

재나 두엄 따위의 거름을 퍼담아 나르는 기구이다. 가는 싸리·대오리·
칡·새끼 따위로 엮으며, 감에 따라 싸리삼태기·대삼태기·칡삼태기·짚삼
태기라고 부른다. 칡이나 새끼로 짠 것은 앞이 벌어지고 뒤는 우묵하며,
뒤 언저리에 덩굴성 나무를 둘러 끼워서 손잡이로 삼는다.

칡이나 싸리 제품에는 뒤가 우묵한 것과, 앞이 더 헤벌어진 것의 두 가
지가 있다. 이것은 구들에서 긁어낸 재·흙·쓰레기 따위를 담아 나르거
나, 타작마당에서 곡식을 퍼서 섬이나 가마니에 담는다.

이밖에 작은 것은 허리에 끼고 씨앗을 뿌리기도 한다. 수명은 2년쯤이
고 무게는 1kg이며, 앞쪽을 겹으로 떠서 수명을 늘린다. 대오리로 짠 것
은 양쪽에 손이 들어갈 만큼의 구멍을 내므로 들고 쓰기 편하다(권11 김
광언, 1989; 434~435).

도상1이 뒤가 우묵한 삼태기이다.
도상2는 앞날 양쪽과 뒤 가운데에 끈을 달아맨 거름 삼태기이다.

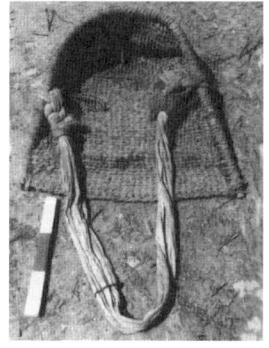

01   02   03

왼쪽은 거름을 긁어 담는 호미이다.

　도상3은 1968년 3월, 경상남도 창녕군(昌寧郡) 영산읍(靈山邑)의 한 노인이 새벽에 개똥삼태기로 개똥을 모으는 모습이다.

　일본의 이름은 못코[畚]이다.

(1)『일본민구사전(日本民具辭典)』의 간추린 기사이다.

　짚(繩)이나 대(竹) 또는 덩굴로 엮은 운반 용기의 총칭이다. 사람이 메거나, 지거나, 손에 들고 쓰지만, 말(馬) 등에 메우기도 한다. (…)
　크게 나누면 앞에서 든 네 종류로, 퇴비 따위의 거름이나 흙 그리고 못자리에서 거둔 모를 나른다. 등에 지는 것으로는 반도리(ばんとり ?) 따위를 나른다(1996;566).

(2) 고에후고(コエフゴ)에 대한『남규슈의 민구(南九州の民具)』의 기사이다.

　가고시마현(鹿兒島縣 日置郡)에서 쓰는 고에후고(コエフゴ)의 '고에'는 거름을, '후고'는 삼태기를 가리킨다. 보통은 반으로 자른 섬으로 꾸미지만, 이것은 거적(薦)의 날을 짚으로 좌우에서 엮어서 결었다. 양 끝에 짚 끄트머리가 붙은 까닭이 이것이다.
　적당한 길이가 되면 반으로 접고 굵은 새끼줄을 꿰어서 어깨에 멘다. 가로 65cm에 너비 11cm쯤으로, 퇴비나 화학비료를 담아 왼쪽 어깨에 메고 걸어가며 오른손으로 뿌린다(小野重朗, 1969;236~237).

　도상4가 앞 책에 실린 거름을 나르는 짚 삼태기이다. 저자의 말대로 삿갓을 쓴 농부가 왼쪽 어깨에 메고 오른손으로 거름을 뿌린다.

도상5는 가고시마현 여러 곳의 거름삼태기이다.

우리 제주도의 삼태기가 일본으로 건너갔다.

제주도에서는 거름 따위를 나르는 소쿠리(글채)의 좌우 양쪽에 구멍을 내어서 손잡이로 삼는다.

도상6은 양쪽에 손잡이 구멍을 마련한 제주시(濟州市) 구좌읍(舊左邑) 행원리(杏源里)의 삼태기이다. 일본 가고시마현에서도 같은 것을 쓰며, 이를 '부이(ブイ)' 또는 '부이조케(ブイゾケ)'라고 부른다.

(3) 『일본열도의 비교민속학(日本列島の比較民俗學)』의 간추린 기사이다.

일본의 주변을 돌아볼 필요가 있다. 대만(臺灣 彰化市)에서 본토계 주민이 '뿡키이(プンキ-糞箕)'라는 이름의 부이를 쓰는 것을 보았다. 이를 '분기이(プンキ-畚箕)'라고도 한다. 우에즈(上江洲 均)씨는 타이(泰國)의 이름은 '뿡키', 말레이시아의 이름은 '뿡키즈プンキス'라고 하였다. 한국 제

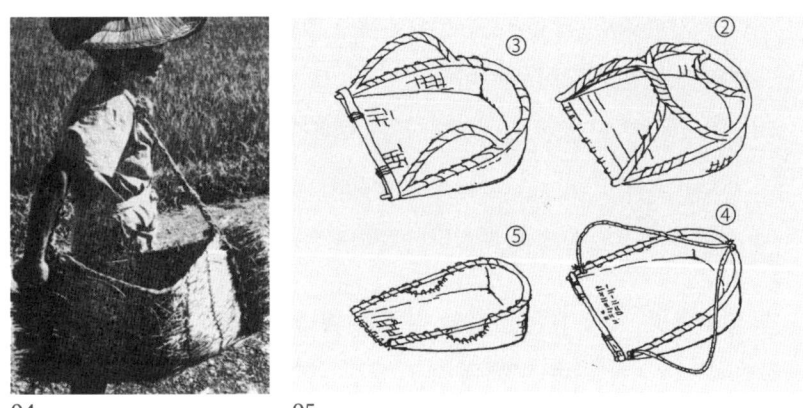

04   05

06 07 08

주도의 이름은 '푸는체'이다. '체'는 '키'를 가리킨다.

그런데 가고시마현(鹿兒島県) 어떤 곳(蒲生町)의 '붕기이(ブンキイ)'는 중국 어계인 '뿡키이' 또는 '붕기이' 그대로이다. 이는 우연의 일치가 아니다. 곧 '부이'는 중국어계로, 옛적에 제탄(製炭) 및 제철 기술과 함께 한국을 거쳐 일본에 들어와서 퍼졌다. 현재는 규슈와 동북지방, 그리고 홋카이 도(北海道)에만 본디 소릿값의 자취가 남았다.

한편, '부이'는 중국인과 함께 대만이나 동남아시아에도 들어갔다. 다만, 류큐(琉球)에서는 철이 나지 않는 데다가 주로 수수나 토란을 재배한 까닭에 (앞이) 둥근 삼태기로 충분해서 부이를 쓰지 않은 것이다(下野敏見, 1994; 190~191).

저자가 곁들인 가고시마현 아마미오시마(奄美大島)에서 쓰는 도상7의 거름 삼태기는 앞에서 든 제주도의 것(도상6)과 구별하기 어려울 정도로 닮았다. 그리고 구멍이 없는 일반 짚삼태기도 그렇거니와 도상8과 같은 싸리삼태기도 마찬가지이다.

9) 장군

『한국민족문화대백과사전』의 간추린 기사이다.

물·술·간장·똥오줌 따위를 담아 나르는 질동이이다. 중두리를 뉘어 놓은 모양의 것으로, 한쪽 마구리는 평평하고 다른 쪽은 반구형(半球形)이며 배에 좁은 입을 붙였다.

오지로 구운 작은 질장군●에 술 따위를 담지만, 큰 것은 똥오줌을 담아 지게로 나른다. 지름 30㎝에 길이 60㎝쯤 되는 대형에 오줌 서 말이 들어가며, 한 말들이의 작은 것도 있다.

이와 달리, 강원도에서는 한쪽 마구리를 봉긋하게 좁히고 끝에 깃봉 꼴의 손잡이를 붙였다. 충청도 일대의 것은 항아리처럼 배가 부르고, 위에 입을 붙이며 양쪽에 손잡이를 달았다. 이를 지게에 얹어 보리밭으로 나른 다음, 오줌을 똥바가지에 부어서 준다.

나무장군▲은 오줌뿐 아니라 똥도 나른다. 작은 것은 두 말, 큰 것은 너 말들이다. 쓰지 않을 때 나무쪽이 오그라들어서 느슨해지므로 다시 손을 보아야 한다(권19 김광언, 1990;133).

●오지로 구운 것은 질장군, ▲나무쪽으로 짠 것은 나무장군이라고 한다.

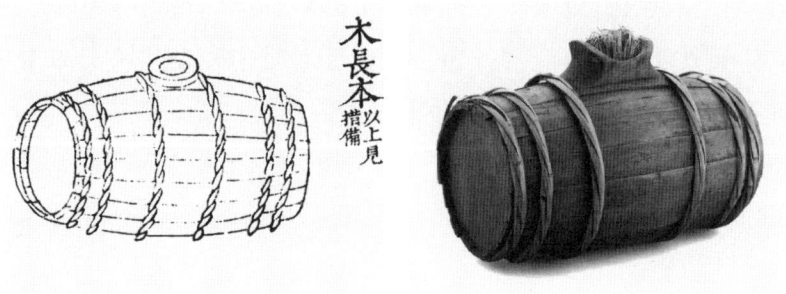

01   02

도상1은 1796년에 나온 『화성성역의궤(華城城役儀軌)』에 실린 나무 장군이다.

도상2의 나무장군은 지름 3.1cm에 가로 63cm이고, 높이는 44.5cm 이다. 위아래 양쪽으로 테를 두 번 두르고, 입 양쪽에도 같은 수의 테를 둘러서 붙박았으며, 따로 나무를 깎아 붙인 입은 위쪽으로 조금 벌어졌다. 입 가운데의 짚 뭉치는 옮길 때 넘치는 것을 막는 마개이다.

도상3은 전라북도 장수군(長水郡) 천천면(天川面)의 한 농부가 질장군을 지게에 얹어서 밭으로 지고 가는 모습이다.

도상4는 1968년 늦가을, 경상남도 창녕군(昌寧郡)의 농부가 11개의 나무장군을 달구지에 실어서 나르는 장면이다.

신나현은 우리 장군이 일본으로 들어갔다고 하였다.

백제에서 4~5세기에 쓰기 시작한 한국의 고대 장군은 재질이나 형태로 미루어 중국 고대의 견형호(繭形壺)를 본뜬 것으로 생각된다. (…)

일본에서도 우리 고대 장군과 같은 형태의 유물이 나왔다. 횡병(横瓶)으로 불리는 6세기 출토품이 그것이다. 그리고 이들은 8세기 이후

03

04

05

06   07

의 호쿠리쿠(北陸)● 도야마(富山)의 이시가와(石川)·후쿠이(福井)·니가타현
(新潟県) 등지의 유적에서 나오며, 8세기 후기에서 9세기 초기의 호쿠리
쿠 동부지역에서 중·소형의 장군을 대량 생산한 가마도 선보였다. (…)
따라서 일본의 횡병은 백제의 도기 장군의 영향을 받은 것으로 판단
된다(2019;252~254).

●'호쿠리쿠'는 일본 중부 가운데 우리 동해에 면한 지역이다.

　　도상5는 경상북도에서 선보인 삼국시대 장군이고
　　도상6은 중국의 견형호이며
　　도상7은 일본의 횡병이다.

10) 오줌사구

밭 가에 옮겨온 거름을 조금씩 덜어서 밭에 뿌리는 그릇이다. 쪽나무를 둥글게 세우고 위아래에 테를 메워서 붙박은 것으로, 한쪽에 귀를 붙여서 손으로 들고 붓기도 한다. 귀사구라는 별명은 이에서 왔다.

그리고 막대기를 가로 걸어서 손잡이로 삼는다. 크기는 높이 30㎝에 지름 40㎝이며 높이는 30㎝쯤이다.

이밖에 기름하게 판 통나무 한쪽에 마구리를 붙인 것도 있으며, 이 위에 끝이 가위다리처럼 벌어진 작대기를 가로 걸어서 손잡이로 삼는다.

우리네 오줌사구는 일본으로 건너갔다.

『산잉의 민구(山陰の民具)』의 기사이다.

이것을 고풍(古風)스럽게 '가시게 炊笥'라고 부르지만, 취사에 쓰는 용기이다. 오키(隱岐 古箇村)에서는 채소를 씻고 찻잔(茶碗)을 닦으며, 더러 쌀도 씻는다. 타원형의 잎사귀를 닮은 통으로, 개수대 옆에 두고 쓴다. 흔히 삼나무(杉木)로 깎으며 가로 세로 33×22㎝에 높이 21㎝이다. (…) 이와 같은 것은 시마네(島根)반도를 비롯한 여러 곳(因幡·佰耆)의 자료관에도 있으며, 오키에는 지금도 쓰는 집이 있는 듯하다(勝部正郊, 1990;65).

그가 든 도상 둘 가운데 도상 1이 타원형의 오키향토관(隱岐鄕土館) 소장품이고, 도상 2는 이즈모·시마네정 역사민속자료관(出雲·島根町歷史民俗資料館)에 있는 둥근사구이다.

시마네현(島根縣)은 고대부터 우리와 연관이 깊은 고장으로, 역사서

01

02

에 신라의 연오랑(延烏郞)과 세오녀(細烏女)가 건너간 곳으로 등장할 뿐
아니라, 일본에서 손꼽히는 이즈모다이샤(出雲大社)에는 지금도 '한국신
사(韓國神社)'라고 적힌 작은 현판이 있다(☞88쪽, 도상19). 또 앞에서 든
대로, 우리 쟁기를 비롯한 여러 기구의 자취도 뚜렷한 곳이다.

　이러한 점에서 '가시게'는 우리나라에서 건너간 것으로 보는 것이
자연스럽다. 앞 책의 저자가 '고풍스럽게 부른다'고 한 것도 이를 가리
키는 듯하다. 밭에 거름을 주는 우리와 달리 설거지용으로 쓰는 것이
다를 뿐이다.

11) 낫

『한국민족문화대백과사전』의 간추
린 기사이다.

풀·나무·곡식의 대 따위를 베는 연장
이다. 지역에 따라 날의 길이나 너비,
그리고 날과 자루와의 각도 따위에
차이가 있다. 경기 및 영남지방에서
는 날이 거의 직각을 이루며, 날의
너비가 길이에 비하여 좁은 것을 많

01

이 쓴다. 그러나 강원·충청·호남 지방의 것은 날이 반달꼴로 굽었다. 특
히 경상남도의 낫은 경기지방의 것에 견주어 슴베가 긴 편이며, 강원도
산간에서는 날의 너비가 너르고 낫등도 두껍고, 슴베라고 할 만한 부분
이 없을 정도로 거의 날 끝까지 자루에 박은 것을 쓴다.

슴베가 비교적 길고 날이 두꺼워서, 나무를 하는 데 편리한 것은 우멍
낫이다. 대장간에서 육철(肉鐵)을 쳐서 벼르는 이것을 조선낫이라고도
하며, 강원도에서는 목낫이라고 부른다.

이에 견주어 날이 얇고 슴베가 짧은 강철 제품은 평낫이다. 날 끝이 날
카로워서 곡식을 베기 좋은 이 낫이 일제강점기에 들어온 탓에 흔히 왜
낫이라고 하며, 강원도에서는 까끄랑낫이라고 부른다. 이것으로 어린이
들이 섶나무를 거둔다(권5, 김광언, 1989 ; 522).

도상1은 20세기 초의 풍속화가 김준근(金俊根)이 논에서 벼를 거두
는 농부의 모습을 그린 그림이다.

도상2는 경상남도 양산시(梁山市)의 반달낫이고

도상3은 깎낫, 도상4는 뽕낫이다.

도상5가 옥낫, 도상6은 전라북도 서해안에서 갈대를 베는 벌낫이며

도상7은 경상남도 영산읍(靈山邑)의 목낫이다.

도상8은 충청북도 제천시(堤川市)의 죽낫이다.

낫의 종류는 모양이나 쓰임에 따라 여러 가지로 불린다.

- 담배의 귀를 따는 작은 담배낫
- 풀이나 갈대 등을 밀어서 깎는 밀낫(형태는 보통 낫과 같으나 등이 날이 되고 자루가 길다.)
- 옛적에 고리를 겯은 버들낫(보통 것보다 날이 짧다).

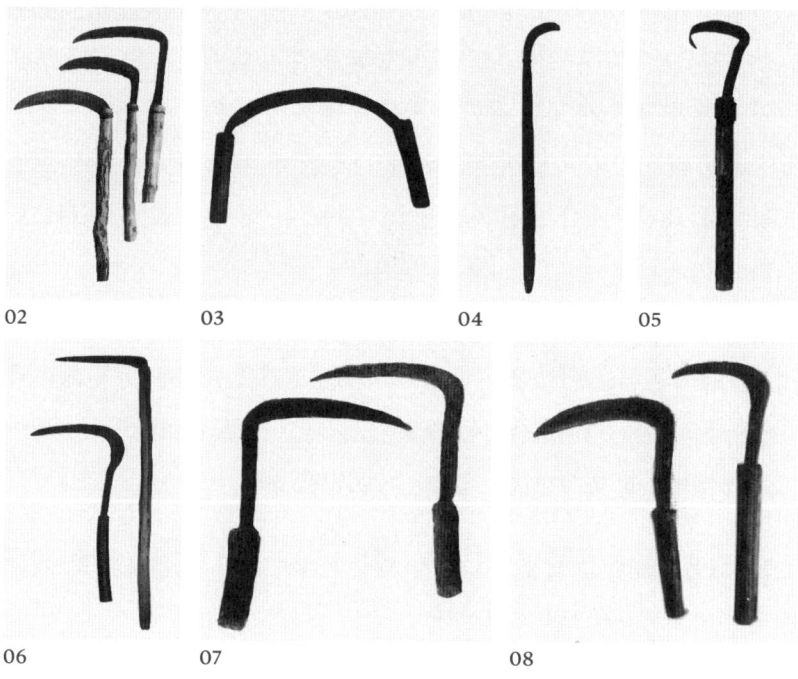

02   03   04   05

06   07   08

- 벌판의 무성한 갈대 따위를 휘둘러서 베는 제주도의 벌낫(모양은 보통 낫을 닮았으나 날이 크고 자루가 길어서 두 손으로 쥐어야 한다.)
- 날 끝이 물음표처럼 오그라든 작은 옥낫
- 긴 자루에 견주어 날이 9~10㎝로 짧은 뽕낫(보통 낫으로는 한 사람이 하루 300여 평의 벼를 벤다.)
- 반달처럼 굽은 반달낫
- 홍두깨나 방망이 따위를 깎는 깎낫
- 매우 작은 접낫
- 자루가 길어서 먼 데 것을 끌어당기기 쉬운 걸낫
- 왼손잡이의 왼낫
- 풀을 베는 것은 죽낫
- 홍두깨나 방망이 따위를 깎는 깎낫 따위가 있다(권5 김광언, 1989; 522~523).

일본에서는 낫을 카마[鎌]라고 부른다.

(1) 『일본민구사전(日本民具辭典)』의 간추린 기사이다.

벼 따위의 곡물을 벨 때, 줄기나 낟알을 베어 거두거나 풀이나 나무의 가지 따위를 베는 기구의 총칭이다. 쇠날은 날은 초승달형(三日月形), 버들잎형(柳葉形), 조릿대잎형(笹葉形) 따위의 쓰임새에 따른 여러 가지가 있다. 날과 자루의 형태는 역 L자가 기본형이지만, 곳에 따라 둔각(鈍角)을 이루기도 한다(1996; 126~127).

(2) 벼 베는낫(稻刈鎌)에 대한 앞책의 기사이다.

주로 벼와 보리를 베는, 작고 얇은 날이 달린 낫으로 초승달형(三日月

形)과 곧은날형(直刀形)의 두 가지가 있
다. 벼는 간격이 같은 대를 잡고 베는 까
닭에, 서일본형의 날이 좁고 가벼운 낫
이 쓰기 편하다.

동일본에서는 오래 갈아 써서 날이 좁아
진 것으로 벼를 베었다. 뒤에 하리마(播州
鎌)●의 낫이 전국에 퍼지면서 벼 베기용
이 되었지만, 그 원형은 이하(伊賀 三重県)
지방의 지겸(地鎌)이었다(1996; 40~41).

09

●'하리마'는 효고현(兵庫県)의 옛 이름이다.

도상 9는 두 농부가 벌낫(刈草大鎌)으로 풀을 깎는 장면은 『농구편
리론(農具便利論)』(1822년)에 실린 그림이다. 위에 두 개의 날을 덧붙였다.

도상 10은 나가사키현(長崎県)의 톱니낫이다. 대나무·벼·보리 따위를
베는 낫과 이밖의 것을 베는 낫 두 종류가 있다.

도상 11은 후쿠이현(福井県)의 아낙이 낫으로 벼를 베는 모습이다(永
江秀雄).

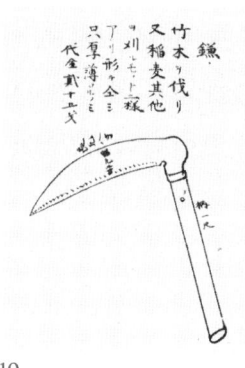

10

11

우리 낫은 일본으로 들어갔다.

(1) 『농구(農具)』의 기사이다.

5세기쯤부터 U자형 날이나 구부러진 날이 달린 낫이 (일본의) 고분에서 나오기 시작한다. 그리고 거의 같은 것이 남조선의 삼국시대 신라 고분에서 나오고, 더 거슬러 올라가면 (중국의) 전국(戰國) 시대(전 476~전 221)의 화북(華北)에서도 썼다. 따라서 화북에서 처음 생긴 낫이 점차 조선 반도를 거쳐서 일본에 들어온 것으로 생각된다(飯沼二郎·掘尾尙志, 1976; 45).

(2) 『가고시마의 민구(かごしまの民具)』의 기사이다.

일본의 낫에는 낫과 부분 명칭에 관한 사투리가 없다. 에치젠낫(越前鎌), 반슈낫(播州鎌)●, 풀 베는 낫, 벼 베는 낫 따위처럼 기능이나 생산지만 알 수 있을 뿐, 기본이 되는 낫 자체에는 변화가 없다. 또 언어학적으로 보아도 카마(鎌)라는 이름이 어디에서 왔는지 밝혀지지 않았다. 조선어의 '낫'은 오히려 일본어 나타(ナタ)에 가깝다(J.Kreiner, 1991; 316~317).
● '반슈'는 효고현(兵庫縣)의 남서부를 가리키는 사투리이다.

(3) 아리미츠 교이치(有光敎一)도 낫의 슴베를 이용해서 자루를 붙박는 방법이 삼국시대 말기나 통일시대에 나왔으며, 이것이 일본으로 건너갔다고 하였다(1967; 413~414).

02
터는 연장 외

1) 도리깨

『한국민족문화대백과사
전』의 간추린 기사이다.

콩이나 보리 따위의 곡식
을 두드려서 알갱이를 떠
는 연장이다. 기름한 작대
기나 대나무 끝에 턱이 진
꼭지를 가로로 박아서 돌
아가며, 그 꼭지 끝에 길이

01

1m쯤 되는 휘추리 서너 개를 나란히 잡아매어 놓았다. 자루를 공중에
서 흔들면 이 나뭇가지들이 돌아간다.

휘추리로는 닥나무·윤유리나무·물푸레나무처럼 단단한 나뭇가지를
쓰며, 대가 많이 자라는 남부지방에서는 손잡이나 휘추리를 모두 대나
무를 많이 이용한다.

이것은 해마다 갈아 대야 한다. 쉬 떨어지기도 하거니와, 모양이 성해도 이들을 묶어 맨 칡이나 가죽끈이 느슨해지기 때문이다(권6 김광언, 1989;813~814).

도상1이 20세기 초의 풍속화가 김준근(金俊根)이 그린 '타쟝ㅎ고'라는 이름의 풍속도이다. 긴 담뱃대를 입에 문 양반님네가 지켜보는 가운데, 둘씩 마주 서서 도리깨로 바닥에 늘어놓은 볏단을 털고, 오른쪽의 둘은 곡식 단을 개상에 태질해서 알갱이를 가린다.

도상2는 아들 셋을 거느린 도리깨이다. 세 마디로 단단히 묶은 뒤, 바로 밑에 짧은 작대기를 끼워서 벌려놓았다.

도상3은 일제강점기 엽서에 실린 '농부의 보리타작(農夫の打麥)'이라는 이름의 도리깨질 장면이다. 동아리 일곱 명과 달리, 맨 오른쪽에서 이쪽을 향해 서서 도리깨를 휘두르는 사람이 상도리깨이다. 등만 보이는 앞 사람은 털어낸 줄기를 갈퀴로 긁어모으고 있다.

도상4는 도리깨의 부분 명칭도이다.

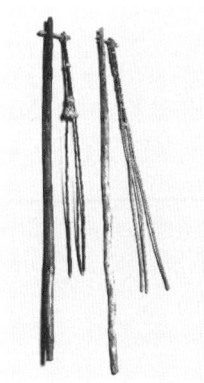

02

03

일본의 도리깨는 한국에서 들어갔다.

(1) 『일본어원대사전(日本語源大辭典)』의 "한국
에서 들어왔으므로 가라사오(韓竿)●라고
한다(『東雅』)"는 기사가 그것이다(前田富祺,
2000; 363).

●'가라'는 한국을 가리킨다. 일본에서는 예부터
우리를 가라(韓·唐·辛)로 불러왔다. (☞52쪽)

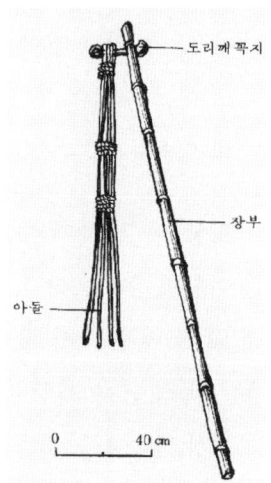

04

(2) 『일본민구사전(日本民具辭典)』의 기사이다.

가라사오(唐竿)는 벼나 보리의 탈곡이나 수수·피·콩 따위를 터는 기구
이다. 자루(柄)·아들(打部)·꼭지(連結部)의 세 부분으로 이루어졌다. 자루
를 잡고 때리면 끝에 달린 아들이 돌아가면서 대상을 털어내는 구조이
다(1996; 136~137).

05

일본 도리깨와 한
국 도리깨의 연관성
을 언급한 앞 책의 기
사는 의미가 깊다.

06

한편, 몽둥이 도리
깨와 아들 여럿을 촘
촘하게 널쪽처럼 묶
은 도리깨는 중국에
서 일본으로 바로 들어간 것으로 보인다. 우리는 이들을 쓰지 않은 까
닭이다.

도상5는 니시가와 스케노부(西川祐信, 1671~1750)의 『회본 사농공상
(繪本士農工商)』에 실린 도리깨질 장면으로, 방망이를 도리깨 아들로 삼
았다. 도리깨꾼들이 여성인 점은 앞의 그림과 같다.

위 그림에서 휘두르는 아낙 옆에 '백성의 아내(百姓の女房)'라고 적은
것은 여성들의 도리깨질이 특별하다는 뜻일 것으로 짐작된다. 오른쪽
위의 아낙들은 곡식 단을 추리고, 그 아래의 어린이는 도리깨꾼에게
부지런히 나른다.

도상6은 1967년 10월 31일, 군마현(郡馬県 利根郡)의 농부 내외가 몽
둥이 도리깨로 콩을 터는 장면이다(須藤 功). 이러한 유형은 중국에서 들
어간 것으로 우리는 쓰지 않았다.

2) 벼훑이

(1) 『한국민족문화대백과사전』의 간추린 기사이다.

논에서 거둔 벼의 알곡을 터는 연장으로, 두 가닥의 가는 나무나 수숫
대, 또는 댓가지 따위의 한끝을 동여서 집개처럼 꾸민다. 이삭을 그 사
이에 넣고 손으로 오므린 채 훑으면 알곡이 떨어진다. 부젓가락처럼 길
고 둥근 쇠끝에 자루를 박기도 한다. 근래에는 풋바심이나 볍씨를 받
을 때 자주 쓴다.

이밖에 평안도에서는 물푸레나무나 싸리나무로 회초리처럼 엮은
'짚채'를 한 손에 쥐고 볏짚을 쳐서 떨었다. 일제강점기에는 나무로 깎
은 이(齒)나 짧은 쇠꼬챙이를 빗처럼 촘촘하게 세우고 그 틈에 벼 이
삭을 끼워 넣은 채 당겨서 터는 것이 나왔다. 전라남도 보성군(寶城郡)
에서 이를 '왜홀태'라고 한다(권9 김광언, 1989;620[그네]·권4 김광언,
1988;53[벼훑이]).

도상 1이 나뭇가지 둘로 엮은 벼훑이이고,
도상 2는 쇠꼬챙이로 꾸민 것이다.

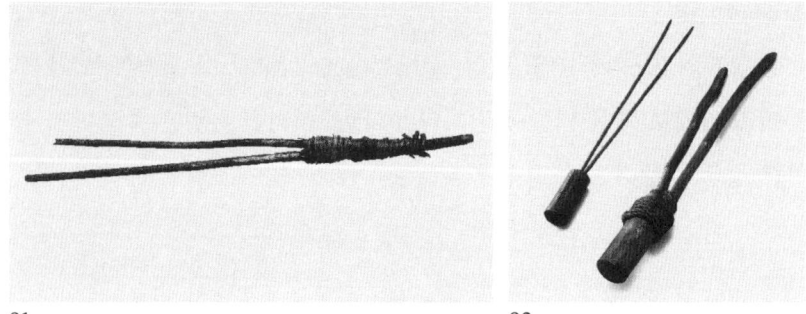

01   02

(2) 18세기 말에 나온 『해동농서(海東農書)』에서는 쇠 이를 박은 것을 '그ㄴ|'라고 하였다.

그 내용이다.

> 벼의 알갱이를 터는 연장이다. 잘 마른 벼에 쇠젓가락을 써서 이삭을 떨어낸다. 다른 것에 견주어 더딘 것이 흠이지만, 알갱이를 모두 털 수 있는 데다가 볏대도 상하지 않는 덕분에 신도 삼는다.

우리 농서에 처음이자 마지막으로 등장하는 이 연장에 대해 저자는 "누구나 형태를 쉽게 알 수 있어 그림을 곁들이지 않는다"고 덧붙였다.

이것은 지름 0.5cm에 길이 40cm쯤 되는 쇠젓가락 두 개를 앞이 벌어지도록 묶은 것으로, 벼를 이 사이에 놓고 젓가락을 오므린 다음 잡아당기면 알갱이가 떨어진다. 이를 두 개의 대오리로 대신한다. 일제강점기에 들어온, 쇠가락이나 대오리를 빗처럼 촘촘하게 박은 것도 같은 이름으로 불렀다.

이것으로 벼의 알갱이도 훑었다.

도상3은 한 아낙이 쇠꼬챙이 훑이로 곡식의 알갱이를 터는 모습이다.

일본에서는 이네코기[稻扱キ]·가라하시[唐箸]·센바고기[千齒扱] 따위로 부른다(『조선의 재래농구[朝鮮の在來農具]』).

03

(1) 『일본민구사전(日本民具辭典)』의 기사이다.

에도(江戶) 시대(1600~1867) 전기(前期) 곧, 벼훑이가 발명되기 이전에 쓰던 벼 탈곡 용구이다. 길이 30~45cm의 대나무 두 개를 끈으로 묶고 그 사이에 벼 이삭을 넣어서 털어낸다. 고키하시(コキハシ), 고이하시(コイハシ), 고바시(コバシ) 따위로 불리며, 주로 여성이 썼다. (…)
10세기 말의 『침초자(枕草子)』에 등장한 것으로 미루어, 이때 널리 쓴 것으로 보인다. 급저(扱箸)는 뒤에 길이 6~9cm의 대롱(竹管)을 끈으로 연결하는 따위의 개량이 이루어졌으며, 이것이 쇠꼬챙이(鐵管)로 바뀌었다(1996; 202).

(2) 센바고기(千齒扱き)에 대한 『일본민구사전(日本民具辭典)』의 간추린 기사이다.

나무 바탕에 쇠·대·나무의 줄기(穗·齒)를 빗처럼 붙박고 이(齒)와 이 사이에 벼나 보리를 끼우고 터는 탈곡(脫穀) 용구이다. 천치(千齒)·도급(稻扱)·망가(万齒)라고도 한다.
틀은 붉은 소나무로 짜며, 양 끝에 다리를 끼우는 모난 구멍을 두 개씩 뚫었다. 17~23개의 쇠 이의 간격은 1~2mm이다. (…)
메이지(明治) 시대(1868~1912)에 나무틀에 이(千齒)를 끼우고 사방에서 터는 벼털이개(稻扱枡) 따위도 나왔다. 20세기 초에 이보다 능률이 높은 발로 밟아서 돌리는 회전식(回轉式) 족답기(足踏機)가 나오면서 벼훑이의 시대가 마감되었다(1996; 302).

벼훑이는 한국에서 들어갔다.

(3) 「조선·대만·일본의 민구 비교 시론(朝·臺·日本民具比較の試み)」의 간추린 기사이다.

현재 한국농업박물관 도록에 실린 센바고기(千齒扱き)는 일본으로 들어왔을 터이다. 또 그네라는 이름에 한자가 없는 것을 미루어 보더라도 역시 조선 반도의 재래농구로 생각된다.

한편, 일본의 그네(扱著)는 '센바코기(千齒扱き)'의 선행 형태로서 교과서에도 널리 알려졌다. 헤이안(平安) 시대(8~12세기)부터 썼다는 오카 미쓰오(岡光夫)의 견해(『說話繪卷』-庶民の世界 1991)도 있지만, 사료적으로 에도 시대 이전에 존재가 확인되지 않으므로 수긍하기 어렵다.

만일 일본 중세에 급저를 쓰지 않았다고 가정한다면, 조선 반도에서 들어왔을 가능성을 부정하기 어렵다(河野通明, 『民具マンスリ』卷 2號, 1993 ; 26).

'다이묘'는 일본 헤이안(平安) 시대부터 전국(戰國) 시대(1467~이후 1세기)까지의 무사를 일컫는 말이다.

(4) 우리는 앉아서 혼자 알갱이를 털지만, 일본에서는 두 사람이 서서 털기도 한다. 벼 묶음을 쥐고 있는 사람 앞에서, 다른 하나가 벼훑이를 두 손으로 쥐고 훑은 것이다. 콩 알갱이도 털었으며, 이를 '콩훑이(마메고키, 豆コキ)'라고 불렀다.

3) 체

『한국민족문화대백과사전』의
간추린 기사이다.

곡식의 가루를 치거나 액체를
거르는 기구이다. 나무를 얇게
켜서 겹으로 둥글게 끼운 두 개
의 바퀴 사이에, 말총이나 헝겊
또는 나일론 천이나 철사 따위
로 바닥을 메웠다. (…)

01

체는 쳇바퀴·아들바퀴·쳇불의
세 부분으로 이루어진다. 쳇바퀴는 체의 틀로, 얇게 켠 나무를 둥글게
말고 한쪽에서 솔뿌리나 실로 꿰매어서 원통형으로 붙박는다. 아들바
퀴는 쳇바퀴 안쪽으로 들어가는 바퀴이며, 쳇불은 쳇바퀴에 메워서 액
체나 가루를 거르는 그물이다. 체는 쳇불 구멍 크기에 따라 어레미·도
드미·중거리·가루체·고운체 따위로 나눈다.

어레미는 쳇불 구멍이 제일 너른 것으로, 떡고물이나 메밀가루 따위를
친다. 쳇불은 철사나 가는 대오리로 메우며, 충청북도 제천시(堤川市) 봉
양읍(鳳陽邑)의 것은 가로 3㎜에 세로 3.8㎜이다. 호남지방에서는 쳇바
퀴의 울이 깊지 않도록 대를 서너 겹 두른 다음, 든든한 나무껍질이나
등나무로 쳇불을 메우고 곡식에 섞인 검불 따위를 가린다. (…)

도드미는 충청도와 강원도 일대의 이름으로, 구멍이 어레미보다 좁아
서 좁쌀이나 쌀의 뉘를 고른다. 쳇불은 흔히 철사로 메우며, 구멍은 가
로 1.8㎜에 세로 2㎜이다.

중거리로는 떡가루를 치고, 시루 편을 만들 때는 가루를 물에 섞어서 비비며 내린다. 천으로도 메우는 쳇불 구멍은 가로와 세로 1㎜씩이다. 경기도 화성시(華城市)에서는 중체, 충청도와 강원도 삼척시(三陟市)에서는 중거리, 전라남도 보성군(寶城郡)에서는 반체라고 부른다.

가루체의 쳇불은 본디 말총이었으나 근래 나일론 천으로 바뀌었다. 이것으로 송편 가루를 내리며, 쳇불 구멍은 가로와 세로 0.6㎜씩이다.

술을 거르는 고운체는 올이 가늘고 쳇불은 말총으로 메운다. 쳇불은 구멍이 0.5㎜로, 더 좁은 것도 있다. '풀체'라는 별명은 풀을 내리기도 하는 데서 왔다. 근래에는 말총이 아닌 나일론으로 메운다. 수명은 5년이며 무게는 500g쯤이다(권22 김광언, 1991;306).

도상1이 20세기 초의 풍속화가 김준근(金俊根)이 남긴 '체장샤모양'이라는 이름의 그림이다.

도상2는 얼망이 또는 대걸망리라는 제주도의 어레미이다.

도상3은 이것으로 벽에 바를 흙을 고르는 장면이다.

도상4가 술을 거르는 술체이다.

도상5는 전라남도 보성읍(寶城邑) 옥암리(玉巖里) 이씨네 대청 뒷벽에 걸린 여러 크기의 체들이다.

02   03   04

05   06

　도상 6은 1969년 가을, 충청북도 제천시(堤川市) 봉양읍(鳳陽邑)의
아낙이 체로 곡식을 거르는 모습이다.

　일본에서는 후루이[篩]·도오시[通]·도오시[篩] 따위로 부른다.

『일본민구사전(日本民具辭典)』의 간추린 기사이다.

　불이 거친 것을 토오시, 가는 것을 후루이라고 부르지만, 엄밀하게 구별
하지는 않는다. 쌀을 내리는 고메도오시(米通), 벼를 내리는 모미스리(籾
通), 깨진 쌀을 내리는 고고메도오시(小米通), 보리를 내리는 무기도오시
(麥通) 따위도 서로 닮아서 구별이 어렵다. 고메도오시나 모미스리의 불
크기는 2㎜쯤이며, 이를 200여 년 동안 써왔다(1996;390).

우리 체는 일본으로 건너갔다.

⑴ 『篩(체)』의 기사이다.

　깁체의 불(絹網)은 일본에서 오래전부터 썼다. 가장 오랜 기록은 양로
율령(養老律令)에 관한 고대 법식인 『연희식(延喜式)』이다. 그때 대륙에서

거대한 맷돌(碾磑)과 함께 소맥 제분법도 들어왔을 가능성이 있다(三輪茂雄, 1989; 64).

이 글의 '거대한 맷돌'은 고구려에서 온 담징(曇徵, 579~631)이 마련한 것으로, 규슈(九州) 다자이후(大宰府) 관세음사(觀世音寺)에 있다.『일본서기(日本書紀)』의 "610년(영양왕[嬰陽王] 21), 백제를 거쳐 일본에 건너간 고구려의 담징이 채색과 종이·먹·맷돌(碾磑) 따위를 만드는 방법을 가르쳐 주었다"는 기사가 그것이다(700~701).

따라서 맷돌과 함께 깁체가 들어왔다고 보는 것이 자연스럽다.

도상7은 체를 천장에서 내린 줄에 걸고 서서 찻잎을 거르는 아낙이다.

도상8은 오키나와(沖繩)의 아낙이 체로 쌀을 고르는 모습이다.

도상9는 체를 겯는 장인이다.

(2) 미와 시게오(三輪茂雄)는 앞의 책에서 잠사(蠶絲) 학자의 글을 빌려 깁체가 우리에게서 들어간 사실을 이렇게 적었다.

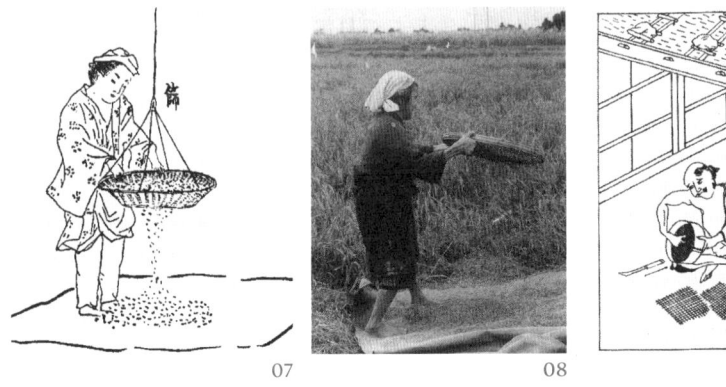

07   08   09

깁불(篩絹)은 삼면잠(三眠蠶)이라는 특수한 누에 실로 만든다. 보통 누에가 고치를 짓기까지 잠을 네 번 자는 까닭에 사면잠(四眠蠶)이라고 하며, 삼면잠은 한 번 덜 잔 누에이다. 삼면잠의 일본 전래에 대해, 잠사학자 누노메 쥰로(布木順郎)씨는 야요이(弥生) 시대(전 3세기~3세기) 이전에 중국 사천(四川) 삼면과 산동(山東) 삼면이 고대 조선과 낙랑(樂浪)을 거쳐 들어왔다고 하였다(1989;78).

(3) 앞에서 든 말총체를 불교에서 수낭사(水囊篩)라고 한다. 『인륜훈몽도휘(人倫訓蒙圖彙)』의 기사이다.

부처가 세상에 계실 때부터 쓴 수낭은 비구(比丘)가 지닌 여섯 가지 물건의 하나이다. 생수에는 벌레가 있으므로 걸러서 마시라는 부처의 가르침에 따른 것이다. 그러나 이것은 단지 헝겊으로 만든 자루(布袋)에 지나지 않는다. 오늘날의 말총으로 뜬 것은 히테요시(秀吉) 공이 고려국(高麗國)●으로부터 수낭작을 가지고 오면서 나왔다. 그 자손이 지금도 오사카에 살고 있다.

●'고려국'은 역사상의 고려가 아니라, 우리나라를 가리키는 보통명사이다.

'히데요시 공'은 임진왜란을 일으킨 도요토미 히데요시(豊臣秀吉, 1536~1598)를 가리킨다. 따라서 말총체는 우리에게서 건너간 것이 분명하다. '그 자손이 오사카에서 산다'는 대목은 그때 적지 않은 체 장인들이 일본으로 끌려간 것을 알려준다.

고치현(高知県) 고치시(高知市)에도 대대로 두부를 만들어 판 우리 겨레붙이들이 살던 거리가 있으며, 지금도 이를 '한인 거리(唐人町)'라고 부른다(☞158쪽).

4) 키

『한국민족문화대백과사전』의
간추린 기사이다.

01

키는 고리버들이나 대로 짜며,
남부지방에서는 대로 결은 것을
많이 쓴다. 고리버들이나 대를
납작하게 쪼갠 오리로 앞은 너르
고 평평하게, 뒤는 좁고 우묵하게
짜며 앞 양쪽에 작은 날개를 붙여서 바람이 잘 일어난다.
곡식을 담고 까불러서 가벼운 것은 날리거나 앞에 남기고, 무거운 것은
뒤로 모으는 것은 키질, 곡식 따위에 섞인 검부러기 따위를 고르려고 키
에 담아 높이 들고 천천히 쏟아 내리는 것은 '키 내림', 키를 나비 날개
처럼 부쳐서 바람을 일으키는 것은 '키나비질'이다. 이는 한 사람이 곡
식을 넉가래로 떠서 허공에 뿌리고, 다른 하나가 키를 잡고 위에서 아
래로 부치는 모습이 날아가는 나비를 닮은 데서 왔다.
곡물이 많으면 둘이 넉가래로 떠넘기고, 일곱이 키를 휘둘러서 바람을
일으킨다. 이때 가래꾼이 먹이는 소리를 키꾼이 받는다. 강원도 속초시
(束草市)에서 나비질로 볏가리 떠넘기는 것을 '베 지운다'고 이르며, 한
번 지울 때마다 짚으로 똬리를 틀어 볏가리 옆에 표지한다. 벼는 세 번
지위야 깨끗해진다(권22 김광언, 1991; 853~854).

도상1은 20세기 초의 풍속화가 김준근(金俊根)이 남긴 '타작ᄒ여나
누는 모양'이라는 이름의 그림이다.

도상2는 1968년 여름, 인천시 옹진군(甕津郡) 덕적면(德積面)의 아낙이 저녁 지을 쌀을 키질하는 모습이다.

도상3은 아내가 까부른 곡식을 남편이 키에 담아 바갈 결에 쭉정이를 날리는 장면이다.

도상4는 1986년 가을 강원도 태백시(太伯市) 하장면(下長面) 한소리(寒沼里)에 있는 물레방아간에서 확의 곡식을 꺼내 체로 검부러기 따위를 가리는 아낙의 모습이다.

일본의 이름은 箕[미]이다.

(1) 『일본민속대사전(日本民俗大辭典)』의 간추린 기사이다.

키는 감의 종류에 따라 대키(竹箕), 나무껍질키(皮箕), 조릿대키(篠箕), 널

키(板箕) 따위로 나눈다. 효고현(兵庫県 寶塚市)에서는 주재료로 등나무 껍질이나 맹종죽(孟宗竹)을, 부재료로 짚·네소목(ネソ木)·벗나무껍질을 섞어서 닷 되(五升), 여덟 되(八升), 한 말들이의 대형을 걸었다(小坂宏志, 2000[하]; 595~596).

(2) 『남규슈의 민구(南九州の民具)』의 간추린 기사이다.

키의 생김새는 여러 가지이지만 남규슈 지역 키의 대부분은 앞이 혀가 없는 직선형이다. (…)

산간 지대에 위치한 90호의 농가에서 규슈(九州) 일대를 돌아다니며 풀 어 먹였다. 크기는 너비 67cm에 길이 64cm이고, 깊이는 14cm쯤이다. 여러 재료 가운데 대오리로만 결은 것은 약한 탓에 곡식을 가리지 못하고 찻잎을 내리는 데만 쓴다(小野重朗, 1969; 108~109).

도상 5의 왼쪽은 세 가지 형태의 키이고, 오른쪽은 머리에 수건을 쓴 아낙이 체질을 하는 모습이다.

도상 6은 1812년에 나온 『농구편리론(農具便利論)』에 실린 그림이다. 왼쪽에 선 여인이 키질을 한 곡식을 아래로 흘리는 사이, 바닥에 앉은

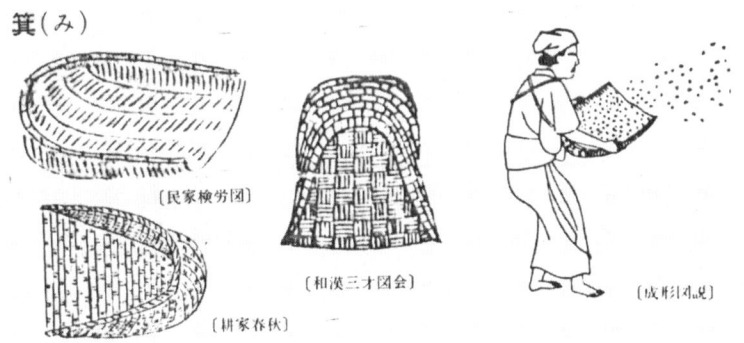

箕(み)

[民家檢勞図]

[耕家春秋]

[和漢三才図会]

[成形図說]

05

남편이 키를 부쳐서 남은 검부러기
따위를 날리는 장면이다.

우리 키는 일본으로 건너갔다.

(1) 『일본열도의 비교민속학(日本列
島の比較民俗學)』의 간추린 기사
이다.

06

곧은 키는 도카라(トカラ) 열도를 남한(南限)으로, 동일본과 서일본에 분
포하며 북일본의 화인(和人) 사회에도 있다. 이를 닮은 것을 조선 반도
및 중국 북부에서도 쓴다. 이에 견주어 원형의 둥근 키는 도카라를 북
한(北限)으로 해서, 남일본에서도 쓰고 중국 남부 및 대만(臺灣) 등지에
도 분포한다.

중국 북부에 곧은 키가, 남부에 둥근 키가 주류를 이루는 것은, 도카라
(トカラ) 열도~장강(長江) 부근을 경계로, 동아시아의 키가 둘로 나뉜 것
을 나타낸다. (…)

키라고 하면 먼저 U자꼴의 곧은 키가 연상되지만, 이러한 타입은 도카
라열도 이북의 야마토(ヤマト) 문화권(본토 전역)에만 분포하며, 그 이남
인 류큐(琉球) 문화권에서는 둥근 키가, 중간지대인 도카라 열도에는 두
가지를 다 쓴다.

조선 및 중국 북부에는 곧은 키가, 대만, 중국 남부에서 동남아시아에
는 둥근 키가 많다. 이처럼 곡물을 고르는 키는 동아시아를 남북으로
갈라놓았다. 한편, 둥근 키는 곧은 키보다 역사가 오래며, 곧은 키를 동
일본에서는 나무껍질로 짜고, 서일본에서는 대로 엮은 것이 많지만, 벗

나무껍질이나 등나무 덩굴은 두 곳에서 다 쓴다. 곧은 키는 주로 쌀을 고르는 점에서 쌀농사 전래시대까지 올라간다.

조선의 키는 대부분 곧은 키이다. 중국 북부도 같은 점에서, 이것은 중국 북부·조선·야마토 일본과 연결되는 동아시아 북방의 민구이고, 둥근 것은 류큐·대만·중국 남부·필리핀에 이은 동아시아 남방의 기물인 셈이다(下野敏見, 1995; 174, 196~197, 212, 230, 333~334).

(2) 일본의 키 겯는 기술은 쇼도쿠 태자(聖德太子)가 가르쳤다고 한다.

스이코(推古) 천황 원년(593) 3월 18일, 오사카(大阪)에 사천왕사(四天王寺)를 세울 때, 태자가 세 기술자에게 가르친 것이 처음이라고 한다. 이들이 고향에 돌아가 친지들에게 퍼뜨렸고, 생계의 큰 도움을 받은 사람들이 은혜에 보답하려고 키 겯는 모임을 꾸미는 한편, 비회원의 키 겯기는 막았다. 이것이 태자강(太子講)으로, 이들이 겯은 키를 태자키(太子箕)라고 따로 부른다.

해마다 태자의 기일인 2월 22일에 법요(法要)를 여는 한편, 18세기에는 동아리를 지어서 협정 가격을 매기는 따위의 활동도 벌였다. 생산품은 도매로 넘기고 스스로 팔러 다니지는 않았다. 이들은 사냥꾼, 무당, 목공업자들처럼 특정 지역에 거주하였다.

쇼도쿠태자가 키 겯는 기술을 가르쳤다면 이 기술이 한국에서 건너간 것을 간접적으로 알리는 증거가 된다. 그가 백제계 인물인데다가, 사천왕사를 지을 때 우리 기술자들이 도운 까닭이다.

우리는 키 앞 좌우 양쪽에 날개를 붙인 까닭에 바람을 일구는 데 효과적이다. 중국 키에는 혓바닥처럼 앞에만 세모꼴 날개를 붙였을 뿐이며, 일본에도 없다. 따라서 이것은 우리네 발명품이다.

5) 디딜방아

『한국생업기술사전』의 간추린 기사
이다.

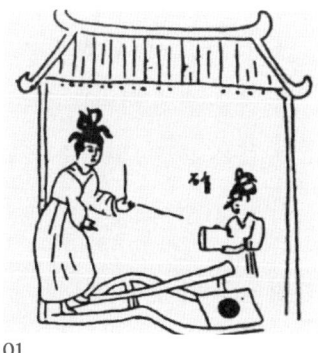

가장 오랜 것은 4세기 무렵의 유적인
황해도 안악군(安岳郡) 3호분 벽화에
보인다. 한 아낙이 곡식을 찧고 다른
여인은 애벌 찧은 것을 키로 까불러서
무거리를 가리는 장면이다. 방아꾼은

01

보꾹에서 내린 줄을 잡았고, 키질을 하는 아낙의 머리 왼쪽으로 '대(碓)'
라고 적은 글자가 보인다. 방아다리가 다리가 외다리인 것이 눈을 끌지
만, 평안남도 강서군(江西郡) 약수리(藥水里) 무덤 벽화의 것이 두다리인
것은 당시에 두 가지를 다 쓴 것을 알려준다.

끝이 Y자꼴로 갈라진 나무 머리에 공이를 끼우고, 반대쪽 좌우에 세운
짧은 기둥에 가로목을 걸어서 받침으로 삼았으며, 공이 아래에 확을 박
았다. 사람이 다리를 밟았을 때 위로 올라갔던 공이가 발을 떼는 순간
내려와서 확의 곡식을 찧는다. 이 방아는 두 사람이 발을 밟고 찧을 때,
한 사람은 고루 찧어지도록 확의 곡식을 뒤집어 주며 이를 께끼질이라
고 한다. 공이는 단단한 참나무나 밤나무 외에 부드러운 백양나무나 소
나무 공이도 마련한다.

곳에 따라 여러 가지 형태의 돌공이로 콩이나 도토리 따위의 가루를 내
는 외에 고추도 빻았다. 이밖에 돌기를 가득 붙인 무쇠공이도 나돌았다.
강원도의 산간지방에서 산에서 방아 감을 찾으면 문복장이에게 가서
베는 날을 따로 받고, '좋은 날'이 잡히지 않으면 나무를 맡아놓은 주인

이 있다는 표지로 나무 주위에 금줄을 둘러치
고 때를 기다린다. 강원도 강릉(江陵)에서는 이
를 '절 받은 나무'라고 부른다.

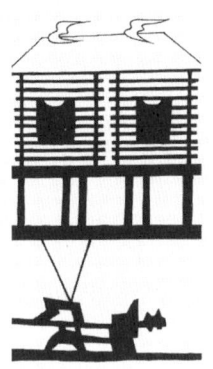

방아를 건 뒤에 붉은 물감으로 그린 부적을 방
아 몸에 붙여서 '방아동티'를 막는 동시에, 사고
가 나지 않기를 바라는 고사도 올린다. 또 대보
름날에는 방아 찧기에 앞서 방아 주위를 돌며
'노낙각시(?) 침 놓는다'고 소리치고 주위에 재를

02

뿌린 뒤, 솔잎으로 덮어두면 방앗간에 벌레가 끼지 않는다고 한다. (…)
디딜방아를 중국이나 일본을 비롯하여 동남아시아 일대와 인도 및 네
팔 등지에서도 쓰지만, 두다리방아는 우리에게만 있다. 이는 우리 발명
품이다(김광언, 2020; 300~330).

도상 1이 앞에서 든 황해도 안악군(安岳郡)의 벽화이다. 한 아낙이 중
국식의 외다리방아로 곡식을 찧는 가운데 건너쪽에서 애벌 찧은 것을
키에 담아 무거리를 거르는 장면이다.
도상 2는 고구려 도읍지였던 중국 길림성(吉林省) 집안시(集安市)의
4세기 말의 마선구(麻線構) 1호 무덤의 그림이다. 2층은 곳간이고 외다

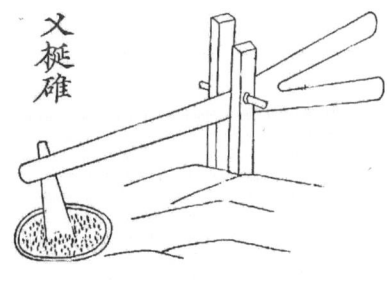

03

04

리방아는 바닥에 앉혔다. 지붕 양쪽에 보이는 신조(神鳥)로 받드는 까마귀는 이곳이 신선한 공간임을 나타낸다.

도상 3은 서호수(徐浩修, 1736~1799)의 『해동농서(海東農書)』에 실린 두 다리방아이고, 도상 4는 20세기 초의 풍속화가 김준근(金俊根)이 남긴 '발방애모양'이라는 이름의 그림이다.

다음은 박지원(朴趾源, 1737~1805)이 『과농소초(課農小抄)』에 우리 디딜 방아와 중국의 것을 견주면서 우리네 것이 지닌 단점 아홉 가지를 적은 간추린 내용이다.

① 방아 제도가 거칠고 투박하다. (…) 몸통의 한쪽이 가위다리처럼 갈라진 나무는 구하기 어렵다. 더구나 그 길이가 짧으면 딛기 어려워서 공이를 높이 올라가지 않는다.
② 방아를 찧을 때마다 볼씨도 따라 움직여서 오래 견디지 못한다.
③ 방아 몸이 볼씨 좌우에 걸려 있음에도 이것이 움직이면 쌀개가 따라 흔들면서 머리가 내둘려서 안정감을 잃는다.
④ 반드시 둘이 찧어야 하는 까닭에 몸의 무게가 다르면 공이가 확의 벽을 치게 된다.
⑤ 방아를 찧을 때 한 사람이 확 옆에 앉아서 밖으로 튀어나온 곡식을 쓸어 넣어야 한다.
⑥ 방아머리가 가벼우면 돌을 묶어두어야 하는데 자칫하면 떨어질 수 있어 위험하다.
⑦ 반드시 셋이 찧었으므로 여자는 밥 짓고 남자는 들 일에 얽매여서 틈을 내기 어렵다.

⑧ 공이가 돌이 아니라 나무이고 길이가 긴데다가, 다리 부위가 확과 평행을 이룬 탓에 확에 떨어지는 공이의 힘이 약해서 능률이 낮다.

⑨ 확이 낮아서 공이가 떨어지는 데 따라 곡식이 밖으로 튀어 나간다.

(이에 이어 저자는 중국 디딜방아의 좋은 점 아홉 가지를 늘어놓았다)

나의 반론이다.

① 다리가 벌어진 방아는 외다리보다 능률이 배 이상 높다. 그리고 이것은 세계에 없는 자랑스러운 우리 발명품이다.

② 볼씨를 단단히 박지 않으면 외다리방아도 움직인다. 우리처럼 돌을 박거나 양쪽에 돌을 놓아 대신하면 천년세월도 견딜 수 있다.

③ 이렇게 하면 머리가 흔들리지 않는다. 그가 본 중국 방아는 불량품이다.

④ 두 사람의 몸무게가 다르다고 해서 방아 찧기에 지장을 받는 일은 거의 없다. 아낙의 몸무게 차이가 얼마나 크겠는가. 이때는 딛는 자리, 곧 무거운 쪽은 앞을, 가벼운 쪽은 뒤를 밟으면 문제가 없다.

⑤ 확의 밖으로 튀는 것을 막으려고 돌을 세우기도 하지만, 사람이 방아 머리에서 곡식도 뒤집어 주어야 능률이 높게 마련이다.

⑥ 운이 나쁘면 접시 물에도 빠져 죽는다지 않는가. 떨어지는 돌을 겁낸다면 아예 방에 들어앉을 일이다.

⑦ 단조롭기 짝이 없는 방아질은 두서넛이 이야기를 주고받으며 해야 힘이 덜 드는 것이 사실이다.

⑧ 우리는 나무 공이 끝에 돌이나 표면을 우툴두툴하게 구운 쇠를 박기도 한다.

⑨ 확도 처음에 바로 앉히면 아무 문제가 없다. 사실은 그렇거니와, 그는 우리 농기구를 사상 최초로 중국 것과 견준 공로를 세웠다.

일본에서는 唐臼[가라우스]라고 부른다.

『일본민구사전(日本民具辭典)』의 기사이다.

쌀·보리·잡곡을 찧으며, 가라우스(唐臼)·다이가라우스(大唐臼)·지가라우스(地唐臼)라고도 한다. (…) 나무·돌·도제(陶製)를 땅 위에 놓고 찧는 것과 돌확을 땅에 묻고 붙박은 것이 있다. (…)
헤이안(平安) 시대(8세기~12세기)에도 썼지만, 널리 퍼진 것은 에도(江戸) 시대(1600~1867) 초기이며, 처음에는 양조장에서 이용하였다. 이어 에도 중기에 도시 사람들이 이밥을 즐기면서 널리 퍼졌고, 전문적인 정미소도 생겼다. 농촌에서는 이보다 조금 뒤부터 쓰기 시작하였다(1996;498).

도상5는 1690년에 나온 『인륜훈몽도휘(人倫訓蒙圖彙)』에 실린 것으로, 한 대머리가 외다리방아를 찧는 장면이다. 도상6은 1936년에 나온 『삼주오군풍속도회(三州奧郡風俗圖繪)』에 실린 그림이다. 우리와 달리 외다리방아인 탓에 아낙 둘이 앞뒤로 서서 찧는다.
이러한 방아는 필요한 곳으로 옮길 수 있어 편리하다.

디딜방아는 한국에서 건너갔다.

05   06

(1) 아라이 하쿠세키(新井白石)가 1717년에 낸 『동아(東雅)』에 "삼한(三韓)에 서 건너온 까닭에 가라우스라고 부른다"고 적은 것이 그것이다.

(2) 『어제오늘의 농구 이야기(農機具今昔ものがたり)』의 기사이다.

손으로 찧는 절구와 공이는 디딜방아(足踏具)로 발전한다. 이를 가라우 스(からうす)·加良宇須·碓(からうす)·후미우스(踏臼)·지카라(地から)·가라우 스(地柄臼) 따위의 여러가지로 부른다.

이에 대해 『동아』에 "우리나라의 연애(碾磑 みつうす, 水車搗臼)가 고(구) 려의 승 담징(曇徵)에 의해서 시작되었다고 한다면, からうす(碓)도 삼한 (三韓)에서 들어온 까닭에 가라우스라고 부르는 것이 마땅하다"는 기 사가 보인다.

또 17세기 후반에 나온 『백성전기(百姓傳記)』에 '가라우스는 돌을 파 서 만든 것이다. 옛적에는 절구뿐이었으나, 겐나·게이쵸(元和·慶長 1596 ~1624) 무렵부터 퍼지기 시작하였다'고 적혔다.

따라서 디딜방아는 중국에서 삼한(三韓)을 거쳐 들어왔으리라. 그리 하여 350년 전의 겐나·게이초 무렵부터 널리 파졌고, 쇼와(昭和) 초기 (1920년 무렵)까지 썼으나 지금은 보이지 않는다(二瓶貞一, 1972；284~285).

일본의 디딜방아가 외다리인 것은 말할 것도 없고 중국을 비롯하여 동남아시아의 대륙과, 인도 등지도 마찬가지이다. 따라서 두다리방아 는 우리네 발명품이 틀림없다.

이것이 4세기에 이미 외다리방아와 함께 쓰였는지 또는 그 뒤에 언 제쯤 나왔는지 알 수 없다. 우리는 두다리방아 발명 뒤에도 용도에 따라 외다리방아도 썼으며 전라남도 남부지방에는 근래까지도 남아 있었다.

6) 매통(木磨)

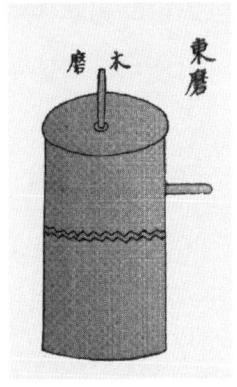

『한국생업기술사전』의 간추린 기사이다.

벼의 겉껍질을 벗기는 기구로, 목매라고도 부른다. 백여 년 이상 자란 굵은 소나무 두 짝으로 짜며, 한짝의 길이는 70㎝쯤이다. 위짝의 마구리를 우묵하게 파고 가운데에 벼를 흘려 넣는 지름 5㎝쯤의 구멍을 뚫는다. 한편, 아래짝의

01

기둥을 이 구멍으로 넣는 까닭에 두짝이 한 몸을 이룬다. 이(齒)가 달린 부분의 마구리 위짝은 우묵하게, 밑짝은 봉긋하게 파서 맞물려 놓는다. 벼를 매통에 흘려 넣어서 왕겨만 벗기고 속겨는 그대로 둔 쌀을 매조미쌀이라고 한다. 이가 닳으면 매죄료장수를 불러서 파준다.

위짝 중간 좌우 한쪽이나 양쪽에 박은 손잡이를 한 사람이 돌릴 때는 반원으로 돌리며, 곡물이 많지 않거나 식구가 적으면 이것이 더 편리하다. 그러나 많은 양은 둘이 마주 서서 좌우 양쪽으로 돌린다. 한 사람이 벼 한말에 10분쯤 걸리며, 무게 30㎏에, 수명은 20년쯤이다. 흔히 두 사람이 마주 서서 손잡이를 한쪽씩 잡고 좌우로 반씩 돌리지만, 나락의 양이 많으면 손잡이에 새끼 줄을 매고 두 사람씩 줄을 잡고 넷이 돌리기도 한다.

도상1은 앞에서 든 『해동농서(海東農書)』에 실린 그림으로, 목마(木磨)라는 이름 외에, 우리 매통(東磨)이라고 적은 것이 눈을 끈다.

일본에서는 籾摺具[모미스리우스]라고 부른다.

『일본민구사전(日本民具辭典)』의 기사이다.

나락을 현미로 바꾸는 기구(臼)이다. 이(齒)를 판 둥근 나무통을 이중으로 올려놓고 껍질을 벗기는 목매(木臼 木擢臼)가 있으며, 곳에 따라 근년까지 썼다.

이것은 위의 통에 줄을 꿰고 좌우에서 당겨서 반 회전시킨다. 이밖에 큰 나무통에 이를 파서 돌리는 모미스리우스(籾擢臼)도 있다. 그러나 가라우스(唐臼 土磨·土擢臼)가 에도(江戸 東京)에 퍼지면서 매통(木臼)의 위치가 바뀐 곳이 많다. 가라우스(唐臼)는 대로 엮은 울(竹礱)이나 나무 울(木桶)에 흙을 채우고 떡갈나무의 이를 박은 것으로, 세모꼴로 짠 손잡이(遣木)를 붙여서 여럿이 위짝을 돌린다(1996;568).

도상2는 20세기 후반에 윤병준(尹秉俊)이 그린 것이다. 곰방대를 등에 꽂은 아버지가 지켜보는 가운데 이마에 수건을 동인 아들이 매통질을 하고 그이 아내는 키로 곡식에 섞인 검부러기를 가린다.

도상3이 에도(江戸) 시대(1600~1867) 중기에 카노우 노부나가(狩野主信)가 그린 『대화경작도(大和耕作圖)』에 실린 매통질 장면이다. 방석에 앉은 남녀가 아래짝에 꿴 줄을 번갈아 당기면서 매통질을 한다.

02

03

우리 매통이 일본으로 건너 갔다.

(1) 『어제오늘의 농구 이야기(農機具今昔ものがたり)』의 기사이다.

매통은 중국이나 대만(臺灣)에는 없고 조선에서만 쓴다. 오키나와(沖繩)의 아마미 오시마(奄美大島)의 것도 이와 같을가. 어째서 조선의 것이 아마미(奄美)에 들어갔을가. 또는 이와 반대일지도 모른다. 누구인가 가르쳐 주었으면 싶다(二瓶貞一, 1972;177).

그는 이것이 우리에게서 건너갔음을 간접적으로 시인하면서도 또는 이와 반대일지도 모른다고 토를 다는 것을 잊지 않았다. 그러나 누구인가 가르쳐 주었으면 싶다고 하였으니 천진난만한 학자라고 보고 싶다.

(2) 『맷돌(臼)』의 기사이다.

반회전식(半回轉式) 매통(木摺具)은 중국에서 들어온 것일가. 앞의 중국 서적의 범위에서는 찾을 수 없다. (…)
그런데 한국에는 반회전식 매통이 있다. 다만 새끼줄을 잡아맨 자취는 없고 옆구리에 붙인 손잡이를 두 손에 쥐고 두 사람이 마주한 채 좌우로 움직인다. (…) 또 아래짝의 기둥은 위짝의 상부까지 관통되지 않고 중간에 머물렀으며 더구나 우리 것은 위짝 상부에 아래짝 기둥을 받는 축수부(軸受部) 가 있으나 한국에는 전혀 없다.
이밖에 깔때기 모양의 곡식을 담는 부분도 극히 얕다. 이것이 너무나 얕아서 (공중에) 깔때기를 달아맸는지도 모른다. 우리도 새끼줄을 잡아매지 않은 것을 옛적에 썼을 가능성이 크다. 스가에 마쓰미(管江眞澄, 1754~1829)의 『절구 백개의 그림(百臼の圖)』에 따르면 새끼줄이 없

는 손잡이식과 외손잡이식, 그리고 두손잡이식이 있다. (위짝) 상부의 축소판이나 새끼줄을 꿰어서 당기는 것은 후세의 개량일가(三輪茂雄, 1978 ; 114~115).

저자는 우리와 일본의 매통 사이의 차이를 말하면서도 스가에 마쓰미의 그림에 우리 것을 닮은 것이 있음을 들고, 이것이 우리에게서 건너 갔을 가능성을 암시하였다. 뒤에 설명하는 대로 매통은 우리에게서 건너간 것이 분명하므로 목매도 같은 길을 거쳤을 것이다.

한편, 윗짝 마구리의 가로대는 매우 합리적인 장치로서 이것이 없으면 위짝이 흔들려서 그만큼 능률이 떨어지게 마련이다. 따라서 중국에 없는 외손잡이 매통은 한국에서 건너갔을 가능성이 있다.

(3) 「헤이안 시대의 매통(平安時代の籾摺臼)」의 기사이다.

10세기 중반에 나온 『화명유취초(和名類聚抄)』에 이름이 보인다. (…) 우리 것(摺臼)과 같은 것(木製籾摺臼)은 조선 반도에 있지만, 중국 한족(漢族)의 민구(民具)에는 보이지 않는다. (…)

더구나 헤이안 시대(8세기~12세기)에는 중국의 맷돌을 일반에서 쓰지 않았다. (…) 맷돌은 본디 곡물을 빻는 기구였기 때문이다. 맷돌은 선종(禪宗)의 전래에 따라 두부, 국수, 만두 따위의 분식 문화가 본격적으로 퍼지면서 선사(禪寺)의 부엌 기구로 들어온 것이다(河野通明, 1998 ; 335~337).

7) 흙매

『한국생업기술사전』의 간추린 기사이다.

벼의 껍질을 벗겨서 현미를 내는 기구이다.

매통의 이가 모두 닳아서 더 쓰지 못하거나, 지름 80여㎝의 큰 통나무가 귀한 곳에서는 대로 테를 둘러서 울을 삼고 그 안에 소금에 버무린 찰흙을 다져 넣어서 만든다. '흙매'라는 별명은 이에서 왔다.

맷돌처럼 위아래 두 짝으로 구성되며 이(齒)는 대나무 쪽을 끼운다. 크기는 지름 70~80㎝에 높이 40~50㎝쯤이다. 매우 무거워서 위짝 옆에 달린 기둥에 손잡이를 따로 박고 두 사람이 마주 앉아 노를 젓듯이 앞으로 밀었다가 당기면서 돌린다.

매통보다 성능이 두세 배 높지만 곡식을 잘 말리지 않으면 낟알이 깨지기 쉬워서 한 섬(一石)에 쭉정이가 한 되 닷 푼이나 나온 탓에 농사가 큰 집에서나 썼다. 이밖에 위짝이 너무 무거워서 보꾹에 내린 줄에 걸어놓은 T자꼴 손잡이를 적어도 넷이나 여섯이 돌려야 하는 것도 큰 단점이었다(김광언, 2020;770~791).

도상1이 매통이고, 도상2는 위아래짝이 마주닿는 부위이다.

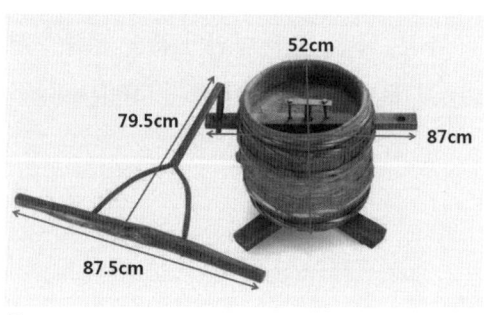

01

02

일본에서도 흙매[土磨]라고 부른다.

『일본민구사전(日本民具辭典)』의 간추린 기사이다.

위아래 두 개 짝의 둥근 바퀴로 이루어지며, 대울(竹籠)이나 통(桶)의 틀에 소금을 섞은 흙을 채워서 굳힌 다음, 두 짝이 닿는 면에 떡갈나무로 깎은 이(齒)를 촘촘하게 박는다. 위짝에 붙인 가로대(橫木)에 손잡이를 걸고 눌러가며 돌리면 위·아래짝에 박힌 이가 겉껍질을 벗긴다. (…) 가장 중요한 부품인 이(齒)는 (…) 늦가을에 길이 2m에, 지름 1.6~4㎝쯤 되는 떡갈나무를 베어, 한 해쯤 연못이나 물속에 담가서 떫은 맛의 액체를 뺀다. 이것을 적당한 시기에 건져서 1m쯤으로 자른 뒤, 세워서 12~13개로 나눈 다음, 대패로 두께 3.3㎜, 높이 7m로 깎아서 잘 말려 둔다. (…)

1930년 무렵부터 근대의 기계제품(籾摺機)이 나오면서 흙매 사용이 줄어들었고, 이에 따라 장인(匠人)도 1941년 무렵에 자취를 감추었다 (1996;135~136).

도상3이 흙매의 옆 모양이고, 도상4는 이것을 쓰는 장면이다.

03

04

우리 흙매도 일본으로 건너갔다.

⑴ 매통이 일본으로 건너갔다면, 토매가 들어간 것도 부인하기 어렵다.
  이에 대한 김문길(金文吉)의 보고이다(《중앙일보》 1994년 6월 5일자).

  오카야마현(岡山県) 히젠시(備前市 香登)의 키이 조이치(紀井條一)의 가
문에 전해오는 고문서를 통해서, 임진왜란 때 토요토미 히데요시(豊臣
秀吉, 1537~1598)의 가신(家臣) 오카야마현(岡山県) 출신의 로코스케 신베
에(六介新兵衛)가 흙매를 일본으로 가져간 것이 밝혀졌다.

  그는 고쿠시(國司) 신사에 바친 다음, 우리 볍씨(赤米)로 농사를 지어
그 만물을 흙매에 벗겨서 빚은 감주(甘酒)로 '상월제(霜月祭)'를 지냈다.
이것은 뒤에 히젠시(肥前市)의 문화재로 지정되었다.

  상월제는 봄여름 두 번 지낸다. 음력 1월 6일 올리는 봄제사는 풍
작을 기원하는 동시에 흉풍을 점치는 의례로, 이를 감주제(甘酒祭)라
고도 부른다. 한편, 11월 15일의 가을 제사는 추수 감사제의 하나이다.

⑵ 나 자신도 1995년 1월, 현지에 가서 시 문화원에 보관된 것을 확인
  하였다. 크기는 높이 1m, 지름 1.5m였다.

05

06

07   08

　키이 조이치가 흙매를 처음 들여왔다는 히젠시(備前市) 카가도(香登) 마을에 그때까지 남아 있던 도상5는 위·아래짝, 도상6은 위짝, 도상7은 아래짝, 도상8은 위짝의 아랫부분이다.

8) 맷돌

『한국생업기술사전』의 간추린 기사이다.

01

곡물의 껍질을 벗기거나 가루를 내는 기구이다. 북한에서는 맷돌로 벼와 메밀의 껍질을 벗기고 콩·팥·녹두 따위를 타개며, 콩의 가루를 내는 일을 '건매질' 또는 '마른망질'이라 하고, 물에 불린 콩이나 녹두·떡쌀 따위를 가는 일은 '물매질(물망질)'이라고 부른다.

맷돌은 위·아래 두 짝으로 구성되며, 아래짝 가운데에 박은 수쇠를, 위짝의 암쇠에 끼워서 벗어나지 않게 한다.

이들은 음양의 화합을 상징한다. 아래짝을 수매, 위짝을 암매라 부르는 것이 그것으로, 앞에서 든 아래짝의 수쇠를 자지에, 위짝의 것을 보지에 견준다.

『춘향가』에서 이몽룡(李夢龍)이 성춘향(成春香)에게 이르는 대목에, "너는 죽어 독매 위짝이 되고 / 나는 죽어 밑짝이 되어 / 이팔청춘 홍안 미색들이 / 섬섬옥수로 맷대를 잡고 / 슬슬 돌리면 / 천원지방(天圓地方) 격으로 휘휘 돌아가거든 / 나인줄 알려무나"는 대목이 좋은 보기이다.

강원도 산간지대에서는 통나무로 만든 나무맷돌을, 제주도에서는 네 사람이 함께 돌리는 대형맷돌을 썼다. 맷돌에 곡물을 갈 때는 큰 함지에 맷돌을 앉히고 두 사람이 마주 앉아 한 사람은 곡물을 위짝 구멍에 떠 넣고, 한 사람은 위짝을 돌리면서 간다. 이를 매함지라고 한다.

많은 곡식은 티(T)자 꼴 작대기(맷지게) 끝에 맷손을 걸고 두 사람이 양쪽에서 돌린다. 이때 남자 둘이 마당에서 맷지게를 밀고 당기며, 마루에 앉은 아낙이 맷돌에 밥을 먹인다. 중국과 일본에서도 같은 것을 쓴다.

한편, 강원도 정선군(旌善郡) 북면(北面) 여량리(餘糧里)에서 나오는 여량 맷돌은 이름이 높다. 음식 잘 삭히는 이를 '여량 맷돌'이라고 부를 만큼 질이 좋았던 까닭이다. 1960년대 초까지도 20~30명의 석수들이 이로써 생계를 이었으며, 농촌의 하루 품삯이 70원이었을 때 그들은 900원에서 1,000원을 받은 덕분에 너도나도 나섰다. 그러나 1980년대 말에 농사 품삯이 다락같이 오른 탓에 아무도 거들떠보지 않게 되었다. 맷돌을 오래 쓴 탓에 이(齒)가 뭉개져서 잘 갈리지 않으면 매죄료장수에게 맡겨서 쪼아주어야 한다. 그러나 현무암으로 깎은 고석매(蠱石磨)는 구멍이 충분하게 뚫려서 다시 손 볼 필요가 없다.

옛적에는 여유 있는 집에서나 맷돌을 갖추었으며 아들이 살림을 따로 날 때도 마련해 주지 못하였다. 이 때문에 충청북도 제천시(堤川市) 일대에서는 1970년대 후반까지도 맷돌을 빌려주고 세를 받았다.

맷돌을 쓰지 않을 때는 반드시 위, 아래짝이 포개지지 않도록 따로 둔다. 곡식을 넣지 않고 가는 빈 맷돌질은 가난 그 자체이기 때문이다 (김광언, 2020 ; 322~324).

도상1이 20세기 초의 풍속화가 김준근(金俊根)이 남긴, 부부의 맷돌질 장면이다.
도상2는 맷돌에 맷지게를 걸고 돌리는 앞 사람의 그림이다.

02

03   04

    도상 3은 이를 위에서 본 모양이고, 도상 4는 1968년 가을 강원도 삼
척시의 매죄료장수가 매의 이(齒)를 손질하는 장면이다.

일본에서는 돌리는 방아(挽磑[히키우스])라고 부른다.

『일본민구사전(日本民具辭典)』의 기사이다.

돌을 깎아서 만든 가는 기구의 총칭. 중앙아시아에서 전 7세기 무렵에
나왔으며 (…) 일본에서는 17세기 초기에야 썼다. 위·아래짝을 겹쳐놓고
위짝을 시곗바늘의 반대 방향으로 돌려서 곡물의 가루를 낸다. 위·아
래짝의 표면에 특유의 홈을 판 까닭에, 그 교차점부터 곡물의 중심에서
원주(圓周) 방향을 따라, 점점 잘게 갈려 나온다. 니가타현(新潟県)의 사도
(佐渡) 일대처럼, 더러 시곗바늘과 같은 방향으로 돌리는 곳도 없지 않다.
곡물 갈기가 가장 중요하지만, 두부도 쏜다. 홈의 단면형은 석수(石手)에
따라 차이가 있으나, 가루를 내는 데는 그다지 영향이 없다. 중요한 것
은 위·아래짝의 가장자리를 3~4㎝ 주름이 잡히도록 가공해서 두 짝이
완전히 물리도록 하는 것이다. 이 점이 가루의 균일성을 좌우하는 까닭

에 접촉부의 거친 면을 조절할 필요가 있으며, 실제로 써가면서 맞추도록 깎는 것이 석수의 솜씨이다. (…)

감은 돌담이나 묘석(墓石)처럼 각 지방에서 나는 것을 쓰며, 화강암·안산암(安山岩)·사암(砂岩)이 많다(1996;28, 467~468).

(1) 우리 맷돌이 일본으로 건너갔다.

『일본서기(日本書紀)』의 "고려(高麗)의 왕이 승(僧) 담징(曇徵, 579~631)과 법정(法定, ?~?)을 보냈다. 담징은 오경(五經)을 가르쳤고 채색, 종이, 먹, 그리고 맷돌(磑磑)을 만들었다. 맷돌은 대체로 이때 처음 썼다(권 제22 「스이코推古 천황」18년[610] 3월).

'고려'는 일본이 고구려를 고려라고 부른 데서 왔으며, '왕'은 제26대 영양왕(嬰陽王, ?~618)이다. (…) 법정은 누구인지 모른다. 담징이 일본에서 맷돌을 만들어주었다는 내용은 우리 문헌에 보이지 않는다.

도상 5는 에도 시대 상류가옥의 아낙들의 맷돌질 장면이다.
도상 6은 맷돌의 이(齒)를 손보는 장인의 모습이다.

05
06

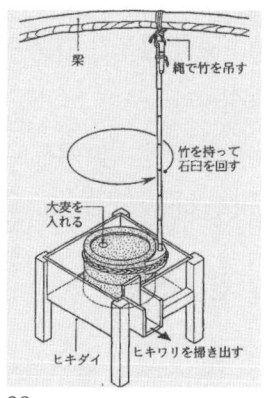

07   08

도상7은 가고시마현(鹿兒島県)의 맷돌이며,

도상8은 다리가 달린 상자에 앉힌 맷돌이다. 손잡이를 보꾹에 걸어 놓은 줄에 꿰고 서서 돌린다.

맷돌을 어디서 만들었는지 알 수 없으나, 11세기에 나온 『남도칠대 사순례기(南都七大寺巡禮記)』의 동대사(東大寺) 설명에 다음 기사가 보인다.

(동대사의) 제3문은 연애 어문당(碾磑御門堂)이다. 그리고 이 문 동쪽에 가라우스정(唐臼亭)이 있는 까닭에 연애문이라고 부른다. (…) 일곱 칸 크기의 이 건물에 연애가 있다. 위치는 강당(講堂) 동쪽이자 금당(金堂) 북쪽이다. 그 안에 연애라고 부르는 가라우스(唐臼)가 있다. 맷돌은 유리(瑠璃)로 만들었으며 빛은 희다.

(2) 1735년에 나온 『나라방목조해(奈良坊目拙解)』의 기사이다.

신손(尋尊, 1430~1508) 승정(僧正)의 『칠대사순례기(七大寺巡禮記)』에 덴표(天平) 시대(729~749)에 돌로 만든 전해(轉害)가 도다이지 식당에 있다는 내용이 보인다. 이는 고구려국에서 바친 것으로, 그 서문(西門)을 연애라고 한다. 연애나 전애(轉磑)는 지금 일반에서 말하는 맷돌이다.

이 글에 따르면 18세기 중엽까지 고구려 맷돌이 그 자리에 남아 있었고, 지금도 동대사의 서문을 전해문(轉轄門)이라고 부르는 것으로 미루어 앞의 기록은 믿을 만한 것이 분명하다. 더구나 미와 시게오(三輪茂雄)가 이 맷돌의 아래짝으로 보이는 것을 찾았다고 하였다(1987;63~64).

그러나 내가 1992년 1월과 이듬해 1월에 현지에 가서 샅샅이 뒤졌지만 없었고, 절집 관계자를 비롯한 인근의 여러 사람에게 물었어도 모두 허사였다. 미와 시게오 자신이 반은 믿었고 반은 의심하였다고 일렀듯이, 과연 맷돌 아래짝이었는지 궁금하다.

이러한 가운데 그는 1884년 12월에, 담징이 깎은 듯한 맷돌을 후쿠오카현(福岡県) 다자이후(大帝府)의 관세음사(観世音寺)에서 다시 찾았다는 다음의 글을 남겼다.

위짝을 들어 올렸을 때 우리들은 8분(八分) 9구(九溝)●의 뛰어나게 아름다운 이를 보고 숨도 쉴 수 없었다. (…) 아래짝에 긴 직선자를 대자, 당연하게도 완전한 평면인 것이 촌분(寸分)의 차이도 없었다. 지금과 같은 대형 연마반(研磨盤)이 없었던 시대에 이처럼 큰 석재를 이만큼 가공하는 것은 쉬운 일이 아니다. (…) 나는 그 높은 기술에 놀라지 않을 수 없었다. 무게가 400㎏이나 되는 위짝의 무게를 받으면서 부드럽게 회전시키는 암매는 지름 30㎝에 높이 5㎝의 돌기를 붙이고, 수매 표면을 이에 꼭 들어맞도록 파고 위 가운데에 수쇠를 박았을 터이다. (…) 이러한 것은 문헌 기록에도 없거니와 지금껏 보지도 못하였다(1987;63~67).

● '팔분 구구'는 여덟 부분으로 나뉜 바닥 하나하나에 이(齒)를 열 줄로 팠다는 뜻이다.

이 맷돌이 있는 관세음사는 백제의 마지막 의자왕(義慈王, 641~ 660)의 여동생이라는 사이메이(齊明) 천황(655~661)을 위해 아들 덴지(天智) 천황(626~671)이 지었다. 사이메이는 모국 백제가 패망할 때, 배 1천 척에 수군만 1만여 명의 원군을 보내기도 하였다. 따라서 이 절은 백제와 연관이 깊을 뿐 아니라, 앞 사람의 말대로 맷돌이 당시로서는 상상하기 어려운 기술로 제작되었다면 백제 기술자를 빼고 달리 생각할 수 없는 것이 사실이다.

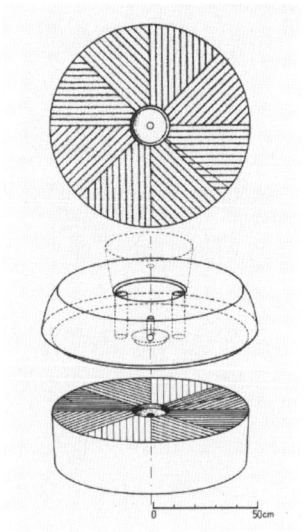

09

도상9는 미와 시게오가 작성한 도면(碾磑概要圖)이다.

서너 해 뒤 이곳을 찾아가서 새 자료는 얻지 못했지만, 맷돌이 구멍 맷돌임을 안 것은 큰 수확이었다.

도상10이 관세음사에 있는 맷돌로, 오른쪽에 '덴표 시대 맷돌(平安石臼)'이라고 적혔고, 도상11은 위 아래짝의 모양이다.

10

11

9) 맷방석

『한국생업기술사전』의 간추린 기사이다.

01

짚으로 돌아가면서 전을 달아 짠 작고 둥근 방석이다. '매[磨]'와 '방석方席'의 합성어로, 맷돌 밑에 까는 자리라는 뜻이지만 '맷방석'은 형태가 네모[方]가 아니라 둥글다[圓]. 맷돌에서 갈려 나오는 곡물가루를 받는 것 외에 맷돌이 움직이지 않게 하는 구실도 한다. 매통 아래에도 깔며 콩이나 팥 따위의 곡물을 널어 말리거나 담아두기도 하며, 때로는 방석으로도 이용한다(김광언, 2020;325~326).

도상 1은 강원도 철원군에서 나는 고석매를 맷방석에 앉혀 놓고 곡식을 가는 모습이다.

도상 2가 전라북도 진안군(鎭安郡) 성수면(聖壽面) 구신리(求臣里)의 맷방석이다. 높이 10㎝쯤의 전이 달리게 엮은 덕분에 곡식이 다른 데로 흩어지지 않는다.

일본에서도 우리것과 같은 것을 쓴다.

02   03

(1) 『남규슈의 민구(南九州の民具)』의 기사이다.

맷돌로 두부 쑬 콩을 갈 때 흘러나오는 원액(原液)을 받는 접시 모양의 받침으로, 지름 50㎝에 전 높이 10㎝쯤이다. 토키와스스키(トキワススキ)의 어린잎을 잘 말린 뒤 잘게 찢어서 묶은 다발을 나선형으로 말아나가며, 이때 대오리로 치밀하게 엮으면 액체가 새지 않는다(小野重朗, 1969 ; 28).

일본 규슈 남쪽의 섬에서 우리와 똑같은 맷방석을 쓴 것은 매우 흥미롭다. 이밖에 우리 동해쪽 해안의 시네마현(島根県) 사도(佐渡) 및 오키(隱岐) 일대에서도 맷방석(지름 69㎝에 깊이 23㎝)을 쓰는 외에, 통나무를 파서 만든 함지에 맷돌을 앉힌 것도 놀라운 일이다.
도상 3이 앞 책에 실린 맷방석으로, 우리 것과 구별이 어려울 정도로 닮았다.

(2) 『산잉의 민구(山陰の民具)』의 기사이다.

맷방석(臼受け)이 바다 건너에도 있다. 아주 오래전부터 내려온 것으로 보인다. 가깝게는 한국 경상남도 일대를 비롯하여 여러 지역에 분포한다. 멍석·발·오루루기가 그것으로, 전이 있는 것과 없는 것 두 종류이다. 이들은 곡식을 말리는 데 등에 쓰는 듯하다. 같은 종류의 민구는 한국뿐 아니라 여러 곳에도 보이지만, 특히 산잉(山陰)의 대안(對岸)이라는 점을 주시할 필요가 있다(勝部正郊, 1990 ; 68)

우리 맷돌뿐 아니라, 맷방석까지 들어간 것은 의외이다.
앞 책에 우리 맷방석과 같은 사진이 실렸지만, 아주 작은 데다가 상태가 나빠서 옮기지 못한다. '오루루기'는 무슨 뜻인지 모른다.

10) 물방아

『한국생업기술사전』의 간추린
기사이다.

01

도랑에서 흘러 떨어지는 물의
힘으로 바퀴를 돌려서 곡식을
찧거나 빻는 연장으로 '물'과 '방
아'라는 말로 이루어졌다. 이는

물의 힘을 빌려서 찧는 방아라는 뜻이다. 구유꼴로 짠 물받이에 물이
차면, 무게 때문에 스스로 주저앉는 탓에 물이 쏟아지고, 이에 따라 공
이가 올라갔다가 다시 떨어져서 확의 곡식을 찧는다. 따라서 이 방아는
방앗간을 도랑보다 낮은 곳에 지어야 능률이 높다. 곳에 따라 벼락방애
(전라남도 보성군), 또는 통방아(강원도 삼척시)라고도 부른다.

물의 힘을 이용하는 점에서는 물레방아와 같지만, 이것은 수량이 적은
곳에 마련한다. 공이 쪽이 오르내릴 때 쌀개를 붙박은 양쪽 기둥에 몸
이 닿지 않도록 가운데의 살을 기름하게 깎는다. 이 방아의 몸은 방앗
간 안에, 물받이는 밖에 있다. 방앗간이라고 하여도 굵고 긴 나무 서너
개를 위는 모아서 묶고 아래는 벌려 세우고 그 위에 굴피를 덮어서 겨
우 눈이나 비를 가리는 정도이다.

큰 통나무가 귀한 곳에서는 나무 궤를 짜서 물받이로 쓴다. 방아는 대
체로 단단한 박달나무나 참나무로 짜며, 크기는 길이 5~6m에 지름
50cm쯤이다. 주로 벼·보리·기장·조·옥수수 따위의 곡물을 찧으며, 삶은
겉곡 한 말에 알곡 두 되이다. 기장이나 조는 하루 한 가마를, 물이 넉
넉하면 벼 두 가마를 찧는다. 그러나 성능이 기계방아보다 떨어져서 서

속 한 가마에 알곡은 여섯 말쯤 나온다. 속도가 3분에 일곱 번 오르내리릴 정도로 느린 탓에 한나절에 한 번쯤 곡식을 바꾸어 넣을 때 외에는 사람이 지켜 앉을 필요가 없다.

공이 끝에 쇠통을 박기도 하며, 겨울에는 물이 얼어붙어서 구실을 못한다. 멧돼지 따위의 산짐승 피해가 적지 않은 산간지대에서 밤마다 공이에 양철통을 끼워서 큰 소리가 울리게 한다. 특히 감자밭으로 모여드는 멧돼지 쫓기에 십상이다.

물방아는 중국에서 들어왔다. 이것은 일본에서도 쓰며 이를 '밧타리(ばったり)'라고 부른 것은 방아 찧는 소리를 본뜬 것이다. 실제로 저들도 우리처럼 밭으로 몰려드는 짐승들을 쫓았다(김광언, 2020 ; 356~358).

도상 1은 강원도 삼척시(三陟市) 도계읍(道溪邑) 신리(新里) 방아의 물받이로 홈대로 끌어온 물이 쏟아지는 장면이고,

도상 2는 물받이에 당긴 물의 무게에 따라 물받이가 내려앉으면서 물이 아래로 쏟아지는 광경이다. 이에 따라 위로 올라갔던 방아 머리와 공이가 도상 3처럼 아래의 확으로 떨어지면서 곡식을 찧는다.

도상 4는 물받이의 모양이다.

02   03   04

일본에서는 水唐臼[미즈가라우스] 또는 パッタリ[밧타리]라고 부른다.

(1) 『일본민구사전(日本民具辭典)』의 기사이다.

미즈가라우스는 통 소나무 한쪽에 물을 담는 물그릇(槽)을 파고 가늘게 깎은 반대쪽에 공이를 박아서, 물이 구유에 담기면 그 무게를 받아 공이가 올라가고, 이어 물이 쏟아지는 데 따라 공이가 떨어져서 쌀이나 조 따위를 찧는다.

밧타리의 구조는 앞의 것과 같으며, 곡식 방아가 아니라 새나 산짐승을 쫓는 기구이다. 그러나 곡물을 찧는 것도 밧타리라고 부른다(1996;449, 547).

(2) 『규슈 수차풍토기(九州水車風土記)』의 간추린 기사이다.

오이타현(大分県) 히타시(日田市) 북쪽에 솟은 가쿠메키산(岳滅鬼山 1,036.8m) 기슭 계곡에 위치한 모토에쵸(源榮町)의 한 마을(皿山)은 (…) 조선계(朝鮮系)의 고격(古格)을 전하는 소록전요(小鹿田燒)의 가마 십여 개를 중심으로 하여 (…) 소박한 도기를 제작하는 곳으로 세평(世評)이 높다. (…) 이곳에 흙(陶土)을 부수는 약 40틀의 물방아가 있다(市場 直 次郎, 1983 ; 61~62).

이곳의 물방아를 한국의 도예공들이 처음 설치했다는 말일 터이다. 어디 그뿐인가? 물방아의 일본 이름 미즈가라우스(水唐臼) 가운데 '唐 (가라)'이 한국을 가리키는 사실에 대해 앞에서 여러 차례 하였으므로 덧붙이지 않는다(☞52쪽).

05

06

07

　도상5는 스가에 마쓰미(菅江眞澄, 1754~1829)가 그린 나가노현(長野県)의 물방아이다. 볼씨가 다른 데서 볼 수 없는 아주 특이한 형태를 지녔다. 굵은 나무 밑동을 알맞은 길이로 잘라낸 다음, 한쪽은 길게 다른 쪽은 짧게 깎고, 긴쪽에 긴 네모꼴의 홈을, 짧은쪽에 U자꼴홈을 파서 쌀개를 꿰어놓은 까닭이다.

　도상6은 홋카이도(北海道) 아이누 민속촌의 물방아로 우리네 것과 구별하기 어려울 정도로 닮았다.

　도상7은 공이와 확의 모양이고, 도상8은 앞과 같은 시 다른 곳에 있는 실측도이다.

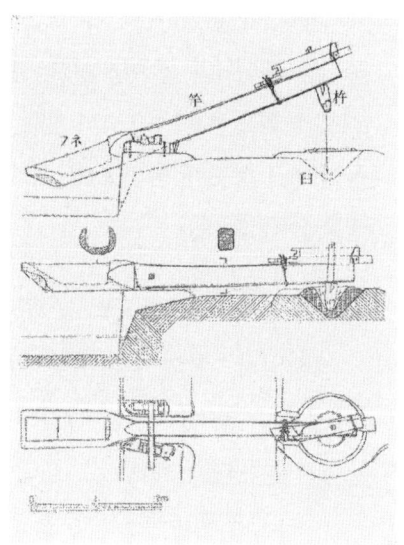

08

11) 절구

『한국생업기술사전』의 간추린 기사이다.

곡식을 빻거나 찧고 떡을 치기도 하는 연
장이다.

절구는 신석기 시대(전888~전2000쯤)의
갈돌에서 나왔으며, 가장 오랜 유물은
1~3세기의 낙랑(樂浪) 시대(108~313) 유적
에서 선보인 양념절구와 공이이다.

01

강원도에서는 절고 또는 절고방아, 전라도와 경상도에서는 도구 또는
도구통이라고 부른다. 경기도 서부지역에서는 혼자 하는 절구질을 '외
절구질', 고부나 동서간의 것을 '쌍절구질', 아낙의 품앗이 절구질을 '삼
절구질'이라고 이른다. 이밖에 도구, 도구통, 절기방아라고 하며, 공이
를 손으로 쥐고 찧는다고 하여 손방아라고도 한다.

재료에 따라 나무절구, 돌절구, 쇠절구로 나누며, 공이도 나무공이, 돌공
이, 쇠공이가 있다. 효율을 높이기 위해 나무절구 바닥에 우툴두툴한 쇠
판을 박기도 한다. 소형인 쇠절구는 부엌에 두고 마늘이나 고추 따위의
양념을 찧으며, 나무절구 중에도 같은 것이 있다.

곡식이 많을 때는 큰 절구에 두 사람이 마주 서거나 서넛이 둘러서서 찧
는다. 둘이 찧을 때, '께낌질'이라고 하여 한사람이 곡물을 뒤집어 주기
도 한다. 나무절구에 나무 공이로 벼 한 말을 찧으려면 한 시간쯤 걸린
다. 돌공이는 나무 공이보다 시간이 반밖에 걸리지 않지만, 공이 자체가
무거워서 힘이 더 든다. 절구를 옆으로 뉘어 놓고 개상으로 쓰며, 더러
세탁물도 넣고 공이로 찧어서 때를 빼는 일도 있다. 절구는 함경도를 제

외한 전국에서 썼다.
제주도의 남방애는 작
은 돌확 주위에 큰 함
지박 모양으로 깎은
나무를 끼워놓아서 여
럿이 함께 찧을 때 공
이를 빗맞은 알곡이
튀어 올라도 밖으로

02   03

나가지 않는다. 또 돌절구에는 돌공이를 나무절구에는 나무 공이를 쓰
지만, 이곳에서는 확이 돌임에도 나무 공이를 쓴다. 남방애 감은 느티
나무·벚나무·가시나무를, 공이 감은 복숭아나무를 첫손에 꼽으며, 확은
현무암으로 깎는다(김광언, 2020;702~704).

도상1은 20세기 초의 풍속화가 김준근(金俊根)의 '절구질ㅎ는모양'이
라는 이름의 그림이다.
도상2는 충청남도 아산시(牙山市)에 있는 농가의 절구와 공이이다.
도상3의 왼쪽은 ㄱ자 쇠공이이고, 오른쪽은 돌공이이다.
도상4는 제주도의 남방애이고, 도상5는 이에 곡식을 찧는 장면이다.

04   05

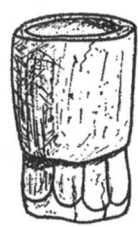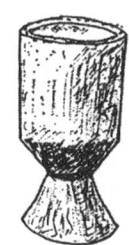

06

일본에서는 우스[臼]라고 부른다.

(1) 『일본민구사전(日本民具辭典)』의 기사이다.

곡물을 찧거나 빻고 떡을 치는 기구이며, 차를 찧는 차절구(茶臼), 약을 찧는 약절구(藥碾) 따위도 있다. (…)

찧는 절구는 나무나 돌로 깎는다. 배(舟)꼴도 있지만 대부분 둥근꼴(竪臼)에 속한다. 옛적에는 곧은 공이(竪杵)와 함께 쓰는 장구형(鼓形)으로 가운데가 잘록했으나, 뒤에 ㄱ자 공이를 쓰게 되면서 원기둥을 닮은 둥근꼴(胴臼)로 바뀌었다.

현미를 찧을 때는 방아에는 똬리(臼輪) 한두 개를 절구 바닥에 깔아둔다. 이로써 알곡이 튀어 나가지 않을뿐더러, 공이도 바닥 가운데를 정확하게 때리게 된다.

도상6은 여러 형태를 보이는 오키나와(沖繩) 지방의 절구이다.

도상7은 가고시마현(鹿兒島県)의 아낙들이 여름철에 된장 담글 콩을 찧는 장면이다.

07

(2) 『교토민속지(京都民俗志)』의 간추린 기사이다.

히가시구(東山區)에 있는 청수사(淸水寺)의 성취원(成就院) 부엌 한쪽에 크고 오래된 절구를 안치하고 언제나 금줄을 늘여놓았다. 이것을 낙동산과(落東山科)에서 야만바(山姥)라는 요괴(妖怪)가 머리에 이고, 지금의 말을 세워두는 곳으로 가져왔다고 한다.

해마다 12월 하순에 이 절구에 떡을 치는 행사를 벌인다. 달의 토끼가 쓰는 것과 같은 공이의 가운데를 쥐고 아래를 번갈아 가며 찧는다. 다만 처음과 마지막에 이것을 쓰고 중간에는 보통 공이를 쓴다. 이 떡은 두통에 효과가 높다.

나까교(中京區 高瀨川)의 석사(石祠)에 절구 대명신(臼大明神)이라고 새긴 비가 있다. 오쓰(大津 紺屋關)에 살던 팔구랑 살쾡이(八九郞狸)가 살 곳을 잃고 이곳의 절구로 옮겨왔다. 신탁에 따라 당(祠)을 한 번에 세우지 않고 조금씩 완성하였다. 이곳은 원하는 것을 꼭 한 번만 들어준다고 한다.

당집은 에도(江戶) 시대(1600~1867)부터 있었으며, 절구는 히가시구(東山區 新門前大和大路)의 이교(狸橋) 부근에 묻혔다(井上賴壽, 1968; 250~251).

도상8이 제주도의 남방애를 **빼닮은** 절구이다.

절구의 크기는 지름 1.13㎜에 높이 52㎝이며, 단단한 나무로 깎은 확을 가운데에 따로 박았다. 이것이 제주도의 남방애를 닮았을 뿐 아니라, 이인(異人)이 머리에 얹어서 날라왔다는 내용까지 같은 것은 아주 흥미롭다.

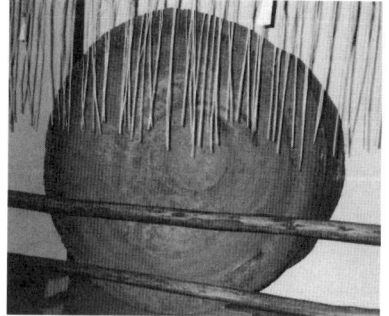

08

09   10   11

도상9가 죠주인(成就院)이고,

도상8이 그 안의 절구이다. 크기는 지름 1.13m에 높이 52㎝이며, 가운데
에 지름 30㎝의 12면(面)으로 깎은 확을 박았다.

도상10은 중경구의 석사(石祠)이고,

도상11이 '절구 대명신' 비이다.

(3) 이 절구에 대한 앞책의 기사이다.

> 틀림없이 여럿이 찧는 잘록절구로, 1309년에 나온 『춘일권현영험기
> (春日權現靈驗記)』에 보이는 지옥의 절구를 닮았다. 지름에 견주어 높이
> 가 매우 낮다. 허리 아랫도리를 12면으로 깎고 가운데 움푹 팬 곳에 나
> 무로 깎은 나무로 깎은 확(埋木)을 박았다.
>
> 확을 벌레가 씹어서 일부 떨어져 나간 까닭에 떡을 칠만한 상태는 아
> 니다. 그러나 유서 깊은 절구로 보존된 덕택에 이 귀중한 자료가 지금
> 까지 남았다.

앞 책에서 이노우에(井上) 씨가
말한 절구에 대해 동사(東寺)*에
물었더니 이미 없어졌다는 답이
왔다(三輪茂雄, 1978;60~61).

12

● '동사'는 교토시(京都市) 남구(南
区)에 있다.

도상12가 지옥 절구이다.

다음은 앞 절구의 측정 수치를 제주대학교 박물관의 남방애와 견
준 것이다.

소장처	제주대(㎝)	성취원(㎝)
지름	122	113
높이	68	52
확 지름	26	30
확 깊이	11	10
전 두께	9	4.5
전 깊이	19	23

두 나라 절구의 형태는 말할 것도 없고 이처럼 크기까지 닮은 것은 참
으로 놀라운 일이다. 차이점을 굳이 찾는다면 제주도의 것은 네모 받
침에 확 자리가 움푹 파였지만, 저쪽의 것은 12면의 받침에 바닥이 평
평한 점이다.

또 저쪽의 절구를 전설상의 인물 야만바(山姥)가 머리에 여 날랐다는
민담도 제주도의 것과 다르지 않다.

서귀포시 표선면과 성산읍 일대의 '당팟당장 이야기'가 그것이다.

한 끼에 한 말(또는 서 말) 밥을 먹는 장사 당팟당장이 어느 해 남방애를 깎아 팔아서 주린 배를 채우려고 한라산(漢拏山, 1,950m)으로 올라갔다. 비를 맞으며 방애를 파던 중에 산감(山監)이 나타나자 반쯤 판 것을 번쩍 들어 머리에 쓰고 두어 발쯤 앞으로 나서며 '비를 맞지 않으려면 이리 오시지' 하였더니 놀라서 달아났다(『제주도 전설』, 현용준, 1977;194).

이 두 개의 같은 모티브는 어느 한 곳의 절구가 다른 곳으로 들어간 사실을 가리키는 것일 터이다. 그리고 성취원에서 절구에 늘 금줄을 두르며, 떡을 칠 때 이에 딸린 공이를 처음과 마지막에만 쓰고, 그 떡이 두통에 효험이 있으며, 이를 일정한 시기에 벌인 사실 따위는 외지에서 들어온 절구를 신성하게 여긴 데서 나온 것으로 보인다.

따라서 『춘일권현영험기(春日權現靈驗記)』나 청수사(淸水寺)의 절구는 우리 제주도 석공의 작품이거나 이를 본떠서 깎았을 가능성이 매우 크다. 그리고 실물의 절구가 일본 전국을 통틀어 단 한 틀인 점과, 같은 유형의 남방애를 제주도에만 쓰는 점도 증거의 하나이다.

12) 절굿공이

ㄱ자공이도 일본으로 들어갔다.

(1) 『민구가 말하는 일본문화(民具が語る日本文化)』의 기사이다.

> ㄱ자공이(橫杵)의 분포지역은 세계적으로 극히 한정되어 있다. 겨우 중
> 국 운남(雲南)에서 양자강(揚子江) 일대와 조선 반도뿐이다. (…) 잡곡 재
> 배와 함께 아프리카에서 인도와 동아시아에 걸쳐서 널리 퍼진 것은 곧
> 은 공이(豎杵)와 나무절구이다. ㄱ자 공이는 지극히 특수한 것으로 탈곡
> 도 하지만, 본디는 떡을 치는 일과 관계가 깊다고 생각된다. 이 공이는
> 떡 문화의 핵심 지역에만 분포하는 셈이다. (…) 우리나라에서는 공이라
> 고 하면 이것을 연상하지만, 본디는 어디까지나 곧은 공이뿐이었다. 이
> 것은 서기전 3세기 유적에서도 나왔다(1989;181).

ㄱ자 공이는 중국 남부뿐 아니라 디이 산악지대에도 분포하며, 앞 사
람의 말대로 주로 떡을 치는 데 쓴다. 그러나 우리는 곡물을 찧거나 빻
기도 하였고, 용도에 따라 돌이나 쇠공이도 썼으며, 나무 틀에 쇠를 끼
우기도 하였다. 일본에 ㄱ자 공이가 나타난 것은 18세기 무렵이고, 이
에 따라 절구도 허리가 좁은 잘록절구에서 통절구로 바뀌었다는 미와
시게오(三輪茂雄)의 말이 옳다면, 통절구와 함께 ㄱ자 공이가 우리에게
서 건너갔다고 보는 것이 자연스럽다.

(2) 『일본열도의 비교민속학(日本列島の比較民俗學)』의 간추린 기사이다.

> 민구의 발전은 그것이 나라 전역에 분포하면 대진화(大進化)를 이루지
> 만, 일정 지역 안에서만 발전하면 소진화(小進化)에 머문다. 일본에서는

곧은 공이와 절구를 예부터 써오다가, T자꼴의 ㄱ자공이가 등장하여 야마토(大和)문화권 전역으로 퍼지더니 류큐(琉球) 문화권 북부에까지 이르렀지만, 이곳에서는 지금도 곧은 공이를 주로 쓴다. 이 경우, 곧은 공이가 한 번 대진화를 이루고, 그 뒤 ㄱ자공이가 대진화 하여 널리 퍼졌음에도 류큐에서는 소진화에 그친 셈이다(下野敏見, 1995; 239).

(3) 아마노 모토노스케(天野元之助)가 『한서(漢書)』의 "진함(陳咸)이 남양 태수 시절, 사공직(司空職) 관원에게 지구(地臼)와 나무 공이(木杵)를 만들게 하였으며, 이에 곡식을 찧게 하여 표준량에 이르지 못하면 볼기를 쳤다(笞刑)"는 내용을 들어, 전한(前漢) 성제(成帝, 전 32~전 7) 때 지금의 하남성에서 지구를 썼다고 한 것은 잘못이다(1962; 844).

은허(殷墟)에서 이미 돌절구가 나왔고, 전한의 무덤에서 구리 및 쇠 절구가 출토된 까닭이다.

두 사람이 ㄱ자 공이를 떡문화가 지닌 한 특징으로 본 것은 옳은 견해로서 중국은 물론이고 태국 북부 산악지대에 거주하는 소수민족도 떡을 칠 때 쓴다. 그러나 일본에 ㄱ자 공이가 나타난 것은 에도 시대 중기(18세기)이며, 이에 따라 절구도 허리가 좁은 잘록절구에서 통절구로 바뀌었다. 따라서 일본에서 ㄱ자 공이를 쓴 것은 근래의 일이다.

이에 견주어 우리는 ㄱ자 공이를 떡 치는 일뿐만 아니라, 여러 가지 곡물을 찧거나 빻는 데도 썼다. 또 공이 자체도 나무 외에 돌이나 쇠로 꾸몄고 용도에 따라 나무 몸에 돌이나 쇠를 박기도 하는 따위의 여러 가지 슬기를 부렸다. 이러한 공이는 오직 우리에게만 있었다. 따라서 ㄱ자 공이가 일본에서 18세기 무렵에 나타났다면 통절구와 함께 우리에게서 건너갔다고 보는 것이 옳다.

03

나르는 연장

1) 멍에

『한국민족문화대백과사전』의 간추린 기사이다.

마소가 달구지나 쟁기 따위를 끌 때 목에 거는 막대이다. (…) 형태는 곧은 일자형과 반원으로 굽은 반달형의 두 가지가 있다. 곧은 멍에는 소두 마리가 겨리 쟁기를 끌 때, 굽은 멍에는 한 마리가 쟁기나 달구지를 끌 때 메운다. 멍에를 소에 거는 불뚝 솟은 목뼈 부위를 멍에목이라고 부르며, 말이 마차를 끌 때는 가죽으로 싼 멍에를 얹는다.
흔히 멍에를 걸고 나서 벗겨지지 않도록 멍에끈으로 동여매지만, 북한 지방에서는 달구지 챗대에 멍에를 붙박아서 멍에를 목에 걸 뿐, 끈은 따로 쓰지 않는다. 이로써 험한 비탈길에서 달구지가 아래로 굴러도 저절로 벗겨지는 덕분에 소가 다치지 않는다(권7 김광언, 1989;789).

멍에는 흔히 멍에끈을 목덜미에 둘러서 매지만, 목접개라고 부르는 조금 굽은 막대기 두 개를 목에 엇걸어서 움직임을 막기도 한다.

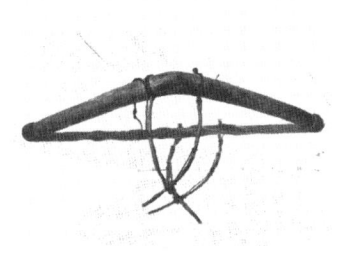

01   02

　도상 1이 인천시 옹진군(甕津郡) 덕적면(德積面) 북리(北里)에서 쟁기에
걸기 위해 목접개를 붙인 멍에이고(1968년 8월), 도상 2는 소의 목에 걸
어놓은 모양이다.

　일본에서는 구비키[首木] 또는 우나구라[頸鞍]라고 부른다.

(1) 『일본민구사전(日本民具辭典)』의 기사이다.

　쿠비키는 액(軶)이라고도 쓴다. 소의 목 뒤에 거는 농기구를 끄는 굽은
나무(棒)로 국외에서는 겨리소에도 메우지만, 일본은 호리소에만 쓴다.
긴끼(近畿) 지방에서는 목 부위(頂部) 가까이에 꿴 줄을 소의 목에 걸어
서 안장과 짝을 지우며, 기이(紀伊) 반도에서는 목에 걸기 위해 두 개의
나무걸이를 가위다리꼴로 연결한다.
　와카야마현(和歌山県)에서는 오나구라(オナグラ), 같은 현 남부에서부터
미에현(三重県) 일대에서는 우나구라(ウナグラ 頸鞍)라고 하여 형태가 조
금 다르다. 야마구치현(山口県)에서는 거의 직각을 이룬 것을 쓰며, 동부
에서는 우나구라, 서부에서는 죠우즈(ショウズ)라고 부른다. (…)
　멍에 감은 농사일을 하는 중간에 알맞게 굽은 나무를 고르거나, 어린나

무 가지를 구부려서 자라게 한 다음, 적당히 잘라서 쓴다. (…) 극락수목(極樂首木)처럼 전국에서 쓰는 상품도 있다(1996;172).

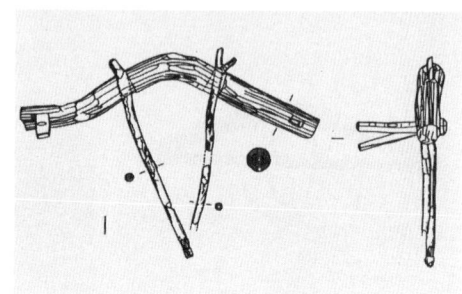

03

도상3이 나라현(奈良縣)에 위치한 등원경(藤原京)에서 출토된 7세기 후반의 멍에이다.

(2)「민구로 본 오사카 부근의 도래씨족 그 뒤(民具からた見大阪附近渡來氏族その後)」의 기사이다.

7세기 후반의 멍에로, 호리 멍에의 개발 초기 모습과 이것이 일본에 일찍 건너온 사실을 알려준다. 양쪽에 길이 26㎝의 목접개(引手)를 붙여서, 쓸 때는 목접기가 소의 어깨를 강하게 누르지 않도록 해서 목접개가 부러지는(折損) 것을 막는다.

전고(前稿)에서는 이 형태를 조선 반도에서 들어온 뒤 일본 국내에서의 진화 과정을 나타낸 것으로 보았으나, 그 뒤 한국농업박물관 전시실에 목접개가 달린 멍에가 있는 사실을 알았다. 따라서 목접개는 이미 조선 반도 남부에서 개발되어 7세기에 일본에 들어와서 쓰인 것이다(河野通明, 1996a, 『歷史と民族』26; 169~171).

그가 목접개를 손잡이(引手)로 본 것은 잘못이다. 목접개의 구실은 이름 그대로 목에 걸어서 멍에를 붙박는 것으로, 어깨의 압력을 줄이는 따위의 일과는 무관하다.

우리는 고삐를 잡고 소를 부린다. 목접개를 손잡이로 쓴다는 말은 고삐가 없는 지역을 염두에 둔 탓일 것이다. 그것은 어떻든, 멍에도 한국에서 건너간 사실을 밝힌 것은 고마운 일이다.

한편, 그는 다른 글에 이렇게 적었다.

와카야마현(和歌山県) 기이반도(紀伊半島)의 목접개 달린 멍에는 6세기에 들어온 뒤 조선 반도의 특징을 20세기까지 간직해 왔다. (…) 이 멍에는 목접개뿐 아니라, 붙박을 때 끈으로 묶는 법 따위의 미세한 점까지도 조선 반도의 것과 같다. (…) 조선계 도래인이 가져왔으며 소·멍에·쟁기(선쟁기) 세트로 들어온 것으로 생각된다. (…) 그들이 소와 쟁기를 가져온 것은 6세기이다(2007, 「遣唐使傳來唐代犁の復原と導入時期の特定」 『歷史と民族』 26; 54~57).

일본의 멍에는 한국에서 들어갔다.

우리 쟁기가 일본에 들어간 것이 분명한 만큼, 멍에가 따라간 것은 당연한 일이다.

⑴ 「민구로 본 오사카 부근의 도래씨족 그 뒤」의 간추린 기사이다.

나라현립 민속박물관(奈良県立民俗博物館) 수장고에서 멍에의 끈을 두 개의 막대기(목사리)로 대신한 묘한 멍에를 보았다. 이것은 등원궁(藤原宮)에서 나온 아스카(飛鳥) 시대(592~710)의 것과 매우 닮았으며, 분포지역을 조사한 결과, 기이(紀伊)반도에 한정되는 것이 밝혀졌다.
우나구라(ウナグラ)라는 이름 가운데 '우나(項)'가 7세기 이전에 사어(死

語)가 된 것을 생각하면, 고훈(古墳) 시대(3세기~6세기)에 생긴 것이 분명하며, 이 무렵에는 우경(牛耕) 기술이 일본에 들어온 시기에 해당한다. 따라서 우나구라는 외국인이 소를 데리고 일본에 온 무렵에 생긴 말로 생각된다.

등원군성(藤原宮城)은 1965년에 카시하라시(橿原市)가 분리·독립되기 이전까지 타카이치군(高市郡)에 딸려 있었고, 그 남부인 히노쿠마(檜前) 지방은 옛적에 이마키노고호리(今來郡)라고 불릴 정도로, 새로 들어온 도래(渡來)씨족이 집중적으로 거주하였으며, 그 비율은 80~90%에 이르렀다. 그리고 후지와라미야기가 이 지역 중앙부에 위치한 점에서, 이곳에서 나온 우나구라는 조선계 도래씨족의 농민이 썼을 가능성이 크다.

이로써 한국의 민구 가운데 증거를 찾을 수 있을 것으로 생각되어 국립민족학박물관의 수장고를 살핀 결과, 마침내 기이반도의 것과 똑같은 것을 발견하였다. 따라서 고훈 시대 후기에 조선계 도래씨족들이 들여온 우경(牛耕) 기술이, 나라(奈良) 분지와 기이반도에 퍼진 사실을 이를 통해 확인할 수 있다(河野通明, 『大阪の歷史と文化』 1994b; 107~124).

(2) 우나구라(頸鞍)에 대한 앞 사람의 글(「민구로 본 오사카 부근의 도래씨족 그 뒤」)의 간추린 기사이다.

호리 쟁기에 이것을 메우는 곳은 아시아에서는 기이 반도와 조선 반도뿐이며, 이러한 점에서 조선계 도래씨족(渡來氏族)이 가져온 견인구(牽引具)의 변용으로 생각된다. 야마구치현(山口縣)의 우나구라는 90도로 구부러진 나무를 쓰지만, 목을 조이는 나무나 끈을 쓰지 않는다. 이러한 형태는 중국에서 동남아시아의 중국 문화권에 분포하며, 중국계의 계

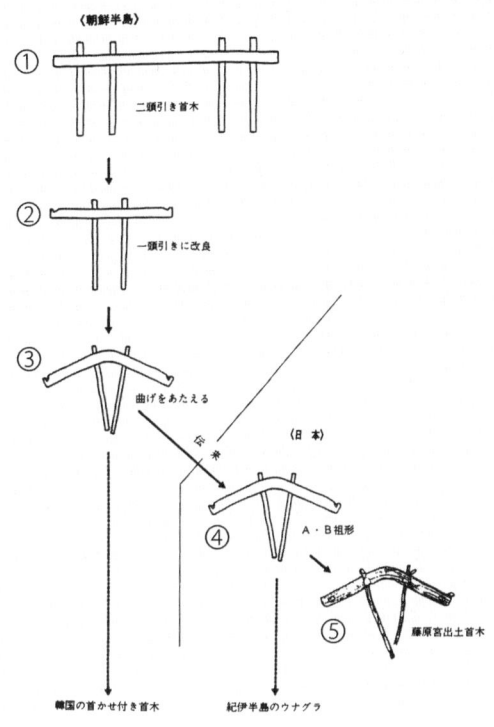

〈朝鮮半島〉

① 二頭引き首木

② 一頭引きに改良

③ 曲げをあたえる

伝来

〈日本〉

④ A・B祖形

⑤ 藤原宮出土首木

韓国の盾かせ付き首木　　　　紀伊半島のウナグラ

04

보를 이은 것으로 보인다.

우나구라는 어떻든, 아시아에 공통적인 견인구로, 헤이안(平安) 시대(8세기~12세기)에 일본에서 개발된 것은 이와 다르다. 따라서 우경 전래[牛耕傳來]) 당시의 견인법을 이어온 점에서 주목된다(1994;169).

도상 4가 앞 사람이 작성한 우리 멍에의 일본 전파도이다.

1) 멍에　509

2) 똬리

『한국민족문화대백과사전』의 기사이다.

짐을 머리에 일 때 받치는 고리 모양의
물건이다. (…) 형태는 둥글며 위는 좁고
바닥은 사람 머리 위에 얹힐 정도로 너
르게 뜬다. 짚이나 새끼로 엮은 다음, 왕
골껍질을 감아서 마무리한다. 이밖에 짚

01

을 둥글게 우기거나 헝겊 따위를 말아서도 쓴다. 또 짐을 안정시키거나
무게를 분산시키는 외에, 스프링처럼 완충작용도 한다. 끝에 꼬리를 달
아서 물건을 머리에 얹을 때 움직이지 않도록 입에 물거나 한 손으로 잡
는다(권7 김광언, 1989; 488).

도상 1이 경상남도 합천군(陜川郡)의 똬리이다. 짚을 둥글게 뭉쳐서 꼴
을 잡은 다음, 부들로 감싼 덕분에 부드럽다(농업박물관). 크기는 바깥 지
름 12.8㎝에 안 지름 5㎝이며, 끈 길이는 5㎝이다.

02

03

도상2는 똬리에 받쳐서 머리에 옹기를 인 두 여성의 모습이다. 왼쪽은 수건을 쓴 머리에 얹은 똬리에 한 개의 동이를 얹었지만, 오른쪽은 위가 너른 그릇 좌우 양쪽에 옹기 둘을 덧얹었다. 어디 그뿐인가? 등에 아기를 업은 것으로도 모자라서 오른손에 자락이 긴 옷까지 들었다. 능숙한 연예인의 서커스 장면 바로 그대로이다(S. Bergman).

청주 병을 머리에 얹은 도상3의 왼쪽에서 두 번째 아낙의 재주도 앞 사람 못지않다(S. Bergman).

일본에서는 마루와[丸輪]라고 한다.

(1) 『일본민구사전(日本民具辭典)』의 기사이다.

머리로 물건을 나를 때 쓴다. 머리에 통이나 바구니 따위를 일 때, 백이지 않고 안정감도 얻는다. 이즈(伊豆 新島), 시즈오카현(靜岡県 南伊豆町), 가가와현(香川県 女木島) 등지의 이름은 와(輪)이다.

곳에 따라 이름이 다르나 용도는 같다. 가가와현(香川県 多度津 附近)에서는 수건을 반듯하게 둥글게 말아서 쓰며, 이를 둥근 수건(輪手拭)이라고 부른다(1996;606).

(2) 『도설 짚문화(圖說 藁の文化)』의 기사이다.

현미를 절구에 넣어서 공이로 찧을 때는 짚으로 엮은 똬리를 확에 한두 개 넣으며, 이를 쌀 찧는 똬리(米搗輪)·찧는 똬리(搗輪)·절구 똬리(臼輪)·공이 똬리(杵輪) 따위로 불렀다. 이를 확에 넣으면 알곡이 튀어 나가지 않을뿐더러 위아래가 고루 뒤집힌다. 똬리의 수는 확의 크기, 곡물의 종류와 양에 따라 다르다.

물레방아에도 이것을 썼다. 열쇠를 가지고 돌아가면서 방아를 관리하는 차번(車番)의 중요한 임무 가운데 하나는 똬리의 수를 결정하는 일이었다(宮崎 淸, 1995;201~202).

시즈오카현(靜岡県)의 이즈(伊豆) 열도나 가고시마현(鹿兒島県)에서 우리처럼 한쪽에 달린 끈을 입에 물고 물동이 따위를 나르는 것은 흥미롭다. 이곳에서는 지름 10㎝에 안 구멍 지름 5㎝, 두께 6㎝의 큰 것을 쓴다. 들에 나가는 여성들은 반드시 지니며, 머리에 수건을 쓴 다음 올려놓는다. 이것이 없을 때는 수건을 둥글게 말아서 대신하는 것도 우리와 같다.

도상4는 똬리 위에 장작더미를 얹어 나르는 여인의 모습이다.
도상5는 우리처럼 절굿공이를 빗맞은 곡식이 튀어 나가는 것을 막기 위해 바닥에 똬리를 깔아놓은 모양이다.
도상6은 똬리 위에 바구니를 얹고 물건을 팔러 다니는 도쿠시마현(德島県)의 행상인이다.

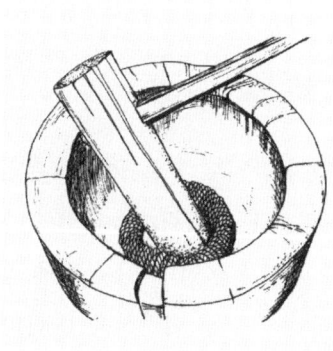

04   05   06

3) 망태기

『한국민족문화대백과사전』의 기사
이다.

01

꿀이나 감자 따위를 나르기 위해, 가
는 새끼나 노로 너비가 좁고 울이 깊
게 짠 네모꼴 주머니이다. 양 끝에 줄
을 달아서 물건을 나를 때 어깨에 멘
다. 곳에 따라 구럭 또는 깔망태라고
한다. 무게 1~1.5㎏이다.
강원도 산간지대에서는 주루막이라고 하여, 끈을 달아서 두루주머니
처럼 입을 조여서 멘다. 이 끈과 아래 양 끝에 달린 멜끈은 하나로 이
어진다.
가늘게 꼰 새끼로 촘촘하게 엮고 끈이 걸린 고리에 칡뿌리나 가래나무
껍질을 감아서 보호한다. 감자나 곡물을 나르며 쌀은 서 말이 들어간다.
무게 800g쯤이다(권7 김광언, 1989;714).

02

도상1은 경기도 안산시(安山市) 단원구
(檀園區) 대부동(大阜洞)의 농부가 솔가리를
가득 담은 망태기이고,
　도상2는 어깨에 메어 나르는 모습이다.

　일본에서는 고에세오이가고(肥背負い籠),
또는 쿠사가리가고(草刈籠)라고 부른다.

(1) 『일본민구사전(日本民具辭典)』의 기사이다.

대오리로 눈이 거칠게 짠 등에 지는 바구니(背負籠)이다. 간토 등지에서
는 가지가 달리지 않은 지게에 걸어서 쓴다. 둥근 틀 옆으로 테를 두른
오사(筬)와 비스듬히 엇걸어서 짠 것이 많다. 이밖에 짐의 무게 중심을
앞으로 옮기는 줄이 달린 것도 있다. (…) 큰 것으로는 뽕잎을 나른다.
서일본에서 메고(メゴ), 메가고(メカゴ 目籠), 가고시마현(鹿兒島県)에서 구
사키이테고(クサキイテゴ)라고 부르는 등 전국에 분포한다(1996;164~165).

(2) 『이즈모 오키의 민구(出雲 隱岐の民具)』의 기사이다.

등에 지는 기구(袋)이다. 크고 작은 것이 있지만, **도상3**은 높이 30㎝에
가로 45㎝이다. 가장자리는 새끼(藁繩)로, 틀은 덩굴(蔓)로 엮는다. 틀을
새끼로 엮은 것도 있으며, 이것이 더 튼튼하다.
고사리(蕨)를 비롯한 나물이나 해조류 따위를 담아 등에 져 나르는 외에,
산에 갈 때 도시락이나 작은 연장을 담기도 한다. (…) 오키에서는 지금
도 널리 쓰며, 이즈모의 산간지대에도 일부 남아 있다(石塚奠俊, 1971;134).

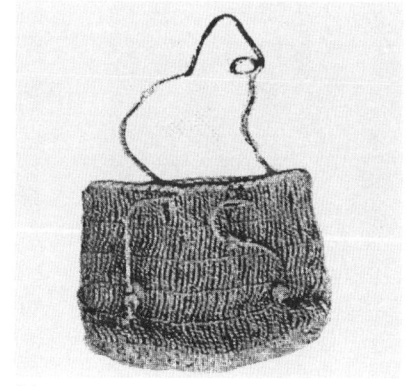

03   04

도상4는 『니가타현(新潟県 岩船郡)의 테고(テゴ)이고(『니가타현의 운반구[新潟県の運搬具]』), 도상5는 오른손에 제 키보다 긴 손잡이가 달린 갈퀴를 쥔 어린 소녀가 등에 가랑잎을 가득 담은 망태기를 메고 서 있는 모습이다. 망태기가 워낙 커서 이제라도 벌렁 넘어질듯하다. 뒤로 같은 망태기를 멘 두 소녀가 보인다.

05

이 글을 쓴 이가 우리네 망태기를 보았다면 너무나 닮은 나머지 놀라지 않을 수 없었을 터이다.

우리는 짚으로 뜬 망태기를 썼으나 일본에는 대오리로 결은 것이 많다. 나르는 방법도 달라서 우리는 흔히 한쪽 어깨에 메지만, 저쪽에서는 어깨에 메거나 지게 따위에 얹어 나른다. 따라서 망태기 자체에 멜빵을 붙인 것이 많다.

그러나 우리 동해에 면한 이키섬(隱岐島)의 것은 우리처럼 가는 새끼로 뜨는 데다가, 형태도 똑같다. 이를 우리 쪽 사람이 보면 일본의 농구인줄로 알기 어려울 정도이다. 또 니가타현(新潟県)에서 우리네 망태기는 물론이고, 강원도의 주루막을 그대로 닮은 것을 쓰는 점도 기억할 일이다.

중국에서도 짚 망태기는 쓰지 않는다.

4) 바구니

싸리·버들가지·대오리 따위로 엮어서 물건을 담아 두거나 담아서 나르는 그릇이다.

싸리나무나 버들가지를 비틀고 몽둥이로 눌러서 깐 다음, 크기에 알맞게 가로세로로 엮어 밑판을 짜며, 나머지 부분을 휘어서 날로 삼고 세 가닥으로 찢은 싸리를 씨로 하여 날을 돌려가며 엮

01

는다. 그러나 대나무가 흔한 남부 지방에서는 대오리로 엮는다. 바닥과 몸통의 형태가 둥그레한 것이 대부분이지만 제주도의 것은 기름하다. 이밖에 볏짚·왕골·고리버들·골풀·칡·갈대·댕댕이풀·덩굴·새(茅) 따위의 여러 가지로 엮었다.

도상1은 20세기 초의 풍속화가 김준근의 '부샹도부하는모양'이라는 이름의 그림이다. 왼쪽의 머리에 똬리를 얹은 아낙이 팔 물건을 담은 바구니를 두 손으로 들어올리고, 오른쪽의 지아비는 긴 네모꼴로 짠 바구니를 지게에 지고 있는 모습이다. '부샹' '도부'는 물건을 가지고 이리저리 돌아다니며 파는 장사치를 말한다.

쓰임새에 따라 뽕바구니·꽃바구니·떡바구니·밥구니 따위로 부르며, 갯가에서 조개 따위를 거두는 것은 갯바구니라고 한다.

바구니의 무늬도 종류만큼이나 다양하다. 크게는 자연무늬·동물무늬·식물무늬·기하학무늬·글자무늬로 나눈다.

자연무늬에 해·달·구름·산·물·돌이, 동물무늬에 용·봉·학이, 식물무늬에 매화나 소나무가, 기하학무늬에 줄·십자·방울·물결·번개·소용돌이가, 글자 무늬에 만(卍)·회(回)·복(福)·희(囍) 따위가 있다. 이들은 모두 수복강녕(壽福康寧)이나 부귀다남(富貴多男) 그리고 천하태평(天下泰平)의 뜻을 지닌 길상문(吉祥紋)이다.

1930년대 무렵까지도 젊은 여성이 외출할 때, 손수건이나 간단한 화장품 따위의 신변 잡물이 담긴 바구니를 지금의 핸드백 삼아 허리에 끼고 다녔다.「헛개에 홀린 강 면장」이라는 민담에도 흰 옷차림의 젊은 여자 귀신이 이것을 끼고 등장한다.

서유구(徐有榘, 1764~1845)가 쓴『임원경제지(林園經濟誌)』에도 닮은 기사가 보인다.

오늘날 서울의 시장에서 바군이(小籠)에 생선이나 남새 따위를 담아 나르며, 이때 여자들은 왼쪽 겨드랑이에 끼고, 남자들은 짚으로 뜬 손잡이를 쥔다. 대나무가 자라지 않는 한강 북쪽에서는 싸리 껍질을 벗겨서 짠다(섬용지[贍用志] 권2「바구니[籃]」).

이는 '바구니 핸드백'의 역사가 아주 오랜 것을 알려준다.

강원도 산간지방에서는 싸릿가지로 배가 부르게 엮은 바구니를 채독이라고 부른다. 채독의 '채'는 가공하지 않은 싸릿가지를, '독'은 오지로 구운 독을 닮은 데서 왔다. 입은 둥그나 바닥은 긴 네모꼴이다. 엮고 나서 안쪽에 쇠똥을 바른 뒤 진흙이나 보릿겨와 진흙의 반죽을 덧바르기도 한다. 쇠똥은 섬유질이 많아서 싸릿가지의 틈을 메우기에 십상인

02

까닭이다. 콩이나 감자 따위의 마른 곡식을 마련하는 외에 옷가지를 넣어 보관도 한다.

한편, 제주도에서는 구덕에 헝겊이나 종이를 바른 것은 '바름구덕', 굵은 댓가지로 엮은 중간 크기의 것은 '찰구덕'이라고 부른다. 흔히 들일을 나가는 아낙은 아기를 찰구덕에 담아 등에 지고 가서 그늘에 둔다. 바닥에서 15㎝쯤 위로 그물을 붙이고 그 위에 겨울에는 베를, 여름에는 보릿짚을 깔아서 똥오줌을 치우기에 안성맞춤이다.

도상 2는 지게에 바구니를 산더미처럼 진 바구니 장수이다.

일본에서는 가고[籠]라고 부른다.

『일본민구사전(日本民具辭典)』의 간추린 기사이다.

대오리로 눈이 거칠게 짠, 등에 지는 바구니이다(背負籠). 간토(關東) 등지에서는 가지가 달리지 않은 지게에 걸어서 쓴다. 둥근 틀 옆으로 테를 두른 오사(筬)와 비스듬히 엇걸어서 짠 것이 흔하다. 이밖에 짐의 무게 중심을 앞으로 옮기는 줄이 달린 것도 있다. (…)

큰 것으로는 뽕잎을 나른다(1996;164~165).

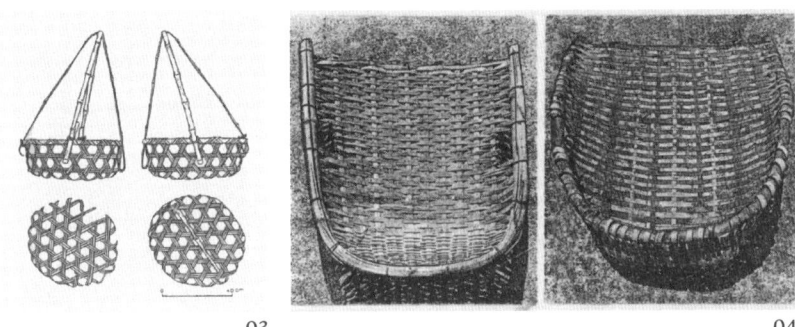

03   04

도상3은 앞 책에 실린 것으로 굵은 대오리로 성글게 엮었다. 양쪽에 대나무 손잡이를 걸고 위에서 하나로 모아 멜데로 나르는 것은 중국식을 닮았다.

도상4는 『가고시마의 민구(鹿兒島の民具)』에 실린 것으로, 위 양쪽에 손잡이 구멍을 낸 것은 우리 제주도의 바구니를 연상시킨다.

우리 바구니는 일본으로 건너갔다.

시모노 토시미(下野敏見)는 "19세기 말에 나온 『성형도설(成形圖說)』의 소기(筲箕)가 소쿠리를 나타내는 점에서 '소케(ソ-ケ)'나 '소키(ソ-キ)'의 어원은 '筲箕'이자 '쇼-키(ショ-キ)로 생각된다. 그리고 이는 가고(カゴ)를 한국에서 소쿠리라고 부르는 것과 연관이 있을 것"이라고 하였다(1995;190).

실제로 전라도 남부 및 제주도의 양쪽에 손잡이 구멍을 낸 바구니와 일본 규슈(九州) 중부 이남의 바구니는 전문가라도 구별하기 어려울 정도로 닮았다(소쿠리는 바구니의 다른 이름이다).

5) 소쿠리

『조선민속사전』의 기사이다.

싸리·버들가지·참대로 엮어 만든다. 소코리라고도 하는데 이는 작은 소쿠리라는 뜻이다. 주로 고리버들로 엮으며 웃짝과 아래짝이 있고 앞의 것이 덮개이다. 그 형태는 일반적으로 타원형과 사각형이다.
소쿠리는 음식을 담아두거나 야외용 밥곽으로 쓰이고, 바느질 용구를 넣어두는 그릇으로도 사용하였다. 소쿠리는 처녀들이 시집갈 때 장만해서 가져가는 지참품의 하나였다(2004;218).

대소쿠리는 고리백정이라는 천민 집단이 엮은 버들 광주리와 달리, 밑이 둥글고 둥근 테가 달렸다. 이에 농식품을 담아 말리고 물에 씻은 곡물이나 채소의 물기도 뺐다.

도상1은 전라남도 여수시(麗水市) 삼산면(三山面) 거문도(巨文島)의 우리네 전형적인 둥근 소쿠리이고, 도상2는 바닥에 닿는 면이 상하지 않도록 서너 개의 댓가지를 끼워 넣은 소쿠리이다.
도상3은 1978년, 경상남도 김해시(金海市)의 아낙이 앞이 벌어진 소쿠리에 담은 밥을 옆구리에 끼고 논으로 가는 모습이다(高橋 昇).

01   02

03   04

도상4는 전라남도 담양군 담양읍(潭陽邑)의 소쿠리 장이 선 광경이다.
일본의 이름은 자루[爪]이다.

(1) 『일본민구사전(日本民具辭典)』의 간추린 기사이다.

옛적에는 조리(笊籬)로 적고 소오리라고 불렀지만, 이것이 오늘날의 자
루로 바뀌었다고 한다. 쌀을 건지는 자루, 보리를 건지는 자루, 된장을
거르는 자루가 대표적이다. 이밖에 국수집에서 익은 국수를 건지는 자
루, 한 사람분의 국수를 데우는 자루, 국수를 담는 자루, 밥으로 풀을 쑤
는 자루, 야채나 물고기의 물기를 더는 자루 따위도 있다. (…) 근년에는
1960년대 중반부터 급속하게 퍼진 플라스틱 제품이 주류를 이루었고,
철사로 뜬 것도 나돈다.

도상5는 앞책에 실린 소쿠리이다.
①은 조를 이는 소쿠리(粟あげ笊)
②는 쌀을 이는 소쿠리(米あげ笊)
③은 닷 되들이 소쿠리(五升笊)
④는 쌀 씻는 소쿠리(米洗笊)이다.

05

(2) 『일본열도의 비교민속학(日本列島
の比較民俗學)』의 간추린 기사이다.

06

자루라는 이름은 북으로 홋카이
도(北海道), 남으로 오키나와(沖繩)
열도까지 퍼졌으나 중심지는 에도
(江戶=東京)이다. (…)

이것이 어디에서 들어왔을까. 중국어 가운데 소오리(笊籬)가 떠오른다.
소오리도 자루이다. 에도(江戶)의 학자가 둥근 조리를 소오리라고 한 것
이 자루가 되었을 터이다. 19세기 중후반기에 나온 『성형도설(成形圖說)』
의 쇼키(笘箕)가 자루인 점에서, 소케(ソケ)나 소이키(ソ-キ)의 어원은 소키
(笘箕)이자 쇼키(ショ-キ)로 생각된다. 한국에서 가고(カゴ)를 소쿠리라고
하지만, 이것이 소우케와 관계가 있을지 모른다(下野敏見, 1995;189~191)

앞에서 든 서남 일본의 소우케(そうけ), 규슈(九州)의 쇼우케 또는 쇼
케, 오키나와(沖繩) 제도의 소우기 또는 죠오키 따위는 우리 경상도의
소고리를 연상시킨다.

07

　도상6은 나가사키현(長崎県) 쓰시마(對馬島) 소
쿠리의 옆 모양이고,
　도상7은 가고시마현(鹿兒島県 川邊郡)의 아낙
이 밭에서 캔 감자를 담은 소쿠리(籠)를 머리에
이고 나르는 장면이다(須藤 功).

6) 옹구

『한국민족문화대백과사전』의 간추린 기사이다.

01

식품·모래·재·거름 따위를 나르는 기구이다.

이에는 두 가지가 있다. 하나는 발채처럼 둥근 나무를 로마자 II자처럼 짠 틀의 좌우 안쪽에서 위가 너르고 불이 처지게 망태기처럼 새끼로 엮어 내려간 것이다. 안쪽이 바깥보다 길어서 끝이 바닥을 한 번 싸 감는다. 짐을 실을 때는 긴 막대기를 줄과 줄 사이에 꿰어두었다가, 부릴 때 잡아빼면 바닥이 열리면서 물건이 쏟아져 내린다. 주로 무·호박·감자·배추 따위를 비롯해서 두엄도 나른다.

다른 하나는 새끼로 주머니를 짜지 않고 밑이 없는 섬이나 가마니 두 장으로 대신한 것이다. 물건을 옮길 때는 밑 부분을 모아서 졸라매거나 널을 깔아서 받침으로 삼는다. 목적지에 이르러 끈을 풀거나, 널을 빼면 안의 것들이 떨어진다. 이것으로는 주로 모래와 재를 나른다. 한 번에 120~140㎏ 실으며, 무게는 10㎏쯤이다(권16 김광언, 1990;137~138).

도상1은 김윤보(金允輔, ?~1938)의 옹구 그림이다(국립민속박물관). 이것을 황소에 메운 것도 그렇지만, 길마 가지가 지나치게 높이 위로 솟았다.

02

03

04

도상2는 길이 1.03m 너비 67cm이고, 높이 70cm이다(국립민속박물관).

도상3은 1968년 10월, 경상남도 창녕군(昌寧郡) 영산읍(靈山邑)의 아낙이 옹구에 배추를 싣고 걸어가는 모습이다.

도상4는 가마니를 주머니로 삼은 충청북도 제천시(堤川市) 봉양읍(鳳陽邑)의 옹구이다.

일본에서는 타레모코[垂糞]라고 부른다.

(1) 『일본민구사전(日本民具辭典)』의 기사이다.

사다리꼴 나무틀 양쪽에 새끼 따위로 엮은 그물(網)을 달아놓은 운반구이다. 마소의 멍에에 걸고 거름을 나른다. 자루에 붙인 삼태기는 끝이 주머니꼴이 되며, 이를 새끼줄로 잡아맨다. 이 안에 거름을 채우고 논밭으로 가서 마소의 배 아래 양쪽에 맨 줄을 풀면 아래로 쏟아진다 (1996;341).

(2) 『아이즈의 민속(奧會津の民俗)』의 기사이다.

후쿠시마현(福島県) 아이즈(會津)에서는 타레바카마(垂袴)라고 부른다. 짚으로 짠 옹구 양쪽에 거름을 싣고 길마에 얹어서 밭으로 나른다. 이곳에서는 말에 매우며, 가을에 거둔 볏단도 나른다(安藤紫香, 2008).

(3) 『모심는 민속(田植に關する習俗)』의 기사(「이바라키현[茨城県]·도야마현[富山県]」)이다.

옹구(ビク, 비구)는 이바라키현에서도 쓴다. 짚으로 짠 네모꼴의 주머니로, 입 지름 40여 cm에, 길이 75cm이다. 논이나 밭에서 아랫도리를 묶었던 끈을 풀어서 거름을 부린다. 거름을 담을 때는 그쪽에 작대기를 받쳐서 쏠리지 않도록 한다(文化財委員會, 1967).

도상5는 나가사키현(長崎県 南高米郡)의 짚으로 가마니처럼 친 옹구(馬カヅリ)이다(月川雅夫·立平 進). 이것은 우리 것과 차이가 없다. 목적지에 가서 아랫도리를 묶은 끈을 풀면 안의 것이 쏟아진다.

도상6은 앞 책에 실린 옹구로 앞의 것과 같다.

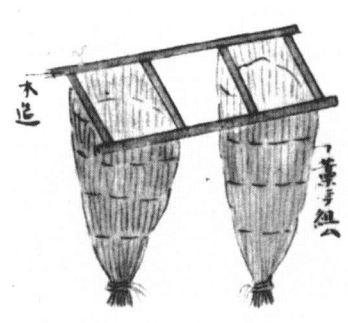

05

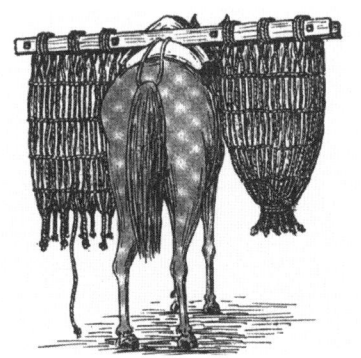

06

(4) 『규슈·오키나와 지방의 민구(九州·沖繩地方の民具)』의 기사이다.

오이타현(大分縣)의 카가리(カガリ)는 앞의 것과 조금 다르다. 거의 셋으로 나눈 장방형의 나무틀 좌우 양쪽에 새끼로 짠 망태를 걸었다. 이곳에 거름을 실은 뒤, 바깥 틀에 잡아매었다가 논밭으로 가서 멍에에 걸어놓은 나무를 빼면 거름이 동시에 쏟아진다(染矢多喜男, 1983; 59~60).

07

도상7은 앞 책에 실린 옹구의 일부이다.

일본에서는 우리처럼 논이나 밭 가에서 아랫도리에 묶은 끈을 풀어서 한꺼번에 부린다. 가고시마현에서 근래까지 마대(麻袋)를 썼지만, 옛적에는 우리처럼 새끼로 뜬 섬 따위로 날랐다.

후쿠시마현 아이즈(會津)에서 옹구를 가랑이가 있는 아랫도리옷에 견주어 부르는 것은 흥미롭다. 우리의 옹구바지를 연상시키는 까닭이다.

일부 지역에서 쓰는 일본의 옹구는 한국에서 들어갔을 터이다.

7) 지게

짐을 얹어서 사람이 등에 지고 나르는 기구이다.

01

가지가 조금 위로 뻗은 자연목 두 개를 위는 조붓하게, 아래는 조금 벌려 세우고 사이 사이에 세장을 걸고 탕개를 튼 뒤, 사괘를 맞추어서 붙박았다. 위아래 두 곳에 멜빵을 걸어 어깨에 메며, 등이 닿는 부분에는 짚으로 두툼하게 짠 등태를 걸었다.

몸은 주로 소나무를, 세장은 단단한 밤나무나 박달나무를 쓴다. 농가마다 쓰는 사람의 나이나 체형에 맞게 걸었으므로 그 수가 식구 수와 거의 맞먹었다.

지게와 늘 함께 하는 것이 지게 작대기이다. 짐 실은 지게를 바로 세우거나 지게를 지고 일어설 때 반드시 필요하며, 먼 길에서는 지게의 다리를 두드려서 장단도 맞춘다. 곡물을 비롯해서 사람이 등으로 나를 수 있는 모든 물건을 나르며, 젊은이는 50~70kg을 진다.

도상1이 20세기 초의 풍속화가 김준근(金俊根)이 남긴 '나무쟝사모양'이라는 이름의 그림이다.

우리 지게 17종 가운데 다음 아홉 가지를 설명한다.

① 제가지지게   ② 옥지게   ③ 쪽지게
④ 모지게   ⑤ 거지게   ⑥ 쟁기지게
⑦ 조기지게   ⑧ 부게와 조락지게 ⑨ 쇠지게

①   ②   ③

④   ⑤

⑥   ⑦

⑧   ⑨

제가지지게는 일반적인 지게이고, 옥지게는 강원도 산간지대의 가지 끝이 위로 꼬부라진 지게이다. 물매가 된 곳을 만나면 땅에 뉘어 놓고 사람이 끌어내린다. 쪽지게는 이름처럼 나무쪽에 못을 박아 꾸민 지게이다. 등짐장수나 시장이나 공사장 등지에서 물건을 나른 지게꾼의 지게가 그것이다.

또 옛 보부상들의 가지가 달리지 않은 것도 쪽지게라고 불렀다.

모지게는 물지게를 닮은 것으로 논에 심을 모를 나를 때만 쓰며, 거지게는 길마 양쪽에 걸어놓은 틀에 긴 나무나 돌 따위를 나르는 지게이다. 오늘날에는 하역장 등지에서 무거운 짐을 옮기거나, 차곡차곡 쌓아 올리는 장치가 달린 것도 지게차라고 부른다. 쟁기지게는 전라북도 평야 지대에서 쟁기를 논밭으로 나를 때만 썼다. 일반지게와 다른 점은 가지가 둘째 세장에서 위로 곧게 뻗어나가고 등태를 쪽나무로 대신하며, 가지 길이가 아주 짧은 점(15㎝쯤)이다.

조기지게는 전라남도 영광군(靈光郡)에서 배에서 내린 조기를 나르는 지게이고, 부게나 조락지게는 경기도 서해안에서 물고기를 나르려고 울이 깊게 싸리로 엮은 바소거리를 붙박은 것으로, 바닷물이 양쪽 끝으로 흘러내리게 하였다. 물지게는 일반 지게와 달리, 긴 작대기 틀에 등판을 붙이고 양 끝에 쇠갈고리를 붙박은 것으로, 물이나 거름을 나른다. 쇠지게는 지게의 허리 부분을 쇠 파이프로 만든 지게로 나머지 부분은 쓰는 사람이 나무를 깎아서 끼웠다.

특히 6·25전쟁 때 지게는 노무자들이 산꼭대기의 진지로 식량이나 포탄을 나르고, 부상자와 사망자까지 운반하는 중요한 구실을 하였다. 연합국의 군인들은 이를 '에이자틀(A Frame)'이라고 부르면서 감탄을 늘어놓았다.

02   03

도상2는 한국전쟁 때 고지에서 사망한 유엔군을 가마니에 싸서 지게로 나르는 장면이다.

도상3은 전쟁이 한창이던 1951년 1월, 경상북도 대구역 앞에서 결성된 지게부대 모습이다.

쇠지게는 1990년대에 퍼진 것으로, 덕분에 지게감을 찾기도, 걸기도 쉽지 않았던 어려움이 없어졌다. 이어 1990년대 후반부터 몸 전체를 쇠로 꾸민 반영구적인 지게가 나돌기 시작하였다.

지게를 닮은 운반구는 중국 남부의 소수민족을 비롯하여 동남아시아 등지에도 분포하지만, 필요에 따라 여러 가지를 농사뿐 아니라 일상으로 널리 쓴 나라는 우리뿐이다. 실제로 한국은 지게 왕국이었으며, 그 본고장은 전라도이다. 그리고 이것이 일본으로 건너간 것은 당연한 일이다.

일본에서는 쇼이코[背負子]·세오이바시고[背負梯子]라고 부른다.

『일본민구사전(日本民具辭典)』의 간추린 기사이다.

자연목을 반으로 나누어 틀을 짜고 등짐 줄로 묶어서 등에 지고 나르는 형식의 운반구이다. (…) 짐을 싣는 방법 가운데 양쪽에 기둥만 있고 가지가 없는 바지개형(無瓜形)은 동일본에 많다. (…)

일본의 것과 형식이 다른 한국의 지게가 일본으로 건너왔다. 가지가 달린 나무의 아랫도리를 크게 넓힌 팔자(八字)꼴이 흔하다. (…) 가지를 몸에 박은 형식은 한국의 전라북도와 일본 규슈(九州)에 분포하며 이 형식은 몸이 몸쪽으로 많이 굽었다. 그리고 몸 가운데에 둥근 등태를 붙인● 오이타현(大分県)의 것은 (…) 서일본으로 퍼져나갔다 (1996; 291~292).

● '둥근 등태를 붙인 지게'는 도상 4로 한국에는 전라도와 제주도에 분포한다.

(1) 가쓰베 세이쿄(藤部西郊)는 "산잉(山陰) 지방에서 조센오이코(朝鮮オイコ)라고 부르며, 이름처럼 조선의 것을 이곳으로 온 조선 노동자들이 퍼뜨린 까닭이라"고 적었다(『山陰の民具』 1971; 123~133).

시모노 토시미(下野敏見)도 "가지지게의 여러 형상과 현대 한국 지게와의 관련을 생각하면 조선 반도에서의 전파는, 근대 및 히데요시(秀吉)의 조선 출병 두 차례였다고 생각된다. 그때 무구(武具)와 신변 잡물, 전리품 따위를 지게에 얹어서 가져온 사람이 있었을 것이다. 의외로 이것이 제일파의 원인이 아닌가 여겨진다. 서일본 각지의 가지지게를 조선오이다이(オイダイ) 또는 조선오이코(オイコ)라 부르고, 구마모토현(熊本県) 아마쿠사(天草)나 나가사키현(長崎県) 히가시키네(東杵木)에서 지게라고 하며, 오이타현(大分県)이나 미야자키현(宮崎県)에서 도진가루이(トウシンカルイ)라고 하는 것이 제2파"라고 적었다(1995; 40~41, 45, 89, 131).

지게를 어디서나, 언제든지, 누구나, 그리고 지금까지 쓰는 것은 우리뿐이다. 이러한 점에서 우리나라는 지게 왕국임에 틀림없다.

(2)「지게-등에 지고 나르기와 그 용구(背負い梯子-背負い運搬とその用具)」의 간추린 기사이다.

지게의 형태의 두 가지이다. 몸 가운데 또는 아래쪽에 가지가 달린 것 (가지지게)와 달리지 않은 것(바지게)이 그것이다. (…) 지게 가지도 (다른 나무를 깎아서) 끼운 것(쪽지게)과 자연목의 가지를 이용한 것(제가지지게)이 있다. 제가지지게는 조선 지게의 직류를 그대로 받아들인 것이다. (…) 제가지게는 대체로 사다리꼴이지만 위아래(너비)의 차가 크며, 가지의 각도는 60도에 가깝고 가지는 몸 가운데에 달렸다. 나는 이것을 '제가지지게 A형', (…) 가지의 각도가 90도에 이르고 가지가 아래쪽에 달린 것을 '제가지지게 B형'이라고 부른다. 제가지지게 A형은 조선의 지게가 일본에 들어와 생긴 것이며, B형은 아류(亞流)임에 틀림없다. (…)
제가지지게의 기원은 바지게와 다르다. 제가지지게는 조선 지게와 연결되는 것으로 틀림없이 대륙에서 들어온 문화이다. 주고쿠(中國)·시고쿠(四國)·규슈(九州) 지방 일부에서 제가시세 A형을 조센(朝鮮) 오이꼬, 조선 가루이, 도진(唐人) 가루이라 부르는 외에 조선말 그대로 지게라 부르는 곳도 있다. 이것은 지게의 전례 방향을 알려주는 것으로서 주목된다(礒貝 勇, 1971; 1958).

일본 제가지지게(A, B형 모두)의 원조가 한국 지게이고 분포지역이 예로부터 우리와 관련이 깊었던 중부 이남 지역이라는 부분은 매우 중요한 내용이다. 이러한 언급을 한 것은 그가 처음이며 오늘날의 일본 학자들도 대체로 인정한다. 한편, 지게가지를 다른 나무를 깎아 끼워서 쓰는 쪽지게는 오래전부터 옛 백제의 강토인 전라북도 평야 지대에서 널리 써 왔다. 따라서 제가지지게뿐 아니라 쪽지게도 우리에게 건너간 것으로 보는 것이 자연스럽다.

또 그는 '제가지지게와 바지게는 기원이 다르다'며, 바지게의 일본 자생설을 은근히 내비쳤지만 이것도 우리에게서 건너간 것이다. 바지게는 우리나라 동해안(강원도 고성[高城]에서 경상남도 울산[蔚山]에 이르기까지)에서 나는 해산물을 지고 태백산맥을 넘어서 내륙 지방으로 풀어먹이러 다닌 사람들이 예부터 써 왔기 때문이다(도상5). 지게의 형태는 물론이고 작대기 끝에 쇠꼬챙이를 박고 다른 한 끝에 노치를 지어서 짐을 진 채, 서서 쉬는 점 따위도 우리의 것과 같다.

그리고 일본에는 동해안의 해안에서 잡히는 방어를 이 지게에 지고 알프스산맥을 넘어 나가노현(長野県) 일대로 날랐다는 것도 우리의 사정과 흡사한 점을 지적해 둔다. 다만 우리는 이 지게를 주로 동해안 일대에서 쓴 데 견주어, 일본에서는 동반부의 거의 전역에서 이용한 점이 다르다. 이 사실에 대해서는 앞으로 더 생각해야 할 것이다.

도상6은 지게를 진 여성의 모습이고, 도상7은 쓰시마 민속자료관(對馬島民俗資料館) 소장품으로 '지께' 또는 '지께이'라고 부른다.

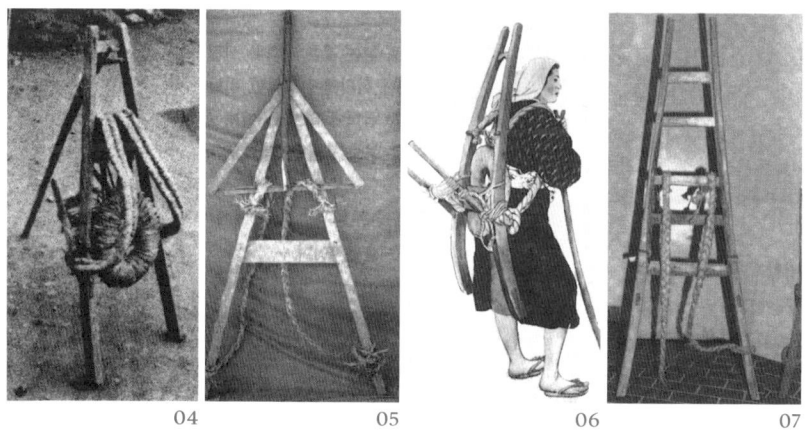

04   05   06   07

(3) 「세토나이카이 지게의 형태와 분포(瀬戸内海における背負梯子の形態と分布)」의 간추린 기사이다.

규슈형(九州型)의 지게는 어떻게 성립된 것일가. 이것이 조선 반도에서 들어온 것은 분명하다. 목발 아래가 벌어진 점, 가지의 위치, 지게꼬리를 세장 뒤로 돌려서 잡아매는 방법 등 바로 조선 지게 그대로이다. 다른 점은 가지를 다른 나무로 끼우는 점, 등태의 모양, 지게를 구부린 점 따위이다.

조선 반도에서 지게에 싸리로 엮은 바소거리를 얹어 쓰는 점에 대해 이미 설명하였지만, 조선의 노동자가 그 형식을 그대로 전파시킨 보기가 기후현(岐阜県)에도 있다. (…) 지게가 토목공사 때 조선인 노동자들에 의해 퍼지고, 그것이 그 뒤에도 전파된 점은 어디서나 보이지만 바소거리까지 전파된 것은 보기 드문 일이다(織野英史, 1998; 95~97).

가지를 따로 끼우는 쪽지게가 전라북도 서반부에 집중적으로 분포하는 점에 대해서는 앞에서 설명하였다. 일본처럼 이곳에서도 가지가 알맞게 뻗어나간 나무가 매우 귀한 까닭에 쪽지게를 만들어 쓰는 것이다. 이 밖에 규슈(九州) 지역의 똬리처럼 둥글게 짜는 등태도 전라도 지방에 많이 있으며, 더구나 지게 자체를 지는 사람쪽으로 구부리는 지게 또한 전라도 지방의 지게가 지닌 특징의 하나라는 점을 지적하지 않을 수 없다. 그는 지게뿐 아니라 바소거리가 건너간 사실도 인정한 것이다. 그는 우리 지게에 대한 현지 조사를 했던 까닭에 이러한 사실을 알게 된 점에 유의할 필요가 있다.

8) 바소거리

『한국생업기술사전』의 간추린 기사이다.

지게에 얹어서 두엄이나 감자 따위의 곡물을 나르는 그릇이다. 이는 '바'
와 '소쿠리'로 이루어졌으며, 흔히 '바작'이라고 부른다. 이것을 얹은 지
게는 바작지게 또는 바지게라고 한다.

곳에 따라 바수가리(강원도), 바소쿠리(경상도), 발대 또는 조개바리(전라
남도)라고 한다. '조개바리'는 쓰고 나서 반으로 접어놓은 모양이 조개
를 닮은 데서 왔다. 이와 달리 전라남도 구례군 일대에서는 배(船)꼴로
우묵하게 뜬 것을 쓰며, 강원도 산간지대에서는 더 많은 짐을 싣기 위해
앞보다 뒤를 길게 그리고 높게 짠다. 또 대가 많이 자라는 전라남도 일
대에서는 대나무로 짠 것을 쓴다.

싸리나 대오리로 둥글넓적하게 결었으며 양쪽에 붙인 고리를 지게 몸
위에 끼워서 가지 위에 얹는다. 그리고 지게를 질 때 흙 따위가 등에 떨
어지지 않도록 안쪽에 거적을 대며 이를 갈대로 엮은 것은 질샅반이라
고 부른다.

01   02

전라도에서는 볏단처럼 무겁지 않으나 부피가 큰 짐은 앞에 꼬작이라는 작대기를 세워서 앞으로 쏠리는 것을 막는다. 위 둘레 1.3m에, 깊이 60㎝, 무게 3~4㎏쯤이다(김광언, 2020;368~369).

도상1은 20세기 초의 풍속화가 김준근(金俊根)의 '거름장샤'라는 이름의 지게에 얹은 바소거리 뒤 모양이고,

도상2는 '똥장샤 모양'이라는 그림의 앞모양이다.

도상3은 전라도 지방의 대오리로 엮은, 보기 드문 바소거리이다.

현지에서는 바작이라고 부르며, 크기는 길이 1.16m에 너비 78㎝이고, 높이 48㎝이다(광주민속박물관).

우리 바소거리는 일본으로 들어갔다.

『니가타현의 운반구(新潟県の運搬具)』의 기사이다.

고센시(五泉市 石間岩)에서 '히게나시(ヒゲナシ)'라고 부르는 짚으로 뜬 기구로, 위는 너르고 바닥은 조금 좁은 원추형이다. 이것을 쓰려고 펴면 바닥이 평평해지고 가장자리는 거의 수직을 이룬다. (…)

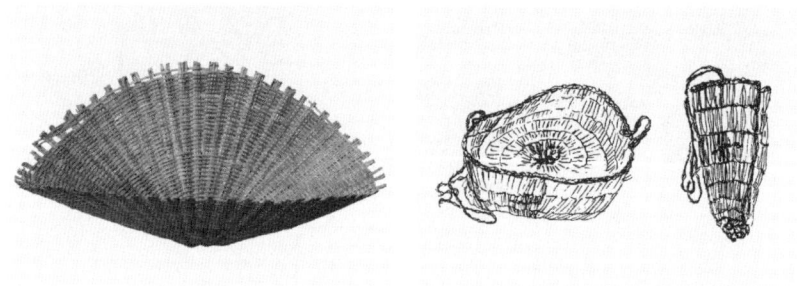

03   04

05   06

이것은 조선 반도의 바지게(パジゲ)를 닮았으며, 형상은 니가타시(新潟市
河渡)를 비롯한 여러 곳의 거름바지게(コエカゴニ고에카고)와 같지만, 대오
리로 바닥을 짜고 위는 일정한 간격을 두고 가는 새끼로 떴다. (…) 조
선 반도와의 공통점은 당연한 현상이라고 하더라도, 어째서 같은 수법
의 키는 있어도 등에 메는 망태기(カツギカゴ)는 없는지 의문이다(山口賢
俊, 1997; 40~42).

도상4는 앞 책에 실린 히게나시이다.
앞글에서 바지게를 바리게(バリゲ)라고도 한다는 부분은 잘못이다.
도상5는 아스카(飛鳥) 시대(592~710)에, 백성으로부터 세금으로 거둔
곡식을 지게로 나르는 모습이다.
도상6은 가고시마현(鹿兒島県 曾於郡)의 농가에서 지게에 집짐승의 여
물을 실어놓은 모양이다.

04

갈무리·농산제조 연장

1) 독

『조선민속사전』의 기사이다.

독은 운두가 높고 배가 부르며 전이 달린 저장 그릇. 독은 신석기 시대
에 제작되기 시작하였으며, 고조선 시기에는 오늘의 독과 비슷한 밑굽
이 평평하고 배가 불룩하고 어깨와 목, 아구리 등이 갖추어진 것이 사
용되었다.

이조 시기에 이르러 독은 그 종류와 형태가 더욱 다양해졌다. 재료는
도기뿐 아니라 오지나 자기로 만든 것이 있으며 크기는 큰독, 중독(중두
리), 작은독(조쟁이) 등 여러 가지가 있었다. 독은 장독·물독·김장독·쌀
독 등으로 쓰였다. 큰독과 중독에는 간장과 된장을, 작은 독에는 고추
장을 담아 두었다.

개성지방에서는 뚜껑까지 한 조로 만들었는데, 장독대를 계단식으로
만들고 여러 개의 장독을 보기 좋게 놓았다. 농가에서는 큰 김칫독을
썼으나 깍두기 같은 김치는 오지나 자기로 만든 작은 독에 담갔다. 낟

알을 넣어두는 채독●은 버들가지 같은 것으로 걸어서 물독처럼 둥글고 깊게 만들었는데 안팎에 종이를 발라 낟알이 새지 않게 하였고 우에는 둥글넓적한 뚜껑을 덮었다.

이조 시기의 독은 같은 용도에 쓰는 경우에도 지역별로 형태가 달랐다. 서북지방과 남부지방의 독은 일반적으로 크고 투박하며, 동북부지방의 독은 작으면서 날씬하였다. 저장 용기로서의 독은 여름에는 신선하게, 겨울에는 덥게 하므로 음식물이 빨리 변질하거나 얼지 않고 비교적 안전하게 오래 보관할 수 있는 유리한 점이 있다(2004;99).

● '채독'은 오지가 귀한 산간지대에서 싸리로 걸은 것으로, 안팎에 기름종이·진흙·쇠똥 따위를 발라서 틈을 메우며, 보릿겨와 진흙의 반죽을 쓰기도 한다.

이와 달리 대나무가 흔한 남부지방에서는 대오리로 엮어서 기름종이를 바른다. 채독에 마른 곡식을 갈무리하는 외에, 옷가지도 쟁여두며, 둥글넓적한 뚜껑을 덮는다.

이밖에 전라도 산간지대에서는 짚으로 엮은 짚독도 썼다.

한편, 고대에는 주검을 담아 땅에 묻기도 하였고 이를 독무덤(甕棺墓), 부엌 부뚜막 한쪽에 물을 담아두고 쓰는 독을 물두멍, 사직제(社稷祭) 때 쓰는 것은 사옹(社甕)이라고 따로 일렀다.

일본에서는 가메(瓶)라고 부른다.

(1) 『일본민구사전(日本民具辭典)』의 기사이다.

위가 작고 입이 크게 벌어진 데다가 아래로 가면서 좁아진, 도자제(陶磁製)의 용기로, 병(瓶)으로도 적는다. 항아리(壺)와 혼동하기 쉽지

만, 자주 많은 것을 넣거나 들어내는 데 쓴다. 쓰임새는 넓어서 물독·
간장독·된장독·김칫독·술독·기름독·염색독·거름독 따위가 있다. (…)
물독은 수도가 들어오기 전에는 아주 중요한 것으로 우물에서 길어온
물을 부어두고 썼다. 크기는 하루나 이틀분이 들어가는 닷 말들이(90ℓ)
나 서 말들이가 많았고, 두 말들이나 한 말 반들이도 있었다. 집에서 간
장이나 된장을 담그는 경우, 한 해 동안 먹기 위해 한 말들이를 썼다. 뚜
껑은 도자 제품도 있지만 나무 덮개가 많다.

액체 보존용은 조몬(繩文) 시대(전 1만 년~전 3세기)부터 썼지만, 지금과
같은 대형은 중세(12세기 말~16세기) 이후에 퍼졌다(1996;132).

도상1은 나라현(奈良県 田原本町)의 야요이(弥生) 시대(전 3세기~3세기)
유적에서 나왔다.

도상2은 일본 어디서나 눈에 띄는 물독이다.

도상3은 일본민가원(日本民家園)에 있는 물두멍 그림이다. 덮개와 구
기를 곁들였다.

도상4는 오키나와(沖縄) 구지카와시 민속관물관(具志川市 民俗資料館)
소장품으로, 목에 줄을 감고 어깨에 다섯 줄의 물결무늬를 비롯한 여
러 가지 무늬를 베풀었다.

01   02   03   04

(2)『의식주 어원사전(衣食住語源辭典)』의 기사이다.

> 카(カ)는 넣는다는 말 사(笥)와, 용기를 가리키는 헤(ヘ 瓮)가 합친 말이다.
> 또는 옹(甕)은 카(瓮)와 메(瓶)의 결합어라는 설도 있다.
> 카모스(釀)의 고형(古形)인 카무(釀)라는 동사에서 나왔다고도 한다.
> 쌀을 씹어서 술을 빚는 용기인 데서, 주호(酒壺)나 된장 항아리(味曾
> 壺)처럼 용기를 가리키게 된 듯하며, 고대 조선어와 통한다. 물독(水
> 甕이나 술독酒甕) 외에 기름독(油甕), 화병(花瓶) 따위도 있다(吉田金彦,
> 1996;80~81)

중국에서는 독과 항아리를 뚜렷하게 구별하지 않는다. 우리가 보기에 독에 해당하는 옹기를 모두 항아리(甕)로 적는 까닭도 이에 있다.

우리는 독 뚜껑으로 한가운데에 깃봉을 닮은 손잡이를 붙여서 구운 질 제품을 썼다.

독에 주검을 담아 묻는 풍속(甕棺墓)은 세 나라에 있었다.

우리나 일본에서는 대문 옆 등에 독을 묻어놓고, 오줌을 받아서 밭에 주었다. 이것을 우리는 오줌독이라 부르고, 일본에서는 거름독(肥甕)이라고 일렀다. 뒷간에 묻은 독에 똥오줌을 받은 것은 세 나라가 같다.

우리나 중국에서는 쥐의 피해나 도난을 피하려고 쌀이나 옷을 독에 갈무하였으나, 일본에서 따르지 않았다. 독에 공기가 통하지 않는 데다가 습도가 높기 때문이다.

우리 말 '술독'에 해당하는 사람을 중국에서는 '옹정甕精'이라고 부른다.

앞에서 든 『의식주 어원사전』의 "독(甕)은 고대 조선어와 통한다"는 기사가 눈을 끈다.

2) 항아리

『한국민족문화대백과사전』의 간추린 기사이다.

아래위가 좁고 배가 불룩 나온 오지그릇의 하나. 키가 작고 입이 너르며 아래가 좁고 배가 아주 부르다. 크기는 크고 작은 여러 가지가 있다. (…)

옛적에는 항아리가 장맛을 좌우한다고 믿어서 굽는 흙까지도

01

가려 썼다. 장항아리는 칠월에 파낸 배토(坏土)를, 김장 항아리는 우수 경칩의 흙으로 초봄에 구운 것을 꼽았다. 이들은 단단할 뿐만 아니라 냄새를 내뿜지 않기 때문이다. 한편, 여름이나 가을에 구운 것은 흙이 차지지 않아 군내가 나기 쉽고, 흙의 독이 음식의 맛을 빨아들인다고 한다(권24 강인희, 1991; 454~455).

도상1은 20세기 초에 김준근(金俊根)이 남긴 '청물 딜이는 모양'이라는 이름의 그림이다. '청물'은 청물, 곧 푸른 염료를 가리킨다. 머리에 수건을 쓴 아낙 둘이 항아리에 넣은 천을 휘저어가며 물을 들인다.

02

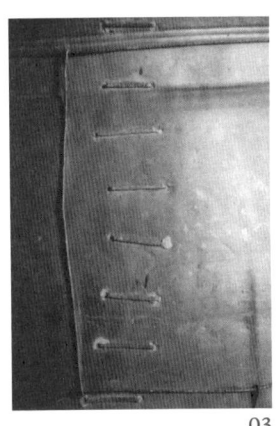

03   04

　도상2는 전라북도 진안군(鎭安郡) 성수면(聖壽面) 구신리(求臣里)의 대형 항아리이다. 워낙 커서 옮길 때는 아래에 두른 줄을 셋이 잡고 들어야 한다. 자칫 깨질 염려가 큰 까닭에 마당에 멍석을 깔았다.

　도상3은 금이 간 자리에 박은 거멀못마다 흙을 덧발라서 새지 않도록 한 자취가 뚜렷하게 드러난다. 항아리를 이처럼 철사와 못으로 때우다니, 아무리 고쳐 생각해도 사람의 재주라고 믿기 어렵다.

　도상4는 1970년 경상북도 영주시의 옹기점이다(高橋 昇).

일본의 이름은 츠보[壺]이다.

『일본민속대사전(日本民俗大辭典)』의 간추린 기사이다.

　5세기 후반에 스헤키(須惠器)●의 기술이 조선 반도에서 들어오면서 현재의 항아리(壺)와 독(甕)의 기본형이 형성되었다.
　헤이안(平安) 시대(8세기~12세기) 말에서 가마쿠라(鎌倉) 시대(1192~1333)에 이르자 여러 산지에서 집중적으로 생산되면서 하지키(土師器)와 스헤키의 기술을 바탕으로 한 고온 소성(燒成) 제품이 나오기 시작하였다(坪鄕英彦, 2000[하];138~139).

● '스헤키'는 일본 5세기 고분에서 대량으로 나온 단단한 회색 토기로, 원류는 우리 가야(伽耶) 토기이며 '하지키'는 고훈(古墳) 시대(3세기~6세기)에 사용된 적갈색 연질토기이다.

05

도상5는 전형적인 물두멍이다. 크기는 안지름 47㎝에 높이 62㎝이고, 입술 두께는 4㎝이다.

3) 멱서리

⑴ 『한국민족문화대백과사전』의 간추린 기사이다.

> 짚으로 날을 촘촘하게 엮어서 볏섬 크기로 엮은 그릇이다. 곡식을 갈무
> 리하는 외에 담아서 나르기도 한다. 한 번밖에 쓰지 못하는 섬과 달리
> 4~5년 쓸 수 있어 농가의 중요한 그릇으로 손꼽힌다. 울이 깊고 바닥은
> 긴네모꼴이다. 곡식은 흔히 너 말쯤 들어가며, 바닥에 고리를 달아서 들
> 어 옮기거나 걸어두기 편하다(권7 김광언, 1987;797).

긴네모꼴로 짠 것을 멱서리, 둥글게 짠 것을 둥구미 또는 둥주리라
고 부른다.

도상1은 제주도의 장인이 바닥을 거꾸로 달아놓고 멱서리를 짜는
모습이다(홍정표).
도상2는 앞 지역의 것으로, 위의 15㎝쯤을 접어서 들어 나르기 편
하다.

01 02

03   04

도상3은 경상남도 창녕군 영산읍의 대형 멱서리이다.

도상4는 전라북도 진안군 성수면 구신리의 대형 멱둥구미이다. 바닥에 맷방석을 깔고 벼를 갈무리하였다가 시간이 지나면 거두어 벽에 걸어둔다.

우리 멱서리가 일본으로 건너갔다.

(2) 『도설 짚문화(圖說 藁の文化)』의 간추린 기사이다(ポンテキ[봉태기]).

중국 운남성 부근에서 탄생한 벼농사는 대체로 서쪽으로 인디카를, 동쪽으로 자포니카를 널리 퍼뜨렸다. 동시에 벼농사 지역에서는 앞선 곳의 짚 활용법을 배웠다. (…)

조선 반도 남부의 봉태기라고 불리는 멱서리도 그 하나이다. 네코아미(猫編み) 기법으로 뜬 이 원통꼴 그릇은 눈이 촘촘해서 깨처럼 작은 알갱이도 새지 않는다. 쌀이나 보리는 물론이고 감자나 고구마 따위도 마찬가지이다. 일본에서도 이 같은 곡물 보존 용기를 만들어 써 온 것이 적지 않다.

조선 반도 남부의 각종 짚 용기에, 확실히 일본 각지의 짚 용기를 닮은 기술이나 형태를 지닌 것이 있다. 일본의 짚 문화는 틀림없이 대륙의 짚 활용 방법의 영향을 받았다(宮崎 淸, 1995; 346).

앞 사람이 곁들인 도상5는 봉태기가 아니라 우리네 멱서리이다. 우리말 사전에 봉태기는 '소쿠리'에 대한 경상남도의 사투리라고 적혔지만, 『한국방언사전』의 소쿠리 항에는 보이지 않는다.

05

그러나 경상북도 안동시(安東市) 임하면(臨河面) 금소리(琴韶里) 일대에서 씨앗을 뿌릴 때 쓰는 다래끼를 씨갑시 봉탁이 또는 씨봉탱이라고 부르고, 경상북도 경산시(慶山市) 남산면(南山面) 평기리(坪基里)에서 두 종류의 파종바구니를 봉태기 또는 짚소고리라고 한다는 보고가 있다(고광민, 2000; 110~111).

따라서 앞 사람의 말한 두 지역의 봉태기는 소형 삼태기에 가깝다.

교토(京都) 일대에서는 소작인이 새로 거둔 작물을 멱서리에 담아 지주에게 바쳤고, 선물을 멱서리에 담는 데서 지방 특산물의 대명사로도 썼다.

4) 물레

『한국민족문화대백과사전』의 기사이다.

실을 자아내는 틀이다. 솜이나 고치에서 하루 15~20개 가락에 드릴 수 있다. 경상남도 창녕군 영산읍에서는 '물리'라고 한다.

물레는 주로 바퀴와 설주로 구성되며, 바퀴에는 다음의 두 종류가 있다. 하나는 나무로 깎은 여러 개의 살을 끈으로 얽어매어 6각의 둘레를 만들고, 가운데에 굴대를 박아 손잡이를 붙인 가락 물레이다. 주 분포지역은 중부지방이다.

또 하나는 여러 개의 살을 붙여서 만든 두 개의 바퀴를 나란히 놓고 바퀴 테 사이를 대오리로 연결하여 꾸민 바퀴물레이다. 이것은 남부지역에 퍼져 있다.

물레바퀴는 양쪽에 박은 기둥에 걸며, 기둥 받침대에 연결된 나무 끝에 괴머리가 달린다. 괴머리에 가락이 실려서 바퀴가 돌아가는 데 따라 고치의 실이 드려진다. 가락은 하나가 원칙이지만 실을 여러 겹으로 뽑을 때는 둘 또는 셋을 쓴다(권8 김광언, 1989;546).

일본에서는 관권거(管卷車) 따위로 부른다.

『일본민구사전(日本民具辭典)』의 기사이다.

사조거(絲操車)·사연거(絲撚車)·방거(紡車)·죽거(竹車) 따위로 부른다. 씨줄을 관(管)에 감고 자아낸 실을 가락에 사리며, 솜을 자아서 실낳이에 쓴다. 역 L자형으로 꾸민 틀 기둥에 큰 대나무 바퀴를 걸고 실을 감거나 꼰다. 실을 감을 때는 관에 직각이 되도록 하고, 실을 꼴 때는 평행

방향으로 당긴다. (…) 지기(地機)●가 고기(高機)▲로 바뀌면서 목제(木製) 물레를 쓰게 되었다. 이것은 톱니를 물려서 만든 목제의 회전속도를 높인 것으로, 주로 실을 감는 데 쓴다(1996; 37~38).

● 지기'는 베를 짜는 사람이 발을 앞으로 뻗고 땅바닥이나 마룻바닥에 앉아서 짜는 초기의 베틀이고, ▲ '고기'는 이와 달리 사람이 의자에 앉아서 발로 밟아 조작하는 베틀이다.

일본의 물레는 우리에게서 건너갔다.

『이즈모 오키의 민구(出雲 隠岐の民具)』의 기사이다.

바퀴는 대나무로 지름 47㎝에 너비 8㎝이며, 가로대는 길이 58㎝이다. 가로대 끝에 길이 18㎝의 부젓가락을 닮은 철봉을 달았다(畑伝之助, 1971; 146).

『산잉의 민구(山陰の民具)』에도 "물레가 아마도 5~6세기쯤에 대륙에서 들어왔을 것"이라는 기사가 있다(勝部正郊, 1990; 49).

그 무렵은 한국인과 한국문화가 일본으로 쏟아져 들어간 시기이다.

5) 베틀

『한국민족문화대백과사전』의 간추린 기사이다.

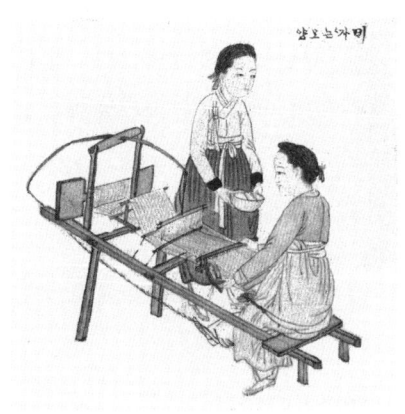

01

나란히 세운 두 개의 앞 기둥에 의지하여 사람이 걸터앉기 편한 높이로, 가운데에 세장을 박은 틀을 가로 끼워서 ㄴ자꼴을 보인다. 짜는 이는 오른쪽 끝에 앉으며, 앞에 얹힌 용두머리가 기둥을 유지시킨다. 용두머리 안쪽에 두 개의 눈썹대가, 바깥쪽에 베틀신대가 반달처럼 걸리고, 이밖에 다른 부품들이 딸렸다. (…)

피륙은 날의 촘촘함 성도를 새(升)로 가린다. 한 새는 40개의 실 구멍을 지닌 바디로 짠 것으로, 한 구멍에 실 두 가닥이 들어간다. 명주는 실 1,200가닥이 들어간 보름새가 가장 좋고, 삼베는 넉새에서 여섯새로 짠다.

02

'새'를 '승'이라고도 부른다. 따라서 베틀로 피륙을 짜는 기능은 종류에 따라 다르고, 그것을 몇 새로 짜느냐에 따라 여러 갈래로 나뉜다. 보름새 명주는 하루 일고여덟 자를, 여덟 새의

03   04

모시는 8~9자를, 여덟 새 무명은 하루 열 자쯤을, 여섯 새 삼베는 하루 한 필쯤 짠다. 삼베는 스무 자가 한 필이지만, 모시는 마흔 자를 한 필로 삼는다(권9 김광언, 1986; 604~605).

도상1은 20세기 초 김준근(金俊根)의 '뵈짜는 모양'이라는 이름의 베틀 그림이다.

도상2는 전라북도 완주군(完州郡) 봉동읍(鳳東邑)의 아낙이 베틀에서 천을 짜는 모습이다(1969년 9월).

도상3은 북이 들어가는 장면이다. 북을 빨리 움직일수록 피륙이 잘 짜지는 까닭에, 예부터 빠른 세월을 이에 견주었다.

도상4는 머리쪽에서 본 베를 짜는 모습이다.

일본의 이름은 하타[機]이다.

(1) 『의식주 어원사전(衣食住語源辭典)』의 기사이다.

모든 피륙을 하타(機·布帛)라고 부르는 것은, 고대 일본에 베짜는 기술

을 들여와 퍼뜨린 이가 신라에서 건너온 진(秦はた)●씨였던 데서 왔다
(吉田金彦, 1996; 254~255).

●이 글의 진(秦) 씨는 6세기 말에서 7세기 초에 일본으로 건너간 신라사람 진
하승(秦河勝, ?~?)을 가리킨다. 또『이와나미 고어사전(岩波古語辭典)』에도 '조
선어(베틀 機)와 동원(同源)'이라고 적혔다.

(2)『민구가 말하는 일본문화(民具ガ語る日本文化)』의 간추린 기사이다.

조선 반도에서 실을 먹일 때 오오히 대신 고기(高機)처럼 작은 배 꼴 북
을 쓰고, 실을 먹일 때는 바디만 이용하는 점에 주목할 필요가 있다. 그
렇다면 오오히와 바디를 써서 실을 먹이는 방법은 일본에서 더구나 중
세 이후에 들어와 더해진 것이라고 볼 수밖에 없다. (…)
베틀 부품 가운데 특별히 주목할 것은 비경이이다. (…) 서쪽으로부터의
문화전파를 상정한다면 단면이 역정자꼴(逆丁字型)인 것과 사다리꼴로
나눌 수 있다. 조선 반도에서는 시금도 역정자꼴을 쓴다. (일본에는) 이
두 가지 형이 존재한 것으로 보인다(角山幸羊, 1989; 80~85).

이러한 사정은 우리도 똑같다. 1970년도 초에 강원도 삼척시(三陟市)
도계읍(道溪邑) 신리(新里)에서도 본 것도 역정자형이었다.
고대 우리 문화와 연관이 아주 깊은 사가현(佐賀県) 가라쓰시(唐津市)
의 히메코소(比買許曾) 신사에서 베틀을 신으로 받드는 점도 베틀이 우
리에게서 건너갔음을 알리는 증거의 하나이다.
또 목화 재배 기술이 한국에서 건너갔을 뿐 아니라, 후쿠오카(福岡)
무나카타(宗像) 신사의 오카쓰미야(沖津宮)에서 7세기의 베틀을 신의 보
물로 다루는 사실도 알아야 한다.

도상5가 무나카타신사에 있는 신의 보물이라는 베틀(地機)이다.

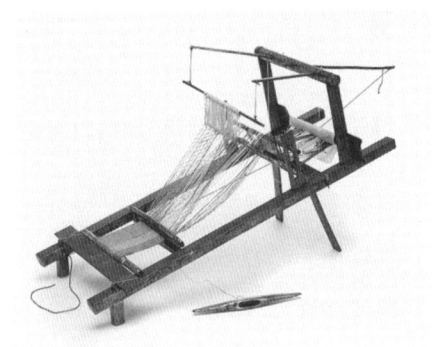

05

앞의 내용 가운데 '중국 남조'는 구레(吳)를 가리키며, 이는 중국의 오(吳)가 아니라 고구려를 이르는 말이다. 일본에서는 당시에 고구려를 구레라고 불렀다.(☞382쪽)

또 서일본형 베틀의 형태가 우리네 베틀과 같은 점, 그리고 진(秦)씨가 신라에서 일본으로 건너가서 누에치기와 방직 기술을 널리 퍼뜨린 주인공인 점에도 유의할 필요가 있다. 그의 사당이 교토(京都) 광륭사(廣隆寺) 경내에 있는 것도 그가 이 일대에서 방직 기술을 처음 퍼뜨린 까닭이다.

06

도상6은 베틀 신을 모신 도쿄(東京 瑞穂町)에 있는 치야마시(狹山市)신사이다.

6) 풀무

『한국민족문화대백과사전』의 간추린 기사이다.

대장간에서 쇠를 달구거나 녹이려고 화덕에 뜨거운 공기를 불어넣는 연장이다. 상자를 닮았다고 하여 궤풀무라고도 한다. 한편 보섭 불미라는 별명은, 주로 쟁기 보습을 벼르는 데서 왔다. (…)

형태는 네모 통 한쪽에 가죽으로 막은 손잡이와 공기 구멍을 두고, 다른 쪽에 풍로(風路)를 끼워서 화덕 밑부분과 연결한다. 이를 송풍구(送風口)라고도 한다.

화덕 가운데에 쇠를 녹이는 그릇인 도가니가 있다. 손잡이를 당기면 흡입구를 통해 공기가 들어가고, 반대로 밀면 가죽 막이에 따라 압축된 공기가 통로를 따라 화덕으로 들어간다. (…)

풀무는 손잡이를 밀었다가 당기는 손풀무(橫式)와, 발로 밟아서 바람을 내는 발풀무(縱式)의 두 가지가 있다. 손풀무는 크기가 중소형으로 작은 대장간이나 금속공예품 장인이 쓰며, 발풀무는 보습 따위를 벼르는 대규모 대장간이나 큰 공사장에서 이용한다(권23 이왕기, 1986;613~614).

도상1은 20세기 초에 김준근(金俊根)이 남긴 '금은 마광쟁이'라는 이름의 그림이다. 맨상투 바람의 대장장이가 상자풀무로 바람을 일으켜서 도가니의 쇠를 녹이는 장면이다.

01

도상 2는 앞 사람의 '가마점'이
라는 이름의 그림이다. 둘씩 짝을
진 사람 넷이 마주 서서 발풀무
질을 하고, 앞에서는 도가니의 쇳
물을 틀에 쏟아붓는다. 모든 것
을 갖춘 가마솥 전문 유기점이다.

일본에서는 후이고[鞴]·타타라
[踏鞴]라고 부른다.

02

(1) 『일본민구사전(日本民具辭典)』의 간추린 기사이다.

　금속의 제련·정련(精練)·주조(鑄造)·단조(鍛造)를 할 때 화덕의 화력
을 높이기 위해 쓰는 송풍장치이다. 취자(吹子)라고도 쓰며, 주머니
풀무(袋鞴)·그릇풀무(皿鞴)·널풀무(板鞴)·뱀풀무(蛇腹鞴)·상자풀무(箱
鞴)·발풀무(踏鞴)·저울발풀무(天枰踏鞴)·무자위풀무(水車鞴) 따위가 있
다(1996;487).

(2) 발풀무에 대한 앞책의 기사이다.

　금속 용해(溶解) 등에 쓰는 송풍장치 가운데, 발로 밟아서 조작하는
풀무로 답비(踏鞴)라고 적으며 흔히 다타라(たたら)로 불린다. 이른바
답비는 중앙에 받침(支點)을 지닌 널(踏板) 양 끝을 번갈아 가며 밟아
서 바람을 보내는 형식으로, 일본에서는 주로 주조(鑄造)에 썼으나, 조
선 반도의 대장간에서 쓰는 점에서 그곳에서 들어온 것으로 생각된다
(1996;500).

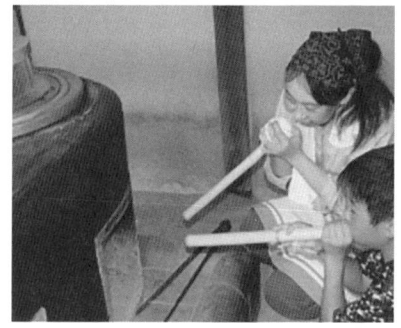

03   04

　도상3은 히라세 뎃사이가(平瀬徹斎, ?~?)가 1754년에 낸 『일본 산해명물도(日本山海名物圖)』에 실린 발풀무이다. 좌우 양쪽의 여섯 사람이 번갈아 가며 널을 밟아서 바람을 일으킨다. (…)

　일본의 상자풀무(箱韛)는 바람을 들이는 것과 내는 곳이 둘이어서, 상자 안의 공기가 좌우로 번갈아 드나든다. 그러나 우리와 중국의 것은 셋인 까닭에 그만큼 능률이 떨어진다.

　도상4는 속이 빈 대나무를 입으로 불어서 불을 일으키는 대풀무(火吹竹)로 화덕의 불을 일으키는 장면이다. 이를 손풀무(手韛)라고도 한다.

　우리 남부지역에서도 같은 것을 썼다.

우리 풀무는 일본으로 들어갔다.

　앞에서 든 『일본민구사전』의 "일본에서는 주로 주조(鑄造)에 이용하였으나, 조선 반도에서는 대장간에서도 썼다. 이것은 조선 반도에서 들어온 것으로 생각된다"는 기사가 그것이다.

(1) 『오사카의 민구·민속지(大阪の民具·民俗志)』의 간추린 기사이다.

(오사카 부근의) 가와우치국(河內國)●에는 5세기 말, 백제계의 가라카누
치베(韓鍛冶部)들이 철광 제련에 쓰는 풀무를 만들었다. 또 그들은 칼 따
위를 만드는 단조(鍛造) 기술도 지닌 가우치 철공 집단이었다. 물론 당시
에는 궁정에 딸린 공인들이었을 터이나, 뒤에는 냄비와 재갈도 생산하
였다(小谷方明, 1982; 341).
● 가와우치국은 지금의 오사카(大阪) 중심부를 가리킨다.

71명에 이르는 우리네 철공 기능인들이 일본에 건너가서 큰 대접을
받은 것이다.

(2) 가죽풀무(皮吹子)는 중국에서 우리나라를 거쳐 일본으로 들어갔다.
한대(漢代)의 화상석(畫像石)에도 등장하며, 『후한서(後漢書)』에 "물레
바퀴로 움직이는 풀무로 쇠를 얻어서 농기구를 벼렸다"는 기록도 있
다. 한국에서는 전 1~2세기의 경기도 야철(冶鐵) 주거지에서 풀무(鼓風
管)가 발견되었다.

내가 만난
잊을 수 없는 일본 사람

1) 1973년 5월, 도쿄(東京)의 헌책방 거리로 유명한 간다(神田)에서 겪은 일이다.

한 책방의 서가의 꽂힌 『동양미술사(東洋美術史)』를 책값 2,100원과 함께 주인에게 건네자, 자리에서 일어나 다른 책꽂이의 같은 책을 가져와 이것이 200원 더 싸다며 건네주었다. 이리저리 살펴도 아무런 차이가 없었다.

나는 지금도 값을 왜 달리 매겼으며, 내게 싼 쪽의 것을 건넨 까닭이 궁금하다.

2) 1985년, 서울신문사에서 조직한 일본 쓰시마(大馬)·이키(壹崎) 학술조사단의 일원으로 참가한 때이다.

어느 날 저녁, 반영환 기자와 쓰시마의 이즈하라죠(嚴原町)에서 술집 순례에 나섰다가 현(縣)의 산업계장 타치바나(橘) 씨를 만났다. 술판이 무르익을 무렵, 그는 부산에 며칠 머문 적이 있다면서 아내가 '목포의 눈물'을 부를 줄 아는데 들어보겠느냐고 묻더니, 내 말은 듣지도 않은 채 "지금 야간근무 중이니 물어봅시다" 하며 전화기를 들었다가 놓은 뒤 조금 기다리자고 하였다. 아내가 상관에게 노래를 불러도 좋은지 알아보는 중이라는 것이었다. 곧 허락이 떨어졌다는 대답이 왔다. '사공의 뱃노래 가물거리며 …' 그네의 음성은 부드러우면서 분명하였고 '가물거리며' 하는 대목의 장식음도 매끄럽게 넘겼다. 일본의 뒷골목 술집에서 생면부지의 여인이 불러주는 '목포의 눈물'을, 그것도 전화기를 통해 듣는 감회는 무어라 표현하기 어려웠다. 나는 술잔을 거푸 들이켰다.

그는 약속대로 이튿날 아침 자동차를 가지고 왔다. 농기구 조사를 하려면 구석진 곳을 뒤져야 하는데 길을 모르는 데다가, 마땅한 차편도 없어 걱정이라는 말에 흔쾌히 길라잡이로 나선 것이다. 도시락을 사러 점방으로 갔더니 공교롭게도 「휴업」 팻말이 걸려 있었다. 사무실로 되돌아간 그는 동료의 도시락 두 개를 들고나왔다. 본인들이 없어서 허락을 못 받았으나 라면으로 때울 것이라며 천연덕스러웠다. 그날 얼굴도 이름도 모르는 이의 도시락을 씹어 삼키며 나는 목이 메이는 듯했다.

3) 앞의 일행과 함께 쓰시마로 가는 중에 후쿠오카(福岡)에 들렀을 때이다. 그날 저녁 규슈(九州) 대학의 한국 유학생 서너 명과 우리 문화를 전공하는 일본 교수(松原孝俊)와 불고지 집에서 저녁을 들게 되었다. 나는 유학생이 주축이 된 젊은 패에 끼어 앉았다. 한창 때의 사람들이라 술잔이 뻔질나게 돌아가는 중에, 내 나이 또래의 일본 선생

은 몇 차례나 건너뛰었다. 까닭을 물었더니 술을 즐기지 않는다는 것이었다.

나는 떼를 쓰듯이 잔을 건네고 어서 비우라고 재촉하였다. 견디다 못한 그는 "못 먹는 사람에게 자꾸 주면 어쩌느냐"며 울상을 지었다. 이때 나는 기다리고 있었던 것처럼 "몸에 나쁘다는 술을 당신 같은 일본 사람에게나 줘야지 어찌 내 동포에게 권할 것이요" 하고 내 쏘았다. 흘끗 둘러보았더니 유학생들의 얼굴이 곧 잿빛으로 바뀌었다.

그러나 정작 당사자는 껄껄 웃으며 놀랍게도 "그럴듯한 말"이라고 받아넘겼다. 내친김에 "내 이야기에 오히려 웃는 것을 보니 당신의 조상은 한국인임에 틀림없다"고 쐐기를 박았다. 그는 이번에도 웃었다. 이것이 빌미가 되어 우리는 가까워졌고, 서울에 오면 우리 집에도 들르고는 한다. 그리고 처음 온 날, 화장실 문을 열자마자 '아 널브는 화장실'이라고 중얼거린 뒤부터 우리 아이들은 그를 '아 널브는 화장실 아저씨'라고 부른다.

내가 생명 부지였던 그에게 '무례하기 짝이 없는' 농담을 던신 것은 규슈(九州)지방 사람들의 기질을 짐작하고 있었기 때문이다. 도쿄(東京) 중심의 중부이륙 사람들은 농담을 즐기지도 않거니와, 상대의 우스개를 삭일 줄도 모른다.

가까워진 뒤에 그에게 "만약 도쿄에서 같은 농담을 던졌다면 따귀깨나 맞았을 것"이라고 하자 그는 "물론이죠" 하며 미소를 지었다. 나중에 도쿄(東京)대학의 문화인류학자)에게 다시 물었더니, 그 역시 '따귀감' 이라는 의견이었다.

그는 나의 추천으로 우리 국제교류재단의 외국 학자 방문 프로그램에 참가, 우리 나라에 오기도 하였다.

4) 쓰시마와 본도(本島) 사이에 위치한 잇키도(壹崎島)에서 겪은 일이다.

박물관 개관 시간을 기다렸다가 둘러보느라고 홀로 남았던 내가 앞의 일행이 먼저 간 북부지역으로 가려고 버스 정거장을 찾던 중이었다. 내 이야기를 들은 50대 중반의 한 신사가 자기 차로 가자고 하였다. 그는 사양을 하는 나를 이렇게 말하며 막았다.

"이렇게 해야 당신이 이 섬에 다시 오고 싶을 것이 아니요"

지금껏 다시 가지 못한 것이 마음에 걸린다.

5) 1995년 2월, 시네마현(島根県) 마쓰에시(松江市) 오오바(大庭)에 있는 긴꼬리닭(長尾鷄)의 무덤을 찾아 나선 길이었다. 마쓰에시 버스 정류장에서 마주 서서 이야기를 나누던 50대 중반의 여인에게 그쪽으로 가는 버스를 어디서 타느냐고 묻자, 대화를 멈춘 채 한참 동안 설명을 늘어놓았다. 그 내용이 지나치게 자상해서 알아듣기가 어려워 두리번거리다가 짐작에 따라 길을 건넜다.

이번에는 그쪽에서 버스를 기다리던 고등학교 여학생에게 물었더니 바로 근처였다. 앞 사람들이 저리 건너가시오 한마디만 했더라면 곧 알 만한 곳이었다.

무덤 있는 곳이 노선의 종점이라 내려서 사진을 찍고 다시 같은 버스에 올랐다. 놀랍게도 앞에서 정류장을 알려준 여학생이 저만치 홀로 앉아 있었다. 내가 제대로 찾아가는지 염려가 되어 뒤를 밟아온 것이 분명하였다. 다가가서 말을 걸려다 쑥스럽게 여길듯싶어 입을 다물었다. 우리는 올 때 탔던 곳에서 같이 내린 뒤 그대로 헤어졌다.

서울로 돌아온 나는 그 학생 학교의 교장에게 "한국에서는 그처럼 친절한 학생을 찾기 어려울 것"이라는 내용의 편지를 보냈다.

6) 2012년 가을, 오사카(大阪)역에서 50대의 여성에게 나라(奈良)에 있는 대화민속박물관(大和民俗博物館)으로 가는 버스 정거장을 물었다. 곧 남편이 자신을 데리러 올 터이니 그 차로 데려다주마고 하였다. 생각보다 먼 거리였다. 부부는 서너 시간 동안 나와 같이 둘러보았다. 그사이 나는 지나치게 허둥대다가 카메라를 잃어버렸다. 카메라보다 이제껏 모은 자료까지 허공으로 날렸다는 생각에 온 힘이 다 빠졌다. 어깨를 축 늘어뜨린 채 사무실로 갔더니 직원이 어떤 이가 맡겨 놓았다며 돌려주었다. 박물관을 둘러본 뒤 부부는 나를 그곳에서 한 시간쯤 떨어진 나라역(奈良驛) 부근에 잡은 나의 숙소에 내려 주었다.

그뿐만이 아니었다. 이튿날 그네는 소방관으로 근무하는 아들에게 휴가를 얻게 한 다음, 함께 와서 나라의 평성경(平城京) 일대와 오사카 민가집락박물관(大阪民家集落博物館)에도 동행하였다.

그네는 대구시의 어떤 네거리에서 친구와 지도를 가지고 길을 찾고 있다가 어떤 남자에게 세 시간 넘게 도움을 받았다며, '그 은혜를 이렇게 빨리 갚게 될 줄 몰랐다'며 깔깔대었다. 그네는 전날 한국에서 나와 같은 비행기를 타고 돌아온 길이었다.

이듬해 봄, 부산으로 단체 관광을 왔던 부부는 충주에 와서 나흘을 보내고 갔다.

7) 아키다현(秋田縣)의 기다카미역(北上驛)은 아주 후진 곳에 있었다. 숙소, 교통, 식당 이용 따위의 편리를 위해 늘 하던 대로 역 주위에 숙소를 잡은 것이 탈이었다. 저녁 무렵이 되자 앞뒤가 멀리까지 캄캄한 적막에 잠겨버렸다.

숙소 직원에게 들은 대로 인적 끊긴 지하도를 더듬더듬, 한동안이나 걸어 나왔음에도 아무것도 보이지 않았다. 마침 캄캄한 거리 저 끝에서 남학생 서너 명과 이야기를 나누는 여성이 보였다. 학생들이 흩어지기를 기다렸다가 식당을 물었다. 그네는 꽤 떨어진 곳의 식당으로 가더니 주인에게 외국 손님이니 잘 부탁한다는 말을 건넸다. 그리고 내게 명함을 건네면서 일이 생기면 알려달라고 하였다. 그네는 고등학교 교사였다.

앞과 같은 해 같은 시기의 일이다.

한국 관계 문헌

- 加藤木保 外, 1924, 『朝鮮の在來農具』, 朝鮮總督府 勸業模範場
- 高橋 昇, 2003, 『朝鮮半島の犁』, 日本評論社
- 고광민, 2000, 『한국의 바구니』, 제주대학교 출판부,
- 과학 백과사전 출판사, 2004, 『조선민속사전』
- 과학 백과사전 출판사, 1994, 『조선의 민속 전통』 5
- 국립민속박물관, 2020, 『한국생업기술사전』, 농업 1~2
- 권재명, 2019, 『주갈치를 찾아서』, 무진재
- 今村 鞆, 1937, 『朝鮮風俗資料集說 扇 左繩 打毬 匏』, 朝鮮總督府
- 吉川祐輝, 1904, 『韓國農業經營論』, 大日本農會
- 今村 鞆, 1928, 『歷史民俗 朝鮮漫談』, 南山吟社
- 김광언, 1969, 『한국의 농기구』, 문화공보부 문화재관리국
- 김광언, 1986, 『韓國農器具攷』, 한국농촌경제연구원
- 김광언, 1990, 「기산 김준근의 풍속도 해제」 『유럽박물관 소재 한국문화재』, 한국국제교류재단
- 김광언, 1994, 「일본에 건너간 우리 농기구」 『민족학연구』 2, 단국대학교 민족학연구소
- 김광언, 2001, 『우리 문화가 온 길』, 민속원
- 김광언, 2001, 『디딜방아 연구』, 지식산업사
- 김광언, 2003, 『지게 연구』, 민속원
- 김광언, 2004, 『동아시아의 놀이』, 민속원
- 김광언, 2010, 『쟁기연구』, 민속원
- 김광언. 2015, 『동아시아의 부엌』, 눌와
- 김광언, 2024, 『동아시아 농기구 상징 사전』 상·하, 민속원
- 김광언, 2025, 『맷돌의 세상』, 국립민속박물관
- 김문길, 1995, 『임진왜란은 문화전쟁이다』, 혜안
- 김병모, 1985, 『한국인의 발자취』, 집문당
- 金載元 編, 1957, 『韓國西海島嶼』, 乙酉文化社
- 大林太郎, 1992, 『正月が來た道』, 小學館

- 東 潮, 1979, 「朝鮮三國時代の農具」『疆原考古學研究所論文集』第4
- 리기동 외, 1994, 「평안북도 주의리에서 발굴된 나무 후치에 대하여」 『조선고고연구』1994-1
- 리옥금, 1964, 「횃불싸움」『조선의 민속놀이』, 군중문화출판사
- 森周六, 1937, 『朝鮮の犁と犁耕法に關する調査』, 朝鮮農會
- 小林房次郎·中村 彦, 1905, 『韓國土地農産調査報告[京畿道 忠清道 江原道』 Ⅱ, 朝鮮總督府
- 방선주, 1991, 「아시아문화의 美洲 傳播」『아시아문화』제8호, 한림대학교 아시아문화연구소
- 배기동, 2011, 『한국인의 기원』, 전곡선사박물관
- 백문식, 2018, 『우리말 어원사전』, 박이정
- 성병희, 1989, 「윷놀이의 비교민속학적 고찰」『민속학연구』제1집, 안동대학교 민속학과
- 孫晉泰, 1948, 『朝鮮民族文化의 研究』, 乙酉文化社
- 신나현, 2019, 「고대 장군의 변천과 사용」『한국 상고사학보』105호
- 심우성, 1974, 『남사당패 연구』, 동화출판공사
- 심우성, 1979, 『꼭두각시놀음』, 한국문화예술진흥원
- 안영이, 1995, 「순장바둑 그 기원을 찾아」『월간 바둑』11호
- 有光敎一, 1967, 「朝鮮, 三國時代の農具と工具」『日本考古學』Ⅵ, 河出書房
- 柳晩恭, 2005, 「歲時豊謠」『조선 대세시기』Ⅱ, 국립민속박물관
- 윤광봉, 1994, 『유랑연예인과 꼭두각시놀음』, 밀알
- 이선복·한영희·노혁진·박선주, 1996, 『한국 민족의 기원과 형성』 상·하, 소화
- 李盛雨, 1984, 『韓國食品文化史』, 敎文社
- 이홍규, 2010, 『한국인의 기원』, 우리역사연구재단
- 任東權, 1983, 「柶戲考」『한국민속문화론』, 집문당
- 任東權·鄭亨鎬, 1997, 『韓國의 馬上武藝』, 한국마사회 박물관
- 조선미술가동맹, 1987, 『조선미술사』, 과학 백과사전 출판사
- 전경욱 編著, 2014, 『한국전통연희사전』, 민속원
- 傅起鳳 外, 2004, 『中國雜技史』, 上海人民出版社出版
- 鄭麟趾 외 지음, 이윤식 옮김, 1997, 『용비어천가』1~2, 솔

- 제주대학교, 2002, 『晩農 洪貞杓先生寫眞集』
- 村山智順, 1929, 『조선의 귀신』, 조선총독부
- 村山智順, 1941, 『조선의 향토오락』, 조선총독부
- 崔永年, 1925, 『海東竹枝』, 獎學社
- S. 컬린 지음, 윤광봉 옮김, 2003, 『한국의 놀이』, 열화당
- 현용준, 1977, 『제주도 전설』, 서문문고
- S. BERGMAN, 1938, 『IN KOREAN WILDS AND VILLAGES』,
- THE TRINITY PRESS, LONDON

일본 관계 문헌

- 葛城末治, 1974, 「東アジアの古代文化」 『朝鮮』 제164호
- 江上波夫, 1967, 『騎馬民族國家』, 中空新書
- 高谷重夫, 1999, 「牛神」 『日本民俗大辭典』, 吉川弘文堂
- 橋口尙武, 1998, 「鷹狩」 『考古學による日本历史』 12, 雄山閣
- 菅江眞澄, 1973, 『菅江眞澄全集』 第9卷, 未來社
- 菅野 茂, 1978, 『アイヌの民具』, アイヌ民具刊行委員會
- 久米邦武, 1891, 『日本古代史』 10, 早稻田大學出版部
- 龜山慶一, 1994, 「競力」 『日本風俗史事典』, 弘文堂
- 宮崎 淸, 1995, 『圖說 藁の文化』, 法政大學出版局
- 宮田 登 外, 1995, 『日中文化交流史叢書』 5 民俗, 大修館書店
- 金塚 友之丞, 1942, 「臼の民俗」 『高志路』 8卷 3號 新潟県民具學會
- 金光彦, 1985, 「物質文化」 『日本 對馬·壹崎島 綜合學術調査報告書』,
  서울신문사
- 김달수 지음, 배석주 역, 1995, 『일본 속의 한국 문화유적을 찾아서』, 대원사
- 吉田集而, 1993, 「大豆醸酵食品の起源」 『日本文化の起源』, 講談社
- 吉田金彦 編, 1996, 『衣食住語源辭典』, 東京堂出版
- 嵐 嘉一, 1978, 『犁耕の發達史』, 農山漁村文化協會
- 鹿兒島民俗學會編, 1991, 『かごしまの民具』, 慶友社

- 奈良国立文化財研究所 飛鳥資料館, 1987, 『萬葉の衣食住』
- 大館勝治・宮本八惠子, 2004, 『農家のモノ・人ノ生活館』, 柏書房
- 都丸 十九一, 1999, 『上州の民俗』, 未來社
- 大林太良, 1992, 「新春の石合戰」『正月の來た道』, 小學館
- 大野 晉, 1995, 『日本語の起源』, 岩波新書
- 大日本農會, 1979, 『日本の鎌・鍬・犁』, 農政調査委員會
- 大和岩雄, 1993, 『秦氏の研究』, 大和書房
- 本間雅彦, 1994, 『牛の來た道』, 未來社
- 藤部西郊, 1971, 『山陰の民具』, 名著出版
- 懶戸口照夫 1998, 「力石」『日本民俗大辭典』, 吉川弘文堂
- 木村靖二, 1936, 『日本農具發達史』, 農業と機械社出版部
- 木下 忠, 1985, 『日本農業技術の起源と傳統』, 雄山閣出版
- 文化財保護委員会, 1967, 『田植に關する習俗』2 富山県
- 尾本惠市 1993, 「集團遺傳學からみた日本人」『日本人と日本文化の形成』, 朝倉書店
- 飯沼二郎・堀尾尙志, 1976, 『農具』, 法政大學出版局
- 福田アジオ, 2000, 『日本民俗大事典』, 吉川弘文堂
- 本間雅彦, 1994, 『牛のきた道』, 未來社
- 北村誠一, 1986, 『佐渡の石臼』, 未來社
- 浜一衛, 1968, 『日本藝能の源流』, 角川書店
- 瀬戸口照夫, 1998, 「力石」, 『民族遊戲大事典』, 大修館書店
- 司馬遼太郎 지음, 박이엽 옮김, 1998, 『탐라기행』, 학고재
- 山口健兒, 1983, 『鶏』, 法政大學出版局
- 森脇和郎・米川博通, 1993, 「遺傳子から見たアジア産ハツカネズミ亞種の分化と分布」『日本人と日本文化の形成』, 朝倉書店
- 山口賢俊, 1997, 『新潟県の運搬具』, 野島出版
- 山田知子, 1996, 『相撲の民俗史』, 東西選集
- 三輪茂雄, 1978, 『臼』, 法政大學出版局
- 三輪茂雄, 1987, 『粉の文化史』, 新潮選書
- 三輪茂雄, 1989, 『篩』, 法政大學出版局

- 森 浩一, 1986, 『技術と民俗』上・下, 小學館
- 上江洲 均, 1973, 『沖繩の民具』, 慶友社
- 上江洲 均 外, 1983, 『琉球諸島の民具』, 未來社
- 西角井正大, 1999, 「傀儡子」『日本民俗大辭典』, 吉川弘文堂
- 石田昌幸, 1998, 「蹴鞠」『民族遊戲大辭典』, 大修館書店
- 石塚尊俊, 1971, 『出雲・隱岐の民具』, 慶友社
- 聖教新聞社 沖繩支局, 1972, 『沖繩の民具』
- 小谷方明, 1982, 『大阪の民具・民俗志』, 文化出版局
- 小山修三, 1993, 「繩文のカミのイメージ」『日本人と日本文化の形成』, 朝倉書院
- 小野重朗, 1969, 『南九州の民具』, 慶友社
- 小野重朗, 1972, 『十五夜網引の研究』, 慶友社
- 市場直次郎, 1983, 『九州水車風土記』, 古今書院
- 埴原和郎 編, 1984, 『日本人の起源』, 朝日選書 264
- 埴原和郎 編, 1993, 『日本人と日本文化の形成』, 朝倉書店
- 埴原和郎, 1995, 『日本人の成り立ち』, 人文書院
- 安藤紫香, 1994, 『奧會津の民俗』, 歷史春秋社
- 岩井宏實 外, 1998, 『民具が語る日本文化』, 河出書房新社
- 野澤謙・田名部雄一, 1994, 「日本の家畜たち」『日本文化の起源』, 講談社
- 梁矢多喜男, 1983, 『九州・沖繩地方の民具』, 明玄書房
- 獵野敏次, 2004, 『かまど』, 法政大學出版局
- 榮久庵憲司, 1976, 『台所道具の歴史』, 柴田書店
- 鈴木棠三, 1978, 『日本年中行事辭典』, 角川書店
- 有坂與太, 1977, 『日本玩具史』, 雄山閣
- 貝 勇, 1974, 「背負い梯子;背負い運搬とその用度」『現代のエスプリ』第84卷, 至文堂
- 月川雅夫・立平進 編, 1984, 『明治三十年調べ長崎県 佐賀県における農具圖録』, 長崎出版文化協會
- 二瓶貞一, 1972, 『農機具昔今ものがたり』, 近代農業社
- 印東道子, 1980, 「石合戰とスリングストーン-弥生時代のスリングストーンの民族學的考察」『季刊 どるめん』24・25

- 日本民具学会, 1997,『日本民具事典』, ぎょうせい
- 一色八朗, 1993,『箸の文化史』, 御茶の水書房
- 田名部雄一, 1993,「日本犬の起源」『日本人と日本文化の形成』, 朝倉書店』
- 長崎県教育委員會, 1986,『長崎県の農具調査』
- 前田富祺 監修, 2005,『日本語源大辭典』, 小學館
- 前田請志, 1992,『日本の水車と文化』, 玉川大學出版部
- 鄭大聲, 1992,『食文化の中の日本と朝鮮』, 講談社 現代新書
- 井上賴壽, 1968,『京都民俗志』, 平凡社
- 『正倉院』, 1993, 宮内聽 正倉院事務局
- 『正倉院』, 1988, 岩波書店
- 篠田通, 1970,『増訂 米の文化史』, 社會思想社
- 朝倉治彦 外, 2001,『事物起源辭典』衣食住編, 東京堂出版
- 酒井 欣, 1977,『日本遊戯史』, 拓石堂出版社
- 足立勇, 1950,『日本飲食史』, 雄山閣出版
- 中島 海, 1957,『遊戯大事典』, 不昧堂
- 中野榮三, 1968,『陰名語彙』, 慶友社
- 中田 薫, 1029,「日韓兩國語の比較研究」『宮崎道三郎先生 法制史论集』, 岩波書店
- 中沢 厚, 1981,『つぶて』, 法政大學出版局
- 佐々木 高明, 1991,「日本史誕生」『日本の历史』①, 集英社
- 佐々木 高明・三島啓子 編, 1993,『日本文化の起源』, 講談社
- 増川宏一, 1987,『盤床遊戯』, 法政大學出版局
- 増川宏一, 1987,『碁』, 法政大學出版局
- 織野英史, 1999,『背負梯の研究』, 慶友社
- 天野元之助,1962,『中國農業史研究』, 御茶の水社書房
- 平山和彦, 1985,「力石」『世界大百科事典』, 平凡社
- 坪鄉英彦, 2000,『日本民俗大辭典』, 吉川弘文館
- 下野敏見, 1955,『日本列島の比較民俗學』, 吉川弘文館
- 河野通明, 1993,「朝・臺・日本民具比較試み」『民具マンスリ』26巻 2號
- 河野通明, 1994,「民具から見た大阪附近の渡來氏族その後」

『大阪の歴史と文化』, 和泉書院
- 河野通明, 1996, 「東アジアニおける犁耕の展開についての試論」『商經論總』 第32巻 第1號, 神奈川大學經濟學會
- 河野通明, 1998, 「平安時代の籾摺臼」『古代中世史會と家』, 清文堂
- 河野通明, 2000, 「農具から聞いた古代人たちの話」8, 『民具と民俗』上, 岩波書店
- 河野通明, 2009, 「和歌山県北部の在來犁-X脚有床犁とチェンギの痕迹-」, 『近畿民具』31·32, 近畿民具學會
- 河野通明, 2009, 「民具から見た日本への犁耕傳來時期と傳來事情」 『历史と民族』26, 平凡社
- 河野通明, 2010, 「民具から見た百濟高句麗難民の動向」『商經論叢』第45巻 第4號, 神奈川大學經濟學會
- 河竹繁俊 지음, 이응수 옮김, 2001, 『日本演劇史』, 청우
- 寒川恒夫, 1984, 「遊戲」『日本民俗學大系』7, 小學館
- 寒川恒夫, 1993, 「東アジアの網引」季刊『自然と文化』42
- 寒川恒夫 編著, 1995, 『相撲の人類學』, 大修館書店
- 寒川恒夫, 1998, 「ブランコ」『民族遊戲大事典』, 大修館書店
- 홍윤기, 2002, 『일본 속의 한국문화 유적을 찾아서』, 서문당

김광언(金光彦)

1939년 서울 출생
서울대학교 사범대학 국어교육과 졸업
서울대학교 문리과대학 고고인류학과 졸업
일본 도쿄대학 대학원(문화인류학 전공)졸업
국립민속박물관장
문화재위원회 민속문화재 분과위원장
현재 인하대학교 명예교수

그림 아내 함태숙

주요저서

1969, 『한국의 농기구』, 문공부 문화재관리국
1986, 『한국농기구고』, 한국농촌경제연구원(출판문화상 저작상)
1988, 『한국의 주거민속지』, 민음사
2000, 『한국의 집지킴이』, 다락방(문화관광부 우수학술도서)
2000, 『우리생활 100년·집』, 현암사(중앙일보사 올해의 좋은 책)
2001, 『디딜방아 연구』, 지식산업사(대한민국학술원 우수학술도서)
2002, 『동아시아의 뒷간』, 민속원(대한민국학술원 우수학술도서)
　　　 (2008, 中國 鳳晃出版傳模集團에서 飜譯出版[『東亞的厠』])
2003, 『지게 연구』, 민속원(문화관광부 우수학술도서)
2004, 『동아시아의 놀이』, 민속원(문화관광부 우수학술도서)
2007, 『한·일 동시베리아의 사냥』, 민속원(문화관광부 우수학술도서)
2008, 『송석헌』, 민속원 공저(문화관광부 우수학술도서)
2009, 『뒷간』, 기파랑
2010, 『쟁기 연구』, 민속원(대한민국학술원 우수학술도서)
2015, 『동아시아의 부엌』, 눌와(세종도서 우수학술도서)
2017, 『동아시아의 우물(상·하)』 민속원(세종도서 우수학술도서)
2019, 『우리네 살림집』, 열화당(롯데출판문화상 대상)
2022, 『동아시아 농기구 상징 사전(상·하)』(대한민국 학술원우수학술도서)
2025, 『맷돌의 세상』(상·하), 국립민속박물관

수상

1986, 출판문화상 수상
2005, 월산민속학술상
2006, 대한민국 문화유산상
2019, 롯데출판문화상 대상
2020, 세종문화상 본상

-왜倭는 조선朝鮮이다-
일본에 건너간 우리 생활문화

발행일	초판 1쇄 발행 2025년 9월 10일
지은이	김광언
펴낸이	안병훈
책임편집	박은혜
편집디자인	김정환
펴낸곳	도서출판 기파랑
등록	2004년 12월 27일 제300-2004-204호
주소	서울시 종로구 대학로8가길 56(동숭동 1-49) 동숭빌딩 301호
전화	02)763-8996편집부 02)3288-0077영업마케팅부
팩스	02)763-8936
이메일	guiparang_b@naver.com

ISBN   978-89-6523-471-5 93910